KB084296

제1회
근로복지공단

NCS 직업기초능력
+직무기초지식

〈문항 및 시험시간〉

평가영역	문항 수	시험시간	모바일 OMR 답안분석
[NCS] 의사소통능력 / 자원관리능력 / 문제해결능력 / 수리능력 [전공] 법학 / 행정학 / 경영학 / 경제학 / 사회복지학	100문항	100분	

제1회 모의고사

문항 수 : 100문항
시험시간 : 100분

제 1영역 직업기초능력

※ 다음 글을 읽고 이어지는 질문에 답하시오. [1~2]

사람들은 은퇴 이후 소득이 급격하게 줄어드는 위험에 처할 수 있다. 이러한 위험이 발생할 때 일정 수준의 생활(소득)을 보장해 주기 위한 제도가 공적연금제도이다. 우리나라의 연금제도에는 대표적으로 국민의 노후 생계를 보장해 주는 국민연금이 있다.

공적연금제도는 강제가입을 원칙으로 한다. 연금은 가입자가 비용은 현재 지불하지만 그 편익은 나중에 얻게 된다. 그러나 사람들은 현재의 욕구를 더 긴박하고 절실하게 느끼기 때문에 불확실한 미래의 편익을 위해서 당장은 비용을 지불하지 않으려는 경향이 있다. 또한, 국가는 사회보장제도를 통하여 젊은 시절에 노후를 대비하지 않은 사람들에게도 최저생계를 보장해준다. 이 경우 젊었을 때 연금에 가입하여 성실하게 납부한 사람들이 방만하게 생활한 사람들의 노후생계를 위해 세금을 추가로 부담해야 하는 문제가 생긴다. 그러므로 국가가 나서서 강제로 연금에 가입하도록 하는 것이다.

공적연금제도의 재원을 충당하는 방식은 연금 관리자의 입장과 연금 가입자의 입장에서 각기 다르게 나누어 볼 수 있다. 연금 관리자의 입장에서는 '적립방식'과 '부과방식'의 두 가지가 있다. 적립방식은 가입자가 낸 보험료를 적립해 기금을 만들고 이 기금에서 나오는 수익으로 가입자가 납부한 금액에 비례하여 연금을 지급하지만, 연금액은 확정되지 않는다. 적립방식은 인구 구조가 변하더라도 국가는 재정을 투입할 필요가 없고, 받을 연금과 내는 보험료의 비율이 누구나 일정하므로 보험료 부담이 공평하다. 하지만 일정한 기금이 형성되기 전까지는 연금을 지급할 재원이 부족하므로, 제도 도입 초기에는 연금 지급이 어렵다. 부과방식은 현재 일하고 있는 사람들에게서 거둔 보험료로 은퇴자에게 사전에 정해진 금액만큼 연금을 지급하는 것이다. 이는 적립방식과 달리 세대 간 소득재분배 효과가 있으며, 제도 도입과 동시에 연금 지급을 개시할 수 있다는 장점이 있다. 다만, 인구 변동에 따른 불확실성이 있다. 노인 인구가 늘어나 역삼각형의 인구구조가 만들어질 때는 젊은 세대의 부담이 증가하여 연금제도를 유지하기가 어려워질 수 있다.

연금 가입자의 입장에서는 납부하는 금액과 지급 받을 연금액의 관계에 따라 확정기여방식과 확정급여방식으로 나눌 수 있다. 확정기여방식은 가입자가 일정한 액수나 비율로 보험료를 낼 것만 정하고 나중에 받을 연금의 액수는 정하지 않는 방식이다. 이는 연금 관리자의 입장에서 보면 적립방식으로 연금 재정을 운용하는 것이다. 그래서 이 방식은 이자율이 낮아지거나 연금 관리자가 효율적으로 기금을 관리하지 못할 때 개인이 손실 위험을 떠안게 된다. 또한, 물가가 인상되는 경우 확정기여에 따른 적립금의 화폐가치가 감소하는 위험도 가입자가 감수해야 한다. 확정급여방식은 가입자가 얼마의 연금을 받을지를 미리 정해 놓고, 그에 따라 개인이 납부할 보험료를 정하는 방식이다. 이는 연금 관리자의 입장에서는 부과방식으로 연금 재정을 운용하는 것이다. 나중에 받을 연금을 미리 정하면 기금 운용 과정에서 발생하는 투자의 실패는 연금 관리자가 부담하게 된다. 그러나 이 경우에도 물가상승에 따른 손해는 가입자가 부담해야 하는 단점이 있다.

01 공적연금의 재원 충당방식 중 적립방식과 부과방식을 비교한 내용으로 적절하지 않은 것은?

	항목	적립방식	부과방식
①	연금 지급 재원	가입자가 적립한 기금	현재 일하는 세대의 보험료
②	연금 지급 가능 시기	일정한 기금이 형성된 이후	제도 시작 즉시
③	세대 간 부담의 공평성	세대 간 공평성 미흡	세대 간 공평성 확보
④	소득 재분배 효과	소득 재분배 어려움	소득 재분배 가능
⑤	인구 변동 영향	받지 않음	받음

02 이 글의 독자가 〈보기〉의 상황에 대하여 보일 반응으로 적절하지 않은 것은?

─────〈보기〉─────

S회사는 이번에 공적연금방식을 준용하여 퇴직연금제도를 새로 도입하기로 하였다. 이에 회사는 직원들이 퇴직연금방식을 확정기여방식과 확정급여방식 중에서 선택할 수 있도록 하였다.

① 확정기여방식은 부담금이 공평하게 나눠지는 측면에서 장점이 있어.
② 확정기여방식은 기금을 운용할 회사의 능력에 따라 나중에 받을 연금액이 달라질 수 있어.
③ 확정기여방식은 기금의 이자 수익률이 물가상승률보다 높으면 연금액의 실질적 가치가 상승할 수 있어.
④ 확정급여방식은 물가가 많이 상승하면 연금액의 실질적 가치가 하락할 수 있어.
⑤ 확정급여방식은 투자 수익이 부실할 경우 가입자가 보험료를 추가로 납부해야 하는 문제가 있어.

03 거리가 30km인 A, B 두 지점 사이에 P지점이 있다. A지점에서 P지점까지 시속 3km의 속력으로, P지점에서 B지점까지 시속 4km의 속력으로 갔더니 총 9시간이 걸렸다. A지점에서 P지점 사이의 거리는 몇 km인가?

① 12km
② 15km
③ 18km
④ 21km
⑤ 24km

04 다음은 자동차 판매현황에 대한 자료이다. 이에 대한 내용으로 옳은 것을 〈보기〉에서 모두 고르면?

〈자동차 판매현황〉

(단위 : 천 대)

구분	2020년	2021년	2022년
소형	27.8	32.4	30.2
준중형	181.3	179.2	180.4
중형	209.3	202.5	205.7
대형	186.1	185.0	177.6
SUV	452.2	455.7	450.8

〈보기〉

ㄱ. 2020 ~ 2022년 동안 판매량이 지속적으로 감소하는 차종은 2종류이다.

ㄴ. 2021년 대형 자동차 판매량은 전년 대비 2% 미만 감소했다.

ㄷ. SUV 자동차의 3년 동안 총판매량은 대형 자동차 총판매량의 2.5배 이하이다.

ㄹ. 2022년 판매량의 2021년 대비 증가율이 가장 높은 차종은 준중형이다.

① ㄱ, ㄷ   ② ㄴ, ㄷ

③ ㄱ, ㄴ, ㄹ   ④ ㄴ, ㄹ

⑤ ㄱ, ㄷ, ㄹ

05 K사원은 입사 후 저축 계획을 세우려고 한다. K사원의 월급은 270만 원이고 처음 몇 달 동안은 월급의 50%를 저축하고, 그 후에는 월급의 60%를 저축해서 1년 동안 1,800만 원을 모으려고 한다. 이때 60%를 저축하는 최소 기간은?

① 6개월   ② 7개월

③ 8개월   ④ 9개월

⑤ 10개월

06 A회사의 2023년 1월부터 7월까지 제품 판매량은 매달 평균 5,000개씩 증가하였다. 8월 판매량을 분석한 결과 3,500개를 판매한 1일부터 같은 달 18일까지 매일 평균 100개씩 증가하였다. 8월 말일까지 매일 평균 100개씩 증가한다고 가정하였을 때, 8월의 전달 대비 판매량 변화율은 얼마인가?(단, 1월 판매량은 9만 개이다)

① 약 15%　　　　　　　　　　　　　　② 약 18%

③ 약 23%　　　　　　　　　　　　　　④ 약 29%

⑤ 약 32%

07 다음 표는 7월 1 ~ 10일 동안 A ~ E 다섯 개의 도시에 대한 인공지능 시스템의 예측 날씨와 실제 날씨이다. 이에 대한 설명으로 옳은 것을 〈보기〉에서 모두 고르면?

〈도시 A ~ E에 대한 예측 날씨와 실제 날씨〉

도시	구분	7.1.	7.2.	7.3.	7.4.	7.5.	7.6.	7.7.	7.8.	7.9.	7.10.
A	예측	비	흐림	맑음	비	맑음	맑음	비	비	맑음	흐림
A	실제	비	맑음	비	비	맑음	맑음	비	맑음	맑음	비
B	예측	맑음	비	맑음	비	흐림	맑음	비	맑음	비	맑음
B	실제	비	맑음	비	흐림	맑음	비	비	비	맑음	맑음
C	예측	비	맑음	비	비	맑음	비	맑음	비	비	비
C	실제	비	비	맑음	흐림	비	비	흐림	비	비	비
D	예측	비	비	맑음	맑음	맑음	비	비	맑음	맑음	비
D	실제	비	흐림	비	비	비	비	비	비	맑음	맑음
E	예측	비	맑음	비	비	비	비	맑음	흐림	맑음	비
E	실제	비	비	흐림	비	비	맑음	비	맑음	비	맑음

※ ☀ : 맑음, ☁ : 흐림, ☂ : 비

――――――〈보기〉――――――

ㄱ. 도시 A에서는 예측 날씨가 '비'인 날 실제 날씨도 모두 '비'였다.

ㄴ. 도시 A ~ E 중 예측 날씨와 실제 날씨가 일치한 경우가 가장 많은 도시는 B이다.

ㄷ. 7월 1 ~ 10일 중 예측 날씨와 실제 날씨가 일치한 도시 수가 가장 적은 날짜는 7월 2일이다.

① ㄱ　　　　　　　　　　　　　　② ㄴ

③ ㄷ　　　　　　　　　　　　　　④ ㄴ, ㄷ

⑤ ㄱ, ㄴ, ㄷ

08 S공사는 부대시설 건축을 위해 A건축회사와 계약을 맺었다. 다음 계약서의 일부 내용을 보고 건축시설처의 L대리가 파악할 수 있는 내용으로 옳은 것은?

〈공사도급계약서〉

상세 시공도면 작성(제10조)

① '을'은 건축법 제19조 제4항에 따라 공사감리자로부터 상세 시공도면의 작성을 요청받은 경우에는 상세 시공도면을 작성하여 공사감리자의 확인을 받아야 하며, 이에 따라 공사를 하여야 한다.

② '갑'은 상세 시공도면의 작성 범위에 관한 사항을 설계자 및 공사감리자의 의견과 공사의 특성을 감안하여 계약서상의 시방에 명시하고, 상세 시공도면의 작성 비용을 공사비에 반영한다.

안전관리 및 재해보상(제11조)

① '을'은 산업재해를 예방하기 위하여 안전시설의 설치 및 보험의 가입 등 적정한 조치를 하여야 한다. 이때 '갑'은 계약금액의 안전관리비 및 보험료 상당액을 계상하여야 한다.

② 공사현장에서 발생한 산업재해에 대한 책임은 '을'에게 있다. 다만, 설계상의 하자 또는 '갑'의 요구에 의한 작업으로 인한 재해에 대하여는 그렇지 아니하다.

응급조치(제12조)

① '을'은 재해방지를 위하여 특히 필요하다고 인정될 때에는 미리 응급조치를 취하고 즉시 이를 '갑'에게 통지하여야 한다.

② '갑'은 재해방지 및 기타 공사의 시공상 긴급·부득이하다고 인정할 때에는 '을'에게 응급조치를 요구할 수 있다.

---

① 응급조치에 소요된 비용은 '갑'이 부담한다.

② '을'은 산업재해를 예방하기 위한 조치를 해야 하고, '갑'은 계약금액에 이와 관련한 금액을 책정해야 한다.

③ '을'은 재해방지를 위하여 미리 응급조치를 취할 수 있고, 이를 '갑'에게 알릴 의무는 없다.

④ 공사현장에서 발생한 모든 산업재해에 대한 책임은 '을'에게 있다.

⑤ 공사감리자는 '을'에게 상세 시공도면 작성을 요청할 수 있고, 이에 대한 비용은 '을'이 책임진다.

09 다음은 시·군 지역의 비경제활동 인구에 대해 조사한 자료이다. (가), (나)에 들어갈 숫자를 순서대로 바르게 나열한 것은?(단, 소수점 둘째 자리에서 반올림한다)

구분	총계	남자	비중	여자	비중
시지역	7,800	2,574	(가)	5,226	
군지역	1,149	385		764	(나)

〈비경제활동 인구〉

(단위 : 천 명, %)

	(가)	(나)
①	30	65
②	31	65.5
③	32	66
④	33	66.5
⑤	34	67

10 다음은 자동차 외판원인 A ~ F 6명의 판매실적 비교에 대한 〈조건〉이다. 이를 통해 바르게 추리한 것은?

〈조건〉
- A는 B보다 실적이 높다.
- C는 D보다 실적이 낮다.
- E는 F보다 실적이 낮지만, A보다는 높다.
- B는 D보다 실적이 높지만, E보다는 낮다.

① 실적이 가장 높은 외판원은 F이다.
② 외판원 C의 실적은 꼴찌가 아니다.
③ B의 실적보다 낮은 외판원은 3명이다.
④ 외판원 E의 실적이 가장 높다.
⑤ A의 실적이 C의 실적보다 적다.

11 다음과 같은 방법으로 산정할 때 〈보기〉의 경우 지체 기간은 얼마인가?

〈지체일수 산정 방법〉

가. 계약기간 내에 준공검사 요청서를 제출한 경우
- 계약기간 경과 후 검사에 불합격하여 보완지시를 한 경우, 보완지시일로부터 최종검사에 합격한 날까지를 지체일수로 산정함
- 불합격 판정으로 계약기간 내에 보완지시를 한 경우, 계약기간 다음 날부터 최종검사에 합격한 날까지 지체일수에 산정함

나. 계약기간을 경과하여 준공검사요청서를 제출한 경우
- 검사의 합격 여부 및 보완지시 여부에 관계없이 계약기간 다음 날부터 최종검사에 합격한 날까지를 지체일수에 산정함

〈보기〉

공공정보시스템을 구축하는 A사업의 계약기간은 2023년 1월 5일부터 2023년 11월 4일까지이다. 이 사업을 낙찰받은 X사는 같은 해 10월 15일 준공검사 요청을 하여 준공검사를 받았으나 불합격 판정을 받았다. 보완 지시를 받은 같은 해 10월 25일부터 보완작업을 수행하여 같은 해 11월 10일에 재검사를 요청하였다. 그리고 재검사를 거쳐 같은 해 11월 19일에 준공검사 합격통보를 받았다.

① 10월 25일 ~ 11월 10일   ② 10월 25일 ~ 11월 19일
③ 11월 4일 ~ 11월 19일   ④ 11월 5일 ~ 11월 19일
⑤ 11월 11일 ~ 11월 19일

12 다음은 A지역 전체 가구를 대상으로 원자력발전소 사고 전·후 식수 조달원 변경에 대해 설문조사한 결과이다. 이에 대한 설명으로 옳은 것은?

<원자력발전소 사고 전·후 식수 조달원별 가구 수>

(단위 : 가구)

사고 후 조달원 / 사고 전 조달원	수돗물	정수	약수	생수
수돗물	40	30	20	30
정수	10	50	10	30
약수	20	10	10	40
생수	10	10	10	40

※ A지역 가구의 식수 조달원은 수돗물, 정수, 약수, 생수로 구성되며, 각 가구는 한 종류의 식수 조달원만 이용함

① 사고 전에 식수 조달원으로 정수를 이용하는 가구 수가 가장 많았다.
② 사고 전에 비해 사고 후에 이용 가구 수가 감소한 식수 조달원의 수는 3개이다.
③ 사고 전·후 식수 조달원을 변경한 가구 수는 전체 가구 수의 60% 이하이다.
④ 사고 전 식수 조달원으로 정수를 이용하던 가구는 사고 후에도 모두 정수를 이용한다.
⑤ 각 식수 조달원 중에서 사고 전·후에 이용 가구 수의 차이가 가장 큰 것은 생수이다.

13 다음은 어느 해 개최된 올림픽에 참가한 6개국의 성적이다. 이에 대한 내용으로 옳지 않은 것은?

〈국가별 올림픽 성적〉

(단위 : 명, 개)

국가	참가선수	금메달	은메달	동메달	메달 합계
A	240	4	28	57	89
B	261	2	35	68	105
C	323	0	41	108	149
D	274	1	37	74	112
E	248	3	32	64	99
F	229	5	19	60	84

① 획득한 금메달 수가 많은 국가일수록 은메달 수는 적었다.
② 금메달을 획득하지 못한 국가가 가장 많은 메달을 획득했다.
③ 획득한 메달의 합계가 큰 국가일수록 참가선수의 수도 많았다.
④ 참가선수의 수가 많은 국가일수록 획득한 동메달 수도 많았다.
⑤ 참가선수가 가장 적은 국가의 메달 합계는 전체 6위이다.

14 A영업사원이 〈조건〉에 따라 도시 3곳을 방문할 때, 방문한 도시를 순서대로 바르게 나열한 것은?

─〈조건〉─

• 출발지는 대전이다.
• 출발지와 여행한 도시는 다시 방문하지 않는다.
• 이동 방법은 디스크 스케줄링 기법 SSTF(Shortest Seek Time First)를 활용한다.
※ SSTF : 현 위치에서 가장 짧은 거리를 우선 탐색하는 기법

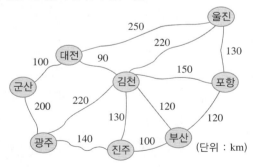

① 군산 – 광주 – 김천   ② 군산 – 광주 – 진주
③ 김천 – 부산 – 진주   ④ 김천 – 부산 – 포항
⑤ 울진 – 김천 – 광주

15 다음은 임진왜란 전기·후기 전투 횟수에 대한 자료이다. 이에 대한 설명으로 옳지 않은 것은?

〈임진왜란 전기·후기 전투 횟수〉

(단위 : 회)

구분	시기	전기		후기		합계
		1592년	1593년	1597년	1598년	
전체 전투		70	17	10	8	105
공격 주체	조선 측 공격	43	15	2	8	68
	일본 측 공격	27	2	8	0	37
전투 결과	조선 측 승리	40	14	5	6	65
	일본 측 승리	30	3	5	2	40
조선의 전투인력 구성	관군 단독전	19	8	5	6	38
	의병 단독전	9	1	0	0	10
	관군·의병 연합전	42	8	5	2	57

① 전체 전투 대비 일본 측 공격 비율은 임진왜란 전기에 비해 임진왜란 후기가 낮다.

② 조선 측 공격이 일본 측 공격보다 많았던 해에는 항상 조선 측 승리가 일본 측 승리보다 많았다.

③ 전체 전투 대비 관군 단독전 비율은 1598년이 1592년의 2배 이상이다.

④ 1592년 조선이 관군·의병 연합전으로 거둔 승리는 그 해 조선 측 승리의 30% 이상이다.

⑤ 1598년에는 관군 단독전 중 조선 측 승리인 경우가 있다.

16 월요일부터 일요일까지 4형제가 돌아가면서 어머니 병간호를 하기로 했다. 주어진 〈조건〉이 항상 참일 때, 다음 중 항상 옳지 않은 것은?

───── 〈조건〉 ─────

• 첫째, 둘째, 셋째는 이틀씩, 넷째는 하루 병간호하기로 했다.
• 어머니가 혼자 계시도록 두는 날은 없다.
• 첫째는 화요일과 목요일에 병간호할 수 없다.
• 둘째는 평일에 하루, 주말에 하루 병간호하기로 했다.
• 셋째는 일요일과 평일에 병간호하기로 했다.
• 넷째는 수요일에 병간호하기로 했다.

① 첫째는 월요일과 금요일에 병간호한다.

② 넷째는 수요일에 하루만 병간호한다.

③ 셋째는 화요일과 일요일에 병간호한다.

④ 둘째 화요일에 병간호를 할 수도, 하지 않을 수도 있다.

⑤ 둘째는 토요일과 평일에 하루 병간호한다.

17 S사에서는 A ~ N직원 중 면접위원을 선발하고자 한다. 구성 조건이 다음과 같을 때, 적절하지 않은 것은?

〈면접위원 구성 조건〉

- 면접관은 총 6명으로 구성한다.
- 이사 이상의 직급으로 50% 이상 구성해야 한다.
- 인사팀을 제외한 모든 부서는 두 명 이상 선출할 수 없고, 인사팀은 반드시 두 명 이상을 포함한다.
- 모든 면접위원의 입사 후 경력은 3년 이상으로 한다.

직원	직급	부서	입사 후 경력
A	대리	인사팀	2년
B	과장	경영지원팀	5년
C	이사	인사팀	8년
D	과장	인사팀	3년
E	사원	홍보팀	6개월
F	과장	홍보팀	2년
G	이사	고객지원팀	13년
H	사원	경영지원	5개월
I	이사	고객지원팀	2년
J	과장	영업팀	4년
K	대리	홍보팀	4년
L	사원	홍보팀	2년
M	과장	개발팀	3년
N	이사	개발팀	8년

① B과장이 면접위원으로 선출됐다면 K대리도 선출된다.
② N이사는 반드시 면접위원으로 선출된다.
③ L사원은 면접위원으로 선출될 수 없다.
④ 과장은 두 명 이상 선출되었다.
⑤ 모든 부서에서 면접위원이 선출될 수는 없다.

18 다음 글의 빈칸에 들어갈 말로 가장 적절한 것은?

서구사회의 기독교적 전통하에서 이 전통에 속하는 이들은 자신들을 정상적인 존재로, 이러한 전통에 속하지 않는 이들을 비정상적인 존재로 구별하려 했다. 후자에 해당하는 대표적인 것이 적그리스도, 이교도들, 그리고 나병과 흑사병에 걸린 환자들이었는데, 그들에게 부과한 비정상성을 구체적인 형상을 통해 재현함으로써 그들이 전통 바깥의 존재라는 사실을 명확히 했다.

당연하게도 기독교에서 가장 큰 적으로 꼽는 것은 사탄의 대리자인 적그리스도였다. 기독교 초기, 몽티에랑 데르나 힐데가르트 등이 쓴 유명한 저서들뿐만 아니라 적그리스도의 얼굴이 묘사된 모든 종류의 텍스트들에서 그의 모습은 충격적일 정도로 외설스러울 뿐만 아니라 받아들이기 힘들 정도로 추악하게 나타난다.

두 번째는 이교도들이었는데, 서유럽과 동유럽의 기독교인들이 이교도들에 대해 사용했던 무기 중 하나가 그들을 추악한 얼굴의 악마로 묘사하는 것이었다. 또한 이교도들이 즐겨 입는 의복이나 진미로 여기는 음식을 끔찍하게 묘사하여 이교도들을 자신들과는 분명히 구분되는 존재로 만들었다.

마지막으로, 나병과 흑사병에 걸린 환자들을 꼽을 수 있다. 당시의 의학 수준으로 그런 병들은 치료가 불가능했으며, 전염성이 있다고 믿어졌다. 때문에 자신을 정상적 존재라고 생각하는 사람들은 해당 병에 걸린 불행한 사람들을 신에게서 버림받은 죄인이자 공동체에서 추방해야 할 공공의 적으로 여겼다. 그들의 외모나 신체 또한 실제 여부와 무관하게 항상 뒤틀어지고 지극히 흉측한 모습으로 형상화되었다.

정리하자면, _____

① 서구의 종교인과 예술가들은 이방인을 추악한 이미지로 각인시키는 데 있어 중심적인 역할을 하였다.

② 서구의 기독교인들은 자신들보다 강한 존재를 추악한 존재로 묘사함으로써 심리적인 우월감을 확보하였다.

③ 정상적 존재와 비정상적 존재의 명확한 구별을 위해 추악한 형상을 활용하는 것은 동서고금을 막론하고 지속되어 왔다.

④ 서구의 기독교적 전통하에서 추악한 형상은 그 전통에 속하지 않는 이들을 전통에 속한 이들과 구분 짓기 위해 활용되었다.

⑤ 서구의 기독교인들이 자신들과는 다른 타자들을 추악하게 묘사했던 것은 다른 종교에 의해 자신들의 종교가 침해되는 것을 두려워했기 때문이다.

19 다음 글을 통해 알 수 있는 내용으로 가장 적절한 것은?

상업 광고는 기업은 물론이고 소비자에게도 요긴하다. 기업은 마케팅 활동의 주요한 수단으로 광고를 적극적으로 이용하여 기업과 상품의 인지도를 높이려 한다. 소비자는 소비 생활에 필요한 상품의 성능, 가격, 판매 조건 등의 정보를 광고에서 얻으려 한다. 광고를 통해 기업과 소비자가 모두 이익을 얻는다면 이를 규제할 필요는 없을 것이다. 그러나 광고에서 기업과 소비자의 이익이 상충하는 경우도 있고 광고가 사회 전체에 폐해를 낳는 경우도 있어, 다양한 규제 방식이 모색되었다.

이때 문제가 된 것은 과연 광고로 인한 피해를 책임질 당사자로서 누구를 상정할 것인가였다. 초기에는 '소비자 책임 부담 원칙'에 따라 광고 정보를 활용한 소비자의 구매 행위에 대해 소비자가 책임을 져야 한다고 보았다. 여기에는 광고 정보가 정직한 것인지와는 상관없이 소비자는 이성적으로 이를 판단하여 구매할 수 있어야 한다는 전제가 있었다. 그래서 기업은 광고에 의존하여 물건을 구매한 소비자가 입은 피해에 대하여 책임을 지지 않았고, 광고의 기만성에 대한 입증 책임도 소비자에게 있었다.

책임 주체로 기업을 상정하여 '기업 책임 부담 원칙'이 부상하게 된 배경은 복합적이다. 시장의 독과점 상황이 광범위해지면서 소비자의 자유로운 선택이 어려워졌고, 상품에 응용된 과학 기술이 복잡해지고 첨단화되면서 상품 정보에 대한 소비자의 정확한 이해도 기대하기 어려워졌다. 또한, 다른 상품 광고와의 차별화를 위해 통념에 어긋나는 표현이나 장면도 자주 활용되었다. 그리하여 경제적, 사회·문화적 측면에서 광고로부터 소비자를 보호해야 한다는 당위를 바탕으로 기업이 광고에 대해 책임을 져야 한다는 공감대가 확산되었다.

오늘날 행해지고 있는 여러 광고 규제는 이런 공감대에서 나온 것인데, 이는 크게 보아 법적 규제와 자율 규제로 나눌 수 있다. 구체적인 법 조항을 통해 광고를 규제하는 법적 규제는 광고 또한 사회적 활동의 일환이라는 점에 근거한다. 특히 자본주의 사회에서는 기업이 시장 점유율을 높여 다른 기업과의 경쟁에서 승리하기 위하여 사실에 반하는 광고나 소비자를 현혹하는 광고를 할 가능성이 높다. 법적 규제는 허위 광고나 기만 광고 등을 불공정 경쟁의 수단으로 간주하여 정부 기관이 규제를 가하는 것이다.

자율 규제는 법적 규제에 대한 기업의 대응책으로 등장했다. 법적 규제가 광고의 역기능에 따른 피해를 막기 위한 강제적 조치라면, 자율 규제는 광고의 순기능을 극대화하기 위한 자율적 조치이다. 광고에 대한 기업의 책임감에서 비롯된 자율 규제는 법적 규제를 보완하는 효과가 있다.

① 광고 주체의 자율 규제가 잘 작동될수록 광고에 대한 법적 규제의 역할도 커진다.

② 기업의 이익과 소비자의 이익이 상충하는 정도가 클수록 법적 규제와 자율 규제의 필요성이 약화된다.

③ 시장 독과점 상황이 심각해지면서 기업 책임 부담 원칙이 약화되고 소비자 책임부담 원칙이 부각되었다.

④ 첨단 기술을 강조한 상품의 광고일수록 소비자가 광고 내용을 정확히 이해하지 못한 채 상품을 구매할 가능성이 커진다.

⑤ 광고의 기만성을 입증할 책임을 소비자에게 돌리는 경우, 그 이유는 소비자에게 이성적 판단 능력이 있다는 전제를 받아들이지 않기 때문이다.

※ 다음은 A기업의 동호회 인원 구성을 나타내고 있다. 이어지는 질문에 답하시오. [20~21]

(단위 : 명)

구분	2019년	2020년	2021년	2022년
축구	87	92	114	131
농구	73	77	98	124
야구	65	72	90	117
배구	52	56	87	111
족구	51	62	84	101
등산	19	35	42	67
여행	12	25	39	64
계	359	419	554	715

20 2022년 축구 동호회 인원 증가율이 계속 유지된다고 가정할 때, 2023년 축구 동호회의 인원은?(단, 소수점 첫째 자리에서 반올림한다)

① 149명   ② 150명

③ 151명   ④ 152명

⑤ 153명

21 다음 중 자료에 대한 설명으로 옳은 것은?

① 동호회 인원이 많은 순서로 나열할 때, 매년 그 순위는 변화가 없다.

② 2020 ~ 2022년간 동호회 인원 구성에서 등산이 차지하는 비중은 전년 대비 매년 증가했다.

③ 2020 ~ 2022년간 동호회 인원 구성에서 배구가 차지하는 비중은 전년 대비 매년 증가했다.

④ 2020년 족구 동호회 인원은 2020년 전체 동호회의 평균 인원보다 많다.

⑤ 등산과 여행 동호회 인원의 합은 매년 같은 해의 축구 동호회 인원에 비해 적다.

22 다음 글을 읽고 〈조건〉에 따라 추론할 때, 하나의 조건을 추가하면 조선왕조의궤가 세계기록유산으로 지정된 연도를 알 수 있다고 한다. 다음 중 이 하나의 조건이 될 수 있는 것은?

> UNESCO(국제연합교육과학문화기구)는 세계 여러 나라의 기록물들 가운데 미적·사회적·문화적 가치가 높은 자료들을 선정하여 세계기록유산으로 지정해 왔다. 2010년 기준 UNESCO가 지정한 대한민국의 세계기록유산은 총 7개로 동의보감, 승정원일기, 조선왕조실록, 조선왕조의궤, 직지심체요절, 팔만대장경판, 훈민정음이다. UNESCO는 1997년에 2개, 2001년에 2개, 2007년에 2개, 2009년에 1개를 세계기록유산으로 지정하였다.

〈조건〉

- 조선왕조실록은 승정원일기와 팔만대장경판보다 먼저 지정되었다.
- 훈민정음은 단독으로 지정되지 않았다.
- 직지심체요절은 단독으로 지정되지 않았다.
- 동의보감은 조선왕조의궤보다 먼저 지정되지 않았다.
- 2002년 한·일 월드컵은 승정원일기가 지정된 이후에 개최되었다.
- 직전의 지정이 있은 때로부터 직지심체요절이 지정되기까지의 시간 간격은 가장 긴 간격이 아니었다.

※ 동일 연도에 세계기록유산으로 지정된 기록물들은 같이 지정된 것으로 본다.

① 훈민정음은 2002년 이전에 지정되었다.
② 동의보감은 2002년 이후에 지정되었다.
③ 직지심체요절은 2002년 이전에 지정되었다.
④ 팔만대장경판은 2002년 이후에 지정되었다.
⑤ 팔만대장경판은 동의보감보다 먼저 지정되었다.

23 다음은 2019 ~ 2022년 행정기관들의 고충민원 접수처리 현황이다. 〈보기〉 중 이에 대한 설명으로 옳은 것을 모두 고르면?(단, 소수점 셋째 자리에서 반올림한다)

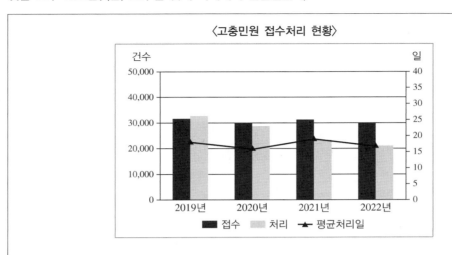

〈고충민원 접수처리 현황〉

〈고충민원 접수처리 항목별 세부현황〉

구분		2019년	2020년	2021년	2022년
접수		31,681	30,038	31,308	30,252
처리		32,737	28,744	23,573	21,080
인용	시정권고	277	257	205	212
	제도개선	0	0	0	0
	의견표명	467	474	346	252
	조정합의	2,923	2,764	2,644	2,567
	소계	3,667	3,495	3,195	3,031
단순안내		12,396	12,378	10,212	9,845
기타처리		16,674	12,871	10,166	8,204
평균처리일		18	16	19	17

─〈보기〉─

ㄱ. 기타처리 건의 전년 대비 감소율은 매년 증가하였다.
ㄴ. 처리 건 중 인용 건의 비율은 2022년이 2019년에 비해 3% 이상 높다.
ㄷ. 처리 건 대비 조정합의 건의 비율은 2020년이 2021년보다 높다.
ㄹ. 평균처리일이 짧은 해일수록 조정합의 대비 의견표명 건의 비율이 높다.

① ㄱ
② ㄴ
③ ㄱ, ㄷ
④ ㄴ, ㄹ
⑤ ㄴ, ㄷ, ㄹ

24 A기업은 적합한 인재를 채용하기 위하여 NCS 기반 능력중심 공개채용을 시행하였고, 평가를 모두 마친 면접자들의 평가점수를 최종 합격자 선발기준에 따라 판단하여 상위자 2명을 최종 합격자로 선정하고자 한다. 다음 중 최종 합격자들로 바르게 짝지어진 것은?

〈최종 합격자 선발기준〉

평가요소	의사소통능력	문제해결능력	조직이해능력	대인관계능력	합계
평가비중	40%	30%	20%	10%	100%

〈면접평가 결과〉

평가요소	A	B	C	D	E
의사소통능력	A^+	A^+	A^+	B^+	C
문제해결능력	B^+	B+5	A^+	B+5	A+5
조직이해능력	A+5	A	C^+	A^+	A
대인관계능력	C	A^+	B^+	C^+	B^++5

※ 등급별 변환 점수 : A^+=100, A=90, B^+=80, B=70, C^+=60, C=50
※ 면접관의 권한으로 등급별 점수에 +5점을 가점할 수 있음

① A, B

② B, C

③ C, D

④ D, E

⑤ A, E

25 다음은 국내 24종류 암에 대한 연령별 암 발생자 수 및 발생률을 나타낸 자료이다. 이에 대한 설명으로 옳지 않은 것을 〈보기〉에서 모두 고르면?

〈연령별 암 발생자 수 및 발생률〉

연령군	발생자 수(명)	발생률(명/10만 명)
합계	214,701	11,132.2
0 ~ 4세	451	19.8
5 ~ 9세	238	10.3
10 ~ 14세	336	13.1
15 ~ 19세	649	19.8
20 ~ 24세	1,092	31.1
25 ~ 29세	2,146	68.6
30 ~ 34세	4,665	122.9
35 ~ 39세	7,125	183.6
40 ~ 44세	12,407	281.3
45 ~ 49세	15,825	361.9
50 ~ 54세	21,487	503.7
55 ~ 59세	25,248	650.3
60 ~ 64세	23,968	882.8
65 ~ 69세	25,016	1,185.9
70 ~ 74세	27,055	1,522.2
75 ~ 79세	23,566	1,741.0
80 ~ 84세	14,730	1,854.6
85세 이상	8,696	1,679.3
연령 미상	1	—

─〈보기〉─

ㄱ. 암 발생자 수는 20 ~ 24세 연령군부터 연령이 높아짐에 따라 지속적으로 증가하다가 75 ~ 79세 연령군에서 처음으로 감소한다.

ㄴ. 45 ~ 49세 연령군의 암 발생률은 10 ~ 14세 연령군 암 발생률의 25배 이상이다.

ㄷ. 35 ~ 39세 연령군의 발생률 대비 발생자 수의 비율은 5 ~ 9세 연령군의 발생률 대비 발생자 수의 비율보다 작다.

ㄹ. 25 ~ 29세 연령군의 조사인구는 65 ~ 69세 연령군 조사인구보다 많다.

① ㄱ, ㄴ   ② ㄱ, ㄷ

③ ㄴ, ㄷ   ④ ㄴ, ㄹ

⑤ ㄷ, ㄹ

26 백혈병에 걸린 아이들을 돕기 위한 자선 축구대회에 한국, 일본, 중국, 미국 대표팀이 초청되었다. 이들은 월요일부터 금요일까지 〈조건〉에 따라 서울, 수원, 인천, 대전 경기장에서 연습을 하게 된다. 다음 중 옳지 않은 것은?

〈조건〉

- 각 경기장에는 한 팀씩 연습하며 기간 동안 연습을 쉬는 팀은 없다.
- 모든 팀은 모든 구장에서 적어도 한 번 이상 연습을 하여야 한다.
- 외국에서 온 팀의 첫 훈련은 공항에서 가까운 수도권 지역에 배정한다.
- 이동거리 최소화를 위해 각 팀은 한 번씩 경기장 한 곳을 이틀 연속해서 사용해야 한다.
- 미국은 월요일과 화요일에 수원에서 연습을 한다.
- 목요일에 인천에서는 아시아 팀이 연습을 할 수 없다.
- 금요일에 중국은 서울에서, 미국은 대전에서 연습을 한다.
- 한국은 인천에서 연속으로 연습을 한다.

① 목요일, 금요일에 연속으로 같은 지역에서 연습하는 팀은 없다.
② 수요일에 대전에서는 일본이 연습을 한다.
③ 대전에는 한국, 중국, 일본, 미국의 순서로 연습을 한다.
④ 한국은 화요일, 수요일에 같은 지역에서 연습을 한다.
⑤ 미국과 일본은 한 곳을 연속해서 사용하는 날이 같다.

27 K스포츠용품 쇼핑몰을 운영하는 귀하는 최근 축구사랑재단으로부터 대량 주문을 접수받았다. 다음 대화를 토대로 거래가 원활히 성사되었다면, 해당 거래에 의한 매출액은 총 얼마인가?

> 구매담당자 : 안녕하세요? 축구사랑재단 구매담당자입니다. 이번에 축구공 기부행사를 진행할 예정이어서 견적을 받아보았으면 합니다. 초등학교 2곳, 중학교 3곳, 고등학교 1곳에 각 용도에 맞는 축구공으로 300개씩 배송했으면 합니다. 그리고 견적서에 배송료 등 기타 비용이 있다면 함께 추가해서 보내주세요.
>
> 귀하 : 네, 저희 쇼핑몰을 이용해 주셔서 감사합니다. 5천만 원 이상의 대량 구매 건에 대해서 전체 주문금액의 10%를 할인하고 있습니다. 또한, 기본 배송료는 5,000원이지만 3천만 원 이상 구매 시 무료 배송을 제공해 드리고 있습니다. 알려주신 정보로 견적서를 보내드리겠습니다. 감사합니다.

〈쇼핑몰 취급 축구공 규격 및 가격〉

구분	3호	4호	5호
무게(g)	300 ~ 320	350 ~ 390	410 ~ 450
둘레(mm)	580	640	680
지름(mm)	180	200	220
용도	8세 이하 어린이용	8 ~ 13세 초등학생용	14세 이상 사용, 시합용
판매가격	25,000원	30,000원	35,000원

① 5,100만 원
② 5,400만 원
③ 5,670만 원
④ 6,000만 원
⑤ 6,100만 원

피보나치 수열은 운명적으로 가장 아름답다는 황금비를 만들어낸다. 황금비는 피라미드, 파르테논 신전이나 다빈치, 미켈란젤로의 작품에서 시작해 오늘날에는 신용카드와 담뱃갑, 종이의 가로와 세로의 비율까지 광범위하게 쓰인다. 이러한 황금비는 태풍과 은하수의 형태, 초식동물의 뿔, 바다의 파도에도 있다. 배꼽을 기준으로 한 사람의 상체와 하체, 목을 기준으로 머리와 상체의 비율도 황금비이다. 이런 사례를 찾다 보면 우주가 피보나치 수열의 장난으로 만들어졌는지도 모른다는 생각까지 든다.

피보나치 수열은 12세기 말 이탈리아 천재 수학자 레오나르도 피보나치가 제안했다. 한 쌍의 토끼가 계속 새끼를 낳을 경우 몇 마리로 불어나는가를 숫자로 나타낸 것이 이 수열인 것이다. 이 수열은 앞서 나오는 두 개의 숫자의 합이다. 1, 1, 1+1=2, 1+2=3, 2+3=5, 3+5=8, 5+8=13, 8+13=21, 13+21=34, 21+34=55, 34+55 =89 … 이처럼 계속 수열을 만들어가는 것이다.

우리 주변의 꽃잎을 세어보면 거의 모든 꽃잎이 3장, 5장, 8장, 13장 … 으로 되어 있다. 백합과 붓꽃은 꽃잎이 3장, 채송화・패랭이・동백・야생장미는 5장, 모란・코스모스는 8장, 금불초와 금잔화는 13장이다. 과꽃과 치커리는 21장, 질경이와 데이지는 34장, 쑥부쟁이는 종류에 따라 55장과 89장이다. 모두 피보나치 숫자인 것이다.

피보나치 수열은 해바라기나 데이지 꽃 머리의 씨앗 배치에도 존재한다. 해바라기 씨앗이 촘촘히 박혀 있는 꽃 머리를 유심히 보면 최소의 공간에 최대의 씨앗을 배치하기 위한 '최적의 수학적 해법'으로 꽃이 피보나치 수열을 선택한다는 것을 알 수 있다. 씨앗은 꽃 머리에서 왼쪽과 오른쪽 두 개의 방향으로 엇갈리게 나선 모양으로 자리 잡는다. 데이지 꽃 머리에는 서로 다른 34개와 55개의 나선이 있고, 해바라기 꽃 머리에는 55개와 89개의 나선이 있다.

피보나치 수열은 식물의 잎차례에도 잘 나타나 있다. 잎차례는 줄기에서 잎이 나와 배열하는 방식으로 t/n로 표시한다. t번 회전하는 동안 잎이 n개 나오는 비율이 참나무・벚꽃・사과는 $\frac{2}{5}$이고, 포플러・장미・배・버드나무는 $\frac{3}{8}$, 갯버들과 아몬드는 $\frac{5}{13}$이다. 모두 피보나치 숫자로 전체 식물의 90%가 피보나치 수열의 잎차례를 따르고 있다. 이처럼 잎차례가 피보나치 수열을 따르는 것은 잎이 바로 위의 잎에 가리지 않고, 햇빛을 최대한 받을 수 있는 최적의 수학적 해법이기 때문이다.

예전에는 식물의 DNA가 피보나치 수열을 만들어낸다고 생각했다. 그러나 요즘에는 식물이 새로 자라면서 환경에 적응해 최적의 성장 방법을 찾아가는 과정에서 자연스럽게 피보나치 수열이 형성된다고 생각하는 학자들이 많아졌다. 최근 들어 생물뿐만 아니라 전하를 입힌 기름방울을 순서대로 떨어뜨려도 해바라기 씨앗처럼 퍼진다는 사실이 밝혀졌다. 이처럼 피보나치 수열과 이 수열이 만들어내는 황금비는 생물은 물론 자연과 우주 어디에나 숨어 있다.

28 다음 중 윗글의 내용으로 적절하지 않은 것은?

① 꽃잎과 식물의 잎에서 피보나치 수열을 찾을 수 있으며, 이 수열은 피라미드, 신용카드 등에 나타나는 황금비를 만들어 낸다.

② 해바라기 꽃 머리를 보면 최소의 공간에 최대의 씨앗이 배치될 수 있도록 피보나치 수열을 선택했음을 알 수 있다.

③ 식물의 잎차례에도 피보나치 수열이 잘 나타나며, 모든 식물의 잎차례는 이 수열을 따르고 있다.

④ 식물의 잎차례는 햇빛을 최대한 받을 수 있도록 피보나치 수열을 따르고 있다.

⑤ 학자들은 식물이 환경에 적응하기 위해 최적의 성장 방법을 찾아가는 과정에서 이 수열이 형성된다고 생각한다.

29 다음 중 윗글의 제목으로 가장 적절한 것은?

① 일상 생활 속에서 광범위하게 사용되는 황금비

② 피보나치 수열의 정의와 형성 원리

③ 피보나치 수열에 대한 학자들의 기존 입장과 새롭게 밝혀진 원리

④ 식물에서 찾아볼 수 있는 피보나치 수열

⑤ 잎차례가 피보나치 수열을 따르는 이유

30 오전 7시에 새마을호와 KTX가 동시에 서울역에서 출발한다. 새마을호는 18분마다, KTX는 15분마다 출발할 때, 두 열차가 동시에 출발하는 다음 정각 시각은?

① 오전 9시   ② 오전 10시
③ 오후 1시   ④ 오후 2시
⑤ 오후 3시

31 A ~ F의 여섯 나라가 있다. A국은 가능하면 다른 나라들을 침공하여 합병하고자 하지만 다음과 같은 〈조건〉이 있어 고민하고 있다. 이 경우 A국이 최대한으로 합병할 수 있는 나라를 모두 고르면?

───────〈조건〉───────
- B국과 C국은 서로 적대적이어서 연합할 수 없다.
- C국과 F국은 서로 적대적이어서 연합할 수 없다.
- D국과 F국은 서로 적대적이어서 연합할 수 없다.
- 세 나라가 연합하여야 다른 나라를 침공할 수 있다.
- 다른 나라에 의해 침공 받는 나라는 연합할 수 있는 나라가 있으면 최대한 연합하며, 두 나라가 연합할 경우 침공을 막을 수 있다.
- F국과 연합한 나라는 D국을 침공할 수 없다.
- E국은 중립국으로 어느 나라와도 연합하지 않고 또한 다른 나라가 침공할 수 없다.

① B   ② C
③ F   ④ B, F
⑤ C, F

32 다음 글을 근거로 판단할 때, 〈보기〉의 갑과 을 사업이 각각 받아야 하는 평가의 수는?

- A평가

  평가의 대상은 총사업비가 500억 원 이상인 사업 중 중앙정부의 재정지원(국비) 규모가 300억 원 이상인 신규사업으로 건설공사가 포함된 사업, 정보화·국가연구개발 사업, 사회복지·보건·교육·노동·문화·관광·환경보호·농림·해양수산·산업·중소기업 분야의 사업이다.

  단, 법령에 따라 설치하거나 추진하여야 하는 사업, 공공청사 신·증축사업, 도로·상수도 등 기존 시설의 단순개량 및 유지보수사업, 재해예방 및 복구지원 등으로 시급한 추진이 필요한 사업은 평가 대상에서 제외된다.

  ※ 법령 : 국회에서 제정한 법률과 행정부에서 제정한 명령(대통령령·총리령·부령)을 의미한다.

- B평가

  신규사업의 시행이 환경에 미치는 영향을 미리 조사·예측·평가하는 것이다. 평가 대상은 도시개발사업, 도로건설사업, 철도건설사업(도시철도 포함), 공항건설사업이다.

- C평가

  대량의 교통수요를 유발할 우려가 있는 신규사업을 시행할 경우, 미리 주변지역의 교통체계에 미치는 제반 영향을 분석·평가하여 이에 따른 대책을 강구하는 평가이다. 평가의 대상은 다음과 같다.

종류	기준
도시개발사업	부지면적 10만m^2 이상
철도건설사업	정거장 1개소 이상, 총길이 5km 이상

〈보기〉

- 갑 사업 : ○○광역시가 시행 주체가 되어 추진하는 부지면적 12만 5천m^{2}에 보금자리주택을 건설하는 신규 도시개발사업으로, 총사업비 520억 원 중 100억 원을 국비로, 420억 원을 시비로 조달함
- 을 사업 : 최근 국회에서 제정한 '△△광역시 철도건설특별법률'에 따라 △△광역시에 정거장 7개소, 총길이 18km의 철도를 건설하는 신규사업으로, 총사업비 4,300억 원을 전액 국비로 지원받음

	갑 사업	을 사업
①	2	2
②	2	3
③	3	1
④	3	2
⑤	3	3

33 다음 중 정수장 수질검사 현황에 대해 적절한 말을 한 사람은?

<정수장 수질검사 현황>

급수 지역	항목						검사결과	
	일반세균 100 이하 (CFU/mL)	대장균 불검출 (수/100mL)	NH3-N 0.5 이하 (mg/L)	잔류염소 4.0 이하 (mg/L)	구리 1 이하 (mg/L)	망간 0.05 이하 (mg/L)	적합	기준 초과
함평읍	0	불검출	불검출	0.14	0.045	불검출	적합	없음
이삼읍	0	불검출	불검출	0.27	불검출	불검출	적합	없음
학교면	0	불검출	불검출	0.13	0.028	불검출	적합	없음
엄다면	0	불검출	불검출	0.16	0.011	불검출	적합	없음
나산면	0	불검출	불검출	0.12	불검출	불검출	적합	없음

① A사원 : 함평읍의 잔류염소는 가장 낮은 수치를 보였고, 기준치에 적합하네.
② B사원 : 모든 급수지역에서 일반세균이 나오지 않았어.
③ C사원 : 기준치를 초과한 곳은 없지만 적합하지 않은 지역은 있어.
④ D사원 : 대장균과 구리가 검출되면 부적합 판정을 받네.
⑤ E사원 : 구리가 검출되지 않은 곳은 세 곳이야.

34 A회사에 재직 중인 노민찬 대리는 9월에 결혼을 앞두고 있다. 다음 <조건>을 참고할 때, 노민찬 대리의 결혼 날짜로 가능한 날은?

──────────────〈조건〉──────────────
• 9월은 1일부터 30일까지이며, 9월 1일은 금요일이다.
• 9월 30일부터 추석 연휴가 시작되고 추석 연휴 이틀 전엔 노민찬 대리가 주관하는 회의가 있다.
• 노민찬 대리는 결혼식을 한 다음날 8박 9일간 신혼여행을 간다.
• 회사에서 신혼여행으로 주는 휴가는 5일이다.
• 노민찬 대리는 신혼여행과 겹치지 않도록 매주 수요일 3주간 연속 치과 진료가 예약되어 있다.
• 신혼여행에서 돌아오는 날 부모님 댁에서 하루 자고, 그 다음날 출근할 예정이다.

① 9월 1일   ② 9월 2일
③ 9월 22일   ④ 9월 23일
⑤ 9월 29일

35 다음 글의 논지를 약화시킬 수 있는 내용으로 가장 적절한 것은?

온갖 사물이 뒤섞여 등장하는 사진들에서 고양이를 틀림없이 알아보는 인공지능이 있다고 해 보자. 그러한 식별 능력은 고양이 개념을 이해하는 능력과 어떤 관계가 있을까? 고양이를 실수 없이 가려내는 능력이 고양이 개념을 이해하는 능력의 필요충분조건이라고 할 수 있을까?

먼저, 인공지능이든 사람이든 고양이 개념에 대해 이해하면서도 영상 속의 짐승이나 사물이 고양이인지 정확히 판단하지 못하는 경우는 있을 수 있다. 예를 들어, 누군가가 전형적인 고양이와 거리가 먼 희귀한 외양의 고양이를 보고 "좀 이상하게 생긴 족제비로군요."라고 말했다고 해 보자. 이것은 틀린 판단이지만, 그렇다고 그가 고양이 개념을 이해하지 못하고 있다고 평가하는 것은 부적절한 일일 것이다.

이번에는 다른 예로 누군가가 영상자료에서 가을에 해당하는 장면들을 실수 없이 가려낸다고 해 보자. 그는 가을 개념을 이해하고 있다고 보아야 할까? 그 장면들을 실수 없이 가려낸다고 해도 그가 가을이 적잖은 사람들을 왠지 쓸쓸하게 하는 계절이라든가, 농경문화의 전통에서 수확의 결실이 있는 계절이라는 것, 혹은 가을이 지구 자전축의 기울기와 유관하다는 것 등을 반드시 알고 있는 것은 아니다. 심지어 가을이 지구의 1년을 넷으로 나눈 시간 중 하나를 가리킨다는 사실을 모르고 있을 수도 있다. 만일 가을이 여름과 겨울 사이에 오는 계절이라는 사실조차 모르는 사람이 있다면 우리는 그가 가을 개념을 이해하고 있다고 인정할 수 있을까? 그것은 불합리한 일일 것이다.

가을이든 고양이든 인공지능이 그런 개념들을 충분히 이해하는 것은 영원히 불가능하다고 단언할 이유는 없다. 하지만 우리가 여기서 확인한 점은 개념의 사례를 식별하는 능력이 개념을 이해하는 능력을 함축하는 것은 아니고, 그 역도 마찬가지라는 것이다.

① 인간 개념과 관련된 모든 지식을 가진 사람은 아무도 없겠지만 우리는 대개 인간과 인간 아닌 존재를 어렵지 않게 구별할 줄 안다.

② 어느 정도의 훈련을 받은 사람은 병아리의 암수를 정확히 감별하지만 그렇다고 암컷과 수컷 개념을 이해하고 있다고 볼 이유는 없다.

③ 자율주행 자동차에 탑재된 인공지능이 인간 개념을 이해하고 있지 않다면 동물 복장을 하고 횡단보도를 건너는 인간 보행자를 인간으로 식별하지 못한다.

④ 정육면체 개념을 이해할 리가 없는 침팬지도 다양한 형태의 크고 작은 상자들 가운데 정육면체 모양의 상자에만 숨겨둔 과자를 족집게같이 찾아낸다.

⑤ 10월 어느 날 남반구에서 북반구로 여행을 간 사람이 그곳의 계절을 봄으로 오인한다고 해서 그가 봄과 가을의 개념을 잘못 이해하고 있다고 할 수는 없다.

36 다음 글과 S시의 도로명 현황을 근거로 판단할 때, S시에서 발견될 수 있는 도로명은?

도로명의 구조는 일반적으로 두 개의 부분으로 나누어지는데 앞부분을 전부요소, 뒷부분을 후부요소라고 한다. 전부요소는 대상물의 특성을 반영하여 이름붙인 것이며 다른 곳과 구분하기 위해 명명된 부분이다. 즉, 명명의 배경이 반영되어 성립된 요소로 다양한 어휘가 사용된다. 후부요소로는 '로, 길, 골목'이 많이 쓰인다. 그런데 도로명은 전부요소와 후부요소만 결합한 기본형이 있고, 후부요소에 다른 요소가 첨가된 확장형이 있다. 확장형은 후부요소에 '1, 2, 3, 4…' 등이 첨가된 일련번호형과 '동, 서, 남, 북, 좌, 우, 윗, 아래, 앞, 뒷, 사이, 안, 중앙' 등의 어휘들이 첨가된 방위형이 있다.

〈S시의 도로명 현황〉

S시의 도로명을 모두 분류한 결과, 도로명의 전부요소로는 한글고유어보다 한자어가 더 많이 발견되었고, 기본형보다 확장형이 많이 발견되었다. 확장형의 후부요소로는 일련번호형이 많이 발견되었고, 일련번호는 '로'와만 결합되었다. 그리고 방위형은 '골목'과만 결합되었으며 사용된 어휘는 '동, 서, 남, 북'으로만 한정되었다.

① 행복1가
② 대학2로
③ 국민3길
④ 덕수궁뒷길
⑤ 꽃동네중앙골목

37 다음 〈조건〉을 바탕으로 추론한 〈보기〉에 대한 설명으로 옳은 것은?

〈조건〉
- A, B, C, D, E가 차례대로 있는 1 ~ 5번 방에 들어가 있다.
- A와 B 사이의 간격과 B와 E 사이의 간격은 같다.
- D는 E보다 오른쪽 방에 있다.
- A는 가장 왼쪽의 1번 방에 있다.

〈보기〉
A : E는 C보다 왼쪽에 있다.
B : B, E, C는 차례대로 옆방에 붙어있다.

① A만 옳다.
② B만 옳다.
③ A, B 모두 옳다.
④ A, B 모두 틀리다.
⑤ A, B 모두 옳은지 틀린지 판단할 수 없다.

※ 다음은 K공사 환경관리팀에 근무하고 있는 B사원이 본사 관람을 오는 고등학생들을 위해 준비한 에너지 강의 중 '지구온난화'와 관련된 유인물이다. 이어지는 질문에 답하시오. [38~39]

- 지구온난화 현상(Global Warming)이란?

  지난 100년간 지구의 평균온도는 점점 증가하는 추세를 보이면서 지구온난화(Global Warming) 현상이 나타나고 있다. 이것은 이산화탄소(CO_2) 등과 같은 온실가스(Greenhouse Gas)의 증가로 인해 대기의 기온이 상승하는 온실효과(Greenhouse Effect)에 의한 것으로, 지구의 자동온도조절능력(Natural Temperature Control System)이 위기를 맞고 있음을 보여준다.

  이러한 기후변화는 기상이변, 해수면 상승 등을 초래하여 사회・경제 분야에 지대한 영향을 끼치고 있다.

- 우리가 지구환경 속에서 쾌적하게 살아갈 수 있는 이유는 무엇일까?

  대기 중 이산화탄소 등의 온실가스가 온실의 유리처럼 작용하여 지구표면의 온도를 일정하게 유지하기 때문이다. 지구가 평균온도 15℃를 유지할 수 있는 것도 대기 중에 존재하는 일정량의 온실가스에 의한 것으로, 이러한 온실효과가 없다면 지구의 평균온도는 −18℃까지 내려가 생명체는 살 수 없게 된다.

  그러나 지구온난화를 일으키는 물질들이 지난 100년에 걸쳐 증가하면서 인류는 기후변화라는 전 세계적인 문제에 직면하게 되었다.

  즉, 삼림벌채 등에 의하여 자연의 자정능력이 약화되고, 산업 발전에 따른 화석연료의 사용량 증가로 인해 인위적으로 발생되는 이산화탄소의 양이 늘어나고 있다.

  이로 인해 두터운 온실이 형성되어 온실효과가 심화되었고 지구의 평균온도가 올라가는 지구온난화 현상이 나타나고 있는 것이다.

- 온실효과 메커니즘

  ① 태양에서 지구로 오는 빛에너지 중에서 약 34%는 구름이나 먼지 등에 의해 반사되고, 지표면에는 44% 정도만 도달한다.

  ② 지구는 태양으로부터 받은 이 에너지를 파장이 긴 적외선으로 방출하는데, 이산화탄소 등의 온실가스가 적외선 파장의 일부를 흡수한다.

  ③ 적외선을 흡수한 이산화탄소 내의 탄소 분자는 들뜬 상태가 되고, 안정상태를 유지하기 위해 에너지를 방출하는데, 이 에너지로 인해 지구가 따뜻해진다.

38 다음 중 윗글에 대한 설명으로 적절하지 않은 것은?

① 기후변화는 자연에만 영향을 미치는 것이 아니라 사회·경제 분야에도 지대한 영향을 미친다.

② 지구의 평균온도가 $-18℃$까지 내려가면 생명체는 살 수 없다.

③ 지구온난화 현상의 원인은 온실가스로 이는 100년 전에는 없던 물질이다.

④ 삼림벌채 등에 의하여 자연의 자정능력이 약화된 것도 이산화탄소 증가의 원인 중 하나이다.

⑤ 인위적으로 발생하는 온실가스의 양이 증가됨에 따라 두터운 온실이 형성되었다.

39 다음 중 온실효과 메커니즘에서 흡수하는 에너지의 종류를 바르게 나열한 것은?

	지구	온실가스
①	적외선	이산화탄소
②	빛에너지	탄소
③	적외선	열에너지
④	빛에너지	적외선
⑤	빛에너지	탄소

40 다음 글의 논지를 약화하는 내용으로 가장 적절한 것은?

> 과학 연구는 많은 자원을 소비하지만 과학 연구에 사용할 수 있는 자원은 제한되어 있다. 따라서 우리는 '제한된 자원을 서로 경쟁적인 관계에 있는 연구 프로그램들에 어떻게 배분하는 것이 옳은가?'라는 물음에 직면한다. 이 물음에 대해 생각해 보기 위해 상충하는 두 연구 프로그램 A와 B가 있다고 해보자. 현재로서는 A가 B보다 유망해 보이지만 어떤 것이 최종적으로 성공하게 될지 아직 아무도 모른다. 양자의 관계를 고려하면, A가 성공하고 B가 실패하거나, A가 실패하고 B가 성공하거나, 아니면 둘 다 실패하거나 셋 중 하나이다. 합리적 관점에서 보면 A와 B가 모두 작동할 수 있을 정도로, 그리고 그것들이 매달리고 있는 문제가 해결될 확률을 극대화하는 방향으로 자원을 배분해야 한다. 그렇게 하려면 자원을 어떻게 배분해야 할까?
> 이 물음에 답하려면 구체적인 사항들에 대한 세세한 정보가 필요하겠지만, 한 쪽에 모든 자원을 투입하고 다른 쪽에는 아무 것도 배분하지 않는 것은 어떤 경우에도 현명한 방법이 아니다. 심지어 A가 B보다 훨씬 유망해 보이는 경우라도 A만 선택하여 지원하는 '선택과 집중' 전략보다는 '나누어 걸기' 전략이 더 바람직하다. 이유는 간단하다. 현재 유망한 연구 프로그램이 쇠락의 길을 걷게 될 수도 있고 반대로 현재 성과가 미미한 연구 프로그램이 얼마 뒤 눈부신 성공을 거둘 가능성이 있기 때문이다. 따라서 현명한 사회에서는 대부분의 자원을 A에 배분하더라도 적어도 어느 정도의 자원은 B에 배분할 것이다. 다른 조건이 동일하다고 가정하면, 현재 시점에서 평가된 각 연구 프로그램의 성공 확률에 비례하는 방식으로 자원을 배분하는 것이 합리적일 것이다. 이런 원칙은 한 영역에 셋 이상 다수의 상충하는 연구 프로그램이 경쟁하고 있는 경우에도 똑같이 적용될 수 있다. 물론 적절한 주기로 연구 프로그램을 평가하여 자원 배분의 비율을 조정하는 일은 잊지 않아야 한다.

① '선택과 집중' 전략은 기업의 투자 전략으로 바람직하지 않다.

② 연구 프로그램들에 대한 현재의 비교 평가 결과는 몇 년 안에 확연히 달라질 수도 있다.

③ 상충하는 연구 프로그램들이 모두 작동하기 위해서는 배분 가능한 것 이상의 자원이 필요한 경우가 발생할 수 있다.

④ 연구 프로그램이 아무리 많다고 하더라도 그것들 중에 최종적으로 성공하게 되는 것이 하나도 없을 가능성이 존재한다.

⑤ 과학 연구에 투입되는 자원의 배분은 사회의 성패와 관련된 것이므로 한 사람이나 몇몇 사람의 생각으로 결정해서는 안 된다.

41 다음 글을 옵트인 방식을 도입하자는 주장에 대한 근거로 사용할 때, 적절하지 않은 것은?

> 스팸 메일 규제와 관련한 논의는 스팸 메일 발송자의 표현의 자유와 수신자의 인격권 중 어느 것을 우위에 둘 것인가를 중심으로 전개되어 왔다. 스팸 메일의 규제 방식은 옵트인(Opt-in) 방식과 옵트아웃(Opt-out) 방식으로 구분된다. 전자는 광고성 메일을 금지하지는 않되 수신자의 동의를 받아야만 발송할 수 있게 하는 방식으로, 영국 등 EU 국가들에서 시행하고 있다. 그러나 이 방식은 수신 동의 과정에서 발송자와 수신자 양자에게 모두 비용이 발생하며, 시행 이후에도 스팸 메일이 줄지 않았다는 조사 결과도 나오고 있어 규제 효과가 크지 않을 수 있다.
>
> 반면, 옵트아웃 방식은 일단 스팸 메일을 발송할 수 있게 하되, 수신자가 이를 거부하면 이후에는 메일을 재 발송할 수 없도록 하는 방식으로 미국에서 시행되고 있다. 그런데 이러한 방식은 스팸 메일과 일반적 광고 메일의 선별이 어렵고, 수신자가 수신 거부를 하는 데 따르는 불편과 비용을 초래하며 불법적으로 재발송되는 메일을 통제하기 힘들다. 또한, 육체적·정신적으로 취약한 청소년들이 스팸 메일에 무차별적으로 노출되어 피해를 입을 수 있다.

① 옵트아웃 방식을 사용한다면 수신자가 수신 거부를 하는 것이 더 불편해질 것이다.

② 옵트인 방식은 수신에 동의하는 데 따르는 수신자의 경제적 손실을 막을 수 있다.

③ 옵트아웃 방식을 사용한다면 재발송 방지가 효과적으로 이루어지지 않을 것이다.

④ 옵트인 방식은 수신자 인격권 보호에 효과적이다.

⑤ 날로 수법이 교묘해져가는 스팸 메일을 규제하기 위해서 수신자 사전 동의를 받아야 하는 옵트인 방식을 채택하는 것이 효과적이다.

42 다음 글의 논지로 가장 적절한 것은?

베블런에 의하면 사치품 사용 금기는 전근대적 계급에 기원을 두고 있다. 즉, 사치품 소비는 상류층의 지위를 드러내는 과시소비이기 때문에 피지배계층이 사치품을 소비하는 것은 상류층의 안락감이나 쾌감을 손상한다는 것이다. 따라서 상류층은 사치품을 사회적 지위 및 위계질서를 나타내는 기호(記號)로 간주하여 피지배계층의 사치품 소비를 금지했다. 또한 베블런은 사치품의 가격 상승에도 그 수요가 줄지 않고 오히려 증가하는 이유는 사치품의 소비를 통하여 사회적 지위를 과시하려는 상류층의 소비행태 때문이라고 주장했다.

그러나 소득 수준이 높아지고 대량 생산에 의해 물자가 넘쳐흐르는 현대 대중사회에서 서민들은 과거 왕족들이 쓰던 물건들을 일상생활 속에서 쓰고 있고 유명한 배우가 쓰는 사치품도 쓸 수 있다. 모든 사람들이 명품을 살 수 있는 돈을 갖고 있을 때 명품의 사용은 더 이상 상류층을 표시하는 기호가 될 수 없다. 따라서 새로운 사회의 도래는 베블런의 과시소비이론으로 설명하기 어려운 소비행태를 가져왔다. 이때 상류층이 서민들과 구별될 수 있는 방법은 오히려 아래로 내려가는 것이다. 현대의 상류층에게는 차이가 중요한 것이지 사물 그 자체가 중요한 것이 아니기 때문이다. 월급쟁이 직원이 고급 외제차를 타면 사장은 소형 국산차를 타는 것이 그 예이다.

이와 같이 현대의 상류층은 고급, 화려함, 낭비를 과시하기보다 서민들처럼 소박한 생활을 한다는 것을 과시한다. 이것은 두 가지 효과가 있다. 사치품을 소비하는 서민들과 구별된다는 점이 하나이고, 돈 많은 사람이 소박하고 겸손하기까지 하여 서민들에게 친근감을 준다는 점이 다른 하나이다.

그러나 그것은 극단적인 위세의 형태일 뿐이다. 뽐냄이 아니라 남의 눈에 띄지 않는 겸손한 태도와 검소함으로 자신을 한층 더 드러내는 것이다. 이런 행동들은 결국 한층 더 심한 과시이다. 소비하기를 거부하는 것이 소비 중에서도 최고의 소비가 된다. 다만 그들이 언제나 소형차를 타는 것은 아니다. 차별화해야 할 아래 계층이 없거나 경쟁 상대인 다른 상류층 사이에 있을 때 그들은 마음 놓고 경쟁적으로 고가품을 소비하며 자신을 마음껏 과시한다. 현대사회에서 소비하지 않기는 고도의 교묘한 소비이며, 그것은 상류층의 표시가 되었다. 그런 점에서 상류층을 따라 사치품을 소비하는 서민층은 순진하다고 하지 않을 수 없다.

① 현대의 상류층은 낭비를 지양하고 소박한 생활을 지향함으로써 서민들에게 친근감을 준다.
② 현대의 서민들은 상류층을 따라 겸손한 태도로 자신을 한층 더 드러내는 소비행태를 보인다.
③ 현대의 상류층은 그들이 접하는 계층과는 무관하게 절제를 통해 자신의 사회적 지위를 과시한다.
④ 현대에 들어와 위계질서를 드러내는 명품을 소비하면서 과시적으로 소비하는 새로운 행태가 나타났다.
⑤ 현대의 상류층은 사치품을 소비하는 것뿐만 아니라 소비하지 않기를 통해서도 자신의 사회적 지위를 과시한다.

43 다음 〈조건〉에 따라 오피스텔 입주민들이 쓰레기를 배출한다고 할 때, 옳지 않은 것은?

─〈조건〉─
- 5개 동 주민들은 모두 다른 날에 쓰레기를 버린다.
- 쓰레기 배출은 격일로 이루어진다.
- 5개 동 주민들은 A동, B동, C동, D동, E동 순서대로 쓰레기를 배출한다.
- 규칙은 A동이 첫째 주 일요일에 쓰레기를 배출하는 것으로 시작한다.

① A동과 E동은 같은 주에 쓰레기를 배출할 수 있다.
② 10주 차 일요일에는 A동이 쓰레기를 배출한다.
③ A동은 모든 요일에 쓰레기를 배출한다.
④ 2주에 걸쳐 쓰레기를 2회 배출할 수 있는 동은 두 개 동이다.
⑤ B동이 처음으로 수요일에 쓰레기를 버리는 주는 8주 차이다.

44 중소기업의 생산 관리팀에서 근무하고 있는 귀하는 총생산비용의 감소율을 30%로 설정하려고 한다. 1단위 생산 시 단계별 부품 단가가 다음과 같을 때, ⓐ+ⓑ의 값은?

단계	부품 1단위 생산 시 투입 비용(원)	
	개선 전	개선 후
1단계	4,000	3,000
2단계	6,000	ⓐ
3단계	11,500	ⓑ
4단계	8,500	7,000
5단계	10,000	8,000

① 4,000원
② 6,000원
③ 8,000원
④ 10,000원
⑤ 12,000원

45 약사인 L씨는 개인약국을 개업하기 위해 부동산을 통하여 시세를 알아보았다. 리모델링이 필요할 경우 100 평당 5백만 원의 추가 비용이 들며, 개업 후 한 달 동안 입점해 있는 병원 1곳당 초기 입점 비용의 3%의 이윤이 기대된다. A~E 다섯 상가의 입점조건이 다음과 같을 때, 어느 곳에 입점하는 것이 가장 이득이겠는 가?(단, 최종 비용은 초기 입점 비용과 한 달간의 이윤을 고려하여 결정하며 최종 비용이 가장 적은 곳에 입점한다)

구분	매매가	중개 수수료율	평수	리모델링 필요 여부	병원 입점 여부
A	9억 2천만 원	0.6%	200평	×	2곳
B	8억 8천만 원	0.7%	200평	○	3곳
C	9억 원	0.5%	180평	×	1곳
D	9억 5천만 원	0.6%	210평	×	1곳
E	8억 7천만 원	0.7%	150평	○	2곳

※ 초기 입점 비용 : (매매가)+(중개 수수료)+(리모델링 비용)

① A   ② B

③ C   ④ D

⑤ E

46 그루터기 동아리 다섯 학생이 주말을 포함한 일주일 동안 각자 하루를 골라 봉사를 하러 간다. 다음 〈조건〉 을 바탕으로 항상 참이 아닌 것은?(단, 일주일의 시작은 월요일이고, 끝은 일요일이라고 가정한다)

― 〈조건〉 ―
(가) 다섯 학생 A~E는 일주일 동안 정해진 요일에 혼자서 봉사를 하러 간다.
(나) A는 B보다 앞서 봉사를 하러 간다.
(다) E는 C가 봉사를 다녀오고 이틀 후에 봉사를 하러 간다.
(라) B와 D는 평일에 봉사를 하러 간다.
(마) C는 목요일에 봉사를 하러 가지 않는다.
(바) A는 월요일, 화요일 중에 봉사를 하러 간다.

① B가 화요일에 봉사를 하러 간다면 토요일에 봉사를 하러 가는 사람은 없다.
② D가 금요일에 봉사를 하러 간다면 다섯 명은 모두 평일에 봉사를 하러 간다.
③ D가 A보다 빨리 봉사를 하러 간다면 B는 금요일에 봉사를 하러 가지 않는다.
④ E가 수요일에 봉사를 하러 간다면 토요일에 봉사를 하러 가는 사람이 있다.
⑤ C가 A보다 빨리 봉사를 하러 간다면 D는 목요일에 봉사를 하러 갈 수 있다.

47 H공사 인사관리부에서 근무하는 W대리는 2박 3일간 실시하는 신입사원 연수에 대한 기획안과 예산안을 작성해 제출해야 한다. 그중 식사에 대한 예산을 측정하기 위해 연수원에서 다음과 같이 메뉴별 가격 및 안내문을 받았다. 신입사원은 총 50명이지만 이 중 15명은 둘째 날 오전 7시에 후발대로 도착할 예정이다. 예산을 최대 금액으로 편성하려 할 때, 다음 중 W대리가 식사비 예산으로 측정할 금액은?

〈메뉴〉

정식 ·· 9,000원
일품 ·· 8,000원
스파게티 ··································· 7,000원
비빔밥 ······································ 5,000원
낙지덮밥 ··································· 6,000원

〈안내문〉

- 식사시간 : (조식) 08:00 ~ 09:00 / (중식) 12:00 ~ 13:00 / (석식) 18:00 ~ 19:00
- 편의를 위하여 도착 후 첫 식사인 중식은 정식, 셋째 날 마지막 식사인 조식은 일품으로 통일한다.
- 나머지 식사는 정식과 일품을 제외한 메뉴에서 자유롭게 선택한다.

① 1,820,000원
② 1,970,000원
③ 2,010,000원
④ 2,025,000원
⑤ 2,070,000원

4차 산업혁명 열풍은 제조업을 넘어, 농축산업, 식품, 유통, 의료 서비스 등 업종에 관계없이 모든 곳으로 퍼져나가고 있으며 에너지 분야도 4차 산업혁명을 통해 기술의 진보와 새로운 비즈니스 영역을 개척할 수 있을 것으로 기대하고 있다.

사실 에너지는 모든 밸류체인에서 4차 산업혁명에 가장 근접해 있다. 자원개발에서는 초음파 등을 이용한 탐지기술과 지리정보 빅데이터를 이용한 분석, 설비 건설에서는 다양한 설계 및 시뮬레이션 툴이 동원된다. 자원 채광 설비와 발전소, 석유화학 플랜트에 들어가는 수만 개의 장비들은 센서를 부착하고 산업용 네트워크를 통해 중앙제어실과 실시간으로 소통한다.

원자력 발전소를 사례로 들어보면 원자력 발전소에는 수백 km에 달하는 배관과 수만 개의 밸브, 계량기, 펌프, 전기 기기들이 있다. 그리고 그 어느 시설보다 안전이 중요한 만큼 기기 및 인명 안전 관련 센서들도 셀 수 없다. 이를 사람이 모두 관리하고 제어하는 것은 사실상 불가능하다. 원전 종사자들이 매일 현장 순찰을 돌고 이상이 있을 시 정지 등 조치를 취하지만, 대다수의 경우 설비에 이상신호가 발생하면 기기들은 스스로 판단해 작동을 멈춘다. 원전 사례에서 볼 수 있듯이 에너지 설비 운영 부문은 이미 다양한 4차 산업혁명 기술이 사용되고 있다. 그런데도 에너지 4차 산업혁명이 계속 언급되고 있는 것은 그 분야를 설비관리를 넘어 새로운 서비스 창출로까지 확대하기 위함이다.

최근 나주 에너지밸리에서는 드론을 활용해 전신주 전선을 점검하는 모습이 시연됐다. 이 드론은 정부 사업인 '시장 창출형 로봇보급사업'으로 만들어진 것으로 드론과 광학기술을 접목해 산이나 하천 등 사람이 접근하기 힘든 곳의 전선 상태를 확인하기 위해 만들어졌다. 드론은 GPS 경로를 따라 전선 위를 자율비행하면서 고장 부위를 찾는다. 전선 점검 이외에도 드론은 에너지 분야에서 매우 광범위하게 사용되는 아이템이다. 발전소의 굴뚝과 같은 고소설비와 위험지역, 사각지대 등 사람이 쉽게 접근할 수 없는 곳을 직접 확인하고, 고성능·열화상 카메라를 달아 고장 및 화재 위험을 미리 파악하는 등 다양한 활용 사례가 개발되고 있다.

가상현실은 엔지니어 교육 분야에서 각광받는 기술이다. 에너지 분야는 중장비와 전기설비 및 화학약품 등을 가까이 하다 보니 항상 사상사고의 위험을 안고 있다. 때문에 현장 작업자 교육에서는 첫째도 둘째도 안전을 강조한다. 최근에는 현장 작업 시뮬레이션을 3D 가상현실 기술로 수행하려는 시도가 진행되고 있다. 발전소, 변전소 등 현장의 모습을 그대로 3D 모델링한 가상현실 체험으로 복잡한 도면을 해석하거나 숙지할 필요가 없어 훨씬 직관적으로 업무를 할 수 있다. 작업자들은 작업에 앞서, 실제 현장에서 수행해야 할 일들을 미리 점검해 볼 수 있다.

에너지 4차 산업혁명은 큰 변화를 몰고 올 것으로 예상되고 있지만, 그 시작은 매우 사소한 일상생활의 아이디어에서 나올 수 있다. 지금 우리가 전기와 가스를 쓰면서 느끼는 불편함을 개선하려는 시도가 곧 4차 산업혁명의 시작이다.

48 에너지신사업처에 근무하는 A대리는 사보에 실릴 4차 산업혁명에 대한 원고로 윗글을 작성하였다. 검수 과정을 거치는 중 사보담당자가 피드백한 내용으로 적절하지 않은 것은?

① 4차 산업혁명이 어떤 것인지 간단한 정의를 앞부분에 추가해 주세요.

② 에너지와 엔지니어 분야를 제외한 서비스 업종에 관한 사례만 언급하고 있으니 관련된 사례를 주제에 맞게 추가해 주세요.

③ 소제목을 이용해 문단을 구분해 줘도 좋을 것 같아요.

④ 4차 산업혁명에 대한 긍정적인 입장만 있으니 반대로 이로 인해 야기되는 문제점도 언급해 주는 게 어떨까요?

⑤ 에너지 4차 산업혁명이 어떤 변화를 가져올지 좀 더 구체적인 설명을 덧붙여 주세요.

49 윗글은 사보 1면을 장식하고 회사 블로그에도 게재되었다. 이를 읽고 독자가 할 말로 적절하지 않은 것은?

① 지금은 에너지 설비 운영 부문에 4차 산업혁명 기술이 도입되는 첫 단계군요.
② 드론을 이용해 사람이 접근하기 힘든 곳을 점검하는 등 많은 활용을 할 수 있겠어요.
③ 엔지니어 교육 분야에 4차 산업혁명을 적용하면 안전사고를 줄일 수 있겠어요.
④ 4차 산업혁명이 현장에 적용되면 직관적으로 업무 진행이 가능하겠어요.
⑤ 4차 산업혁명의 시작은 일상의 불편함을 해결하기 위한 시도군요.

50 다음 중 제시된 자료와 〈조건〉을 근거로 판단할 때, 가 ~ 마 중 휴가지원사업에 참여할 수 있는 사람을 모두 고르면?

〈2023년 휴가지원사업 모집 공고〉

☐ 사업 목적
• 직장 내 자유로운 휴가문화 조성 및 국내 여행 활성화
☐ 참여 대상
• 중소기업·비영리민간단체·사회복지법인·의료법인 근로자(단, 아래 근로자는 참여 제외)
  – 병·의원 소속 의사
  – 회계법인 및 세무법인 소속 회계사·세무사·노무사
  – 법무법인 소속 변호사·변리사
• 대표 및 임원은 참여 대상에서 제외하나, 아래의 경우는 참여 가능
  – 중소기업 및 비영리민간단체의 임원
  – 사회복지법인의 대표 및 임원

〈조건〉

가 ~ 마의 재직정보는 다음과 같다.

구분	직장명	직장 유형	비고
간호사 가	A병원	의료법인	근로자
노무사 나	B회계법인	중소기업	근로자
사회복지사 다	C복지센터	사회복지법인	대표
회사원 라	D물산	대기업	근로자
의사 마	E재단	비영리민간단체	임원

① 가, 다
② 가, 마
③ 나, 라
④ 가, 다, 마
⑤ 나, 다, 라

※ 다음은 주요 국가별·연도별 청년층 실업률 추이를 나타낸 자료이다. 이어지는 질문에 답하시오. [51~52]

〈주요 국가별·연도별 청년층(15 ~ 24세) 실업률 추이〉

(단위 : %)

구분	2017년	2018년	2019년	2020년	2021년	2022년
독일	13.6	11.7	10.4	11.0	9.7	8.5
미국	10.5	10.5	12.8	17.6	18.4	17.3
영국	13.9	14.4	14.1	18.9	19.3	20.0
일본	8.0	7.7	7.2	9.1	9.2	8.0
OECD 평균	12.5	12.0	12.7	16.4	16.7	16.2
대한민국	10.0	8.8	9.3	9.8	9.8	9.6

51 다음 자료를 보고 이에 대한 내용으로 옳지 않은 것은?

① 2018년 일본의 청년층 실업률의 전년 대비 감소율은 3% 이상이다.
② 대한민국 청년층 실업률은 매년 OECD 평균보다 낮다.
③ 영국은 청년층 실업률이 주요 국가 중에서 매년 가장 높다.
④ 2020년 독일의 청년층 실업률의 전년 대비 증가율은 대한민국보다 낮다.
⑤ 2021년 청년층 실업률의 2019년 대비 증가량이 OECD 평균보다 높은 나라는 영국, 미국이다.

52 2017년과 비교하여 2022년에 청년층 실업률이 가장 크게 증가한 나라는?

① 독일　　　　　　　　　　　② 미국
③ 영국　　　　　　　　　　　④ 일본
⑤ 대한민국

53 지하철이 A역에는 3분마다, B역에는 2분마다, C역에는 4분마다 온다. 지하철이 오전 4시 30분에 처음으로 A, B, C역에 동시에 도착했다면, 5번째로 세 지하철역에 지하철이 동시에 도착하는 시각은 언제인가?

① 4시 45분　　　　　　　　　② 5시
③ 5시 15분　　　　　　　　　④ 5시 18분
⑤ 5시 20분

54 다음 글의 논증을 약화하는 것을 〈보기〉에서 모두 고르면?

인간 본성은 기나긴 진화 과정의 결과로 생긴 복잡한 전체다. 여기서 '복잡한 전체'란 그 전체가 단순한 부분들의 합보다 더 크다는 의미이다. 인간을 인간답게 만드는 것, 즉 인간에게 존엄성을 부여하는 것은 인간이 갖고 있는 개별적인 요소들이 아니라 이것들이 모여 만들어내는 복잡한 전체이다. 또한 인간 본성이라는 복잡한 전체를 구성하고 있는 하부 체계들은 상호 간에 극단적으로 밀접하게 연관되어 있다. 따라서 그중 일부라도 인위적으로 변경하면, 이는 불가피하게 전체의 통일성을 무너지게 한다. 이 때문에 과학기술을 이용해 인간 본성을 인위적으로 변경하여 지금의 인간을 보다 향상된 인간으로 만들려는 시도는 금지되어야 한다. 이런 시도를 하는 사람들은 인간이 가져야 할 훌륭함이 무엇인지 스스로 잘 안다고 생각하며, 거기에 부합하지 않는 특성들을 선택해 이를 개선하고자 한다. 그러나 인간 본성의 '좋은' 특성은 '나쁜' 특성과 밀접하게 연결되어 있기 때문에, 후자를 개선하려는 시도는 전자에 대해서도 영향을 미칠 수밖에 없다. 예를 들어, 우리가 질투심을 느끼지 못한다면 사랑 또한 느끼지 못하게 된다는 것이다. 사랑을 느끼지 못하는 인간들이 살아가는 사회에서 어떤 불행이 펼쳐질지 우리는 가늠조차 할 수 없다. 즉, 인간 본성을 선별적으로 개선하려 들면, 복잡한 전체를 무너뜨리는 위험성이 불가피하게 발생하게 된다. 따라서 우리는 인간 본성을 구성하는 어떠한 특성에 대해서도 그것을 인위적으로 개선하려는 시도에 반대해야 한다.

〈보기〉

㉠ 인간 본성은 인간이 갖는 도덕적 지위와 존엄성의 궁극적 근거이다.
㉡ 모든 인간은 자신을 포함하여 인간 본성을 지닌 모든 존재가 지금의 상태보다 더 훌륭하게 되길 희망한다.
㉢ 인간 본성의 하부 체계는 상호 분리된 모듈들로 구성되어 있기 때문에 인간 본성의 특정 부분을 인위적으로 변경하더라도 그 변화는 모듈 내로 제한된다.

① ㉠
② ㉢
③ ㉠, ㉡
④ ㉡, ㉢
⑤ ㉠, ㉡, ㉢

55 다음은 E기업의 지역별 매장 수 증감에 대한 자료이다. 2019년에 매장이 가장 많은 지역의 매장 개수는?

〈지역별 매장 수 증감〉

(단위 : 개)

지역	2019년 대비 2020년 증감 수	2020년 대비 2021년 증감 수	2021년 대비 2022년 증감 수	2022년 매장 수
서울	+2	+2	−2	17
경기	+2	+1	−2	14
인천	−1	+2	−5	10
부산	−2	−4	+3	10

① 13개
③ 15개
⑤ 17개

② 14개
④ 16개

56 다음은 주중과 주말 교통상황에 대한 자료이다. 이에 대한 〈보기〉의 설명으로 옳은 것을 모두 고르면?

〈주중·주말 예상 교통량〉

(단위 : 만 대)

구분	전국	수도권 → 지방	지방 → 수도권
주말 교통량	490	50	51
주중 교통량	380	42	35

〈대도시 간 예상 최대 소요시간〉

구분	서울 – 대전	서울 – 부산	서울 – 광주	서울 – 강릉	남양주 – 양양
주말	2시간 40분	5시간 40분	4시간 20분	3시간 20분	2시간 20분
주중	1시간 40분	4시간 30분	3시간 20분	2시간 40분	1시간 50분

〈보기〉

ㄱ. 대도시 간 예상 최대 소요시간은 모든 구간에서 주중이 주말보다 적게 걸린다.
ㄴ. 주중 전국 교통량 중 수도권에서 지방으로 가는 교통량의 비율은 10% 이상이다.
ㄷ. 지방에서 수도권으로 가는 주말 예상 교통량은 주중 예상 교통량보다 30% 미만으로 많다.
ㄹ. 서울 – 광주 구간 주중 예상 최대 소요시간은 서울 – 강릉 구간 주말 예상 최대 소요시간과 같다.

① ㄱ, ㄴ
③ ㄷ, ㄹ
⑤ ㄴ, ㄷ, ㄹ

② ㄴ, ㄷ
④ ㄱ, ㄴ, ㄹ

57 다음 글에 대한 내용으로 적절하지 않은 것은?

여러 가지 센서 정보를 이용해 사람의 심리상태를 파악할 수 있는 기술을 '감정인식(Emotion Reading)'이라고 한다. 음성인식 기술에 이 기술을 더할 경우 인간과 기계, 기계와 기계 간의 자연스러운 대화가 가능해진다. 사람의 감정 상태를 기계가 진단하고 기초적인 진료 자료를 내놓을 수도 있다. 경찰 등 수사기관에서도 활용이 가능하다. 실제로 최근 상상을 넘어서는 수준의 놀라운 감정인식 기술이 등장하고 있다. 러시아 모스크바에 본사를 두고 있는 벤처기업 '엔테크랩(NTechLab)'은 뛰어난 안면인식 센서를 활용해 사람의 감정 상태를 상세히 읽어낼 수 있는 기술을 개발했다. 그리고 이 기술을 모스크바시 경찰 당국에 공급할 계획이다. 현재 모스크바시 경찰은 엔테크랩과 이 기술을 수사현장에 어떻게 도입할지 효과적인 방법을 모색하고 있다. 도입이 완료될 경우 감정인식 기술을 수사 현장에 활용하는 세계 최초 사례가 된다. 이 기술을 활용하면 수백만 명이 모여 있는 사람들 가운데서 특정 인상착의가 있는 사람을 찾아낼 수 있다. 또한, 찾아낸 사람의 성별과 나이 등을 모니터한 뒤 그 사람이 화가 났는지, 스트레스를 받았는지 혹은 불안해하는지 등을 판별할 수 있다.

엔테크랩의 공동창업자인 알렉산드르 카바코프(Alexander Kabakov)는 "번화가에서 수초 만에 테러리스트나 범죄자, 살인자 등을 찾아낼 수 있는 기술"이라며 "경찰 등 수사기관에서 이 기술을 도입할 경우 새로운 차원의 수사가 가능하다."고 말했다. 그러나 그는 이 기술이 러시아 경찰 어느 부서에 어떻게 활용될 것인지에 대해 밝히지 않았다. 카바코프는 "현재 CCTV 카메라에 접속하는 방안 등을 협의하고 있지만 아직까지 결정된 내용은 없다."고 말했다.

이 기술이 처음 세상에 알려진 것은 2015년 미국 워싱턴 대학에서 열린 얼굴 인식 경연대회에서다. 이 대회에서 엔테크랩의 안면인식 기술은 100만 장의 사진 속에 들어있는 특정인의 사진을 73.3%까지 식별해냈다. 이는 대회에 함께 참여한 구글의 안면인식 알고리즘을 훨씬 앞서는 기록이었다.

여기서 용기를 얻은 카바코프는 아르템 쿠크하렌코(Artem Kukharenko)와 함께 SNS상에서 연결된 사람이라면 누구든 추적할 수 있도록 만든 앱 '파인드페이스(FindFace)'를 만들었다.

① 엔테크랩의 감정인식 기술은 모스크바시 경찰이 범죄 용의자를 찾는 데 큰 기여를 하고 있다.
② 음성인식 기술과 감정인식 기술이 결합되면 기계가 사람의 감정을 진단할 수도 있다.
③ 감정인식 기술을 이용하면 군중 속에서 특정인을 쉽게 찾을 수 있다.
④ 엔테크랩의 안면인식 기술은 구글의 것보다 뛰어나다.
⑤ 카바코프는 쿠크하렌코와 함께 SNS상에서 연결된 사람을 추적할 수 있는 앱을 개발하였다.

봄철 미세먼지 때문에 야외활동이 힘들다. 미세먼지는 직경 $10\mu m$ 이하의 작은 입자 크기로, $1\mu m$은 0.001mm이다. 이렇게 작은 먼지들을 흡입하게 되면, 몸 밖으로 배출되지 않고 체내에 축적되기 때문에 더욱 위험하다. 폐에 쌓인 미세먼지는 잔기침과 가래를 유발하고, 폐렴이나 호흡곤란을 일으킬 수도 있다. 또 호흡기를 지나 혈액으로 침투하게 되면 큰 질병으로 번질 우려가 있다. 이외에도 아토피나 알레르기성 피부염 증상을 유발하기도 하고, 결막염의 원인이 되기도 한다. 때문에 세계보건기구(WHO)는 미세먼지를 담배보다 해로운 1급 발암물질로 규정할 만큼 치명적이라고 한다.

이런 미세먼지를 막기 위해서는 어떻게 해야 할까? 전문가들은 야외로 나갈 때는 항상 마스크를 착용하도록 권장하고 있다. 여기서 마스크는 일반 마스크가 아닌 미세먼지 마스크를 말하는데, 일반 마스크로는 미세먼지를 막을 수 없기 때문이다. 그렇다면 미세먼지 전용 마스크에는 어떤 비밀이 숨어 있을까?

미세먼지 마스크의 비밀은 특수 필터와 섬유에 숨어 있다. 일반적인 섬유보다 더 가늘게 연사한 나노 섬유(Nano Fiber)를 사용한 특수 필터가 세밀하게 미세먼지를 걸러준다. 게다가, 섬유가 직각으로 교차하는 일반 마스크와는 달리 특수 필터의 섬유는 무작위로 얽혀 있어 틈이 매우 작다. 또한, 섬유가 이중, 삼중으로 배치되어 있어 미세먼지들이 통과하지 못하고 걸러지게 제작되었다.

무작위로 얽힌 섬유가 아무리 빼곡할지라도 틈새는 있기 마련이다. 그래서 $2\mu m$보다 작은 먼지들이 통과하지 못하도록 미세먼지 마스크의 특수섬유는 정전기를 띠고 있다. 정전기를 이용한 특수섬유에는 부분별로 다른 극성을 띠도록 제작되었다. 그래서 양극(+)이나 음극(-) 중 하나를 띠고 있는 미세먼지 대부분을 잡아낼 수 있는 것이다. _____ 미세먼지 마스크는 이런 구조 탓에 재활용을 할 수 없다는 단점이 있다.

미세먼지 농도를 수시로 확인해서 미세먼지 농도가 높을 때는 외출을 자제해야 한다. 외출이 불가피한 경우에는 미세먼지 마스크의 착용은 물론 신체노출부위를 최소화할 수 있도록 긴소매의 옷을 입어주는 것이 안전하다. 귀가 후에는 샤워와 양치질을 통해 몸에 남아있는 미세먼지를 제거해야 한다.

외출을 아무리 자제한다고 해도 실내 미세먼지의 위험이 있을 수 있다. 가정 또는 사무실에서 창문을 열어 놓으면 미세먼지가 유입될 가능성이 높다. 이때는 공기청정기와 가습기를 이용해 쾌적한 내부 환경을 유지하고, 가급적 많은 양의 물을 마셔서 호흡기를 건조하지 않게 하는 것이 좋다. 또 실내에서 흡연을 하거나 촛불을 켜는 것도 미세먼지 농도를 높이는 원인이 될 수 있으니 자제하자.

58 다음 중 윗글을 읽고 A사원이 동료 직원들에게 조언할 말로 적절하지 않은 것은?

① 외출을 자제한다고 해도 실내에 미세먼지가 있을 수 있으니 공기청정기와 가습기로 적절한 실내 환경을 만들어야 해.

② 가급적 물을 많이 마셔서 호흡기가 건조하지 않도록 하고, 외출 시 신체노출부위를 최소화하도록 해.

③ 체내에 쌓인 미세먼지는 폐렴을 유발할 수 있고, 혈액으로 침투해 큰 병을 일으킬 수 있으니 조심해야 해.

④ 일반 마스크로는 미세먼지를 막을 수 없으니 반드시 미세먼지 전용 마스크를 착용하도록 해.

⑤ 미세먼지 전용 마스크는 특수섬유로 이루어져 있어 대부분의 미세먼지를 막을 수 있고 여러 번 재사용할 수 있으니 경제적이야.

59 윗글의 빈칸에 들어갈 접속어로 가장 적절한 것은?

① 하지만
② 또한
③ 그런데도
④ 그리고
⑤ 요컨대

60 다음 자료를 근거로 판단할 때, 네 번째로 보고되는 개정안은?

> △△처에서 소관 법규 개정안 보고회를 개최하고자 한다. 보고회는 아래와 같은 기준에 따라 진행한다.
> - 법규 체계 순위에 따라 법 – 시행령 – 시행규칙의 순서로 보고한다. 법규 체계 순위가 같은 개정안이 여러 개 있는 경우 소관 부서명의 가나다순으로 보고한다.
> - 한 부서에서 보고해야 하는 개정안이 여럿인 경우, 해당 부서의 첫 번째 보고 이후 위 기준에도 불구하고 그 부서의 나머지 소관 개정안을 법규 체계 순위에 따라 연달아 보고한다.
> - 이상의 모든 기준과 무관하게 보고자가 국장인 경우 가장 먼저 보고한다.
> - 보고 예정인 개정안은 다음과 같다.
>
> | 개정안명 | 소관 부서 | 보고자 |
> |---|---|---|
> | A법 개정안 | 예산담당관 | 甲사무관 |
> | B법 개정안 | 기획담당관 | 乙과장 |
> | C법 시행령 개정안 | 기획담당관 | 乙과장 |
> | D법 시행령 개정안 | 국제화담당관 | 丙국장 |
> | E법 시행규칙 개정안 | 예산담당관 | 甲사무관 |

① A법 개정안
② B법 개정안
③ C법 시행령 개정안
④ D법 시행령 개정안
⑤ E법 시행규칙 개정안

61 음료수를 생산하는 A회사의 SWOT 분석을 실시하려고 한다. SWOT 분석의 정의에 따라 분석 결과를 바르게 분류한 것은?

ⓐ 생수시장 및 기능성 음료 시장의 급속한 성장
ⓑ 확고한 유통망(유통채널상의 지배력이 큼)
ⓒ 새로운 시장모색의 부족
ⓓ 경기 회복으로 인한 수요의 회복 추세
ⓔ 무역자유화(유통시장 개방, 다국적 기업의 국내진출)
ⓕ 종합식품업체의 음료시장 잠식
ⓖ 짧은 제품주기(마케팅비용의 증가)
ⓗ 지구 온난화 현상(음료 소비 증가)
ⓘ 과다한 고정 / 재고비율로 인한 유동성 하락
ⓙ 계절에 따른 불규칙한 수요
ⓚ 통일 후 잠재적 시장진입
ⓛ 매출액 대비 경상이익률의 계속적인 증가
ⓜ 국내 브랜드로서의 확고한 이미지
ⓝ 합병으로 인해 기업 유연성의 하락
ⓞ 주력 소수 제품에 대한 매출의존도 심각(탄산, 주스 음료가 많은 비중 차지)
ⓟ 경쟁업체에 비해 취약한 마케팅능력과 홍보력
ⓠ 대형할인점의 등장으로 인한 가격인하 압력 증가

---

① 강점(S) : ⓑ, ⓓ, ⓗ
　약점(W) : ⓒ, ⓔ, ⓘ, ⓝ, ⓟ
　기회(O) : ⓐ, ⓚ, ⓛ, ⓜ
　위협(T) : ⓕ, ⓖ, ⓙ, ⓞ, ⓠ

② 강점(S) : ⓑ, ⓛ, ⓜ
　약점(W) : ⓒ, ⓘ, ⓝ, ⓞ, ⓟ
　기회(O) : ⓐ, ⓓ, ⓗ, ⓚ
　위협(T) : ⓔ, ⓕ, ⓖ, ⓙ, ⓠ

③ 강점(S) : ⓐ, ⓚ, ⓛ, ⓜ
　약점(W) : ⓒ, ⓔ, ⓘ, ⓝ
　기회(O) : ⓑ, ⓓ, ⓗ
　위협(T) : ⓕ, ⓖ, ⓙ, ⓞ, ⓟ, ⓠ

④ 강점(S) : ⓑ, ⓛ, ⓜ
　약점(W) : ⓔ, ⓕ, ⓖ, ⓙ, ⓝ
　기회(O) : ⓐ, ⓓ, ⓗ, ⓚ
　위협(T) : ⓒ, ⓘ, ⓞ, ⓟ, ⓠ

⑤ 강점(S) : ⓑ, ⓓ, ⓗ
　약점(W) : ⓒ, ⓘ, ⓝ, ⓞ, ⓟ
　기회(O) : ⓐ, ⓚ, ⓛ, ⓜ
　위협(T) : ⓔ, ⓕ, ⓖ, ⓙ, ⓠ

62 다음은 어느 기업의 팀별 성과급 지급 기준과 영업팀의 평가표이다. 영업팀에게 지급되는 성과급의 1년 총액은?(단, 성과평가 등급이 A등급이면 직전 분기 차감액의 50%를 가산하여 지급한다)

〈성과급 지급 기준〉

성과평가 점수	성과평가 등급	분기별 성과급 지급액
9.0 이상	A	100만 원
8.0 ~ 8.9	B	90만 원(10만 원 차감)
7.0 ~ 7.9	C	80만 원(20만 원 차감)
6.9 이하	D	40만 원(60만 원 차감)

〈영업팀 평가표〉

구분	1/4분기	2/4분기	3/4분기	4/4분기
유용성	8	8	10	8
안정성	8	6	8	8
서비스 만족도	6	8	10	8

※ (성과평가 점수)=[(유용성)×0.4]+[(안정성)×0.4]+[(서비스 만족도)×0.2]

① 350만 원
② 360만 원
③ 370만 원
④ 380만 원
⑤ 400만 원

63 다음은 한국산업개발연구원에서 발표한 기술개발 투자 현황이다. 이를 근거로 일본의 GDP 총액을 산출하면 얼마인가?

〈2022년 기술개발 투자 및 성과〉

(단위 : 억 달러)

구분	한국	미국	일본
R&D 투자 총액	313	3,688	1,508
매율	1.0	11.78	4.82
GDP 대비(%)	3.37	2.68	3.44
(기술수출액)÷(기술도입액)	0.45	1.70	3.71

※ GDP 대비 : GDP 총액 대비 R&D 투자 총액의 비율

① 약 26,906억 달러
② 약 37,208억 달러
③ 약 31,047억 달러
④ 약 43,837억 달러
⑤ 약 64,219억 달러

64 L슈퍼에서는 아이스크림 제조공장에서 아이스크림을 유통하여 소비자에게 판매한다. 다음은 아이스크림의 공장 판매가와 최대 판매 개수에 대한 자료이다. L슈퍼가 60만 원 이상의 순수익을 내고자 할 때 각 아이스크림의 가격을 최소 얼마 이상으로 해야 하는가?(단, 판매하는 아이스크림 개수는 최소한으로 하고 판매가격은 공장 판매가의 5배를 넘기지 않는다)

아이스크림	공장 판매가	최대 판매 개수
A	100원	300개
B	150원	300개
C	200원	400개

	A	B	C
①	400원	650원	900원
②	350원	600원	800원
③	450원	700원	950원
④	500원	750원	1,000원
⑤	500원	650원	1,000원

65 다음은 연도별 투약일당 약품비에 대한 자료이다. 2021년 총투약일수가 120일, 2022년 총투약일수가 150일인 경우, 2022년 상급종합병원의 총약품비와 2021년 종합병원의 총약품비의 합은?

〈투약일당 약품비〉

(단위 : 원)

구분	상급종합병원	종합병원	병원	의원
2018년	2,704	2,211	1,828	1,405
2019년	2,551	2,084	1,704	1,336
2020년	2,482	2,048	1,720	1,352
2021년	2,547	2,025	1,693	1,345
2022년	2,686	2,074	1,704	1,362

※ 투약 1일당 평균적으로 소요되는 약품비를 나타내는 지표
※ (투약일당 약품비)＝(총약품비)÷(총투약일수)

① 630,900원　　　　　　　　　　② 635,900원
③ 640,900원　　　　　　　　　　④ 645,900원
⑤ 658,000원

66 다음 글과 〈보기〉의 상황을 근거로 판단할 때, 甲이 선택할 사업과 받을 수 있는 지원금을 바르게 짝지은 것은?

○○군은 집수리지원사업인 A와 B를 운영하고 있다. 신청자는 하나의 사업을 선택하여 지원받을 수 있다. 수리 항목은 외부(방수, 지붕, 담장, 쉼터)와 내부(단열, 설비, 창호)로 나누어진다.

〈사업 A의 지원 기준〉

• 외부는 본인부담 10%를 제외한 나머지 소요비용을 1,250만 원 한도 내에서 전액 지원
• 내부는 지원하지 않음

〈사업 B의 지원 기준〉

• 담장과 쉼터는 둘 중 하나의 항목만 지원하며, 각각 300만 원과 50만 원 한도 내에서 소요비용 전액 지원
• 담장과 쉼터를 제외한 나머지 항목은 내·외부와 관계없이 본인부담 50%를 제외한 나머지 소요비용을 1,200만 원 한도 내에서 전액 지원

─〈보기〉─

甲은 본인 집의 창호와 쉼터를 수리하고자 한다. 소요비용은 각각 500만 원과 900만 원이다. 甲은 사업 A와 B 중 지원금이 더 많은 사업을 선택하여 신청하려고 한다.

	사업	지원금
①	A	1,250만 원
②	A	810만 원
③	B	1,250만 원
④	B	810만 원
⑤	B	300만 원

67 어느 지역의 배추 유통과정은 다음과 같다. 소비자가 소매상으로부터 배추를 구입하였을 때의 가격은 협동조합이 산지에서 구입하였을 때의 가격 대비 몇 %가 상승하였는가?

판매처	구매처	판매가격
산지	협동조합	재배 원가에 10% 이윤을 붙임
협동조합	도매상	산지에서 구매한 가격에 20% 이윤을 붙임
도매상	소매상	협동조합으로부터의 구매 가격이 판매가의 80%
소매상	소비자	도매상으로부터 구매한 가격에 20% 이윤을 붙임

① 20% ② 40%
③ 60% ④ 80%
⑤ 100%

68 K공단 직원 50명을 대상으로 한 해외여행에 대한 설문조사 결과가 다음 〈조건〉과 같을 때, 항상 참인 것은?

〈조건〉

- 미국을 여행한 사람이 가장 많다.
- 일본을 여행한 사람은 미국 또는 캐나다 여행을 했다.
- 중국과 캐나다를 모두 여행한 사람은 없다.
- 일본을 여행한 사람의 수가 캐나다를 여행한 사람의 수보다 많다.
---

① 일본을 여행한 사람보다 중국을 여행한 사람이 더 많다.
② 일본을 여행했지만 미국을 여행하지 않은 사람은 중국을 여행하지 않았다.
③ 미국을 여행한 사람의 수는 일본 또는 중국을 여행한 사람보다 많다.
④ 중국을 여행한 사람은 일본을 여행하지 않았다.
⑤ 미국과 캐나다를 모두 여행한 사람은 없다.

69 다음은 선박종류별 기름 유출사고 발생 현황에 대한 자료이다. 이에 대한 설명으로 옳은 것은?

〈선박종류별 기름 유출사고 발생 현황〉

(단위 : 건, kL)

구분		유조선	화물선	어선	기타	전체
2018년	사고 건수	37	53	151	96	337
	유출량	956	584	53	127	1,720
2019년	사고 건수	28	68	247	120	463
	유출량	21	49	166	151	387
2020년	사고 건수	27	61	272	123	483
	유출량	3	187	181	212	583
2021년	사고 건수	32	33	218	102	385
	유출량	38	23	105	244	410
2022년	사고 건수	39	39	149	116	343
	유출량	1,223	66	30	143	1,462

① 2018년부터 2022년 사이의 전체 기름 유출사고 건수와 전체 유출량은 비례한다.
② 연도별 전체 사고 건수에 대한 유조선 사고 건수 비율은 매년 감소하고 있다.
③ 각 연도에서 사고 건수에 대한 유출량 비율이 가장 낮은 선박 종류는 어선이다.
④ 유출량을 가장 많이 줄이는 방법은 화물선 사고 건수를 줄이는 것이다.
⑤ 전체 유출량이 가장 적은 해에서 기타 항목을 제외하고 사고 건수에 대한 유출량 비율이 가장 낮은 선박
종류는 어선이다.

70 다음 글과 〈보기〉의 상황을 근거로 할 때, 옳은 것은?

제○○조
① 재외공관에 근무하는 공무원(이하 '재외공무원'이라 한다)이 공무로 일시 귀국하고자 하는 경우에는 장관의 허가를 받아야 한다.
② 공관장이 아닌 재외공무원이 공무 외의 목적으로 일시 귀국하려는 경우에는 공관장의 허가를, 공관장이 공무 외의 목적으로 일시 귀국하려는 경우에는 장관의 허가를 받아야 한다. 다만 재외공무원 또는 그 배우자의 직계존·비속이 사망하거나 위독한 경우에는 공관장이 아닌 재외공무원은 공관장에게, 공관장은 장관에게 각각 신고하고 일시 귀국할 수 있다.
③ 재외공무원이 공무 외의 목적으로 일시 귀국할 수 있는 기간은 연 1회 20일 이내로 한다. 다만 다음 각 호의 어느 하나에 해당하는 경우에는 이를 일시 귀국의 횟수 및 기간에 산입하지 아니한다.
　1. 재외공무원의 직계존·비속이 사망하거나 위독하여 일시 귀국하는 경우
　2. 재외공무원 또는 그 동반가족의 치료를 위하여 일시 귀국하는 경우
④ 제2항에도 불구하고 다음 각 호의 어느 하나에 해당하는 경우에는 장관의 허가를 받아야 한다.
　1. 재외공무원이 연 1회 또는 20일을 초과하여 공무 외의 목적으로 일시 귀국하려는 경우
　2. 재외공무원이 일시 귀국 후 국내 체류기간을 연장하는 경우

─────〈보기〉─────
A국 소재 대사관에는 공관장 甲을 포함하여 총 3명의 재외공무원(甲 ~ 丙)이 근무하고 있다. 아래는 올해 1월부터 7월 현재까지 甲 ~ 丙의 일시 귀국 현황이다.
• 甲 : 공무상 회의 참석을 위해 총 2회(총 25일)
• 乙 : 동반자녀의 관절 치료를 위해 총 1회(치료가 더 필요하여 국내 체류기간 1회 연장, 총 17일)
• 丙 : 직계존속의 회갑으로 총 1회(총 3일)

① 甲은 일시 귀국 시 장관에게 신고하였을 것이다.
② 甲은 배우자의 직계존속이 위독하여 올해 추가로 일시 귀국하기 위해서는 장관의 허가를 받아야 한다.
③ 乙이 직계존속의 회갑으로 인해 올해 3일간 추가로 일시 귀국하기 위해서는 장관의 허가를 받아야 한다.
④ 乙이 공관장의 허가를 받아 일시 귀국하였더라도 국내 체류기간을 연장하였을 때에는 장관의 허가를 받았을 것이다.
⑤ 丙이 자신의 혼인으로 인해 올해 추가로 일시 귀국하기 위해서는 공관장의 허가를 받아야 한다.

71 다음 중 법의 해석에 대한 설명으로 옳지 않은 것은?

① 법 해석의 방법은 해석의 구속력 여부에 따라 유권해석과 학리해석으로 나눌 수 있다.

② 법 해석의 목표는 법적 안정성을 저해하지 않는 범위 내에서 구체적 타당성을 찾는 데 두어야 한다.

③ 법의 해석에 있어 법률의 입법취지도 고려의 대상이 된다.

④ 민법, 형법, 행정법에서는 유추해석이 원칙적으로 허용된다.

⑤ 법에 내재해 있는 법의 이념과 목적, 그리고 사회적인 가치합리성에 기초한 입법의 정신 등을 객관화해야
한다.

72 헌법 제8조에 따르면 정당의 목적이나 활동이 민주적 기본질서에 위배될 때에는 정부는 헌법재판소에 그
해산을 제소할 수 있다. 이는 헌법상의 어느 원리가 구체화된 것인가?

① 자유민주주의

② 국민주권의 원리

③ 방어적 민주주의

④ 사회적 시장경제주의

⑤ 권력 분립의 원리

73 다음 중 선거관리위원회에 대한 설명으로 옳지 않은 것은?

① 헌법상 필수기관이며 합의제 행정관청이다.

② 9인의 위원으로 구성되며, 위원장은 위원 중에서 호선한다.

③ 선거와 국민투표, 정당에 대한 사무를 처리한다.

④ 위원 3분의 2 이상으로 개의하고 출석위원 과반수의 찬성으로 의결한다.

⑤ 위원의 임기는 6년이고, 정당에 가입하거나 정치에 관여할 수 없다.

74 다음 중 공무원의 헌법상 지위에 대한 설명으로 옳은 것은?

① 공무원은 국민대표기관인 국회에 대하여 책임을 진다.

② 공무원에 대하여 근로자의 권리를 제한하는 것은 위헌이다.

③ 국민 전체에 대한 봉사자라는 뜻은 국민주권의 원리에 입각하여 국민에 대한 책임을 진다는 것을 말한다.

④ 공무원은 특정 정당에 대한 봉사자가 될 수 있다.

⑤ 공무원은 징계책임과 변상책임을 지지 않는다.

75 다음 중 지방자치단체에 대한 설명으로 옳지 않은 것은?

① 지방자치단체는 독자적으로 자치권을 행사하는 공법인이다.

② 지방자치단체는 관할 구역, 주민, 위임사무를 구성의 3대 요소로 한다.

③ 지방자치단체는 행정 주체로서 권한을 행사하고 의무를 진다.

④ 지방자치단체의 종류는 법률로 정한다.

⑤ 지방자치단체는 법령이나 상급지방자치단체의 조례에 위반되지 않아야 한다.

76 다음 중 기본권 존중주의에 대한 설명으로 옳지 않은 것은?

① 자유와 권리의 본질적 내용은 결코 침해되어서는 아니 된다.

② 사회적 국가원리도 기본권존중주의의 기초가 된다.

③ 표현의 자유에 대한 사전 검열제는 금지되어야 한다.

④ 법률의 형식에 의하기만 한다면 얼마든지 기본권을 제한할 수 있다.

⑤ 우리나라는 헌법 제10조에서 기본권존중주의를 규정하고 있다.

77 다음 중 정보화 및 전자민주주의에 대한 설명으로 옳지 않은 것은?

① 전자민주주의는 정치의 투명성 확보를 용이하게 한다.

② 전자민주주의의 부정적 측면으로 전자전제주의(Telefascism)가 나타날 수 있다.

③ 정보의 비대칭성이 발생하지 않도록 정보관리는 배제성의 원리가 적용되어야 한다.

④ 우리나라 정부는 국가정보화 기본법에 의해 5년마다 국가 정보화 기본계획을 수립하여야 한다.

⑤ 전자민주주의의 사례로 사이버 국회, 전자 공청회, 인터넷을 통한 선거홍보, 캠페인 활동 등을 들 수 있다.

제1회 모의고사

78 다음 중 분배정책과 재분배정책에 대한 설명으로 옳은 것을 〈보기〉에서 모두 고르면?

─〈보기〉─
ㄱ. 분배정책에서는 로그롤링(Log Rolling)이나 포크배럴(Pork Barrel)과 같은 정치적 현상이 나타나기도 한다.
ㄴ. 분배정책은 사회계급적인 접근을 기반으로 이루어지기 때문에 규제정책보다 갈등이 더 가시적이다.
ㄷ. 재분배정책에는 누진소득세, 임대주택 건설사업 등이 포함된다.
ㄹ. 재분배정책에서는 자원배분에 있어서 이해당사자들 간의 연합이 분배정책에 비하여 안정적으로 이루어진다.

① ㄱ, ㄴ   ② ㄱ, ㄷ
③ ㄴ, ㄷ   ④ ㄷ, ㄹ
⑤ ㄱ, ㄷ, ㄹ

79 다음 중 조직이론에 대한 설명으로 옳지 않은 것은?

① 상황이론은 유일한 최선의 대안이 존재한다는 것을 부정한다.
② 조직군생태론은 횡단적 조직분석을 통하여 조직의 동형화(Isomorphism)를 주로 연구한다.
③ 거래비용이론의 조직가설에 따르면, 정보의 비대칭성과 기회주의에 의한 거래비용의 증가 때문에 계층제가 필요하다.
④ 자원의존이론은 조직이 주도적 · 능동적으로 환경에 대처하며 그 환경을 조직에 유리하도록 관리하려는 존재로 본다.
⑤ 전략적 선택이론은 조직구조의 변화가 외부환경 변수보다는 조직 내 정책결정자의 상황 판단과 전략에 의해 결정된다고 본다.

80 다음 중 코터(J.P. Kotter)의 변화관리 모형의 8단계를 순서대로 바르게 나열한 것은?

① 위기감 조성 → 변화추진팀 구성 → 비전 개발 → 비전 전달 → 임파워먼트 → 단기성과 달성 → 지속적 도전 → 변화의 제도화
② 위기감 조성 → 비전 개발 → 비전 전달 → 임파워먼트 → 단기성과 달성 → 변화의 제도화 → 변화추진팀 구성 → 지속적 도전
③ 단기성과 달성 → 위기감 조성 → 변화추진팀 구성 → 비전 개발 → 비전 전달 → 임파워먼트 → 지속적 도전 → 변화의 제도화
④ 변화추진팀 구성 → 비전 개발 → 비전 전달 → 임파워먼트 → 단기성과 달성 → 지속적 도전 → 위기감 조성 → 변화의 제도화
⑤ 위기감 조성 → 변화추진팀 구성 → 단기성과 달성 → 비전 개발 → 비전 전달 → 임파워먼트 → 지속적 도전 → 변화의 제도화

81 다음 중 관료제의 병리와 역기능에 대한 설명으로 옳지 않은 것은?

① 셀즈닉(P. Selznik)에 따르면 최고관리자의 관료에 대한 지나친 통제가 조직의 경직성을 초래하여 관료제의 병리현상이 나타난다.

② 관료들은 상관의 권위에 무조건적으로 의존하는 경향이 있다.

③ 관료들은 보수적이며 변화와 혁신에 저항하는 경향이 있다.

④ 파킨슨의 법칙은 업무량과는 상관없이 기구와 인력을 팽창시키려는 역기능을 의미한다.

⑤ 굴드너(W. Gouldner)는 관료들의 무사안일주의적 병리현상을 지적한다.

82 다음 중 우리나라 책임운영기관에 대한 설명으로 옳지 않은 것은?

① 행정자치부장관은 5년 단위로 책임운영기관의 관리 및 운영 전반에 관한 기본계획을 수립하여야 한다.

② 책임운영기관은 기관의 지위에 따라 소속책임운영기관과 중앙책임운영기관으로 구분된다.

③ 중앙책임운영기관의 장의 임기는 2년으로 하되, 한 차례만 연임할 수 있다.

④ 소속책임운영기관의 장의 채용기간은 2년의 범위에서 소속중앙행정기관의 장이 정한다.

⑤ 책임운영기관운영위원회는 위원장 및 부위원장 각 1명을 포함한 15명 이내의 위원으로 구성한다.

83 다음 중 마이클 포터(Michael Porter)의 가치사슬 모형에서 지원적 활동(Support Activities)에 해당하는 것을 〈보기〉에서 모두 고르면?

―――〈보기〉―――

A. 기업 하부구조
B. 내부 물류
C. 제조 및 생산
D. 인적자원관리
E. 기술 개발
F. 외부 물류
G. 마케팅 및 영업
H. 서비스
I. 조달 활동

① A, B, C, D

② B, C, D, I

③ A, D, E, I

④ C, F, G, H

⑤ B, C, F, G, H

84 다음 중 최고경영자, 중간경영자, 하위경영자 모두가 공통적으로 가져야 할 능력은 무엇인가?

① 타인에 대한 이해력과 동기부여 능력

② 지식과 경험을 해당 분야에 적용시키는 능력

③ 복잡한 상황 등 여러 상황을 분석하여 조직 전체에 적용하는 능력

④ 담당 업무를 수행하기 위한 육체적, 지능적 능력

⑤ 한 부서의 변화가 다른 부서에 미치는 영향을 파악하는 능력

85 다음 중 기업이 글로벌 전략을 수행하는 이유로 옳지 않은 것은?

① 규모의 경제를 달성하기 위해

② 세계 시장에서의 협력 강화를 위해

③ 현지 시장으로의 효과적인 진출을 위해

④ 기업구조를 개편하여 경영의 효율성을 높이고 리스크를 줄이기 위해

⑤ 저임금 노동력을 활용하여 생산단가를 낮추기 위해

86 다음 중 지식경영시스템(KMS)에 대한 설명으로 옳지 않은 것은?

① KMS는 'Knowledge Management System'의 약자로, 지식경영시스템 또는 지식관리시스템을 나타낸다.

② 지식관리시스템은 지식베이스, 지식스키마, 지식맵의 3가지 요소로 구성되어 있다.

③ 지식베이스가 데이터베이스에 비유된다면 지식스키마는 원시데이터에 대한 메타데이터를 담고 있는 데이터사전 또는 데이터베이스에 비유될 수 있다.

④ 지식스키마 내에는 개별 지식의 유형, 중요도, 동의어, 주요 인덱스, 보안단계, 생성 – 조회 – 갱신 – 관리 부서 정보 등과 전사적인 지식 분류체계 등이 들어 있다.

⑤ 조직에서 필요한 지식과 정보를 창출하는 연구자, 설계자, 건축가, 과학자, 기술자는 필수적으로 포함되어야 한다.

87 다음 〈보기〉에서 설명하는 현상은 무엇인가?

---〈보기〉---
- 응집력이 높은 집단에서 나타나기 쉽다.
- 집단구성원들이 의견 일치를 추구하려다가 잘못된 의사결정을 하게 된다.
- 이에 대처하기 위해서는 자유로운 비판이 가능한 분위기 조성이 필요하다.

① 집단사고(Groupthink)
② 조직시민행동(Organizational Citizenship Behavior)
③ 임파워먼트(Empowerment)
④ 몰입상승(Escalation of Commitment)
⑤ 악마의 옹호자(Devil's Advocacy)

88 다음 중 노동조합의 가입방법에 대한 설명으로 옳지 않은 것은?

① 클로즈드 숍(Closed Shop) 제도는 기업에 속해 있는 근로자 전체가 노동조합에 가입해야 할 의무가 있는 제도이다.
② 클로즈드 숍(Closed Shop) 제도에서는 기업과 노동조합의 단체협약을 통하여 근로자의 채용·해고 등을 노동조합의 통제 하에 둔다.
③ 유니언 숍(Union Shop) 제도에서 신규 채용된 근로자는 일정기간이 지나면 반드시 노동조합에 가입해야 한다.
④ 오픈 숍(Open Shop) 제도에서는 노동조합 가입여부가 고용 또는 해고의 조건이 되지 않는다.
⑤ 에이전시 숍(Agency Shop) 제도에서는 근로자들의 조합가입과 조합비 납부가 강제된다.

89 다음 내용을 참고할 때, 엥겔지수는 얼마인가?

- 독립적인 소비지출 : 100만 원
- 한계소비성향 : 0.6
- 가처분소득 : 300만 원
- 식비지출 : 70만 원

① 0.2
② 0.25
③ 0.3
④ 0.35
⑤ 0.4

90 다음 중 과점시장에 대한 설명으로 옳지 않은 것은?

① 쿠르노(Cournot) 과점시장에서는 기업 수가 많아질수록 시장 전체의 산출량은 증가한다.

② 죄수의 딜레마(Prisoner's dilemma) 모형을 통해 과점기업들이 공동행위를 통한 독점이윤을 누리기 어려운 이유를 잘 설명할 수 있다.

③ 쿠르노(Cournot) 모형에서는 산출량의 추측된 변화가 0이라고 가정한다.

④ 베르트랑(Bertrand) 모형에서는 가격의 추측된 변화가 1이라고 가정한다.

⑤ 스위지(Sweezy)의 굴절수요곡선 모형에서는 가격 인하를 시도할 경우 가격의 추측된 변화는 양의 값을 갖는다.

91 다음 중 담합행위에 대한 설명으로 옳지 않은 것은?

① 담합행위에 참여한 기업들은 담합으로 얻은 이윤을 동일하게 분할하여 나눠 갖는다.

② 담합행위가 발생하면 가격은 높아지고 균형거래량은 줄어든다.

③ 정부에서는 담합행위의 구체적 사실을 밝혀내기 어렵기 때문에 리니언시 제도를 도입했다.

④ 리니언시 제도는 카르텔의 불안정성을 이용한 것이다.

⑤ 담합행위는 과점기업들이 독점 이득을 취하기 위한 행위로 사회적 순후생 손실을 초래한다.

92 다음 중 보상적 임금격차에 대한 설명으로 옳지 않은 것은?

① 오염된 지역이나 물가가 비싼 지역에서 근무할 경우 보상적 임금은 양(+)의 값을 나타낼 것이다.

② 보상적 임금격차 개념에 기초할 때 높은 승진 가능성이 있는 직업에서는 낮은 임금이 형성될 가능성이 크다.

③ 비슷한 교육수준에도 불구하고 대학 교수들이 의사나 변호사에 비해 낮은 임금을 받는 것은 보상적 임금격차로 설명할 수 있다.

④ 비금전적 측면에서 매우 매력적인 직업일수록 보상적 임금은 음(−)의 값을 갖게 된다.

⑤ 대기업의 근로자들은 중소기업의 근로자들보다 좋은 환경에서 근무하므로 보상적 임금은 음(−)의 값을 가질 것이다.

93 다음 중 지니계수에 대한 설명으로 옳지 않은 것을 〈보기〉에서 모두 고르면?

> ───〈보기〉───
>
> 가. 지니계수의 크기는 0과 2 사이에 있다.
> 나. 지니계수의 크기는 로렌츠곡선으로부터 도출할 수 있다.
> 다. 지니계수가 0에 가까울수록 소득분배가 균등하다.
> 라. 지니계수는 경제성장률과 항상 반비례의 관계를 갖는다.

① 가, 다   ② 가, 라
③ 나, 다   ④ 나, 라
⑤ 다, 라

94 다음 중 등량곡선에 대한 설명으로 옳지 않은 것은?(단, 투입량의 증가에 따라 산출량의 증가를 가져오는 표준적인 두 종류의 생산요소를 가정한다)

① 등량곡선이 원점에 대해 볼록한 이유는 한계기술대체율이 체감하기 때문이다.
② 등량곡선이 원점으로 접근할수록 더 적은 산출량을 의미한다.
③ 기술진보가 이루어진다면 같은 생산량을 갖는 등량곡선은 원점으로부터 멀어진다.
④ 동일한 등량곡선상에서의 이동은 생산요소 결합비율의 변화를 의미한다.
⑤ 등량곡선은 서로 교차하지 않는다.

95 다음 중 인간발달에 대한 설명으로 옳지 않은 것은?

① 영아기에서 노년기까지 시간 흐름의 과정이다.
② 일정한 순서와 방향성이 있어 예측이 가능하다.
③ 생애 전 과정에 걸쳐 진행되는 환경적, 유전적 상호작용의 결과이다.
④ 발달단계별 인간행동의 특성이 있다.
⑤ 발달에는 개인차가 있다.

96 다음 중 생태체계이론의 주요 개념에 대한 설명으로 옳은 것은?

① 시너지는 폐쇄체계 내에서 체계 구성요소들 간 유용한 에너지의 증가를 의미한다.

② 엔트로피는 체계 내 질서, 형태, 분화 등이 정돈된 상태이다.

③ 항상성은 모든 사회체계의 기본 속성으로 체계의 목표와 정체성을 유지하려는 의도적 노력에 의해 수정된다.

④ 피드백은 체계의 순환적 성격을 반영하는 개념으로 안정상태를 유지하는 데 필요하다.

⑤ 적합성은 인간의 적응욕구와 환경자원의 부합정도로서 특정 발달단계에서 성취된다.

97 다음 중 프로이트(S. Freud)의 정신분석 이론에 대한 설명으로 옳은 것은?

① 인간이 가진 자유의지의 중요성을 강조하였다.

② 거세불안과 남근선망은 주로 생식기(Genital Stage)에 나타난다.

③ 성격구조를 원초아, 자아, 초자아로 구분하였다.

④ 초자아는 현실원리에 지배되며 성격의 실행자이다.

⑤ 성격의 구조나 발달단계를 제시하지 않았다.

98 다음 중 반두라(A. Bandura)의 사회학습이론의 주요 개념으로 옳지 않은 것은?

① 모델이 관찰자와 유사할 때 관찰자는 모델을 더욱 모방하는 경향이 있다.

② 자신이 통제할 수 있는 보상을 자신에게 줌으로써 자기 행동을 유지시키거나 개선시킬 수 있다.

③ 학습은 사람, 환경 및 행동의 상호작용에 의해 이루어짐을 강조한다.

④ 조작적 조건화에 의해 행동은 습득된다.

⑤ 관찰학습은 주의집중과정 → 보존과정(기억과정) → 운동재생과정 → 동기화과정을 통해 이루어진다.

99 다음 중 로저스(C. Rogers)의 인본주의 이론에 대한 설명으로 옳은 것을 〈보기〉에서 모두 고르면?

―――――〈보기〉―――――
ㄱ. 인간의 주관적 경험을 강조한다.
ㄴ. 인간은 자아실현 경향을 가지고 있다.
ㄷ. 인간의 욕구발달 단계를 제시했다.
ㄹ. 완전히 기능하는 사람은 자신의 경험에 개방적이다.

① ㄱ, ㄹ
② ㄴ, ㄷ
③ ㄱ, ㄴ, ㄹ
④ ㄴ, ㄷ, ㄹ
⑤ ㄱ, ㄴ, ㄷ, ㄹ

100 다음 중 브론펜브레너(U. Bronfenbrenner)의 사회환경 체계에 대한 설명으로 옳은 것은?

① 문화, 정치, 교육정책 등 거시체계는 개인의 삶에 직접적이고 강력한 영향을 미친다.
② 인간을 둘러싼 사회환경을 미시체계, 중간체계, 내부체계, 거시체계로 구분했다.
③ 중간체계는 상호작용하는 둘 이상의 미시체계 간의 관계로 구성된다.
④ 내부체계는 개인이 직접 참여하거나 관여하지는 않으나 개인에게 영향을 미치는 체계로 부모의 직장 등이 포함된다.
⑤ 미시체계는 개인이 새로운 환경으로 이동할 때마다 형성되거나 확대된다.

2권

제2회
근로복지공단

NCS 직업기초능력
+직무기초지식

www.sdedu.co.kr

〈문항 및 시험시간〉

평가영역	문항 수	시험시간	모바일 OMR 답안분석
[NCS] 의사소통능력 / 자원관리능력 / 문제해결능력 / 수리능력 [전공] 법학 / 행정학 / 경영학 / 경제학 / 사회복지학	100문항	100분	

제2회 모의고사

문항 수 : 100문항
시험시간 : 100분

제1영역 직업기초능력

01 다음 글의 핵심 논지로 가장 적절한 것은?

> 독일 통일을 지칭하는 '흡수 통일'이라는 용어는 동독이 일방적으로 서독에 흡수되었다는 인상을 준다. 그러나 통일 과정에서 동독 주민들이 보여준 행동을 고려하면 흡수 통일은 오해의 여지를 주는 용어일 수 있다. 1989년에 동독에서는 지방선거 부정 의혹을 둘러싼 내부 혼란이 발생했다. 그 과정에서 체제에 환멸을 느낀 많은 동독 주민들이 서독으로 탈출했고, 동독 곳곳에서 개혁과 개방을 주장하는 시위의 물결이 일어나기 시작했다. 초기 시위에서 동독 주민들은 여행·신앙·언론의 자유를 중심에 둔 내부 개혁을 주장했지만 이후 "우리는 하나의 민족이다!"라는 구호와 함께 동독과 서독의 통일을 요구하기 시작했다. 그렇게 변화하는 사회적 분위기 속에서 1990년 3월 18일에 동독 최초이자 최후의 자유총선거가 실시되었다.
> 동독 자유총선거를 위한 선거운동 과정에서 서독과 협력하는 동독 정당들이 생겨났고, 이들 정당의 선거운동에 서독 정당과 정치인들이 적극적으로 유세 지원을 하기도 했다. 초반에는 서독 사민당의 지원을 받으며 점진적 통일을 주장하던 동독 사민당이 우세했지만, 실제 선거에서는 서독 기민당의 지원을 받으며 급속한 통일을 주장하던 독일동맹이 승리하게 되었다. 동독 주민들이 자유총선거에서 독일동맹을 선택한 것은 그들 스스로 급속한 통일을 지지한 것이라고 할 수 있다. 이후 동독은 서독과 1990년 5월 18일에 「통화·경제·사회보장동맹의 창설에 관한 조약」을, 1990년 8월 31일에 「통일조약」을 체결했고, 마침내 1990년 10월 3일에 동서독 통일을 이루게 되었다.
> 이처럼 독일 통일의 과정에서 동독 주민들의 주체적인 참여를 확인할 수 있다. 독일 통일을 단순히 흡수 통일이라고 부른다면, 통일 과정에서 중요한 역할을 담당했던 동독 주민들을 배제한다는 오해를 불러일으킬 수 있다. 독일 통일의 과정을 온전히 이해하기 위해서는 동독 주민들의 활동에도 주목할 필요가 있다.

① 자유총선거에서 동독 주민들은 점진적 통일보다 급속한 통일을 지지하는 모습을 보여주었다.
② 독일 통일은 동독이 일방적으로 서독에 흡수되었다는 점에서 흔히 흡수 통일이라고 부른다.
③ 독일 통일은 분단국가가 합의된 절차를 거쳐 통일을 이루었다는 점에서 의의가 있다.
④ 독일 통일 전부터 서독의 정당은 물론 개인도 동독의 선거에 개입할 수 있었다.
⑤ 독일 통일의 과정에서 동독 주민들의 주체적 참여가 큰 역할을 하였다.

02 다음은 소나무 재선충병 발생지역에 대한 자료이다. 이를 이용하여 계산할 때, 고사한 소나무 수가 가장 많이 발생한 지역은?

〈소나무 재선충병 발생지역별 소나무 수〉

(단위 : 천 그루)

발생지역	소나무 수
거제	1,590
경주	2,981
제주	1,201
청도	279
포항	2,312

〈소나무 재선충병 발생지역별 감염률 및 고사율〉

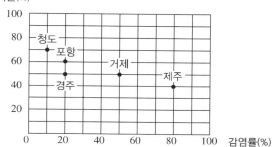

- $[감염률(\%)] = \dfrac{(발생지역의\ 감염된\ 소나무\ 수)}{(발생지역의\ 소나무\ 수)} \times 100$

- $[고사율(\%)] = \dfrac{(발생지역의\ 고사한\ 소나무\ 수)}{(발생지역의\ 감염된\ 소나무\ 수)} \times 100$

① 거제
② 경주
③ 제주
④ 청도
⑤ 포항

03 다음 자료와 〈보기〉의 상황을 근거로 판단할 때, 甲의 계약 의뢰 날짜와 공고 종료 후 결과통지 날짜를 바르게 나열한 것은?

<A국의 정책연구용역 계약 체결 절차>

순서	단계	소요기간
1	계약 의뢰	1일
2	서류 검토	2일
3	입찰 공고	40일(긴급계약의 경우 10일)
4	공고 종료 후 결과통지	1일
5	입찰서류 평가	10일
6	우선순위 대상자와 협상	7일

※ 소요기간은 해당 절차의 시작부터 종료까지 걸리는 기간이다. 모든 절차는 하루 단위로 주말(토, 일) 및 공휴일에도 중단이나 중복 없이 진행된다.

─〈보기〉─

A국 공무원인 甲은 정책연구용역 계약을 4월 30일에 체결하는 것을 목표로 계약부서에 긴급계약으로 의뢰하려 한다. 계약은 우선순위 대상자와 협상이 끝난 날의 다음 날에 체결된다.

	계약 의뢰 날짜	공고 종료 후 결과통지 날짜
①	3월 30일	4월 11일
②	3월 30일	4월 12일
③	3월 30일	4월 13일
④	3월 31일	4월 12일
⑤	3월 31일	4월 13일

04 다음 〈조건〉을 통해 추론할 때, 서로 언어가 통하지 않는 사람끼리 짝지어진 것은?

─〈조건〉─

- A는 한국어와 영어만을 할 수 있다.
- B는 영어와 독일어만을 할 수 있다.
- C는 한국어와 프랑스어만을 할 수 있다.
- D는 중국어와 프랑스어만을 할 수 있다.
- E는 일어와 중국어만을 할 수 있다.

① A, B   ② A, C

③ B, D   ④ C, D

⑤ D, E

05 약국에 희경, 은정, 소미, 정선 4명의 손님이 방문하였다. 약사는 이들로부터 처방전을 받아 A ~ D 네 봉지의 약을 조제하였다. 다음 〈조건〉이 참일 때 옳은 것은?

〈조건〉
- 방문한 손님들의 병명은 몸살, 배탈, 치통, 피부병이며, 각자 다른 병에 걸렸다.
- 은정이의 약은 B에 해당하고, 은정이는 몸살이나 배탈 환자가 아니다.
- A는 배탈 환자에 사용되는 약이 아니다.
- D는 연고를 포함하고 있는데, 이 연고는 피부병에만 사용된다.
- 희경이는 임신부이고, A와 D에는 임신부가 먹어서는 안 되는 약품이 사용되었다.
- 소미는 몸살 환자가 아니다.
---

① 은정이는 피부병에 걸렸다.

② 정선이는 몸살이 났고, 이에 해당하는 약은 C이다.

③ 소미는 치통 환자이다.

④ 희경이는 배탈이 났다.

⑤ 소미의 약은 A이다.

06 다음 복약설명서에 따라 갑이 두 약을 복용할 때, 옳은 것은?

〈복약설명서〉

1. 약품명 : 가나다정
2. 복용법 및 주의사항
   - 식전 15분에 복용하는 것이 가장 좋으나 식전 30분부터 식사 직전까지 복용이 가능합니다.
   - 식사를 거르게 될 경우에 복용을 거릅니다.
   - 식이요법과 운동요법을 계속하고, 정기적으로 혈당(혈액 속에 섞여 있는 당분)을 측정해야 합니다.
   - 야뇨(夜尿)를 피하기 위해 최종 복용시간은 오후 6시까지로 합니다.
   - 저혈당을 예방하기 위해 사탕 등 혈당을 상승시킬 수 있는 것을 가지고 다닙니다.

1. 약품명 : ABC정
2. 복용법 및 주의사항
   - 매 식사 도중 또는 식사 직후에 복용합니다.
   - 복용을 잊은 경우 식사 후 1시간 이내에 생각이 났다면 즉시 약을 복용하도록 합니다. 식사 후 1시간이 초과되었다면 다음 식사에 다음 번 분량만을 복용합니다.
   - 씹지 말고 그대로 삼켜서 복용합니다.
   - 정기적인 혈액검사를 통해서 혈중 칼슘, 인의 농도를 확인해야 합니다.
---

① 식사를 거르게 될 경우 가나다정만 복용한다.

② 두 약을 복용하는 기간 동안 정기적으로 혈액검사를 할 필요는 없다.

③ 저녁식사 전 가나다정을 복용하려면 저녁식사는 늦어도 오후 6시 30분에는 시작해야 한다.

④ ABC정은 식사 중에 다른 음식과 함께 씹어 복용할 수 있다.

⑤ 식사를 30분 동안 한다고 할 때, 두 약의 복용시간은 최대 1시간 30분 차이가 날 수 있다.

(가)

지역상공회의소 등과 같은 사업주단체나 각종 협회 및 조합 등 산업계가 주도해 지역에 필요한 인력을 공동으로 양성하는 체계가 구축된다. 이와 관련, 고용노동부는 30일(금), '지역·산업 맞춤형 인력양성체계 구축방안'을 마련하여 발표했다. 이 방안에 따르면 우선, 지역의 산업계, 노동조합, 자치단체, 지방고용노동관서, 지방중기청, 대학 등이 참여하는 '지역 인적자원개발 위원회'를 구성해 '공동수요조사 → 공동훈련 → 채용'에 이르는 인력공동관리체계를 구축한다. 구성된 위원회는 기업의 인력수요를 조사하고 지역 특성에 맞게 훈련 직종과 규모가 확정되면, 폴리텍대학, 대한상의 인력개발원, 전문대학 등에서 공동으로 훈련을 시행한다. 이후 지역 고용센터 등을 통해 훈련생과 참여기업을 이어줌으로써 채용까지 이르게 할 계획이다.

고용노동부는 이번 방안을 통해 기업은 원하는 인력을 채용하고, 계속된 교육훈련을 통해 근로자의 생산성을 높일 수 있고, 근로자도 취업 가능성이 높은 훈련을 통해 취업을 보장받고, 생산성 향상을 통한 임금 인상을 기대할 수 있다. 지역의 교육훈련기관은 지역 내 기업과 지속적인 연계를 통해 신규 인력 양성과 취업 후 직무능력향상 훈련을 실시하면서도 지역과 산업수요를 반영하여 교육훈련과정을 운영함으로써 평생직업능력개발 기능이 강화될 것으로 기대하고 있다.

이번 방안은 지난해부터 인천기술교육센터에서 추진해온 '지역공동훈련' 시범사업의 성과를 전국으로 확대·발전시키는 것이다. 따라서 지역에서 '지역 인적자원개발 위원회'를 구성하여 신청하면 심사를 거쳐 운영비와 인력수요 조사 비용 등을 지원하게 된다. 또한, 위원회가 인력수요 조사 결과를 반영하여 훈련기관, 훈련규모, 훈련 직종 등이 포함된 지역 인력양성계획을 마련하여 신청하면 지원대상을 선정한다. 이를 위해 고용부와 H공단은 9월부터 지역 설명회를 열고 인적자원개발위원회 구성과 인력양성계획 수립을 위한 컨설팅을 시행한다. 11월 이후에는 본격적으로 사업 신청을 받아 지원여부를 확정하고 훈련이 이루어지게 할 계획이다.

이번 방안이 원활하게 수행되면 직업교육훈련이 지역과 산업의 수요를 반영하지 못한다는 비판에서 벗어나 지역과 산업계가 주도하는 체계로 자리매김하게 될 것이다. 이를 통해 기업 입장에서는 훈련을 거친 인력을 채용할 수 있고, 근로자의 계속된 직무능력향상 훈련을 통해 생산성을 높일 수 있으며, 필요한 경우에는 지역의 특성화고나 대학의 교육과정에 대한 개편을 요청할 수도 있을 것이다. 실업자나 근로자 입장에서는 채용 가능성이 높은 우수한 훈련을 통해 취업 가능성을 높일 수 있고, 채용이 된 이후에도 생산성 향상을 통해 임금 상승을 기대할 수 있다. 전문대학 등 교육훈련기관도 안정된 교육훈련수요를 확보할 수 있고, 기업이 원하는 시설, 장비, 커리큘럼 등을 갖추어 평생직업능력개발을 선도하는 기관으로서 역할을 키워갈 수 있을 것이다.

직업능력정책관은 "지역기업에서 필요로 하는 인력을 내실 있는 훈련과정을 통해 맞춤형으로 키워낸다면 근로자의 취업을 돕고, 중소기업의 기술 미스매치 해소에 큰 힘을 실어줄 수 있을 것이라고 확신한다."고 강조했다. 아울러 "지역 인적자원개발 위원회가 활성화되면 지역에서 실시되는 중앙부처와 자치단체의 인력 양성 사업이 효율적으로 조정되어 중복과 비효율이 줄어들 수 있을 것이다."라고 밝혔다.

07 다음 중 보도자료의 제목 (가)에 들어갈 내용으로 가장 적절한 것은?

① 훈련과정을 단축하고, 취업스킬을 키우는 인력공동관리체계!

② 지역과 산업이 주도하는 인력양성체계로 맞춤형 인재를 기른다.

③ 보편적인 업무능력을 기르기 위한 직무능력향상체계를 구축한다.

④ 취업 준비생이 주도하는 지역·산업 맞춤형 인력 양성 체계 구축방안

⑤ 중소기업 기술미스매치의 원인을 토론하다.

08 다음 중 윗글에 대한 내용으로 적절하지 않은 것은?

① 실업자나 근로자의 입장에서는 취업 가능성을 높일 수 있다.

② 기업은 원하는 인력을 채용할 수 있으며, 근로자의 생산성을 높일 수 있다.

③ 고용부와 H공단은 지역 설명회를 열어 컨설팅을 시행할 예정이다.

④ 인적자원개발위원회의 구성은 중앙부처와 자치단체의 협력으로 구성된다.

⑤ 교육훈련기관은 안정된 교육훈련수요를 확보할 수 있을 것이다.

09 다음은 우리나라의 LPCD(Liter Per Capita Day)에 대한 자료이다. 1인 1일 사용량에서 영업용 사용량이 차지하는 비중과 1인 1일 가정용 사용량 중 하위 두 항목이 차지하는 비중을 순서대로 바르게 나열한 것은? (단, 소수점 셋째 자리에서 반올림한다)

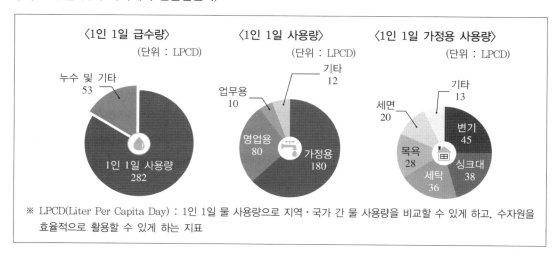

〈1인 1일 급수량〉 (단위 : LPCD)
누수 및 기타 53
1인 1일 사용량 282

〈1인 1일 사용량〉 (단위 : LPCD)
기타 12
업무용 10
영업용 80
가정용 180

〈1인 1일 가정용 사용량〉 (단위 : LPCD)
기타 13
세면 20
목욕 28
세탁 36
변기 45
싱크대 38

※ LPCD(Liter Per Capita Day) : 1인 1일 물 사용량으로 지역·국가 간 물 사용량을 비교할 수 있게 하고, 수자원을 효율적으로 활용할 수 있게 하는 지표

① 27.57%, 16.25%

② 27.57%, 19.24%

③ 28.37%, 18.33%

④ 28.37%, 19.24%

⑤ 30.56%, 20.78%

10 다음 제시된 문단을 읽고, 이어질 단락을 논리적 순서대로 바르게 나열한 것은?

> 낙수 이론(Trickle Down Theory)은 낙수 효과(Trickle Down Effect)에 의해서 경제 상황이 개선될 수 있다는 것을 골자로 하는 이론이다. 이 이론은 경제적 상위계층의 생산 혹은 소비 등의 전반적 경제활동에 따라 경제적 하위계층에게도 그 혜택이 돌아간다는 모델에 기반을 두고 있다.

> (가) 한국에서 이 낙수 이론에 의한 경제구조의 변화를 실증적으로 나타내는 것이 바로 70년대 경제 발전기의 경제 발전 방식과 그 결과물이다. 한국은 대기업 중심의 경제 발전을 통해서 경제의 규모를 키웠고, 이는 기대 수명 증가 등 긍정적 결과로 나타났다.
>
> (나) 그러나 낙수 이론에 기댄 경제정책이 실증적인 효과를 낸 전력이 있음에도 불구하고, 낙수 이론에 의한 경제발전모델이 과연 전체의 효용을 바람직하게 증가시켰는지에 대해서는 비판들이 있다.
>
> (다) 사회적 측면에서는 계층 간 위화감 조성이라는 문제점 또한 제기된다. 결국 상류층이 돈을 푸는 것으로 인하여 하류층의 경제적 상황에 도움이 되는 것이므로, 상류층과 하류층의 소비력의 차이가 여실히 드러나고, 이는 사회적으로 위화감을 조성시킨다는 것이다.
>
> (라) 제일 많이 제기되는 비판은 경제적 상류계층이 경제활동을 할 때까지 기다려야 한다는 낙수 효과의 본질적인 문제점에서 연유한다. 결국 낙수 효과는 상류계층의 경제활동에 의해 이루어지는 것이므로, 당사자가 움직이지 않는다면 발생하지 않기 때문이다.

① (가) - (라) - (나) - (다) 　　② (가) - (다) - (라) - (나)
③ (다) - (가) - (라) - (나) 　　④ (가) - (나) - (라) - (다)
⑤ (가) - (나) - (다) - (라)

11 다이어트를 하기로 마음먹은 A ~ D는 매일 '보건소 - 교회 - 우체국 - 경찰서 - 약수터' 코스를 함께 운동하며 이동하기로 했다. 이들은 각 코스를 이동하는 데 '뒤로 걷기, 파워워킹, 러닝, 자전거 타기'의 방법을 모두 사용하며, 동일 구간을 이동하는 동안에는 각각 서로 다른 하나의 이동 방법을 선택한다. 주어진 〈조건〉이 항상 참일 때, C가 경찰서에서 약수터로 이동 시 사용 가능한 방법끼리 묶은 것은?

─〈조건〉─
- A와 C가 사용한 이동방법의 순서는 서로 반대이다.
- B는 보건소에서 교회까지 파워워킹으로 이동했다.
- 우체국에서 경찰서까지 러닝으로 이동한 사람은 A이다.
- C가 경찰서에서 약수터로 이동한 방법과 D가 우체국에서 경찰서까지 이동한 방법은 같다.
- C는 러닝을 한 후 바로 파워워킹을 했다.

① 뒤로 걷기, 자전거 타기 　　② 파워워킹, 러닝
③ 러닝, 자전거 타기 　　　　④ 뒤로 걷기, 파워워킹
⑤ 뒤로 걷기, 러닝

12 다음 규정에 대한 비판으로 옳지 않은 것은?

면허대상	우선순위	내용
택시 운전자	1	• 10년 이상 무사고자로서 A광역시 소재 동일회사에서 8년 이상 근속하여 운전 중인 자 • 17년 이상 무사고자로서 A광역시 소재 운수회사에서 10년 이상 운전 중인 자
	2	• 8년 이상 무사고자로서 A광역시 소재 동일회사에서 5년 이상 근속하여 운전 중인 자
	3	• 10년 이상 무사고자로서 A광역시 소재 동일회사에서 3년 이상 근속하여 운전 중인 자

〈A광역시 개인택시면허 발급 우선순위 규정〉

① 개인택시면허 발급의 우선순위를 정함에 있어서, 위 규정은 개인택시운전에 필요한 법규 준수성, 숙련성, 무사고 운전경력 등을 평가하는 절대적 기준은 아니다.

② 개인택시면허를 발급받으려는 운전자는 근무하던 택시회사가 폐업할 경우 위의 규정으로 인해 피해를 입게 된다.

③ 직업에 종사하는 데 필요한 전문지식을 습득하기 위한 전문 직업교육장을 임의로 선택하는 자유를 제한하는 규정이다.

④ 개인택시면허를 발급받으려는 운전자의 직장이동을 어렵게 하여 직업의 자유를 지나치게 제한하는 것이다.

⑤ 위 규정에 의하면 9년 무사고자로서 A광역시 소재 동일회사에서 4년 근속한 자가 우선순위 부여대상에서 제외되는 문제가 있다.

13 다음 의견에 대한 반대 측의 논거로 가장 적절한 것은?

> 인터넷 신조어를 국어사전에 당연히 올려야 한다고 생각합니다. 사전의 역할은 모르는 말이 나올 때, 그 뜻이 무엇인지 쉽게 찾을 수 있도록 하는 것입니다. '안습', '멘붕' 같은 말은 널리 쓰이고 있음에도 불구하고 국어사전에 없기 때문에 어른들이나 우리말을 배우는 외국인들이 큰 불편을 겪고 있습니다.

① '멘붕'이나 '안습' 같은 신조어는 이미 널리 쓰이고 있다. 급격한 변화를 특징으로 하는 정보화 시대에 많은 사람들이 사용하는 말이라면 표준어로 인정해야 한다.

② 영국의 권위 있는 사전인 '옥스퍼드 영어 대사전'은 최근 인터넷 용어로 쓰이던 'OMG(어머나)', 'LOL(크게 웃다)' 등과 같은 말을 정식 단어로 인정하였다.

③ 언어의 창조성 측면에서 우리말이 현재보다 더욱 풍부해질 수 있으므로 가능하면 더 많은 말을 사전에 등재하는 것이 바람직하다.

④ '멘붕'이나 '안습' 같은 말들은 갑자기 생긴 말로 오랜 시간 언중 사이에서 사용되지 않고 한때 유행하다가 사라질 가능성이 있는 말이다.

⑤ 인터넷 신조어의 등장은 시대에 따라 변한 언어의 한 종류로 자연스러운 언어 현상 중 하나이다.

14 다음은 실업자 및 실업률 추이에 대한 그래프이다. 2022년 11월의 실업률은 2022년 2월 대비 얼마나 증감했는가?(단, 소수점 첫째 자리에서 반올림한다)

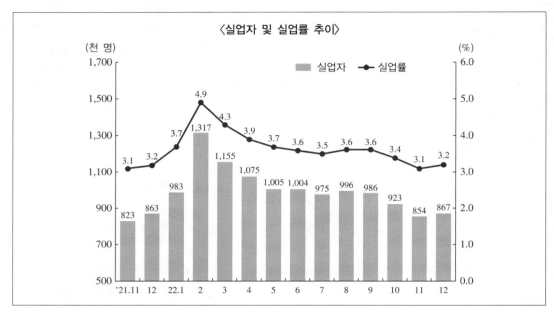

① +38%

② +37%

③ −35%

④ −36%

⑤ −37%

15 C사원은 본사 이전으로 인해 집과 회사가 멀어져 근처로 집을 구하려고 한다. 아파트와 빌라 총 세 곳의 월세를 알아 본 C사원이 월세와 교통비를 고려하여 집을 결정할 때, 옳은 것은?

구분	월세	거리(편도)
A빌라	280,000원	2.8km
B빌라	250,000원	2.1km
C아파트	300,000원	1.82km

※ 한 달 출근 횟수 : 20일
※ 교통비 : 1km당 1,000원

① 월 예산 40만 원으로는 세 집 모두 불가능하다.

② B빌라에 살 경우 회사와 집만 왕복하면 한 달에 33만 4천 원으로 살 수 있다.

③ C아파트의 교통비가 가장 많이 든다.

④ C아파트는 A빌라보다 한 달 금액이 20,000원 덜 든다.

⑤ B빌라에 두 달 살 경우, A빌라와 C아파트의 한 달 금액을 합친 것보다 비싸다.

16 다음은 성별·장애등급별 등록 장애인 현황을 나타낸 자료이다. 이에 대한 설명으로 옳은 것은?

〈2022년 성별 등록 장애인 수〉

(단위 : 명, %)

구분 \ 성별	여성	남성	전체
등록 장애인 수	1,048,979	1,468,333	2,517,312
전년 대비 증가율	0.5	5.5	( )

〈2022년 성별·장애등급별 등록 장애인 수〉

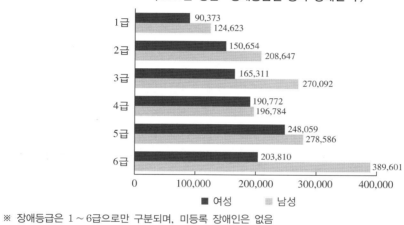

1급 여성 90,373 남성 124,623
2급 여성 150,654 남성 208,647
3급 여성 165,311 남성 270,092
4급 여성 190,772 남성 196,784
5급 여성 248,059 남성 278,586
6급 여성 203,810 남성 389,601

0   100,000   200,000   300,000   400,000

■ 여성   ▨ 남성

※ 장애등급은 1 ~ 6급으로만 구분되며, 미등록 장애인은 없음

① 2022년 전체 등록 장애인 수의 전년 대비 증가율은 4% 이상이다.
② 전년 대비 2022년 등록 장애인 수가 가장 많이 증가한 장애등급은 6급이다.
③ 장애등급 5급과 6급의 등록 장애인 수의 합은 전체 등록 장애인 수의 50% 이상이다.
④ 등록 장애인 수가 가장 많은 장애등급의 남성 장애인 수는 등록 장애인 수가 가장 적은 장애등급의 남성 장애인 수의 3배 이상이다.
⑤ 성별 등록 장애인 수 차이가 가장 작은 장애등급과 가장 큰 장애등급의 여성 장애인 수의 합은 여성 전체 등록 장애인 수의 40% 이상이다.

17 다음 글의 논증에 대한 비판으로 적절하지 않은 것은?

> 진화론자들은 지구상에서 생명의 탄생이 30억 년 전에 시작됐다고 추정한다. 5억 년 전 캄브리아기 생명폭발 이후 다양한 생물종이 출현했다. 인간 종이 지구상에 출현한 것은 길게는 100만 년 전이고 짧게는 10만 년 전이다. 현재 약 180만 종의 생물종이 보고되어 있다. 멸종된 것을 포함해서 5억 년 전 이후 지구상에 출현한 생물종은 1억 종에 이른다. 5억 년을 100년 단위로 자르면 500만 개의 단위로 나눌 수 있다. 이것은 새로운 생물종이 평균적으로 100년 단위마다 약 20종이 출현한다는 것을 의미한다. 하지만 지난 100년간 생물학자들은 지구상에서 새롭게 출현한 종을 찾아내지 못했다. 이는 한 종에서 분화를 통해 다른 종이 발생한다는 진화론이 거짓이라는 것을 함축한다.

① 100년마다 20종이 출현한다는 것은 다만 평균일 뿐이다. 현재의 신생 종 출현 빈도는 그보다 훨씬 적을 수 있지만 언젠가 신생 종이 훨씬 많이 발생하는 시기가 올 수 있다.

② 5억 년 전 이후부터 지구상에 출현한 생물종이 1,000만 종 이하일 수 있다. 그러면 100년 내에 새로 출현하는 종의 수는 2종 정도이므로 신생 종을 발견하기 어려울 수 있다.

③ 생물학자는 새로 발견한 종이 신생 종인지 아니면 오래 전부터 존재했던 종인지 판단하기 어렵다. 따라서 신생 종의 출현이나 부재로 진화론을 검증하려는 시도는 성공할 수 없다.

④ 30억 년 전에 생물이 출현한 이후 5차례의 대멸종이 일어났으나 대멸종은 매번 규모가 달랐다. 21세기 현재, 알려진 종 중 사라지는 수가 크게 늘고 있어 우리는 인간에 의해 유발된 대멸종의 시대를 맞이하는 것으로 볼 수 있다.

⑤ 생물학자들이 발견한 몇몇 종은 지난 100년 내에 출현한 종이라고 판단할 이유가 있다. DNA의 구성에 따라 계통수를 그렸을 때 본줄기보다는 곁가지 쪽에 배치될수록 늦게 출현한 종임을 알 수 있기 때문이다.

18 총무팀 A ~ E 5명은 주중에 돌아가면서 한 번씩 야근을 하려고 한다. 〈조건〉을 바탕으로 총무팀 5명 중 가장 마지막에 야근을 하는 사람은?

────〈조건〉────
- B는 E의 하루 뒤에 야근을 하고, B의 이틀 뒤에는 A가 야근을 한다.
- D보다 먼저 야근을 하는 사람은 없다.
- C는 목요일에 야근을 한다.

① A   ② B

③ C   ④ D

⑤ E

19 A사원, B대리, C과장은 점심식사 후 항상 커피를 마시며, 종류는 아메리카노, 카페라테, 카푸치노, 에스프레소 4종류가 있다. 주어진 〈조건〉이 항상 참일 때, 다음 중 옳은 것은?

〈조건〉

- A사원은 카페라테와 카푸치노를 마시지 않는다.
- B대리는 에스프레소를 마신다.
- A사원과 B대리가 마시는 커피는 서로 다르다.
- C과장은 에스프레소를 마시지 않는다.

---

① C과장은 아메리카노를 마신다.
② A사원은 아메리카노를 마신다.
③ C과장과 B대리는 마시는 커피가 같다.
④ A사원이 마시는 커피는 주어진 조건만으로는 알 수 없다.
⑤ C과장은 카푸치노를 마신다.

20 다음은 km²당 도시공원 · 녹지 · 유원지 현황을 나타낸 자료이다. 이에 대한 내용으로 옳지 않은 것은?

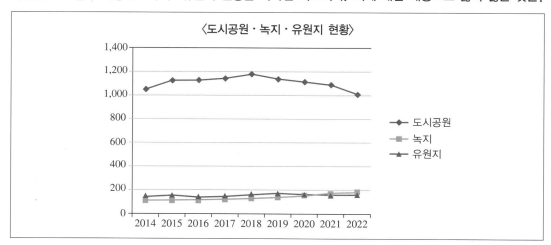

① 도시공원의 면적은 2019년부터 감소하고 있다.
② 녹지의 면적은 꾸준히 증가하고 있다.
③ 도시공원의 면적은 녹지와 유원지의 면적보다 월등히 넓다.
④ 녹지의 면적은 2019년부터 유원지 면적을 추월했다.
⑤ 도시공원의 면적은 2018년에 가장 넓다.

21 다음은 인터넷 쇼핑몰 이용약관의 주요 내용이다. 〈보기〉에서 (가) ~ (라)를 구입한 쇼핑몰을 순서대로 바르게 나열한 것은?

〈이용약관의 주요 내용〉

쇼핑몰	주문 취소	환불	배송비	포인트 적립
A	주문 후 7일 이내 취소 가능	(10% 환불수수료)+(송금수수료 차감)	무료	구입금액의 3%
B	주문 후 10일 이내 취소 가능	(환불수수료)+(송금수수료 차감)	20만 원 이상 무료	구입금액의 5%
C	주문 후 7일 이내 취소 가능	(환불수수료)+(송금수수료 차감)	1회 이용 시 1만 원	없음
D	주문 후 당일에만 취소 가능	(환불수수료)+(송금수수료 차감)	5만 원 이상 무료	없음
E	취소 불가능	고객 귀책사유에 의한 환불 시에만 10% 환불수수료	1만 원 이상 무료	구입금액의 10%
F	취소 불가능	원칙적으로 환불 불가능 (사업자 귀책사유일 때만 환불 가능)	100g당 2,500원	없음

〈보기〉

ㄱ. 철수는 부모님의 선물로 (가)를 구입하였는데, 판매자의 업무착오로 배송이 지연되어 판매자에게 전화로 환불을 요구하였다. 판매자는 판매금액 그대로를 통장에 입금해 주었고 구입시 발생한 포인트도 유지하여 주었다.

ㄴ. 영희는 (나)를 구매할 때 배송료를 고려하여 한 가지씩 여러 번에 나누어 구매하기보다는 가능한 한 한꺼번에 주문하곤 하였다.

ㄷ. 인터넷 사이트에서 (다)를 20,000원에 주문한 민수는 다음날 같은 물건을 18,000원에 파는 가게를 발견하고 전날 주문한 물건을 취소하려 했지만 취소가 되지 않아 곤란을 겪은 적이 있다.

ㄹ. (라)를 10만 원에 구매한 철호는 도착한 물건의 디자인이 마음에 들지 않아 환불 및 송금수수료와 배송료를 감수하는 손해를 보면서도 환불할 수밖에 없었다.

	(가)	(나)	(다)	(라)
①	E	B	C	D
②	F	E	D	B
③	E	D	F	C
④	F	C	E	B
⑤	B	A	D	C

22 희재는 수국, 작약, 장미, 카라 4종류의 꽃을 총 12송이 가지고 있다. 이 꽃들을 12명의 사람에게 한 송이씩 주려고 한다. 다음 주어진 정보가 모두 참일 때, 〈보기〉에서 옳은 것을 모두 고르면?

〈정보〉

- 꽃 12송이는 수국, 작약, 장미, 카라 4종류가 모두 1송이 이상씩 있다.
- 작약을 받은 사람은 카라를 받은 사람보다 적다.
- 수국을 받은 사람은 작약을 받은 사람보다 적다.
- 장미를 받은 사람은 수국을 받은 사람보다 많고, 작약을 받은 사람보다 적다.

〈보기〉

ㄱ. 카라를 받은 사람이 4명이면, 수국을 받은 사람은 1명이다.
ㄴ. 카라와 작약을 받은 사람이 각각 5명, 4명이면, 장미를 받은 사람은 2명이다.
ㄷ. 수국을 받은 사람이 2명이면, 작약을 받은 사람이 수국을 받은 사람보다 2명 많다.

① ㄱ   ② ㄴ
③ ㄱ, ㄴ   ④ ㄷ
⑤ ㄴ, ㄷ

23 A ~ E 5명에게 지난 달 핸드폰 통화 요금이 가장 많이 나온 사람을 1위에서 5위까지 그 순위를 추측하라고 하였더니 각자 예상하는 두 사람의 순위를 다음과 같이 대답하였다. 각자 예상한 순위 중 하나는 참이고, 다른 하나는 거짓이다. 이들의 대답으로 판단할 때 실제 핸드폰 통화 요금이 가장 많이 나온 사람은?

A : D가 두 번째이고, 내가 세 번째이다.
B : 내가 가장 많이 나왔고, C가 두 번째로 많이 나왔다.
C : 내가 세 번째이고, B가 제일 적게 나왔다.
D : 내가 두 번째이고, E가 네 번째이다.
E : A가 가장 많이 나왔고, 내가 네 번째이다.

① A   ② B
③ C   ④ D
⑤ E

24 다음은 형사가 용의자 P ~ T를 심문한 후 보고한 내용이다. 이 〈조건〉을 토대로 할 때 유죄라고 판단할 수 있는 자들은?

〈조건〉

• 유죄는 반드시 두 명이다.
• Q와 R은 함께 유죄이거나 무죄일 것이다.
• P가 무죄라면 Q와 T도 무죄이다.
• S가 유죄라면 T도 유죄이다.
• S가 무죄라면 R도 무죄이다.

---

① P, T   ② P, S

③ Q, R   ④ R, S

⑤ R, T

25 다음 그래프에 대한 내용으로 옳은 것은?

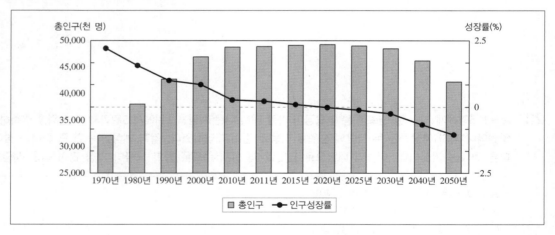

① 인구성장률은 2025년에 잠시 성장하다가 다시 감소할 것이다.

② 2011년부터 총인구는 감소할 것이다.

③ 2000 ~ 2010년 기간보다 2025 ~ 2030년 기간의 인구증가가 덜할 것이다.

④ 2040년에 총인구는 1990년 인구보다 적을 것이다.

⑤ 총인구는 2000년부터 계속해서 감소하는 모습을 보이고 있다.

26 다음 글의 내용에 대한 평가로 가장 적절한 것은?

우리나라는 눈부신 경제 성장을 이룩하였고 일인당 국민소득도 빠른 속도로 증가해왔다. 소득이 증가하면 더 행복해질 것이라는 믿음과는 달리, 한국사회 구성원들의 전반적인 행복감은 높지 않은 실정이다. 전반적인 물질적 풍요에도 불구하고 왜 한국 사람들의 행복감은 그만큼 높아지지 않았을까? 이 물음에 대한 다음과 같은 두 가지 답변이 있다.

(가) 일반적으로 소득이 일정한 수준에 도달한 이후에는 소득의 증가가 반드시 행복의 증가로 이어지지는 않는다. 인간이 살아가기 위해서는 물질재와 지위재가 필요하다. 물질재는 기본적인 의식주의 욕구를 충족시키는 데 필요한 재화이며, 경제 성장에 따라 공급이 늘어난다. 지위재는 대체재의 존재 여부나 다른 사람들의 요구에 따라 가치가 결정되는 비교적 희소한 재화나 서비스이며, 그 효용은 상대적이다. 경제 성장의 초기 단계에서는 물질재의 공급을 늘리면 사람들의 만족감이 커지지만, 경제가 일정 수준 이상으로 성장하면 점차 지위재가 중요해지고 물질재의 공급을 늘려서는 해소되지 않는 불만이 쌓이게 되는 이른바 '풍요의 역설'이 발생한다. 따라서 한국 사람들이 경제 수준이 높아진 만큼 행복하지 않은 이유는 소득 증가에 따른 자연스러운 현상이다.

(나) 한국 사회의 행복 수준은 단순히 풍요의 역설로 설명할 수 없다. 행복에 대한 심리학적 연구에 따르면 타인과 비교하는 성향이 강한 사람일수록 행복감이 낮아지게 된다. 비교 성향이 강한 사람은 사회적 관계에서 자신보다 우월한 사람들을 준거집단으로 삼아 비교하기 쉽고 이로 인해 상대적 박탈감이 커질 수 있기 때문이다. 한국과 같은 경쟁 사회에서는 진학이나 구직 등에서 과열 경쟁이 벌어지고 등수에 의해 승자와 패자가 구분된다. 이 과정에서 비교 우위를 차지하지 못한 사람들은 좌절을 경험하기 쉬운데, 비교 성향이 강할수록 좌절감은 더 크다. 따라서 한국 사회의 행복감이 낮은 이유는 한국 사람들이 다른 사람들과 비교하는 성향이 매우 높은 데에서 찾을 수 있다.

① 지위재에 대한 경쟁이 치열한 국가일수록 전반적인 행복감이 높다는 사실은 (가)를 강화한다.

② 경제적 수준이 비슷한 나라들과 비교하여 한국의 지위재가 상대적으로 풍부하다는 사실은 (가)를 강화한다.

③ 한국 사회는 일인당 소득 수준이 비슷한 다른 나라들과 비교하더라도 행복감의 수준이 상당히 낮다는 조사 결과는 (가)를 강화한다.

④ 한국보다 소득 수준이 높고 대학 입학을 위한 입시 경쟁이 매우 치열한 나라가 있다는 사실은 (나)를 약화한다.

⑤ 자신보다 우월한 사람들을 준거집단으로 삼는 경향이 한국보다 강함에도 불구하고 행복감이 더 높은 나라가 있다는 사실은 (나)를 약화한다.

27 다음 글에 대한 결론으로 가장 적절한 것은?

경제 활동 주체들은 이윤이 극대화될 수 있는 지점을 찾아 입지하려는 경향을 지닌다. 이를 설명하는 이론이 '산업입지론'인데, 고전적인 산업입지 이론으로는 '최소비용입지론'과 '최대수요입지론'이 있다.

최소비용입지론은 산업의 입지에 관계없이 수요는 고정되어 있고 수입은 일정하다고 가정한다. 다른 비용들이 동일하다면 운송비가 최소화되는 지점이 최적 입지가 되며, 최소 운송비 지점을 바탕으로 다른 비용 요소들을 고려한다. 운송비는 원료 등 생산투입요소를 공장까지 운송하는 데 소요되는 '원료 운송비'와 생산한 제품을 시장까지 운송하는 데 소요되는 '제품 운송비'로 구성된다. 최소비용입지론에서는 원료지수(MI)를 도입하여 사용된 원료의 무게와 생산된 제품의 무게를 따진다. 그 결과 원료 산지와 시장 중 어느 쪽으로 가까이 입지할 때 운송비가 유리해지는가를 기준으로 산업의 입지를 판단한다.

[원료지수(MI)]=(사용된 원료의 무게)÷(생산된 제품의 무게)

MI>1일 때에는 시장까지 운송해야 하는 제품의 무게에 비해 사용되는 원료의 무게가 더 큰 경우로, 공정 과정에서 원료의 무게가 줄어든다. 이런 상황에서는 가능하면 원료산지에 가깝게 입지할수록 운송비의 부담을 줄일 수 있어 원료 지향적 입지가 이루어진다. 반대로 MI<1인 경우는 산지에서 운송해 온 재료 외에 생산 공정 과정에서 재료가 더해져 제품의 무게가 늘어나는 상황이다. 이때는 제품 운송비의 부담이 더 크므로 시장에 가까이 입지할수록 운송비 부담이 줄게 되어 시장 지향적인 입지 선택을 하게 된다. MI=1인 경우는 원료 산지와 시장 사이 어느 지점에 입지하든 운송비에 차이는 없게 된다.

최대수요입지론은 산업입지와 상관없이 비용은 고정되어 있다고 가정한다. 이 이론에서는 경쟁 업체와 가격 변동을 고려하여 수요가 극대화되는 입지를 선정한다. 최초로 입지를 선정하는 업체는 시장의 어디든 입지할 수 있으나 소비자의 이동 거리를 최소화하기 위하여 시장의 중심에 입지한다. 그 다음 입지를 선정해야 하는 경쟁 업체는 가격 변화에 따라 수요가 변하는 정도가 크지 않은 경우, 시장의 중심에서 멀어질수록 시장을 뺏기게 되므로 경쟁 업체가 있더라도 가능한 중심에 가깝게 입지하려고 한다. 하지만 가격 변화에 따라 수요가 크게 변하는 경우, 두 경쟁자는 서로 적절히 떨어져 입지하여 보다 낮은 가격으로 제품을 공급하려고 한다.

① 소비자의 수요는 가격보다 업체의 서비스에 의해 결정된다.
② 업체끼리 서로 경쟁하기보다는 상생하는 것이 더 중요하다.
③ 경제활동 주체가 언제나 합리적인 선택을 할 수 없다.
④ 시장의 경쟁자가 많지 않은 상황에서는 효과적인 입지 선정이 힘들다.
⑤ 여러 요소를 감안하더라도 최적의 입지 선택을 위해서는 거리에 따른 경제적 효과를 고려해야 된다.

28 다음은 A대학교의 1 ~ 4학년생을 대상으로 장학금을 받는 학생과 장학금을 받지 못하는 학생으로 나누어 해당 학년 동안 참가한 1인당 평균 교내 특별활동 수를 조사한 자료이다. 이에 대한 설명으로 옳지 않은 것을 〈보기〉에서 모두 고르면?

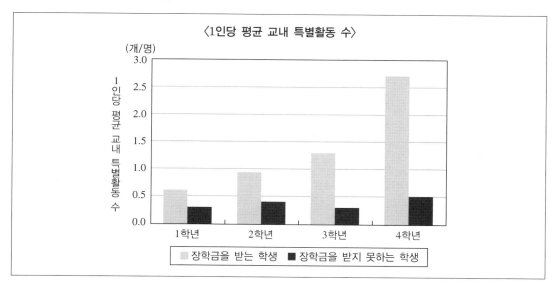

〈보기〉

ㄱ. 학년이 높아질수록 장학금을 받는 학생 수는 늘어났다.
ㄴ. 장학금을 받는 4학년생이 참가한 1인당 평균 교내 특별활동 수는 장학금을 받지 못하는 4학년생이 참가한 1인당 평균 교내 특별활동 수의 5배 이하이다.
ㄷ. 학년이 높아질수록 장학금을 받는 학생과 받지 못하는 학생 간의 1인당 평균 교내 특별활동 수의 차이가 커졌다.
ㄹ. 전체 2학년생이 참가한 1인당 평균 교내 특별활동 수에 비해 전체 3학년생이 참가한 1인당 평균 교내 특별활동 수가 많다.

① ㄱ, ㄴ
② ㄴ, ㄷ
③ ㄱ, ㄴ, ㄹ
④ ㄱ, ㄷ, ㄹ
⑤ ㄴ, ㄷ, ㄹ

29 과장인 귀하는 올해 입사한 사원의 중간 평가를 해야 한다. 사원 A ~ C를 업무 능력, 리더십, 인화력의 세 영역에서 평가한다. 평가는 절대 평가 방식에 따라 −1(부족), 0(보통), 1(우수)로 이루어지고, 세 영역의 점수를 합산하여 개인별로 총점을 낸다. 다음을 만족할 때 가능한 평가 결과표의 개수는?

〈평가 결과표〉

사원＼영역	업무 능력	리더십	인화력
A			
B			
C			

※ 각자의 총점은 0이다.
※ 각 영역의 점수 합은 0이다.
※ 인화력 점수는 A가 제일 높고, 그다음은 B, C 순이다.

① 3개   ② 4개
③ 5개   ④ 6개
⑤ 7개

30 동물 애호가 A ~ D 총 4명이 키우는 동물의 종류에 대한 〈조건〉이 다음과 같을 때, 항상 참인 것은?

―〈조건〉―

- A는 개, C는 고양이, D는 닭을 키운다.
- B는 토끼를 키우지 않는다.
- A가 키우는 동물은 B도 키운다.
- A와 C는 같은 동물을 키우지 않는다.
- A, B, C, D 각각은 2종류 이상의 동물을 키운다.
- A, B, C, D는 개, 고양이, 토끼, 닭 이외의 동물은 키우지 않는다.

① C는 키우지 않지만 D가 키우는 종류의 동물이 있다.
② B와 C가 공통으로 키우는 종류의 동물이 있다.
③ B는 개를 키우지 않는다.
④ 3명이 공통으로 키우는 종류의 동물은 없다.
⑤ 3가지 종류의 동물을 키우는 사람은 없다.

31 K공사의 입사 동기인 6급 사원 A와 B는 남원시로 2박 3일 출장을 갔다. 교통편은 왕복으로 고속버스를 이용하여 총 105,200원을 지출했으며 A와 B는 출장 첫째 날은 6만 원, 둘째 날은 4만 원인 숙박시설을 공동으로 이용했다. A와 B가 받을 국내 출장여비 총액은?

<K공사 국내여비 정액표>

구분 \ 대상		가군	나군	다군
운임	항공운임	실비(1등석 / 비지니스)	실비(2등석 / 이코노미)	
	철도운임	실비(특실)		실비(일반실)
	선박운임	실비(1등급)	실비(2등급)	
	자동차운임	실비		
일비(1일당)		2만 원		
식비(1일당)		2만5천 원	2만 원	
숙박비(1박당)		실비	실비 (상한액 : 서울특별시 7만 원, 광역시 6만 원, 그 밖의 지역 5만 원)	

※ 비고
1. 가군은 임원과 건강보험정책연구원 원장(이하 이 규칙에서 '원장'이라 한다), 직제규정 시행규칙 별표 5의2의 1그룹에 속하는 직원을, 나군은 1급 직원, 선임연구위원 및 선임전문연구위원을, 다군은 2급 이하 직원과 그 밖의 연구직 직원을 말한다.
2. 자동차운임은 이용하는 대중교통의 실제 요금으로 한다. 이 경우 자가용 승용차를 이용한 경우에는 대중교통 요금에 해당하는 금액을 지급한다.
3. 운임의 할인(관계 법령 따른 국가유공자장애인 할인, 지역별 우대할인, 공단과 체결한 계약에 따른 할인 등을 말한다)이 가능한 경우에는 할인된 요금에 해당하는 금액으로 지급한다.
4. 다음 각 목의 어느 하나에 해당하는 임직원에 대해서는 위 표에도 불구하고 1박당 그 각 목에서 정하는 금액을 숙박료로 지급한다.
   가. 친지 집 등에 숙박하여 숙박료를 지출하지 않은 경우 : 20,000원
   나. 2명 이상이 공동 숙박하고 총숙박비가 [(1인 기준금액)×{(출장인원수)−1}] 이하로 지출된 경우 : 다음 계산식에 따른 금액. 이 경우 기준금액은 서울특별시는 7만 원, 광역시는 6만 원, 그 밖의 지역은 5만 원으로 하며, 소수점은 올린다.

   $$(개인당\ 지급\ 기준)=\left[(총출장\ 인원)-\frac{(총숙박비)}{(1인\ 기준금액)}\right]\times20,000원$$

5. 교육목적의 출장인 경우에 일비는 다음 각 목의 구분에 따라 지급한다.
   가. 숙박하는 경우 : 등록일·입교일과 수료일만 지급
   나. 숙박하지 아니하는 경우 : 교육 전 기간(등록일·입교일 및 수료일을 포함한다)에 대하여 지급

① 213,200원
② 333,200원
③ 378,200원
④ 443,200원
⑤ 476,200원

32 다음은 A강의 지점별 폭 – 수심비의 변화를 나타낸 자료이다. 이에 대한 설명으로 옳은 것을 〈보기〉에서 모두 고르면?

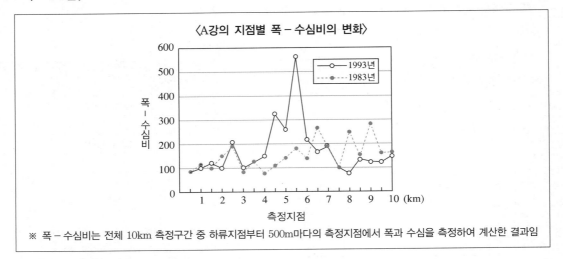

※ 폭 – 수심비는 전체 10km 측정구간 중 하류지점부터 500m마다의 측정지점에서 폭과 수심을 측정하여 계산한 결과임

―――〈보기〉―――

ㄱ. 1993년 폭 – 수심비 최댓값은 500보다 크다.
ㄴ. 1983년과 1993년의 폭 – 수심비 차이가 가장 큰 측정지점은 6.5km 지점이다.
ㄷ. 1983년 폭 – 수심비 최댓값과 최솟값의 차이는 300보다 크다.

① ㄱ ② ㄴ
③ ㄱ, ㄷ ④ ㄴ, ㄷ
⑤ ㄱ, ㄴ, ㄷ

33 어떤 회사가 A ~ D 네 부서에 한 명씩 신입사원을 선발하였다. 지원자는 총 5명이었으며, 선발 결과에 대해 다음과 같이 진술하였다. 이 중 1명의 진술만 거짓으로 밝혀졌을 때, 다음 중 항상 옳은 것은?

지원자 1 : 지원자 2가 A부서에 선발되었다.
지원자 2 : 지원자 3은 A 또는 D부서에 선발되었다.
지원자 3 : 지원자 4는 C부서가 아닌 다른 부서에 선발되었다.
지원자 4 : 지원자 5는 D부서에 선발되었다.
지원자 5 : 나는 D부서에 선발되었는데, 지원자 1은 선발되지 않았다.

① 지원자 1은 B부서에 선발되었다.
② 지원자 2는 A부서에 선발되었다.
③ 지원자 3은 D부서에 선발되었다.
④ 지원자 4는 B부서에 선발되었다.
⑤ 지원자 5는 C부서에 선발되었다.

34 정부에서 G시에 새로운 도로를 건설할 계획을 발표하였으며, 이에 따라 A ~ C의 세 가지 노선이 제시되었다. 각 노선의 총길이는 터널구간, 교량구간, 일반구간으로 구성되며, 추후 도로가 완공되면 연간 평균 차량 통행량이 2백만 대일 것으로 추산된다. 다음은 각 노선의 구성과 건설비용, 환경·사회손실비용을 나타낸 자료이다. 이를 참고할 때, 옳지 않은 것은?(단, 도로는 15년 동안 유지할 계획이다)

구분		A노선	B노선	C노선	1km당 건설비용
건설비용	터널구간	1.0km	0km	0.5km	1,000억 원
	교량구간	0.5km	0km	1km	200억 원
	일반구간	8.5km	20km	13.5km	100억 원
환경손실비용		15억 원/년	5억 원/년	10억 원/년	–
사회손실비용		차량 한 대가 10km를 운행할 경우 1,000원 비용발생			–

※ (건설비용)＝(각 구간 길이)×(1km당 건설비용)

※ (사회손실비용)＝(노선 길이)×$\dfrac{1,000원}{10km}$×(연간 평균 차량 통행량)×(유지 연수)

① 건설비용만 비교할 때 A노선이 가장 적은 비용이 필요하다.

② B노선의 길이가 가장 길기 때문에 사회손실비용이 가장 많이 발생한다.

③ 환경손실비용만 고려했을 때, A노선은 B노선의 3배에 이르는 비용이 든다.

④ 건설비용과 사회손실비용을 함께 고려하면 C노선이 가장 적합하다.

⑤ 건설비용과 사회·환경손실비용을 모두 고려하면 A노선과 B노선에 드는 비용의 차이는 200억 원이다.

35 12명의 사람이 모자, 상의, 하의를 착용하는데 모자, 상의, 하의는 빨간색 또는 파란색 중 하나이다. 〈조건〉을 바탕으로 12명이 모두 모자, 상의, 하의를 착용했을 때, 하의만 빨간색인 사람은 몇 명인가?

─〈조건〉─
- 어떤 사람을 보아도 모자와 하의는 다른 색이다.
- 같은 색의 상의와 하의를 입은 사람의 수는 6명이다.
- 빨간색 모자를 쓴 사람의 수는 5명이다.
- 모자, 상의, 하의 중 1가지만 빨간색인 사람은 7명이다.

① 1명　　　　　　　　　② 2명
③ 3명　　　　　　　　　④ 4명
⑤ 5명

36 다음은 근로장려금 신청자격 요건에 대한 정부제출안과 국회통과안의 내용이다. 이에 근거하여 〈보기〉에서 옳지 않은 설명을 모두 고르면?

〈근로장려금 신청자격 요건에 대한 사항〉

요건	정부제출안	국회통과안
총소득	부부의 연간 총소득이 1,700만 원 미만일 것(총소득은 근로소득과 사업소득 등 다른 소득을 합산한 소득)	좌동
부양자녀	다음 항목을 모두 갖춘 자녀를 2인 이상 부양할 것 (1) 거주자의 자녀이거나 동거하는 입양자일 것 (2) 18세 미만일 것(단, 중증장애인은 연령 제한을 받지 않음) (3) 연간 소득금액의 합계액이 100만 원 이하일 것	다음 항목을 모두 갖춘 자녀를 1인 이상 부양할 것 (1) ~ (3) 좌동
주택	세대원 전원이 무주택자일 것	세대원 전원이 무주택자이거나 기준시가 5천만 원 이하의 주택을 한 채 소유할 것
재산	세대원 전원이 소유하고 있는 재산 합계액이 1억 원 미만일 것	좌동
신청 제외자	(1) 3개월 이상 국민기초생활보장급여 수급자 (2) 외국인(단, 내국인과 혼인한 외국인은 신청 가능)	좌동

〈보기〉

ㄱ. 정부제출안보다 국회통과안에 의할 때 근로장려금 신청자격을 갖춘 대상자의 수가 더 줄어들 것이다.

ㄴ. 두 안의 총소득 요건과 부양자녀요건을 충족하고, 소유재산이 주택(5천만 원), 토지(3천만 원), 자동차(2천만 원)인 A는 정부제출안에 따르면 근로장려금을 신청할 수 없지만 국회통과안에 따르면 신청할 수 있다.

ㄷ. 소득이 없는 20세 중증장애인 자녀 한 명만을 부양하는 B가 국회통과안에서의 다른 요건들을 모두 충족하고 있다면 B는 국회통과안에 의해 근로장려금을 신청할 수 있다.

ㄹ. 총소득, 부양자녀, 주택, 재산 요건을 모두 갖춘 한국인과 혼인한 외국인은 정부제출안에 따르면 근로장려금을 신청할 수 없지만 국회통과안에 따르면 신청할 수 있다.

① ㄱ, ㄴ
② ㄱ, ㄷ
③ ㄷ, ㄹ
④ ㄱ, ㄴ, ㄹ
⑤ ㄴ, ㄷ, ㄹ

37 다음 글의 A와 B의 견해에 대한 평가로 적절한 것을 〈보기〉에서 모두 고르면?

> 여성의 사회 활동이 활발한 편에 속하는 미국에서조차 공과대학에서 여학생이 차지하는 비율은 20%를 넘지 않는다. 독일 대학의 경우도 전기 공학이나 기계 공학 분야의 여학생 비율이 2.3%를 넘지 않는다. 우리나라 역시 공과대학의 여학생 비율은 15%를 밑돌고 있고, 여교수의 비율도 매우 낮다.
>
> 여성주의자들 중 A는 기술에 각인된 '남성성'을 강조함으로써 이 현상을 설명하려고 한다. 그에 따르면 지금까지의 기술은 자연과 여성에 대한 지배와 통제를 끊임없이 추구해온 남성들의 속성이 반영된, 본질적으로 남성적인 것이다. 이에 반해 여성은 타고난 출산 기능 때문에 자연에 적대적일 수 없고 자연과 조화를 추구한다고 한다. 남성성은 공격적인 태도로 자연을 지배하려 하지만, 여성성은 순응적인 태도로 자연과 조화를 이루려한다. 때문에 여성성은 자연을 여는 기술과 대립할 수밖에 없다. 이에 따라 A는 여성성에 바탕을 둔 기술을 적극적으로 개발해야만 비로소 여성과 기술의 조화가 가능해진다고 주장한다.
>
> 다른 여성주의자 B는 여성성과 남성성 사이에 근본적인 차이가 존재하지 않는다고 주장한다. 그는 여성에게 주입된 성별 분업 이데올로기와 불평등한 사회 제도에 의해 여성의 능력이 억눌리고 있다고 생각한다. 그에 따르면, 여성은 '기술은 남성의 것'이라는 이데올로기를 어릴 적부터 주입받게 되어 결국 기술 분야에 어렵게 진출하더라도 남성에게 유리한 각종 제도의 벽에 부딪치면서 자신의 능력을 사장시키게 된다. 이에 따라 B는 여성과 기술의 관계에 대한 인식을 제고하는 교육을 강화하고 여성의 기술 분야 진출과 승진을 용이하게 하는 제도적 장치를 마련해야 한다고 주장한다. 그래야만 기술 분야에서 여성이 겪는 소외를 극복하고 여성이 자기 능력을 충분히 발휘할 수 있는 여건이 만들어질 수 있다고 보기 때문이다.

〈보기〉
> ㄱ. A에 따르면 여성과 기술의 조화를 위해서는 자연과 조화를 추구하는 기술을 개발해야 한다.
> ㄴ. B에 따르면 여성이 남성보다 기술 분야에 많이 참여하지 않는 것은 신체적인 한계 때문이다.
> ㄷ. A와 B에 따르면 한 사람은 남성성과 여성성을 동시에 갖고 있다.

① ㄱ
② ㄴ
③ ㄱ, ㄷ
④ ㄴ, ㄷ
⑤ ㄱ, ㄴ, ㄷ

38 김과장은 5월 3일 월요일부터 2주 동안 미얀마, 베트남, 캄보디아의 해외지사를 방문한다. 원래는 모든 일정이 끝난 5월 14일 입국 예정이었으나, 현지 사정에 따라 일정이 변경되어 5월 15일 23시에 모든 일정이 마무리된다는 것을 출국 3주 전인 오늘 알게 되었다. 이를 바탕으로 가장 효율적인 항공편을 다시 예약하려고 한다. 어떤 항공편을 이용해야 하며, 취소 수수료를 포함하여 드는 총비용은 얼마인가?(단, 늦어도 5월 16일 자정까지는 입국해야 하며, 비용에 상관없이 시간이 적게 걸릴수록 효율적이다)

◆ 해외지점 방문 일정
대한민국 인천 → 미얀마 양곤 → 베트남 하노이 → 베트남 하노이 → 캄보디아 프놈펜 → 대한민국 인천
※ 마지막 날에는 프놈펜 M호텔에서 지사장과의 만찬이 있다.

◆ 항공권 취소 수수료

구분	출발 전 50일~31일	출발 전 30일~21일	출발 전 20일~당일 출발	당일 출발 이후 (No－Show)
일반운임	13,000원	18,000원	23,000원	123,000원

◆ 항공편 일정
• 서울과 프놈펜의 시차는 2시간이며, 서울이 더 빠르다.
• 숙박하고 있는 프놈펜 M호텔은 공항에서 30분 거리에 위치하고 있다.

항공편	출발 PNH, 프놈펜 (현지 시각 기준)	도착 ICN, 서울 (현지 시각 기준)	비용	경유 여부
103	5/16 11:10	5/17 07:10	262,500원	1회 쿠알라룸푸르
150	5/16 18:35	5/17 07:10	262,500원	1회 쿠알라룸푸르
300	5/16 06:55	5/16 16:25	582,900원	1회 호치민
503	5/16 23:55	5/17 07:05	504,400원	직항
402	5/16 14:30	5/17 13:55	518,100원	1회 광주(중국)
701	5/16 08:00	5/16 22:10	570,700원	2회 북경 경유, 광주(중국) 체류

① 503 항공편, 522,400원
③ 503 항공편, 527,400원
⑤ 503 항공편, 600,900원

② 300 항공편, 600,900원
④ 300 항공편, 605,900원

39 다음은 주요국(한국, 미국, 일본, 프랑스)의 화장품산업 경쟁력 4대 분야별 점수에 대한 자료이다. 이에 대한 설명으로 옳은 것은?

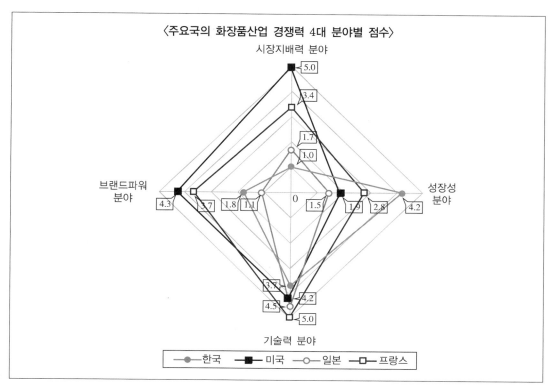

① 기술력 분야에서는 한국의 점수가 가장 높다.

② 성장성 분야에서 점수가 가장 높은 국가는 시장지배력 분야에서도 점수가 가장 높다.

③ 브랜드파워 분야에서 각국 점수 중 최댓값과 최솟값의 차이는 3 이하이다.

④ 미국이 4대 분야에서 획득한 점수의 합은 프랑스가 4대 분야에서 획득한 점수의 합보다 크다.

⑤ 시장지배력 분야의 점수는 일본이 프랑스보다 높지만 미국보다는 낮다.

40 다음 자료에 대한 내용으로 옳지 <u>않은</u> 것은?

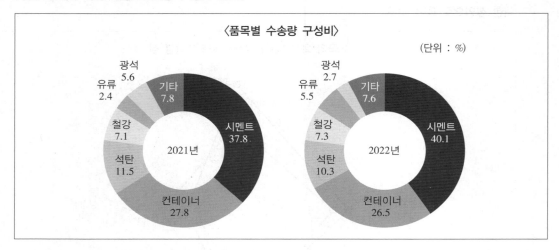

〈품목별 수송량 구성비〉

(단위 : %)

2021년: 광석 5.6, 유류 2.4, 철강 7.1, 석탄 11.5, 컨테이너 27.8, 시멘트 37.8, 기타 7.8

2022년: 광석 2.7, 유류 5.5, 철강 7.3, 석탄 10.3, 컨테이너 26.5, 시멘트 40.1, 기타 7.6

① 2021년 대비 2022년에 구성비가 증가한 품목은 3개이다.
② 컨테이너 수송량은 2021년에 비해 2022년에 감소하였다.
③ 구성비가 가장 크게 변화한 품목은 유류이다.
④ 2021년과 2022년에 가장 큰 비율을 차지하는 품목은 같다.
⑤ 2021년엔 유류가, 2022년엔 광석이 단일 품목 중 가장 작은 비율을 차지한다.

41 K공사의 차량기술단의 L사원은 최근 관심을 갖고 보는 철도기술에 대한 기사를 동료 P사원에게 보여주었다. 글을 읽고 P사원의 반응으로 적절하지 <u>않은</u> 것은?

2013년 엘론 머스크가 고안한 하이퍼루프의 콘셉트는 열차가 진공튜브에서 주행하여 공기저항이 없어지게 되면 마하 1.06(약 1,297km/h)이라는 속도를 낼 수 있다는 것이다. 열차가 고속화될수록 공기저항은 기하급수적으로 증가하기 때문에 공기는 초고속화에 큰 걸림돌이 되고 있다. 하지만 진공튜브는 공기가 없기 때문에 공기저항을 무시할 수 있어 기존의 고속철도보다 훨씬 빠른 속도로 운행할 수 있다. 물론 완벽한 진공은 건설과 유지에 많은 비용이 들어가므로 진공에 가까운 상태인 아진공 상태로 유지한다는 것이다. 하이퍼루프는 괴짜천재의 단순한 제안으로 시작하였다. 하지만 수많은 연구를 통해 엄청난 가속력의 주행 장치를 선보였고 이제는 실제 튜브를 건설하여 시험차를 공개할 예정이다. 세상은 하이퍼루프를 다시 주목하기 시작하였다.

① 열차 고속화의 가장 큰 걸림돌은 공기저항이군.
② 하이퍼루프는 기존의 인프라를 이용하면 상용화가 빨라지겠군.
③ KTX의 속도가 340km/h이니까 하이퍼루프는 KTX의 최소 3배 이상의 속도를 내겠군.
④ 앞으로 고속철도의 시설 분야에 새로운 패러다임이 발생하겠군.
⑤ 초고속 철도의 시대는 기존의 열차가 아닌 신개념 열차의 무대가 될 것 같군.

42 K씨는 진찰을 받기 위해 병원에 갔다. 진찰 대기자는 K씨와 A ~ D 총 5명이 있다. 이들의 순서가 다음의 〈조건〉을 따를 때, K씨는 몇 번째로 진찰을 받을 수 있는가?

─────〈조건〉─────
- A는 B의 바로 앞에 이웃하여 있다.
- A는 C보다 뒤에 있다.
- K는 A보다 앞에 있다.
- K와 D 사이에는 2명이 있다.

① 첫 번째
② 두 번째
③ 세 번째
④ 네 번째
⑤ 다섯 번째

43 (가) ~ (다)와 같은 생산 합리화 원칙이 적용된 사례를 〈보기〉에서 골라 바르게 나열한 것은?

〈생산 합리화 원칙〉

(가) 공정과 제품의 특성에 따라 작업을 분업화한다.
(나) 불필요한 요소를 제거하여 작업 절차를 단순화한다.
(다) 제품의 크기와 형태에 대해 기준을 설정하여 표준화한다.

─────〈보기〉─────
ㄱ. 휴대전화와 충전 장치의 연결 방식을 같은 형식으로 만들었다.
ㄴ. 음료수의 생산 과정을 일곱 단계에서 다섯 단계의 과정으로 줄여 작업하였다.
ㄷ. 한 사람이 하던 자동차 바퀴의 나사 조립과 전기 장치 조립을 두 사람이 각각 맡아서 하도록 하였다.

	(가)	(나)	(다)
①	ㄱ	ㄴ	ㄷ
②	ㄴ	ㄱ	ㄷ
③	ㄴ	ㄷ	ㄱ
④	ㄷ	ㄴ	ㄱ
⑤	ㄷ	ㄱ	ㄴ

44 K공단에서는 11월 1일 월요일부터 한 달 동안 임직원을 대상으로 금연교육 4회, 금주교육 3회, 성교육 2회를 실시하려고 한다. 다음 〈조건〉을 근거로 판단할 때 옳은 것은?

---〈조건〉---

- 금연교육은 정해진 같은 요일에만 주 1회 실시하고, 화, 수, 목요일 중에 해야 한다.
- 금주교육은 월요일과 금요일을 제외한 다른 요일에 시행하며, 주 2회 이상은 실시하지 않는다.
- 성교육은 11월 10일 이전, 같은 주에 이틀 연속으로 실시한다.
- 11월 22일부터 26일까지 워크숍 기간이고, 이 기간에는 어떠한 교육도 실시할 수 없다.
- 교육은 하루에 하나만 실시할 수 있고, 토요일과 일요일에는 교육을 실시할 수 없다.
- 계획한 모든 교육을 반드시 11월 안에 완료하여야 한다.

① 금연교육이 가능한 요일은 화요일과 수요일이다.
② 금주교육은 같은 요일에 실시되어야 한다.
③ 금주교육은 11월 마지막 주에도 실시된다.
④ 11월 30일에도 교육이 있다.
⑤ 성교육이 가능한 일정 조합은 두 가지 이상이다.

45 다음은 A시의 마을 간 태양광 생산 잉여전력 판매량에 대한 자료이다. 이에 대한 설명으로 옳지 않은 것은? (단, A시의 마을은 제시된 4개 마을이 전부이며, 모든 마을의 전력 판매가는 같다고 가정한다)

(단위 : kW)

판매량 \ 구매량	갑 마을	을 마을	병 마을	정 마을
갑 마을	–	180	230	160
을 마을	250	–	200	190
병 마을	150	130	–	230
정 마을	210	220	140	–

※ (거래수지)=(판매량)-(구매량)

① 총거래량이 같은 마을은 없다.
② 갑 마을이 을 마을에 40kW를 더 판매했다면, 을 마을의 구매량은 병 마을보다 많게 된다.
③ 태양광 전력 거래수지가 흑자인 마을은 을 마을뿐이다.
④ 전력을 가장 많이 판매한 마을과 가장 많이 구매한 마을은 각각 을 마을과 갑 마을이다.
⑤ 구매량이 거래량의 40% 이하인 마을은 없다.

46 화물 출발지와 도착지 간 거리가 A기업은 100km, B기업은 200km이며, 운송량이 A기업은 5톤, B기업은 1톤이다. 국내 운송 시 수단별 요금체계가 다음과 같을 때, A기업과 B기업에 최소 운송비용 측면에서 가장 유리한 운송수단은?(단, 다른 조건은 동일하다)

구분		화물자동차	철도	연안해송
운임	기본운임	200,000원	150,000원	100,000원
	km·톤당 추가운임	1,000원	900원	800원
km·톤당 부대비용		100원	300원	500원

① A, B 모두 화물자동차 운송이 저렴하다.
② A는 화물자동차가 저렴하고, B는 모든 수단이 동일하다.
③ A는 모든 수단의 운송비용이 동일하고, B는 연안해송이 저렴하다.
④ A, B 모두 철도운송이 저렴하다.
⑤ A는 연안해송, B는 철도운송이 저렴하다.

47 다음 글을 근거로 판단할 때, 옳지 않은 설명을 〈보기〉에서 모두 고르면?

맥아음료 중 일정 비율을 초과한 알코올을 함유하고 있는 것을 맥주라고 한다. 수입 맥아음료에 대한 관세율 및 주세율은 다음과 같다.
• 관세의 부과기준 및 관세율
　가. 알코올을 함유하지 않은 맥아음료(알코올 함유량 100분의 0.5 이하 포함) : 8%
　나. 맥주(알코올 함유량 100분의 0.5 초과) : 30%
• 주세의 부과기준 및 주세율
　알코올 함유량이 100분의 1 이상인 맥주 : 72%

〈보기〉

ㄱ. 알코올 함유량이 1%인 수입 맥아음료는 30%의 관세와 72%의 주세를 모두 납부해야 한다.
ㄴ. 주세 납부 대상이지만 관세는 내지 않아도 되는 수입 맥아음료가 있다.
ㄷ. 알코올 함유량이 0.8%인 수입 맥아음료는 8%의 관세를 납부해야 한다.

① ㄱ
② ㄴ
③ ㄱ, ㄷ
④ ㄴ, ㄷ
⑤ ㄱ, ㄴ, ㄷ

48 다음 글을 읽고 〈보기〉에서 바르게 추론한 것을 모두 고르면?

> 甲 : 한 사회에서 무엇이 옳은가는 그 사회의 도덕률에 의해 결정됩니다. 그런데 서로 다른 사회에는 서로 다른 도덕률이 존재하기 마련입니다. 이는 결국 어떤 특정 사회의 규칙이 다른 사회의 규칙보다 더 좋다고 판단할 수 있는 객관적인 기준이 없다는 것을 의미합니다. 또한 우리 사회의 도덕률이라고 해서 특별한 지위를 갖고 있는 것은 아니며, 많은 도덕률 중의 하나일 뿐임을 의미합니다. 무엇보다도 다른 사회 구성원의 행위를 우리 사회의 잣대로 판단하려 하는 것은 오만한 태도임을 기억해야 합니다. 따라서 우리는 다른 문화의 관습에 대해 관용적이고 개방적인 태도를 취해야 합니다.
>
> 乙 : 甲의 입장을 받아들이는 경우 다음과 같은 문제가 발생할 수 있습니다. 첫째, 우리는 더 이상 다른 사회의 관습이 우리 사회의 관습보다 도덕적으로 열등하다고 말할 수 없을 것입니다. 둘째, 다른 사회의 규칙을 비판하는 것이 허용되지 않을 뿐만 아니라 우리 사회의 규칙을 비판하는 것 또한 허용되지 않을 것입니다. 셋째, 어쩌면 가장 심각한 문제는 우리가 보편적 도덕과 도덕적 진보에 관한 일체의 믿음을 갖지 못하게 된다는 것입니다. 따라서 무조건적인 관용은 결코 바람직하지 않습니다.

〈보기〉

ㄱ. 甲은 일부 이슬람 국가에서 여성들에게 운전면허증을 발급하지 않는 관습을 다른 국가가 비판하는 것이 옳지 않다고 주장할 것이다.

ㄴ. 乙은 싱가포르 정부가 절도죄로 체포된 자에게 태형(笞刑)을 가한 일을 야만적인 행위라며 비난한 미국 정부의 행동을 정당하다고 옹호할 것이다.

ㄷ. 甲은 다른 사회의 문화에 대한 상대주의적 태도가 자국 문화의 절대적 우월성에 대한 믿음으로 이어질 것으로 본다.

ㄹ. 乙은 서로 다른 문화를 가진 사회들 간에 도덕적 수준의 차이가 존재할 수 있다고 본다.

① ㄱ, ㄴ
② ㄱ, ㄷ
③ ㄷ, ㄹ
④ ㄱ, ㄴ, ㄹ
⑤ ㄴ, ㄷ, ㄹ

49 다음은 10대 무역수지 흑자국에 대한 자료이다. 이에 대한 내용으로 옳지 않은 것은?

〈10대 무역수지 흑자국〉

(단위 : 백만 달러)

순위	2020년		2021년		2022년	
	국가명	금액	국가명	금액	국가명	금액
1	중국	32,457	중국	45,264	중국	47,779
2	홍콩	18,174	홍콩	23,348	홍콩	28,659
3	마샬군도	9,632	미국	9,413	싱가포르	11,890
4	미국	8,610	싱가포르	7,395	미국	11,635
5	멕시코	6,161	멕시코	7,325	베트남	8,466
6	싱가포르	5,745	베트남	6,321	멕시코	7,413
7	라이베리아	4,884	인도	5,760	라이베리아	7,344
8	베트남	4,780	라이베리아	5,401	마샬군도	6,991
9	폴란드	3,913	마샬군도	4,686	브라질	5,484
10	인도	3,872	슬로바키아	4,325	인도	4,793

① 2020년부터 2022년까지 10대 무역수지 흑자국에 2번 이상 포함된 국가의 수는 9개국이다.

② 2022년 1위 흑자국의 액수는 10위 흑자국 액수의 10배 이상이다.

③ 싱가포르의 2020년 대비 2022년의 흑자액은 2배 이상이다.

④ 싱가포르를 제외하고 2020년 대비 2022년의 흑자 증가율이 가장 높은 나라는 베트남이다.

⑤ 2020년부터 2022년까지 매년 순위가 상승하는 나라는 2개국이다.

50 K공사 총무팀 7명이 중국집에 점심식사를 하러 가서 짜장면 2개, 짬뽕 3개, 볶음밥 2개를 주문했다. 직원들이 〈조건〉과 같이 주문하였을 때, 다음 중 옳지 않은 것은?

〈조건〉

- 팀원은 A팀장, K과장, S과장, N대리, J대리, D사원, P사원이다.
- 1인 1메뉴를 시켰는데, 좋아하는 메뉴는 반드시 시키고, 싫어하는 메뉴는 반드시 시키지 않았으며, 같은 직급끼리는 같은 메뉴를 시키지 않았다.
- A팀장은 볶음밥을 좋아한다.
- J대리는 짜장면을 싫어한다.
- D사원은 대리와 같은 메뉴를 시키지 않았다.
- S과장은 짬뽕을 싫어한다.
- K과장은 사원과 같은 메뉴를 시켰다.
- N대리는 볶음밥을 싫어한다.
---

① S과장은 반드시 짜장면을 시킨다.
② K과장은 반드시 짬뽕을 시킨다.
③ J대리가 볶음밥을 시키면 N대리는 짬뽕을 시킨다.
④ A팀장은 모든 직급의 팀원들과 같은 메뉴를 시킬 수 있다.
⑤ D사원은 짬뽕을 시킬 수 없다.

51 교육부, 행정안전부, 보건복지부, 농림축산식품부, 외교부, 국방부에 대한 국정감사 순서를 정할 때 〈조건〉을 충족하여야 한다. 다음 중 항상 옳은 것은?

〈조건〉

- 행정안전부에 대한 감사는 농림축산식품부와 외교부에 대한 감사 사이에 한다.
- 국방부에 대한 감사는 보건복지부나 농림축산식품부에 대한 감사보다 늦게 시작되지만, 외교부에 대한 감사보다 먼저 시작한다.
- 교육부에 대한 감사는 아무리 늦어도 보건복지부 또는 농림축산식품부 중 적어도 어느 한 부서에 대한 감사보다는 먼저 시작되어야 한다.
- 보건복지부는 농림축산식품부보다 먼저 감사를 시작한다.
---

① 교육부는 첫 번째 또는 두 번째에 감사를 시작한다.
② 보건복지부는 두 번째로 감사를 시작한다.
③ 농림축산식품부보다 늦게 감사를 받는 부서의 수가 일찍 받는 부서의 수보다 적다.
④ 국방부는 행정안전부보다 감사를 일찍 시작한다.
⑤ 외교부보다 늦게 감사를 받는 부서가 있다.

52 S공사 K연구원은 하반기 성과 조사를 위해 특수사업소를 방문하고자 한다. 시간상 K연구원은 7개의 특수사업소 중 일부만 방문 가능하다. 다음 〈조건〉에 따라 방문할 특수사업소를 결정할 때, K연구원이 방문할 특수사업소에 대한 설명으로 옳은 것은?

〈조건〉
- 인재개발원은 반드시 방문해야 한다.
- 생활연구원을 방문하면 설비진단처는 방문하지 않는다.
- 전력기반센터와 인재개발원 중 한 곳만 방문한다.
- 인재개발원을 방문하면 경영지원처는 방문하지 않는다.
- ICT 인프라처를 방문하면 자재검사처는 방문하지 않는다.
- 설비진단처, 경영지원처, ICT 인프라처 중 최소한 두 곳은 반드시 방문한다.

① ICT 인프라처를 방문하지 않는다.
② 생활연구원을 방문한다.
③ 경영지원처와 전력기반센터를 모두 방문한다.
④ ICT 인프라처는 방문하지만, 생활연구원은 방문하지 않는다.
⑤ 자재검사처는 방문하고, 설비진단처는 방문하지 않는다.

53 A ~ E는 야근을 해야 한다. 다음 〈조건〉에 따라 수요일에 야근하는 사람은?

〈조건〉
- 사장님이 출근할 때는 모든 사람이 야근을 한다.
- A가 야근할 때 C도 반드시 해야 한다.
- 사장님은 월요일과 목요일에 출근을 한다.
- B는 금요일에 야근을 한다.
- E는 화요일에 야근을 한다.
- 수요일에는 한 명만 야근을 한다.
- 월요일부터 금요일까지 한 사람당 3번 야근한다.

① A   ② B
③ C   ④ D
⑤ E

54 다음은 '부정청탁 및 금품 등 수수의 금지에 관한 법률(김영란법)'에 대한 글이다. 이에 대한 사례로 적절하지 않은 것은?

'부정청탁 및 금품 등 수수의 금지에 관한 법률'은 공직자와 언론사·사립학교·사립유치원 임직원, 사학재단 이사진 등이 부정한 청탁을 받고도 신고하지 않거나, 직무 관련성이나 대가성에 상관없이 1회 100만 원(연간 300만 원)이 넘는 금품이나 향응을 받으면 형사처벌하도록 하는 법률이다.

우선 공직자를 비롯해 언론인·사립학교 교직원 등 법안 대상자들이 직무 관련성이나 대가성에 상관없이 1회 100만 원(연간 300만 원)을 초과하는 금품을 수수하면 형사처벌(3년 이하의 징역 또는 3,000만 원 이하의 벌금)을 받도록 규정했다. 또 직무 관련자에게 1회 100만 원(연간 300만 원) 이하의 금품을 받았다면 대가성이 입증되지 않더라도 수수금액의 2 ~ 5배를 과태료로 물도록 했다. 다만, 원활한 직무 수행, 사교·의례·부조 등의 목적으로 공직자에게 제공되는 금품의 상한액을 설정했다.

또 법안 시행 초기에는 식사·다과·주류·음료 등 음식물은 3만 원, 금전 및 음식물을 제외한 선물은 5만 원, 축의금·조의금 등 부조금과 화환·조화를 포함한 경조사비는 10만 원을 기준으로 했다. 그러나 국민권익위원회는 2017년 12월 선물 상한액은 농수축산물에 한해 10만 원으로 오르고 경조사비는 5만 원으로 낮아지는 내용의 개정안을 의결해 입법예고했다.

이에 따르면 선물비의 경우 상한액을 5만 원으로 유지하되 농축수산물(화훼 포함)에 한해 5만 원에서 10만 원으로 상향한다. 여기에는 농수축산물 원재료가 50% 이상인 가공품도 함께 해당한다. 경조사비는 기존 10만 원에서 5만 원으로 상한액이 낮아지는데 현금 5만 원과 함께 5만 원짜리 화환은 제공할 수 있다. 만약 현금 없이 경조사 화환만 제공할 경우에는 10만 원까지 인정된다. 다만 음식물은 유일하게 현행 상한액(3만 원)이 유지된다.

외부 강사의 경우 사례금 상한액은 장관급 이상은 시간당 50만 원, 차관급과 공직유관단체 기관장은 40만 원, 4급 이상 공무원과 공직유관단체 임원은 30만 원, 5급 이하와 공직유관단체 직원은 20만 원으로 제한했다. 사립학교 교직원, 학교법인 임직원, 언론사 임직원의 외부강의 사례금 상한액은 시간당 100만 원이다.

① 논문심사 중인 대학교수가 심사대상 대학원생에게 1만 원 이하의 도시락 세트를 받은 것은 김영란법에 위배되는 행위이다.

② 직무 관련자들과 1인당 5만 원 가량의 식사를 하고 각자 식사비를 지불한 것은 김영란법에 위배되는 행위이다.

③ 퇴직 예정자가 부하 직원들이 갹출한 50만 원 상당의 선물을 받는 것은 김영란법에 위배되는 행위이다.

④ 졸업한 학생선수가 학교운동부지도자에게 3만 원 상당의 선물을 제공하는 것은 김영란법에 위배되지 않는다.

⑤ A신문사 사장이 B대학에서 1시간 강의 후 그 대가로 90만 원을 지급받은 것은 김영란법에 위배되지 않는다.

55 다음 글에서 밑줄 친 결론을 이끌어내기 위해 추가해야 할 전제를 〈보기〉에서 모두 고르면?

이미지란 우리가 세계에 대해 시각을 통해 얻는 표상을 가리킨다. 상형문자나 그림문자를 통해서 얻은 표상도 여기에 포함된다. 이미지는 세계의 실제 모습을 아주 많이 닮았으며 그러한 모습을 우리 뇌 속에 복제한 결과이다. 그런데 우리의 뇌는 시각적 신호를 받아들일 때 시야에 들어온 세계를 한꺼번에 하나의 전체로 받아들이게 된다. 즉 대다수의 이미지는 한꺼번에 지각된다. 예를 들어 우리는 새의 전체 모습을 한꺼번에 지각하지 머리, 날개, 꼬리 등을 개별적으로 지각한 후 이를 머릿속에서 조합하는 것이 아니다.

표음문자로 이루어진 글을 읽는 것은 이와는 다른 과정이다. 표음문자로 구성된 문장에 대한 이해는 그 문장의 개별적인 문법적 구성요소들로 이루어진 특정한 수평적 연속에 의존한다. 문장을 구성하는 개별 단어들, 혹은 각 단어를 구성하는 개별 문자들이 하나로 결합되어 비로소 의미 전체가 이해되는 것이다. 비록 이 과정이 너무도 신속하고 무의식적으로 이루어지기는 하지만 말이다. 알파벳을 구성하는 기호들은 개별적으로는 아무런 의미도 가지지 않으며 어떠한 이미지도 나타내지 않는다. 일련의 단어군은 한꺼번에 파악될 수도 있겠지만, 표음문자의 경우 대부분 언어는 개별 구성 요소들이 하나의 전체로 결합되는 과정을 통해 이해된다. 남성적인 사고는, 사고 대상 전체를 구성요소 부분으로 분해한 후 그들 각각을 개별화시키고 이를 다시 재조합하는 과정으로 진행된다. 그에 비해 여성적인 사고는, 분해되지 않은 전체 이미지를 통해서 의미를 이해하는 특징을 지닌다. 그림문자로 구성된 글의 이해는 여성적인 사고 과정을, 표음문자로 구성된 글의 이해는 남성적인 사고 과정을 거친다. 여성은 대체로 여성적 사고를, 남성은 대체로 남성적 사고를 한다는 점을 고려할 때 <u>표음문자 체계의 보편화는 여성의 사회적 권력을 약화시키는 결과를 낳게 된다.</u>

〈보기〉

ㄱ. 그림문자를 쓰는 사회에서는 남성의 사회적 권력이 여성의 그것보다 우월하였다.
ㄴ. 표음문자 체계는 기능적으로 분화된 복잡한 의사소통을 가능하도록 하였다.
ㄷ. 글을 읽고 이해하는 능력은 사회적 권력에 영향을 미친다.

① ㄱ
② ㄴ
③ ㄷ
④ ㄱ, ㄴ
⑤ ㄴ, ㄷ

사회 현상을 볼 때는 돋보기로 세밀하게 그리고 때로는 멀리 떨어져서 전체 속에 어떻게 위치하고 있는가를 동시에 봐야 한다. 숲과 나무는 서로 다르지만 따로 떼어 생각할 수 없기 때문이다.

현대 사회 현상의 최대 쟁점인 과학 기술에 대해 평가할 때도 마찬가지이다. 로봇 탄생의 숲을 보면, 그 로봇 개발에 투자한 사람과 로봇을 개발한 사람들의 의도가 드러난다. 그리고 나무인 로봇을 세밀히 보면 그 로봇이 생산에 이용되는지 아니면 감옥의 죄수들을 감시하기 위한 것인지 그 용도를 알 수가 있다. 이 광범위한 기술의 성격을 객관적이고 물질적이어서 가치관이 없다고 쉽게 생각하면 로봇에 당하기 십상이다.

자동화는 자본주의의 실업을 늘려 실업자에 대해 생계의 위협을 가하는 측면뿐 아니라, 기존 근로자에 대한 감시를 더욱 효율적으로 해내는 역할도 수행한다. 자동화를 적용하는 기업 측에서는 자동화가 인간의 삶을 증대시키는 이미지로 일반 사람들에게 인식되기를 바란다. 그래야 자동화 도입에 대한 노동자의 반발을 무마하고 기업가의 구상을 관철시킬 수 있기 때문이다. 그러나 자동화나 기계화 도입으로 인해 실업을 두려워하고, 업무 내용이 바뀌는 것을 탐탁해 하지 않았던 유럽의 노동자들은 자동화 도입에 대해 극렬히 반대했던 경험들을 갖고 있다.

지금도 자동화·기계화는 좋은 것이라는 고정관념을 가진 사람이 많고, 현실에서 이러한 고정관념이 가져오는 파급 효과는 의외로 크다. 예를 들어 은행에 현금을 자동으로 세는 기계가 등장하면 은행원들이 현금을 세는 작업량은 줄어든다. 손님들도 기계가 현금을 재빨리 세는 것을 보고 감탄하면서 행원이 세는 것보다 더 많은 신뢰를 보낸다. 그러나 현금 세는 기계의 도입에는 이익 추구라는 의도가 숨어 있다. 현금 세는 기계는 행원의 수고를 덜어 준다. 그러나 현금 세는 기계를 들여옴으로써 실업자가 생기고 만다. 사람이 잘만 이용하면 잘 써먹을 수 있을 것만 같은 기계가 엄청나게 혹독한 성품을 지닌 프랑켄슈타인으로 돌변하는 것이다.

자동화와 정보화를 추진하는 핵심 조직이 기업이란 것에서도 알 수 있듯이 기업은 이윤 추구에 도움이 되지 않는 행위는 무가치하다고 판단한다. 그러므로 자동화는 그 계획 단계에서부터 기업의 의도가 스며들어 탄생한다. 또한, 그 의도대로 자동화나 정보화가 진행되면 다른 한편으로 의도하지 않은 결과를 초래한다. 자동화와 같은 과학 기술이 풍요를 생산하는 수단이라고 생각하는 것은 하나의 ㉠ 고정관념에 불과하다.

채플린이 제작한 영화 〈모던 타임즈〉에 나타난 것처럼 초기 산업화 시대에는 기계에 종속된 인간의 모습이 가시적으로 드러날 수밖에 없었다. 그래서 이러한 종속에 저항하고자 하는 인간의 노력도 적극적인 모습을 보였다.

그러나 현대의 자동화기기는 그 선두가 정보 통신기기로 바뀌면서 문제가 질적으로 달라진다. 무인 생산까지 진전된 자동화나 정보통신화는 인간에게 단순 노동을 반복시키는 그런 모습을 보이지 않는다. 그 까닭에 정보 통신은 별 무리 없이 어느 나라에서나 급격하게 개발·보급되고 보편화되어 있다. 그런데 문제는 이 자동화기기가 생산에만 이용되는 것이 아니라, 노동자를 감시하거나 관리하는 데도 이용될 수 있다는 것이다. 궁극적으로 정보 통신의 발달로 인해 이전보다 사람들은 더 많은 감시와 통제를 받게 되었다.

56 다음 중 윗글의 밑줄 친 ㉠의 사례로 적절하지 않은 것은?

① 부자는 누구나 행복할 것이라고 믿는 경우이다.
② 값비싼 물건이 항상 우수하다고 믿는 경우이다.
③ 구구단이 실생활에 도움을 준다고 믿는 경우이다.
④ 절약이 언제나 경제 발전에 도움을 준다고 믿는 경우이다.
⑤ 아파트가 전통가옥에 비해서 삶의 질을 높여준다고 믿는 경우이다.

57 다음 중 윗글에 대한 비판적인 반응으로 가장 적절한 것은?

① 기업의 이윤 추구가 사회 복지 증진과 직결될 수 있음을 간과하고 있어.

② 기계화·정보화가 인간의 삶의 질 개선에 기여하고 있음을 경시하고 있어.

③ 기계화를 비판하는 주장만 되풀이할 뿐, 구체적인 근거를 제시하지 않고 있어.

④ 화제의 부분적 측면에 관계된 이론을 소개하여 편향적 시각을 갖게 하고 있어.

⑤ 현대의 기술 문명이 가져다 줄 수 있는 긍정적인 측면을 과장하여 강조하고 있어.

58 귀하의 회사에서는 신제품을 개발하여 중국시장에 진출하고자 한다. 상사가 3C 분석 결과를 건네며, 사업 계획에 반영하고 향후 해결해야 할 회사의 전략 과제가 무엇인지 정리하여 보고하라는 지시를 내렸다. 다음 중 회사에서 해결해야 할 전략 과제로 적절하지 않은 것은?

Customer	Competitor	Company
• 전반적인 중국시장은 매년 10% 성장 • 중국시장 내 제품의 규모는 급성장 중임 • 20 ~ 30대 젊은 층이 중심 • 온라인 구매가 약 80% 이상 • 인간공학 지향	• 중국기업들의 압도적인 시장점유 • 중국기업들 간의 치열한 가격 경쟁 • A/S 및 사후관리 취약 • 생산 및 유통망 노하우 보유	• 국내시장 점유율 1위 • A/S 등 고객서비스 부문 우수 • 해외 판매망 취약 • 온라인 구매시스템 미흡(보안, 편의 등) • 높은 생산원가 구조 • 높은 기술 개발력

① 중국시장의 판매유통망 구축

② 온라인 구매시스템 강화

③ 고객서비스 부문 강화

④ 원가 절감을 통한 가격 경쟁력 강화

⑤ 인간공학을 기반으로 한 제품 개발 강화

지난 12월 미국 콜로라도대 준 예 교수팀이 스트론튬(Sr) 원자시계를 개발했다고 발표했다. 스트론튬 원자시계는 현재 쓰이고 있는 세슘(Cs) 원자시계의 정밀도를 더욱 높일 것으로 기대되는 차세대 원자시계다. 아직은 세슘 원자 시계 정도의 정밀도에 불과하지만 기술적인 보완이 되면 세슘 원자시계보다 훨씬 정밀하게 시간을 측정할 수 있을 것이다.

(가) 모든 시계의 표준이 되는 시계, 가장 정확하고 가장 정밀한 시계가 바로 원자시계다. 원자시계는 수십억 분의 1초를 측정할 수 있고, 수십만 년에 1초를 틀릴까 말까 할 정도다. 일상생활이라면 1초의 구분이면 충분할 것이고, 운동경기에서도 고작 100분의 1초로 승부를 가른다. 그럼 사람들은 왜 세슘 원자시계가 제공하는 수십억 분의 1초의 구분도 부족해 더욱 정확한 원자시계를 만드려는 것일까?

(나) 방송도 마찬가지다. TV화면은 겉보기엔 화면이 한 번에 뿌려지는 것 같지만 사실은 방송국으로부터 화면 한 점 한 점의 정보를 받아서 화면을 구성한다. TV에 달린 시계와 방송국에 달린 시계가 일치하지 않으면 화면을 재구성할 때 오류가 생긴다. 양쪽이 정밀한 시계를 가지면 같은 시간 동안 더 많은 정보를 보낼 수 있다. 더욱 크고 선명한 화면을 방송할 수 있게 되는 것이다.

(다) 초기에 원자시계는 지구의 자전으로 측정했던 부정확한 시간을 정확히 교정하기 위해 만들어졌다. 실제 지난 2005년과 2006년 사이인 12월 31일 12시 59분 59초 뒤에 1초를 추가하는 일이 있었는데 원자시계와 천체시계의 오차를 보완하기 위해서였다. 지구의 자전은 계속 느려지고 있어 시간을 바로잡지 않으면 수천 년 뒤 해가 떠있는데 시계는 밤을 가리키는 황당한 사건이 발생할 수도 있다.

(라) 뿐만 아니라 시간을 정밀하게 측정할 수 있으면 GPS(위성항법장치) 인공위성을 통해 위치도 정밀하게 알 수 있다. GPS 위성에는 정밀한 원자시계가 들어 있어 신호를 읽고 보내는 시각을 계산하는데, 이 시간 차이를 정밀하게 알수록 위치도 정밀하게 계산하는 것이 가능해진다. 네 개의 GPS 위성으로부터 받은 신호를 조합하면 물체의 위치가 mm 단위로 정확하게 나온다. 이런 기술은 순항 미사일 같은 정밀 유도무기에 특히 중요하다.

(마) 하지만 원자시계는 이런 표준시를 정의하는 역할에만 그치지 않는다. 시계가 정밀해질수록 한정된 시간을 보다 값지게 사용할 수 있기 때문이다. 시간을 정확하고 정밀하게 잴 수 있다는 것은 시간을 잘게 쪼개 쓸 수 있다는 의미다. 하나의 신호를 주고받는 데 걸리는 시간을 줄일 수 있으므로, 유·무선 통신을 할 때 많은 정보를 전달할 수 있게 된다. 시간이 정밀해지면 회선 하나를 많은 사람이 공유해서 쓸 수 있다.

59 주어진 문단에 이어질 내용을 논리적 순서대로 바르게 나열한 것은?

① (가) – (마) – (다) – (라) – (나)

② (가) – (다) – (마) – (나) – (라)

③ (가) – (다) – (마) – (라) – (나)

④ (다) – (가) – (마) – (라) – (나)

⑤ (다) – (라) – (나) – (마) – (가)

60 다음 중 사람들이 더욱 정확한 원자시계를 만드려는 이유로 적절하지 않은 것은?

① 지구의 자전이 계속 느려지고 있기 때문이다.

② 한정된 시간을 보다 값지게 사용할 수 있기 때문이다.

③ 한 번에 여러 개의 신호를 송출할 수 있기 때문이다.

④ 더욱 크고 선명한 화면을 방송할 수 있기 때문이다.

⑤ 보다 정확한 위치 계산을 할 수 있기 때문이다.

61 짱구, 철수, 유리, 훈이, 맹구는 어떤 문제에 대한 해결 방안으로 A ~ E 중 각각 하나씩을 제안하였다. 〈조건〉의 내용이 모두 참일 때, 제안자와 그 제안이 바르게 연결된 것은?(단, 모두 서로 다른 하나의 제안을 제시하였다)

> ─────────〈조건〉─────────
> • 짱구와 훈이는 B를 제안하지 않았다.
> • 철수와 짱구는 D를 제안하지 않았다.
> • 유리는 C를 제안하였으며, 맹구는 D를 제안하지 않았다.
> • 맹구는 B와 E를 제안하지 않았다.

① 짱구 A, 맹구 B   ② 짱구 A, 훈이 D

③ 철수 B, 짱구 E   ④ 철수 B, 훈이 E

⑤ 짱구 B, 훈이 D

※ 다음은 H기업이 여행 상품 매출에 관련하여 토의한 것이다. 이어지는 질문에 답하시오. [62~63]

- 홍보팀 팀장은 참여하지 않고, 나머지 팀원이 자유롭게 의견을 공유하고 있다.
- 정보 공유가 완전하게 이루어지고 있다.
- 구성원들의 참여도와 만족도가 높다.
- 토의 방식이 구조화를 갖추고 있지 않은 상태로 리더가 없다.

다음은 H기업의 여행 홍보팀이 토의한 내용이다.

오부장 : 본부장 회의에서 나온 결론은 매출 향상을 위해서는 여행상품이 연령대, 소득 격차 등에 따라 세분화될 필요가 있다는 겁니다. 이건 특히 제가 아주 강조한 의견이기도 합니다. 지금까지 얘기한 걸 다들 들었을 것이라 생각하고 이제 여러분들이 여행상품 세분화에 대한 실행 방안은 어떤 게 있을지 의견을 말씀해 주세요.

김대리 : 부장님, 그럼 혹시 권역별 특성에 맞는 상품 개발에 대한 논의도 있었나요?

나사원 : 네, 저는 고객의 안전이 최우선이라는 콘텐츠를 권역별로 세분화를 한다면 매출 향상에 도움이 될 것 같다고 예전부터 생각했습니다.

박사원 : 부장님 의견에 전적으로 동의합니다. 소득 격차에 대한 기준을 정해야 할 것 같아요.

이차장 : 글쎄요, 여행상품 세분화로 매출 향상이 될 수 있을지 의문입니다.

김과장 : 제 생각도 이차장님과 같아요. 다양한 세분화보단 더 나은 콘텐츠로 홍보를 진행해야 한다고 생각해요.

---

62 다음 중 올바른 토의 절차를 지키지 않은 사람은?

① 김대리
② 나사원
③ 박사원
④ 이차장
⑤ 오부장

63 다음은 커뮤니케이션 네트워크의 형태를 정리한 것이다. 제시된 토의 상황에서 나타나는 네트워크 형태로 옳은 것은?

〈커뮤니케이션 네트워크 형태〉

- 쇠사슬형
  - 공식적인 명령 계통에 따라 수직적, 수평적 형태
  - 단순 반복 업무에 있어 신속성과 효율성이 높음
  - 단방향 소통으로 왜곡 발생 가능성이 높음
- 수레바퀴형
  - 조직 구조 중심에 리더가 존재함
  - 구성원들의 정보 전달이 한 사람에게 집중됨
  - 상황 파악과 문제해결이 신속함
  - 복잡한 문제해결에 한계가 있음
- Y형
  - 다수의 구성원을 대표하는 인물이 존재함
  - 관료적이고 위계적인 조직에서 발견됨
  - 라인과 스텝이 혼합되어 있는 집단에서 흔히 나타남
- 원형
  - 뚜렷한 서열이 없는 경우에 나타나는 형태
  - 같은 목적을 위해 원활하게 소통이 이루어지는 형태
  - 업무 진행 및 의사 결정이 느림
  - 구성원의 참여도와 만족도가 높음
- 완전연결형
  - 가장 이상적인 형태로 리더가 존재하지 않음
  - 누구나 커뮤니케이션을 주도할 수 있음
  - 가장 구조화되지 않은 유형임
  - 조직 안에서 정보교환이 완전히 이루어짐
  - 가장 효과적이며 구성원 간의 만족도와 참여도가 높음

---

① 쇠사슬형　　　　　　　② 수레바퀴형
③ Y형　　　　　　　　　④ 원형
⑤ 완전연결형

64 지우네 가족은 명절을 맞아 주말에 할머니 댁에 가기로 하였다. 교통편에 따른 금액 및 세부사항을 참고하여 〈조건〉에 맞는 교통편을 고를 때, 다음 중 교통편과 그에 따라 지불해야 할 총 교통비는 얼마인가?

〈교통편별 금액 및 세부사항〉				
구분	왕복 금액	걸리는 시간	집과의 거리	비고
비행기	119,000원	45분	1.2km	3인 이상 총 금액 3%할인
E열차	134,000원	2시간 11분	0.6km	4인 가족 총 금액 5%할인
P버스	116,000원	2시간 25분	1.0km	–
K버스	120,000원	3시간 02분	1.3km	1,000원씩 할인 프로모션

※ 걸리는 시간은 편도기준이며, 집과의 거리는 집에서 교통편까지 거리이다.

─────〈조건〉─────

- 지우네 가족은 성인 4명이다.
- 집에서 교통편 타는 곳까지 1.2km 이하여야 한다.
- 계획한 총 교통비는 50만 원 이하이다.
- 왕복 시간은 5시간 이하이다.
- 가장 저렴한 교통편을 이용한다.

	교통편	총교통비
①	비행기	461,720원
②	비행기	461,620원
③	E열차	461,720원
④	P버스	464,000원
⑤	K버스	561,620원

65 H물류회사는 98개의 컨테이너 박스를 자사 창고에 나눠 보관하려고 한다. 창고는 총 10개가 있으며 각 창고에는 10개의 컨테이너 박스를 저장할 수 있다고 할 때, 컨테이너 박스를 보관할 수 있는 경우의 수는?

① 52가지　　　　　　　　　② 53가지
③ 54가지　　　　　　　　　④ 55가지
⑤ 56가지

66 갑은 다음과 같은 규칙에 따라서 알파벳 단어를 숫자로 변환하고자 한다. 〈보기〉에 주어진 ㉠ ~ ㉣의 각 알파벳 단어에서 알파벳 Z에 해당하는 자연수들을 모두 더한 값은?

〈규칙〉

① 알파벳 'A'부터 'Z'까지 순서대로 자연수를 부여한다.
  예 A=2라고 하면 B=3, C=4, D=5이다.

② 단어의 음절에 같은 알파벳이 연속될 때 ①에서 부여한 숫자를 알파벳이 연속되는 횟수만큼 거듭제곱한다.
  예 A=2이고 단어가 'AABB'이면 AA는 '2^2'이고, BB는 '3^2'이므로 '49'로 적는다.

〈보기〉

㉠ AAABBCC는 10000001020110404로 변환된다.
㉡ CDFE는 3465로 변환된다.
㉢ PJJYZZ는 1712126729로 변환된다.
㉣ QQTSR은 625282726으로 변환된다.

---

① 154
③ 199
⑤ 234

② 176
④ 212

---

67 A씨가 근무하는 회사는 출근할 때 카드 또는 비밀번호를 이용하여야 한다. 어느 날 A씨는 카드를 집에 두고 출근을 하여 비밀번호로 근무지에 출입하고자 하는데 비밀번호가 기억나지 않았다. 네 자리 숫자의 비밀번호에 대해서 다음과 같은 〈조건〉이 주어졌을 때, 비밀번호에 대한 설명으로 옳지 않은 것은?

〈조건〉

• 비밀번호를 구성하고 있는 각 숫자는 소수가 아니다.
• 6과 8 중에서 단 하나만이 비밀번호에 들어간다.
• 비밀번호는 짝수로 시작한다.
• 비밀번호의 각 숫자는 큰 수부터 차례로 나열되어 있다.
• 같은 숫자는 두 번 이상 들어가지 않는다.

---

① 비밀번호는 짝수이다.
② 비밀번호의 앞에서 두 번째 숫자는 4이다.
③ 조건을 모두 만족하는 비밀번호는 모두 세 개이다.
④ 비밀번호는 1을 포함하지만 9는 포함하지 않는다.
⑤ 조건을 모두 만족하는 비밀번호 중 가장 작은 수는 6410이다.

※ 다음은 K공사의 차량기지 견학 안전체험 현황에 대한 자료이다. 이어지는 질문에 답하시오. **[68~69]**

〈차량기지 견학 안전체험 건수 및 인원 현황〉

(단위 : 건, 명)

구분	2018년		2019년		2020년		2021년		2022년		합계	
	건수	인원	건수	인원	건수	인원	건수	인원	건수	인원	건수	인원
고덕	24	611	36	897	33	633	21	436	17	321	131	2,898
도봉	30	644	31	761	24	432	28	566	25	336	138	2,739
방화	64	1,009	(ㄴ)	978	51	978	(ㄹ)	404	29	525	246	3,894
신내	49	692	49	512	31	388	17	180	25	385	171	2,157
천왕	68	(ㄱ)	25	603	32	642	30	566	29	529	184	3,206
모란	37	766	27	643	31	561	20	338	(ㅁ)	312	137	2,620
합계	272	4,588	241	4,394	(ㄷ)	3,634	145	2,490	147	2,408	1,007	17,514

68 다음 중 빈칸에 들어갈 수치를 바르게 나열한 것은?

① (ㄱ) - 846
② (ㄴ) - 75
③ (ㄷ) - 213
④ (ㄹ) - 29
⑤ (ㅁ) - 25

69 다음 자료를 바탕으로 〈보기〉에서 옳은 것을 모두 고르면?

─〈보기〉─

ㄱ. 방화 차량기지 견학 안전체험 건수는 2019년부터 2022년까지 전년 대비 매년 감소하였다.
ㄴ. 2020년 고덕 차량기지의 안전체험 건수 대비 인원수는 도봉 차량기지의 안전체험 건수 대비 인원수보다 크다.
ㄷ. 2019년부터 2021년까지 고덕 차량기지의 안전체험 건수의 증감 추이는 인원수의 증감 추이와 동일하다.
ㄹ. 신내 차량기지의 안전체험 인원수는 2022년에 2018년 대비 50% 이상 감소하였다.

① ㄱ, ㄴ
② ㄱ, ㄷ
③ ㄴ, ㄷ
④ ㄴ, ㄹ
⑤ ㄷ, ㄹ

70 다음 내용에 따라 문항출제위원을 위촉하고자 한다. 〈조건〉을 토대로 할 때, 다음 중 반드시 참인 것은?

> 위촉하고자 하는 문항출제위원은 총 6명이다. 후보자는 논리학자 4명, 수학자 6명, 과학자 5명으로 추려졌다. 논리학자 2명은 형식논리를 전공했고 다른 2명은 비형식논리를 전공했다. 수학자 2명은 통계학을 전공했고 3명은 기하학을 전공했으며 나머지 1명은 대수학을 전공했다. 과학자들은 각각 물리학, 생명과학, 화학, 천문학, 기계공학을 전공했다.

---〈조건〉---

- 형식논리 전공자가 선정되면 비형식논리 전공자도 같은 인원만큼 선정된다.
- 수학자 중에서 통계학자만 선정되는 경우는 없다.
- 과학자는 최소 2명은 선정되어야 한다.
- 논리학자, 수학자는 최소 1명씩은 선정되어야 한다.
- 기하학자는 천문학자와 함께 선정되고, 기계공학자는 통계학자와 함께 선정된다.

① 형식논리 전공자와 비형식논리 전공자가 1명씩 선정된다.
② 서로 다른 전공을 가진 수학자가 2명 선정된다.
③ 과학자는 최대 4명까지 선정될 수 있다.
④ 통계학 전공자를 포함하면 수학자는 3명이 선정될 수 없다.
⑤ 논리학자가 3명이 선정되는 경우는 없다.

71 다음 중 사권(私權)에 대한 설명으로 옳지 않은 것은?

① 사원권이란 단체구성원이 그 구성원의 자격으로 단체에 대하여 가지는 권리를 말한다.

② 타인의 작위·부작위 또는 인용을 적극적으로 요구할 수 있는 권리를 청구권이라 한다.

③ 취소권·해제권·추인권은 항변권에 속한다.

④ 형성권은 권리자의 일방적 의사표시로 권리변동의 효과를 발생시키는 권리이다.

⑤ 사권의 내용과 행사는 공공복리에 의하여 제한되고 이에 대한 위반은 권리의 남용으로 취급된다.

72 다음 중 국제사회에서 법의 대인적 효력에 대한 입장으로 옳은 것은?

① 속지주의를 원칙적으로 채택하고 속인주의를 보충적으로 적용한다.

② 속인주의를 원칙적으로 채택하고 속지주의를 보충적으로 적용한다.

③ 보호주의를 원칙적으로 채택하고 피해자주의를 보충적으로 적용한다.

④ 피해자주의를 원칙적으로 채택하고 보호주의를 보충적으로 적용한다.

⑤ 보호주의를 원칙적으로 채택하고 기국주의를 보충적으로 적용한다.

73 다음 중 법의 적용 및 해석에 대한 내용으로 옳은 것은?

① 문리해석은 유권해석의 한 유형이다.

② 법률용어로 사용되는 선의·악의는 일정한 사항에 대해 아는 것과 모르는 것을 의미한다.

③ 유사한 두 가지 사항 중 하나에 대해 규정이 있으면 명문규정이 없는 다른 쪽에 대해서도 같은 취지의 규정이 있는 것으로 해석하는 것을 준용이라 한다.

④ 간주란 법이 사실의 존재·부존재를 법정책적으로 확정하되, 반대사실의 입증이 있으면 번복되는 것이다.

⑤ 추정이란 나중에 반증이 나타나도 이미 발생된 효과를 뒤집을 수 없는 것을 말한다.

74 다음 중 소멸시효의 중단사유가 아닌 것은?

① 청구

② 압류

③ 취소

④ 승인

⑤ 가처분

75 다음 중 합명회사에 대한 설명으로 옳은 것은?

① 무한책임사원과 유한책임사원으로 조직한다.
② 2인 이상의 무한책임사원으로 조직한다.
③ 사원이 출자금액을 한도로 유한의 책임을 진다.
④ 사원은 주식의 인수가액을 한도로 하는 출자의무를 부담할 뿐이다.
⑤ 퇴사한 사원은 그 지분의 환급을 금전으로 받을 수 있다.

76 다음 중 구속적부심사의 청구권자로 옳지 않은 것은?

① 구속된 피의자   ② 변호인
③ 피의자의 친구   ④ 피의자의 직계친족
⑤ 피의자의 고용주

77 다음 중 우리나라의 지방자치제도에 대한 설명으로 옳지 않은 것은?

① 주민의 지방정부에 대한 참정권은 법률에 의해 제한되며 지방정부의 과세권 역시 법률로 제한된다.
② 우리나라 지방자치단체의 구성은 기관통합형이 아닌 기관대립형을 택하고 있다.
③ 지방자치단체는 법령의 범위 안에서 자치에 관한 규정을 제정할 수 있다.
④ 지방세무서, 지방노동청, 지방산림청 등의 특별지방행정기관은 중앙부처에서 설치한 일선 집행기관으로서 고유의 법인격은 물론 자치권도 가지고 있지 않다.
⑤ 기관위임사무는 지방자치단체장이 국가사무를 위임받아 수행하는 것이며 소요 경비는 지방의회의 심의를 거쳐 지방정부 예산으로 부담한다.

78 다음 중 조직 진단의 대상과 범위에 있어서 종합적 조직 진단에 포함되지 않는 것은?

① 관리부문 진단   ② 서비스와 프로세스 진단
③ 조직문화와 행태 진단   ④ 재정 진단
⑤ 인력 진단

79 다음 중 미래예측 기법에 대한 설명으로 옳지 않은 것은?

① 비용・편익분석은 정책의 능률성 내지 경제성에 초점을 맞춘 정책분석의 접근 방법이다.

② 판단적 미래예측에서는 경험적 자료나 이론이 중심적인 역할을 한다.

③ 추세연장적 미래예측 기법들 중 하나인 검은줄 기법(Black Thread Technique)은 시계열적 변동의 굴곡을 직선으로 표시하는 기법이다.

④ 교차 영향분석은 연관 사건의 발생 여부에 따라 대상사건이 발생할 가능성에 관한 주관적 판단을 구하고 그 관계를 분석하는 기법이다.

⑤ 이론적 미래예측은 인과관계 분석이라고도 하며 선형계획, 투입・산출분석, 회귀분석 등을 예로 들 수 있다.

80 다음 중 정책집행의 하향식 접근과 상향식 접근에 대한 설명으로 옳지 않은 것은?

① 상향식 접근은 정책 문제를 둘러싸고 있는 행위자들의 동기, 전략, 행동, 상호작용 등에 주목하며 일선공무원들의 전문지식과 문제해결능력을 중시한다.

② 상향식 접근은 집행이 일어나는 현장에 초점을 맞추고 그 현장을 미시적이고 현실적이며 상호작용적인 차원에서 관찰한다.

③ 하향식 접근은 하나의 정책에만 초점을 맞추므로 여러 정책이 동시에 집행되는 경우를 설명하기 곤란하다.

④ 하향식 접근의 대표적인 것은 전방향접근법(Forward Mapping)이며 이는 집행에서 시작하여 상위계급이나 조직 또는 결정 단계로 거슬러 올라가는 방식이다.

⑤ 하향식 접근은 정책결정을 정책집행보다 선행하는 것이고 상위의 기능으로 간주한다.

81 다음 중 공공선택론에 대한 설명으로 옳지 않은 것은?

① 정부를 공공재의 생산자로 규정하며, 시민들을 공공재의 소비자로 규정한다.

② 자유시장의 논리를 공공부문에 도입함으로써 시장실패라는 한계를 안고 있다.

③ 시민 개개인의 선호와 선택을 존중하며 경쟁을 통해 서비스를 생산하고 공급함으로써 행정의 대응성이 높아진다.

④ 뷰캐넌(J. Buchanan)이 창시하고 오스트롬(V. Ostrom)이 발전시킨 이론으로 정치학적인 분석 도구를 중시한다.

⑤ 개인의 기득권을 계속 유지하려는 보수적인 접근이라는 비판이 있다.

82 다음 중 행정가치에 대한 설명으로 옳은 것은?

① 공익에 대한 실체설에서는 공익을 현실의 실체로 존재하는 사익들의 총합으로 이해한다.

② 행정의 민주성이란 정부가 국민의사를 존중하고 수렴하는 책임행정의 구현을 의미하며 행정조직 내부 관리 및 운영과는 관계없는 개념이다.

③ 수익자부담 원칙은 수평적 형평성, 대표관료제는 수직적 형평성과 각각 관계가 깊다.

④ 장애인들에게 특별한 세금감면 혜택을 부여하는 것은 모든 국민이 동등한 서비스를 제공받아야 한다는 사회적 형평성에 어긋나는 제도이다.

⑤ 가외성의 장치로는 법원의 3심제도, 권력분립, 만장일치, 계층제 등이 있다.

83 민츠버그(Mintzberg)는 여러 형태의 경영자를 조사하여 공통적으로 수행하는 경영자의 역할을 10가지로 정리하였다. 다음 〈보기〉에서 설명하는 역할은 무엇인가?

─〈보기〉─

경영자는 기업의 존속과 발전을 위해 조직과 환경을 탐색하고, 발전과 성장을 위한 의사결정을 담당하는 역할을 맡는다.

① 대표자 역할 ② 연락자 역할
③ 정보수집자 역할 ④ 대변자 역할
⑤ 기업가 역할

84 다음 〈보기〉에서 시스템 이론에 대해 잘못된 설명을 한 사람은?

─〈보기〉─

창민 : 시스템 이론이란 자연과학에서 보편화되어 온 일반 시스템 이론을 경영학 연구에 응용한 것이다.

철수 : 시스템은 외부환경과 상호작용이 일어나느냐의 여부에 따라 개방시스템과 폐쇄시스템으로 나누어지는데, 일반적으로 시스템 이론은 개방시스템을 의미한다.

영희 : 시스템의 기본 구조에 의하면 투입은 각종 자원을 뜻하는데, 인적자원과 물적자원, 재무자원, 정보 등 기업이 목적 달성을 위해 투입하는 모든 에너지가 여기에 속한다.

준수 : 시스템 이론에서 조직이라는 것은 각종 상호의존적인 요인들의 총합체이므로, 관리자는 조직의 목표를 달성하기 위해 조직 내의 모든 요인들이 적절히 상호작용하고 조화로우며 균형을 이룰 수 있게 해야 한다.

정인 : 시스템 이론은 모든 상황에 동일하게 적용될 수 있는 이론은 없다고 보면서, 상황과 조직이 어떠한 관계를 맺고 있으며 이들 간에 어떠한 관계가 성립할 때 조직 유효성이 높아지는가를 연구하는 이론이다.

① 창민 ② 철수
③ 영희 ④ 준수
⑤ 정인

85 다음 중 기업신용평가등급표의 양적 평가요소에 해당하는 것은?

① 진입장벽
② 시장점유율
③ 재무비율 평가항목
④ 경영자의 경영능력
⑤ 은행거래 신뢰도

86 다음 중 자원기반관점(RBV)에 대한 설명으로 옳지 않은 것은?

① 인적자원은 기업의 지속적인 경쟁력 확보의 주요한 원천이라고 할 수 있다.
② 기업의 전략과 성과의 주요 결정요인은 기업 내부의 자원과 핵심역량의 보유라고 주장한다.
③ 경쟁우위의 원천이 되는 자원은 이질성(Heterogeneous)과 비이동성(Immobile)을 가정한다.
④ 기업이 보유한 가치(Value), 희소성(Rareness), 모방불가능(Inimitability), 대체불가능성(Non-Substitutability) 자원들은 경쟁 우위를 창출할 수 있다.
⑤ 주요 결정요인은 진입장벽, 제품차별화 정도, 사업들의 산업집중도 등이다.

87 다음 중 네트워크 조직(Network Organization)의 장점으로 옳지 않은 것은?

① 정보 공유의 신속성 및 촉진이 용이하다.
② 광범위한 전략적 제휴로 기술혁신이 가능하다.
③ 개방성 및 유연성이 뛰어나 전략과 상품의 전환이 빠르다.
④ 전문성이 뛰어나 아웃소싱 업체의 전문성 및 핵심역량을 활용하기 용이하다.
⑤ 관리감독자의 수가 줄어들게 되어 관리비용이 절감된다.

88 다음 중 리더의 구성원 교환 이론(LMX; Leader Member Exchange Theory)에 대한 설명으로 옳지 않은 것은?

① 구성원들의 업무와 관련된 태도나 행동들은 리더가 그들을 다루는 방식에 달려있다.
② 리더가 여러 구성원들을 동일하게 다루지 않는다고 주장한다.
③ LMX 이론의 목표는 구성원, 팀, 조직에 리더십이 미치는 영향을 설명하는 것이다.
④ 조직의 모든 구성원들은 동일한 차원으로 리더십에 반응한다.
⑤ 리더는 팀의 구성원들과 강한 신뢰감, 감정, 존중이 전제된 관계를 형성한다.

89 다음 중 공공재 및 시장실패에 대한 설명으로 옳지 않은 것은?

① 긍정적인 외부효과가 있는 재화의 경우 시장에서 사회적 최적 수준에 비해 과소 생산된다.

② 공유지의 비극(Tragedy of the commons)은 배제성은 없으나 경합성이 있는 재화에서 발생한다.

③ 일단 공공재가 공급되고 나면, 비용을 부담하지 않더라도 소비에서 배제시킬 수 없다.

④ 거래비용이 없이 협상할 수 있다면 당사자들이 자발적으로 외부효과로 인한 비효율성을 줄일 수 있다.

⑤ 공공재의 경우 개인들의 한계편익을 합한 것이 한계비용보다 작다면 공공재 공급을 증가시키는 것이 바람직하다.

90 다음 중 실물적 경기변동 이론(Real Business Cycle Theory)에 대한 설명으로 옳지 않은 것은?

① 기술진보와 같은 실물적 충격에 의해 야기된 실업과 같은 불균형 상태가 균형 상태로 수렴하는 과정에서 경기변동이 발생하게 된다.

② 정부의 경제개입은 최소한으로 이루어져야 한다.

③ 경기의 동태성은 거시경제일반균형의 변동현상이다.

④ 경기변동은 실질변수가 동태적으로 변동하는 현상이다.

⑤ 예상된 화폐공급량 변화는 상대가격의 변화를 유발하지 못하므로 실물경제에 영향을 미치지 않는다.

91 정부가 소득세 감면, 정부 부채 증가 등의 재정정책을 시행하여 경기를 진작시켰다고 한다. 이러한 확대 재정정책의 효과가 커질 수 있는 조건은?

① 소득에 대한 한계소비성향이 낮다.

② 정부 부채 증가가 이자율 상승을 초래한다.

③ 소비자가 미래 중심으로 소비에 임한다.

④ 신용제약에 걸려 은행으로부터 차입하기 어려운 소비자들이 존재한다.

⑤ 소비자들이 정부 부채 증가를 미래에 조세 증가로 메울 것으로 기대한다.

92 다음은 (가)국과 (나)국의 지니계수 추이를 나타낸 것이다. 이에 대한 설명으로 옳지 않은 것은?

구분	2020년	2021년	2022년
(가)	0.310	0.302	0.295
(나)	0.405	0.412	0.464

① (가)국과 (나)국의 지니계수는 0과 1 사이의 값을 가진다.

② (가)국은 소득불평등도가 줄어드는 반면 (나)국은 소득불평등도가 심화되고 있다.

③ (나)국은 소득불평등도를 줄이기 위해 교육과 건강에 대한 보조금 정책을 도입할 필요가 있다.

④ (나)국의 로렌츠 곡선은 45도 대각선에 점차 가까워질 것이다.

⑤ 소득재분배를 위해 과도하게 누진세를 도입할 경우 저축과 근로 의욕을 저해할 수 있다.

93 GDP를 $Y = C + I + G + X - M$으로 표시할 때, GDP에 대한 설명으로 옳지 않은 것은?[단, C는 소비, I는 투자, G는 정부지출, $X - M$은 순수출(무역수지로 측정)이다]① 무역수지가 적자일 경우, GDP는 국내 경제주체들의 총지출보다 작다.

② GDP가 감소해도 무역수지는 흑자가 될 수 있다.

③ M(수입)은 C, I, G에 포함되어 있는 수입액을 모두 다 더한 것이다.

④ 올해 생산물 중 판매되지 않고 남은 재고는 올해 GDP에 포함되지 않는다.

⑤ 무역수지가 흑자이면 국내 저축이 국내 투자보다 더 크다.

94 다음 중 노동시장과 실업에 대한 설명으로 옳은 것은?

① 실망노동자(Discouraged Worker)는 실업자로 분류되지 않는다.

② 완전고용은 자발적 실업이 없는 상태이다.

③ 최저임금제도의 도입은 실업 발생과 무관하다.

④ 실업보험이 확대되면 자연실업률이 낮아진다.

⑤ 비자발적 실업은 경기적 실업과 구조적 실업 그리고 마찰적 실업을 말한다.

95 다음 중 피아제(J. Piaget)의 인지발달 이론에 대한 설명으로 옳은 것은?

① 전 생애의 인지발달을 다루고 있다.
② 문화적 · 사회경제적 · 인종적 차이를 고려하였다.
③ 추상적 사고의 확립은 구체적 조작기의 특징이다.
④ 인지는 동화와 조절의 과정을 통하여 발달한다.
⑤ 전조작기 단계에서 보존개념이 획득된다.

96 다음 중 다문화에 대한 설명으로 옳지 않은 것은?

① 대표적인 사회문제로 인종차별이 있다.
② 다양한 문화를 수용하고 문화의 단일화를 지향한다.
③ 서구화, 근대화, 세계화는 다문화의 중요성을 표면으로 부상시켰다.
④ 동화주의는 이민을 받는 사회의 문화적 우월성을 전제로 한다.
⑤ 용광로 개념은 동화주의와 관련이 있다.

97 다음 중 노년기(65세 이상)에 대한 설명으로 옳지 않은 것은?

① 주요 과업은 이제까지의 자신의 삶을 수용하는 것이다.
② 생에 대한 회상이 증가하고 사고의 융통성이 증가한다.
③ 친근한 사물에 대한 애착이 많아진다.
④ 치매의 발병 가능성이 다른 연령대에 비해 높아진다.
⑤ 내향성이 증가한다.

98 다음 중 아동기(7 ~ 12세)에 대한 설명으로 옳은 것을 〈보기〉에서 모두 고르면?

――――――――〈보기〉――――――――
ㄱ. 제1의 반항기이다.
ㄴ. 조합기술의 획득으로 사칙연산이 가능해진다.
ㄷ. 객관적, 논리적 사고가 가능해진다.
ㄹ. 정서적 통제와 분화된 정서표현이 가능해진다.
ㅁ. 타인의 입장을 고려하지 못한다.

① ㄴ, ㄷ   ② ㄱ, ㄴ, ㄹ
③ ㄴ, ㄷ, ㄹ   ④ ㄷ, ㄹ, ㅁ
⑤ ㄱ, ㄷ, ㄹ, ㅁ

99 다음 중 사회조사 과정에서 준수해야 할 연구윤리로 옳지 않은 것은?

① 참여자의 익명성과 비밀을 보장한다.
② 참여자가 원할 경우 언제든지 참여를 중단할 수 있음을 사전에 고지한다.
③ 일반적으로 연구의 공익적 가치가 연구 윤리보다 우선해야 한다.
④ 참여자가 연구에 참여하여 얻을 수 있는 혜택은 사전에 고지한다.
⑤ 참여자의 연구 참여는 자발적이어야 한다.

100 다음 중 영가설에 대한 설명으로 옳은 것을 〈보기〉에서 모두 고르면?

─────────〈보기〉─────────
ㄱ. 연구가설에 대한 반증가설이 영가설이다.
ㄴ. 영가설은 변수 간에 관계가 없음을 뜻한다.
ㄷ. 대안가설을 검증하여 채택하는 가설이다.
ㄹ. 변수 간의 관계가 우연이 아님을 증명한다.

① ㄱ, ㄴ   ② ㄱ, ㄹ
③ ㄴ, ㄷ   ④ ㄱ, ㄷ, ㄹ
⑤ ㄴ, ㄷ, ㄹ

3권

제3회
근로복지공단

NCS 직업기초능력
+직무기초지식

www.sdedu.co.kr

〈문항 및 시험시간〉

평가영역	문항 수	시험시간	모바일 OMR 답안분석
[NCS] 의사소통능력 / 자원관리능력 / 문제해결능력 / 수리능력 [전공] 법학 / 행정학 / 경영학 / 경제학 / 사회복지학	100문항	100분	

제3회 모의고사

문항 수 : 100문항
시험시간 : 100분

제1영역 직업기초능력

01 다음 글의 내용으로 적절하지 않은 것은?

세종대 오례(五禮) 운영의 특징은 더욱 완벽한 유교적 예악(禮樂) 이념에 접근하고자 노력하였다는 점에 있다. 유교적 예악 이념을 근간으로 국가의 오례 운영을 심화시키는 과정에서 예제(禮制)와 음악, 즉 예악이 유교적 정치질서를 이루는 중요한 요소라는 점이 인식되었고, 예제와 음악이 조화된 단계의 오례 운영이 모색되었다.

이에 따라 음악에 대한 정리가 시도되었는데, 음악연구의 심화는 박연(朴堧)에 의한 음악서 편찬으로 이어졌다. 박연은 음악을 양성음과 음성음의 대응과 조화로서 이해하였고, 박연의 의견에 따라 이후 조선시대 오례 의식에 사용되는 모든 음악은 양성음인 양률과 음성음인 음려의 화합으로 이루어지게 되었다. 음악에 대한 이해가 심화됨에 따라 자주적인 악기 제조가 가능하게 되었으며, 악공(樂工)의 연주 수준이 향상되었다.

한편으로 박연 이후 아악(雅樂)과 향악(鄕樂)의 문제가 제기되었다. 아악은 중국에서 들어온 음악으로 우리에게는 익숙한 음악이 아니었다. 따라서 우리나라 사람들이 평소에는 우리의 성음으로 이루어진 향악을 듣다가 오례 때에는 중국의 성음으로 이루어진 아악을 듣는 것에 대한 의문이 제기되었다. 이로 인해 오례에서는 으레 아악을 연주해야 한다는 관행을 벗어나, 우리의 고유 음악인 향악을 유교의 예악과 어떻게 조화시킬 것인가에 관한 문제가 공론화되기 시작하였다. 이후 여러 논의를 거쳐 오례 의식에서 향악을 반드시 연주하게 되었다.

나아가 향악에 대한 관심은 중국에서 유래된 아악과 우리 향악 사이에 음운 체계가 근본적으로 다르다는 것을 인식하게 하였다. 또한 보편적 음성이론에 의한 예악 운영에 따라 향악의 수준이 향상되는 결과를 가져왔다.

① 아악과 향악은 음운 체계가 서로 다르다.
② 향악의 수준 향상으로 아악은 점차 오례 의식에서 배제되어 갔다.
③ 오례에서 연주된 향악은 양률과 음려가 화합을 이룬 음악이었다.
④ 완벽한 유교적 예악 이념을 지향하는 과정에서 음악 연구가 심화되었다.
⑤ 세종대 음악에 대한 심화된 이해는 자주적인 악기 제조, 악공의 연주 수준 향상으로 이어졌다.

02 다음 중 甲과 乙의 주장을 도출할 수 있는 질문으로 가장 적절한 것은?

> 甲 : 우리 사회는 학력 중시 풍토가 만연한 사회라고 볼 수 있다. 이러한 풍토가 생긴 주요 원인 중 하나는 학력만으로 인재를 선발하는 잘못된 채용 시스템이다. 기업들이 채용 과정에서 학력만을 중시하는 것은 대학의 서열화를 공고히 하고 과도한 사교육을 유발하는 부작용을 낳고 있다. 취업에서 학력이 중요한 잣대가 되지 않는다면, 상위권 대학에 진학하기 위해 사교육에 몰두하는 현상도 차츰 완화될 수 있다. 또한 이와 더불어 학력이 아닌 능력이 중시되는 사회적 분위기가 함께 형성되어야 한다.
>
> 乙 : 좋은 인재를 영입하고자 하는 기업의 입장에서 학력은 지원자의 전공과 성실도를 판단할 수 있는 중요한 정보가 된다. 기업에서 학력 대신 면접 등 다른 평가의 비중을 높여 지원자를 판단하고자 한다면, 지원자의 자질과 능력을 제대로 판단하기가 쉽지 않을 수 있다. 또한 채용 과정에서 시간과 비용도 많이 들 것이다. 오히려 채용 절차를 투명하게 공개하도록 지침을 제시한다면 문제를 개선할 수 있을 것이다.

① 학력 중시 풍토가 만연한 사회의 주요 원인은 무엇인가?

② 상위권 대학에 진학하기 위해서는 사교육이 반드시 필요한가?

③ 기업의 채용 절차 지침을 공개해야 하는가?

④ 입사 지원서에 학력을 기재해야 하는가?

⑤ 기업에 입사하기 위해 지원자가 갖추어야 하는 태도는 무엇인가?

03 다음은 G공사 영업부에서 작년 분기별 영업 실적을 나타낸 그래프이다. 다음 중 작년 전체 실적에서 1·2분기와 3·4분기가 각각 차지하는 비중을 바르게 나열한 것은?(단, 비중은 소수점 둘째 자리에서 반올림한다)

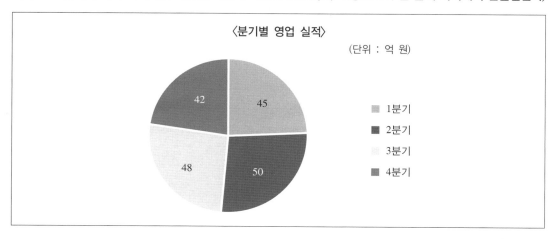

〈분기별 영업 실적〉
(단위 : 억 원)

45 — 1분기
50 — 2분기
48 — 3분기
42 — 4분기

	1·2분기	3·4분기		1·2분기	3·4분기
①	48.6%	51.4%	②	50.1%	46.8%
③	51.4%	48.6%	④	46.8%	50.1%
⑤	50.0%	50.0%			

※ 다음은 사물인터넷 사업을 수행하고 있는 기업들의 애로사항 및 정부 지원 요청사항에 대해 조사한 자료이다. 이어지는 질문에 답하시오. **[4~5]**

〈사물인터넷 사업 시 애로사항〉

(단위 : %)

구분	2020년	2022년
불확실한 시장성	19.4	10.9
사업 추진 자금의 부족	10.1	22.4
정부의 정책적 지원 미비	17.3	23.0
비즈니스 모델 부재	12.8	12.3
표준화 미비	19.2	12.0
보유 기술력 / 인력 부족	6.1	8.7
가격 부담	5.5	5.6
사물인터넷 인식 부족	4.2	5.1
기타	2.6	–
무응답	2.8	–
합계	100.0	100.0

〈사물인터넷 사업 시 정부 지원 요청사항〉

(단위 : %)

구분	2020년	2022년
확산 사업 확대	14.2	11.9
R&D 사업 확대	22.9	21.5
개발 및 도입자금 지원	36.4	26.5
도입 시 세제 / 법제도 지원	9.5	15.5
국내외 기술 표준화 지원	7.6	6.7
시험인증지원 확대	–	1.7
기술 인력 양성 지원 확대	7.1	10.5
해외 진출 지원	1.9	1.7
성공사례 등의 정보제공	–	0.7
중소·중견 기업 위주의 지원	–	3.2
기타	–	0.1
무응답	0.4	–
합계	100.0	100.0

04 다음 중 사물인터넷 사업 시 애로사항에 대한 설명으로 옳은 것은?

① 2020년과 2022년 애로사항 중 가장 많은 비중을 차지하는 항목은 동일하다.

② 2020년 대비 2022년 사물인터넷 인식 부족을 애로사항으로 응답한 기업 비율의 증가율은 사업 추진 자금의 부족을 애로사항으로 응답한 기업 비율의 증가율보다 높다.

③ 2020년에 비해 2022년에 그 구성비가 증가한 항목의 수는 무응답을 제외한 전체 항목 수의 40% 이상이다.

④ 표준화 미비를 애로사항으로 지적한 기업의 수는 2020년 대비 2022년에 감소하였다.

⑤ 2022년에 불확실한 시장성을 애로사항으로 응답한 기업의 수는 비즈니스 모델 부재를 애로사항으로 응답한 기업 수의 80% 미만이다.

05 다음은 사물인터넷 사업 시 애로사항 및 정부 지원 요청사항에 대한 설명이다. 다음 중 옳지 않은 설명을 한 사람을 〈보기〉에서 모두 고르면?

〈보기〉

진영 : 2020년에 가격 부담을 애로사항이라고 응답한 기업의 비율은 2022년에 개발 및 도입자금 지원을 정부 지원 요청사항으로 응답한 기업 비율의 45% 이상이야.

준엽 : 2020년에 기타를 애로사항으로 응답한 기업의 수는 2022년에 사업 추진 자금의 부족을 애로사항으로 응답한 기업 수의 10배 이상이야.

지원 : 2022년에 정부 지원 요청사항에 대해 도입 시 세제 / 법 제도 지원이라고 응답한 기업의 수는 기술 인력 양성 지원 확대라고 응답한 기업의 수보다 30% 더 많더라.

① 진영

② 준엽

③ 진영, 준엽

④ 진영, 지원

⑤ 준엽, 지원

※ G공사에서는 동절기 근무복을 구매하려고 한다. 이어지는 질문에 답하시오. **[6~7]**

〈동절기 근무복 업체별 평가점수〉

구분	가격	디자인	보온성	실용성	내구성
A업체	★★★★	★★★	★★★★	★★	★★★★
B업체	★★★★★	★	★★★	★★★★	★
C업체	★★★	★★	★★★	★★★	★★
D업체	★★	★★★★	★★★★★	★★	★
E업체	★★★	★	★★	★	★★

※ ★의 개수가 많을수록 높은 평가점수이다.

06 G공사 임직원은 근무복의 가격과 보온성을 선호한다. 임직원의 선호를 고려한다면, 어떤 업체의 근무복을 구매하겠는가?(단, 가격과 보온성을 고려한 별 개수가 같을 경우 모든 부문의 별 개수 합계를 비교한다)

① A업체   ② B업체
③ C업체   ④ D업체
⑤ E업체

07 각 업체의 한 벌당 구매가격이 다음과 같을 때, 예산 100만 원 내에서 어떤 업체의 근무복을 구매하겠는가? (단, 지급될 동절기 근무복은 총 15벌이며, 가격과 보온성을 고려하여 구매한다)

〈업체별 근무복 가격〉

(단위 : 원)

A업체	B업체	C업체	D업체	E업체
63,000	60,000	75,000	80,000	70,000

※ 평가점수 총점이 같을 경우, 가격이 저렴한 업체를 선정한다.

① A업체   ② B업체
③ C업체   ④ D업체
⑤ E업체

08 다음은 A ~ E 다섯 명의 면접관이 갑 ~ 정에게 부여한 면접 점수에 대한 자료이다. 이에 대한 설명으로 옳은 것을 〈보기〉에서 모두 고르면?

〈갑 ~ 정의 면접 점수〉

(단위 : 점)

면접관 \ 응시자	갑	을	병	정	범위
A	7	8	8	6	2
B	4	6	8	10	( )
C	5	9	8	8	( )
D	6	10	9	7	4
E	9	7	6	5	4
중앙값	( )	( )	8	( )	−
교정점수	( )	8	( )	7	−

※ 범위 : 해당 면접관이 각 응시자에게 부여한 면접 점수 중 최댓값에서 최솟값을 뺀 값
※ 중앙값 : 해당 응시자가 A ~ E면접관에게 받은 모든 면접 점수를 크기순으로 나열할 때 한가운데 값
※ 교정점수 : 해당 응시자가 A ~ E면접관에게 받은 모든 면접 점수 중 최댓값과 최솟값을 제외한 면접 점수의 산술 평균값

〈보기〉

ㄱ. 면접관 중 범위가 가장 큰 면접관은 B이다.
ㄴ. 응시자 중 중앙값이 가장 작은 응시자는 정이다.
ㄷ. 교정점수는 병이 갑보다 크다.

① ㄱ
② ㄴ
③ ㄱ, ㄷ
④ ㄴ, ㄷ
⑤ ㄱ, ㄴ, ㄷ

09 다음은 한국인의 주요 사망원인에 대한 자료이다. 자료를 참고하여 인구 10만 명 중 사망원인에 따른 인원수를 나타낸 그래프로 옳은 것은?(단, 모든 그래프의 단위는 '명'이다)

> 한국인 10만 명 중 무려 185명이나 암으로 사망한다는 통계를 바탕으로 암이 한국인 사망원인 1위로 알려진 가운데, 그 밖의 순위에 대한 관심도 뜨겁다. 2위와 3위는 각각 심장과 뇌 관련 질환으로 알려졌고, 1위와의 차이도 20명 미만일 정도로 크게 차이를 보이지 않아 한국인 주요 3대 사망원인으로 손꼽아진다. 특히 4위는 자살로 알려져 큰 충격을 더하고 있는데, 우리나라의 경우 20대·30대 사망원인 1위가 자살이며, 인구 10만 명당 50명이나 이로 인해 사망한다고 한다. 그 다음으로는 당뇨, 치매, 고혈압의 순서이다.

①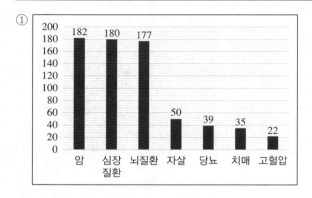

②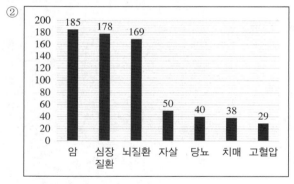

③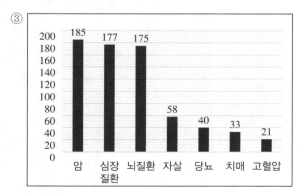

④

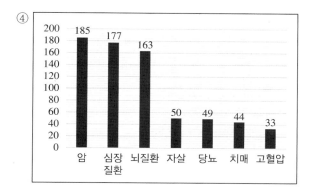

⑤

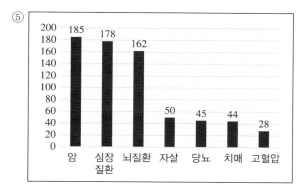

※ 다음은 G공사의 출장비 지급규정에 대한 자료이다. 이어지는 질문에 답하시오. [10~11]

<출장비 지급규정>

• 일비는 직급별로 지급되는 금액을 기준으로 출장일수에 맞게 지급한다.
• 교통비는 대중교통(버스, 기차 등) 및 택시를 이용한 금액만 실비로 지급한다.
• 숙박비는 1박당 제공되는 숙박비를 넘지 않는 선에서 실비로 지급한다.
• 식비는 직급별로 지급되는 금액을 기준으로 1일당 3식으로 계산하여 지급한다.

<출장 시 지급 비용>

(단위 : 원)

구분	1일 일비	1일 숙박비	1식 식비
사원	20,000	100,000	6,000
대리	30,000	120,000	8,000
과장	50,000	150,000	10,000
부장	60,000	180,000	10,000

10 G공사 직원 중 대리 1명과 과장 1명이 2박 3일간 부산으로 출장을 다녀왔다면, 지급받을 수 있는 출장비는 총 얼마인가?

<부산 출장 지출내역>

• 서울 시내버스 및 지하철 이동 : 3,200원(1인당)
• 서울 – 부산 KTX 이동(왕복) : 121,800원(1인당)
• 부산 K호텔 스탠다드 룸 : 150,000원(1인당, 1박)
• 부산 시내 택시 이동 : 10,300원

① 1,100,300원
② 1,124,300원
③ 1,179,300원
④ 1,202,300원
⑤ 1,220,300원

11 G공사 직원 중 사원 2명과 대리 1명이 1박 2일간 강릉으로 출장을 다녀왔을 때, 지급받을 수 있는 출장비는 총 얼마인가?

〈강릉 출장 지출내역〉

- 서울 – 강릉 자가용 이동(왕복) : 주유비 100,000원
- 강릉 S호텔 트리플룸 : 80,000원(1인당, 1박)
- 식비 : 총 157,000원

---

① 380,000원
② 480,000원
③ 500,000원
④ 537,000원
⑤ 637,000원

12 다음 글에 대한 내용으로 가장 적절한 것은?

고려시대에 지방에서 의료를 담당했던 사람으로는 의학박사, 의사, 약점사가 있었다. 의학박사는 지방에 파견된 최초의 의관으로서, 12목에 파견되어 지방의 인재들을 뽑아 의학을 가르쳤다. 반면 의사는 지방 군현에 주재하면서 약재 채취와 백성의 치료를 담당하였다. 의사는 의학박사만큼 교육에 종사하기는 어려웠지만 의학 교육의 일부를 담당했다. 의학박사에 비해 관품이 낮은 의사들은 실력이 뒤지거나 경력이 부족했으며 행정업무를 병행하기도 하였다.

한편 지방 관청에는 약점이 설치되었고, 그곳에 약점사를 배치하였다. 약점사는 향리들 중에서 임명하였는데, 향리가 없는 개경과 서경을 제외한 전국의 모든 고을에 있었다. 약점은 약점사들이 환자들을 치료하는 공간이자 약재의 유통 공간이었다. 지방 관청에는 향리들의 관청인 읍사가 있었다. 큰 고을은 100여 칸, 중간 크기 고을은 10여 칸, 작은 고을은 4 ~ 5칸 정도의 규모였다. 약점도 읍사 건물의 일부를 사용하였다. 약점사들이 담당한 여러 일 중 가장 중요한 것은 인삼, 생강, 백자인 등 백성들이 공물로 바치는 약재를 수취하고 관리하여 중앙정부에 전달하는 일이었다. 약점사는 국왕이 하사한 약재들을 관리하는 일과 환자들을 치료하는 일도 담당하였다. 지방마다 의사를 두지는 못하였으므로 의사가 없는 지방에서는 의사의 업무 모두를 약점사가 담당했다.

---

① 의사들 가운데 실력이 뛰어난 사람이 의학박사로 임명되었다.
② 약점사의 의학 실력은 의사들보다 뛰어났다.
③ 약점사가 의학 교육을 담당할 수도 있었다.
④ 의사는 향리들 중에서 임명되었다.
⑤ 의사들의 진료 공간은 약점이었다.

13 다음은 A, B사원의 직업기초능력을 평가한 결과이다. 이에 대한 설명으로 가장 적절한 것은?

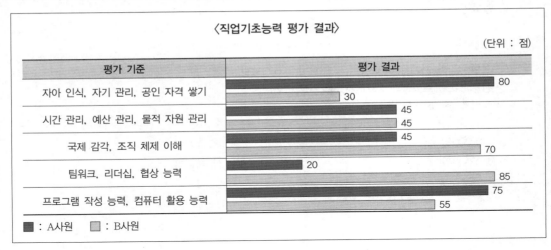

〈직업기초능력 평가 결과〉

(단위 : 점)

평가 기준	평가 결과
자아 인식, 자기 관리, 공인 자격 쌓기	A사원: 80, B사원: 30
시간 관리, 예산 관리, 물적 자원 관리	A사원: 45, B사원: 45
국제 감각, 조직 체제 이해	A사원: 45, B사원: 70
팀워크, 리더십, 협상 능력	A사원: 20, B사원: 85
프로그램 작성 능력, 컴퓨터 활용 능력	A사원: 75, B사원: 55

■ : A사원   □ : B사원

① A사원은 B사원보다 스스로를 관리하고 개발하는 능력이 우수하다.
② A사원은 B사원보다 조직의 체제와 경영을 이해하는 능력이 우수하다.
③ B사원은 A사원보다 정보를 검색하고 정보기기를 활용하는 능력이 우수하다.
④ B사원은 A사원보다 업무 수행에 필요한 시간, 자본 등의 자원을 예측 계획하여 할당하는 능력이 우수하다.
⑤ A사원은 B사원보다 업무 수행 시 만나는 사람들과 원만하게 지내는 능력이 우수하다.

14 G공사는 미세먼지 정화설비 A ~ F 중 일부를 도입하고자 한다. 설비들의 호환성에 따른 도입규칙이 다음과 같을 때, 도입하는 설비만으로 짝지어진 것은?

〈호환성에 따른 도입규칙〉

• A설비는 반드시 도입한다.
• B설비를 도입하지 않으면 D설비를 도입한다.
• E설비를 도입하면 A설비를 도입하지 않는다.
• B, E, F설비 중 적어도 두 개는 반드시 도입한다.
• E설비를 도입하지 않고, F설비를 도입하면 C설비는 도입하지 않는다.
• 최대한 많은 설비를 도입한다.

① A설비, C설비, E설비
② A설비, B설비, F설비
③ A설비, B설비, C설비, E설비
④ A설비, B설비, D설비, F설비
⑤ A설비, C설비, D설비, E설비, F설비

15 다음 글에 대한 내용으로 가장 적절한 것은?

많은 재화나 서비스는 경합성과 배제성을 지닌 사유재이다. 여기서 경합성이란 한 사람이 어떤 재화나 서비스를 소비하면 다른 사람의 소비를 제한하는 특성을 의미하며, 배제성이란 공급자에게 대가를 지불하지 않으면 그 재화를 소비하지 못하는 특성을 의미한다. 반면, 공공재란 사유재와는 반대로 비경합적이면서도 비배제적인 특성을 가진 재화나 서비스를 말한다.

그러나 우리 주위에서는 순수한 사유재나 공공재와는 또 다른 특성을 지닌 재화나 서비스도 많이 찾아볼 수 있다. 예를 들어 영화 관람이라는 소비 행위는 비경합적이지만 배제가 가능하다. 왜냐하면 영화는 사람들과 동시에 즐길 수 있으나 대가를 지불하지 않고서는 영화관에 입장할 수 없기 때문이다. 마찬가지로 케이블 TV를 즐기기 위해서는 시청료를 지불해야 한다.

비배제적이지만 경합적인 재화들도 찾아낼 수 있다. 예를 들어 출퇴근 시간대의 무료 도로를 생각해 보자. 자가용으로 집을 출발해서 직장에 도달하는 동안 도로에 진입하는 데 요금을 지불하지 않으므로 도로의 소비는 비배제적이다. 하지만 출퇴근 시간대의 체증이 심한 도로는 내가 그 도로에 존재함으로 인해서 다른 사람의 소비를 제한하게 된다. 따라서 출퇴근 시간대의 도로 사용은 경합적인 성격을 갖는다. 이러한 내용을 표로 정리하면 다음과 같다.

경합성＼배제성	배제적	비배제적
경합적	a	b
비경합적	c	d

① 체증이 심한 유료 도로 이용은 a에 해당한다.
② 케이블 TV 시청은 b에 해당한다.
③ 사먹는 아이스크림과 같은 사유재는 b에 해당한다.
④ 국방 서비스와 같은 공공재는 c에 해당한다.
⑤ 영화 관람이라는 소비 행위는 d에 해당한다.

※ 다음은 O사에서 제품별 밀 소비량을 조사한 자료이다. 이어지는 질문에 답하시오. [16~17]

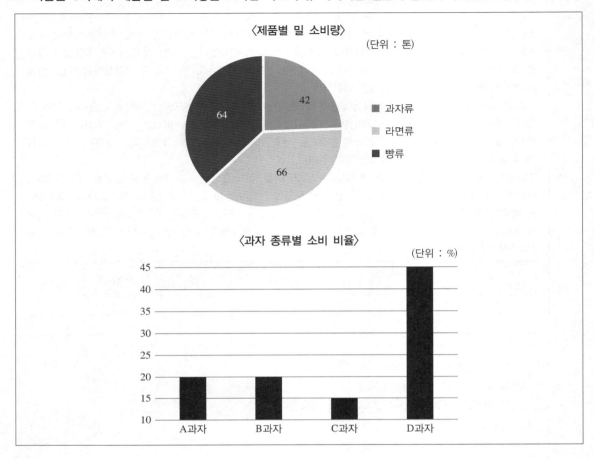

〈제품별 밀 소비량〉

(단위 : 톤)

- 과자류
- 라면류
- 빵류

〈과자 종류별 소비 비율〉

(단위 : %)

16 O사가 과자류에 밀 사용량을 늘리기로 결정하였다. 라면류와 빵류에 소비되는 밀 소비량의 각각 10%씩을 과자류에 사용한다면, 과자류에는 총 몇 톤의 밀을 사용하게 되는가?

① 45톤   ② 50톤
③ 55톤   ④ 60톤
⑤ 65톤

17 A ~ D과자 중 가장 많이 밀을 소비하는 과자와 가장 적게 소비하는 과자의 밀 소비량 차이는 몇 톤인가?(단, 제품별 밀 소비량 그래프의 과자류 밀 소비량 기준이다)

① 10.2톤   ② 11.5톤
③ 12.6톤   ④ 13톤
⑤ 14.4톤

※ G공사는 변전소기지를 건설하려고 한다. 다음 후보지역 평가 현황 자료를 참고하여 이어지는 질문에 답하시오. **[18~19]**

<후보지역 평가 현황>

(단위 : 점)

지역	접근성	편의성	활용도	인지도
갑	5	7	6	3
을	3	7	8	4
병	5	8	2	6
정	8	7	5	2
무	7	7	1	4

※ 평가항목당 가중치는 접근성 0.4, 편의성 0.2, 활용도 0.1, 인지도 0.3이다.

18 평가항목당 가중치를 적용한 총점으로 개최지를 선정할 때, 선정되는 지역은?

① 갑 지역
② 을 지역
③ 병 지역
④ 정 지역
⑤ 무 지역

19 접근성과 편의성의 평가항목당 가중치를 서로 바꾸었을 때, 선정되는 지역은?

① 갑 지역
② 을 지역
③ 병 지역
④ 정 지역
⑤ 무 지역

20 다음 대화의 빈칸에 들어갈 내용으로 가장 적절한 것은?

> 갑 : 이번 프로젝트는 정보 보안이 매우 중요해서 1인당 2대의 업무용 PC를 사용하기로 하였습니다. 원칙적으로, 1대는 외부 인터넷 접속만 할 수 있는 외부용 PC이고 다른 1대는 내부 통신망만 이용할 수 있는 내부용 PC입니다. 둘 다 통신을 제외한 다른 기능을 사용하는 데는 아무런 제한이 없습니다.
>
> 을 : 외부용 PC와 내부용 PC는 각각 별도의 저장 공간을 사용하나요?
>
> 갑 : 네, 맞습니다. 그러나 두 PC 간 자료를 공유하려면 두 가지 방법만 쓰도록 되어 있습니다. 첫 번째 방법은 이메일을 이용하는 것입니다. 본래 내부용 PC는 내부 통신망용이라 이메일 계정에 접속할 수 없지만, 프로젝트 팀장의 승인을 받아 ○○메일 계정에 접속한 뒤 자신의 ○○메일 계정으로 자료를 보내는 것만 허용하였습니다.
>
> 을 : 그러면 첫 번째 방법은 내부용 PC에서 외부용 PC로 자료를 보낼 때만 가능하겠군요. 두 번째 방법을 이용하면 외부용 PC에서 내부용 PC로도 자료를 보낼 수 있나요?
>
> 갑 : 물론입니다. 두 번째 방법은 내부용 PC와 외부용 PC에 설치된 자료 공유 프로그램을 이용하는 것인데, 이를 이용하면 두 PC 간 자료의 상호 공유가 가능합니다.
>
> 을 : 말씀하신 자료 공유 프로그램을 이용하면 두 PC 사이에 자료를 자유롭게 공유할 수 있는 건가요?
>
> 갑 : 파일 개수, 용량, 공유 횟수에는 제한이 없습니다. 다만, 이 프로그램을 사용할 때는 보안을 위해 프로젝트 팀장이 비밀번호를 입력해 주어야만 합니다.
>
> 을 : 그렇군요. 그런데 외부용 PC로 ○○메일이 아닌 일반 이메일 계정에도 접속할 수 있나요?
>
> 갑 : 아닙니다. 원칙적으로는 외부용 PC에서 자료를 보내거나 받기 위하여 사용 가능한 이메일 계정은 ○○일 뿐입니다. 그러나 예외적으로 필요한 경우에 한해 보안 부서에 공문으로 요청하여 승인을 받으면, 일반 이메일 계정에 접속하여 자료를 보내거나 받을 수 있습니다.
>
> 을 : 아하! 외부 자문위원의 자료를 전달받아 내부용 PC에 저장하기 위해서는 ＿＿＿＿＿＿＿＿＿＿＿＿＿

① 굳이 프로젝트 팀장이 비밀번호를 입력할 필요가 없겠군요.

② 사전에 보안 부서에 요청하여 외부용 PC로 일반 이메일 계정에 접속할 수 있는 권한을 부여받는 방법밖에 없겠네요.

③ 외부 자문위원의 PC에서 ○○메일 계정으로 자료를 보낸 뒤, 내부용 PC로 ○○메일 계정에 접속하여 자료를 내려받으면 되겠군요.

④ 외부 자문위원의 PC에서 일반 이메일 계정으로 자료를 보낸 뒤, 사전에 보안부서의 승인을 받아 내부용 PC로 일반 이메일 계정에 접속하여 자료를 내려받으면 되겠네요.

⑤ 외부 자문위원의 PC에서 ○○메일 계정으로 자료를 보낸 뒤, 외부용 PC로 ○○메일 계정에 접속해 자료를 내려받아 자료 공유 프로그램을 이용하여 내부용 PC로 보내면 되겠네요.

21 K씨는 퇴직 후 네일아트를 전문적으로 하는 뷰티숍을 개점하려고 한다. 평소 눈여겨본 지역의 고객 분포를 알아보기 위해 직접 설문조사를 하였다. 설문조사는 지난 1개월간 네일아트를 받아본 20 ~ 35세 여성 113명을 대상으로 뷰티숍 방문 횟수와 직업에 대해 조사하였다. 설문조사 결과가 다음과 같을 때, K씨가 이해한 내용으로 옳은 것은?(단, 복수응답과 무응답은 없다)

〈응답자의 연령대별 방문 횟수〉

(단위 : 명)

방문횟수 \ 연령대	20 ~ 25세	26 ~ 30세	31 ~ 35세	합계
1회	19	12	3	34
2 ~ 3회	27	32	4	63
4 ~ 5회	6	5	2	13
6회 이상	1	2	0	3
합계	53	51	9	113

〈응답자의 직업〉

(단위 : 명)

직업	응답자
학생	49
회사원	43
공무원	2
전문직	7
자영업	9
가정주부	3
합계	113

① 전체 응답자 중 20 ~ 25세 응답자가 차지하는 비율은 50% 이상이다.
② 26 ~ 30세 응답자 중 4회 이상 방문한 응답자 비율은 10% 이상이다.
③ 31 ~ 35세 응답자의 1인당 평균 방문횟수는 2회 미만이다.
④ 전체 응답자 중 직업이 학생 또는 공무원인 응답자 비율은 50% 이상이다.
⑤ 전체 응답자 중 20 ~ 25세인 전문직 응답자 비율은 5% 미만이다.

※ G공사에서는 새로운 직원을 채용하기 위해 채용시험을 실시하고자 한다. 채용시험장 후보 대상에 대한 정보와 필요한 〈조건〉을 바탕으로 이어지는 질문에 답하시오. [22~23]

〈채용시험장 후보 대상〉

구분	A중학교	B고등학교	C대학교	D중학교	E고등학교
수용 가능 인원	380명	630명	500명	460명	500명
시간당 대여료	300만 원	450만 원	700만 원	630만 원	620만 원
시설	스피커, 화이트보드	스피커, 칠판	0칠판, 스피커	화이트보드, 스피커	칠판
대여 가능 시간	토 ~ 일요일 10 ~ 13시	일요일 09 ~ 12시	토 ~ 일요일 14 ~ 17시	토요일 14 ~ 17시	토 ~ 일요일 09 ~ 12시 13 ~ 15시

─────〈조건〉─────

- 신입직 지원자는 400명이고, 경력직 지원자는 80명이다(단, 지원자 모두 시험에 응시한다).
- 시험은 방송으로 진행되므로 스피커가 있어야 한다.
- 시험 안내를 위해 칠판이나 화이트보드가 있어야 한다.
- 신입직의 경우 3시간, 경력직의 경우 2시간 동안 시험이 진행된다(단, 신입직과 경력직 시험은 동시에 진행된다).
- 비교적 비용이 저렴한 시설을 선호한다.

22 G공사가 신입직 채용시험만 토요일에 따로 실시한다고 할 때, 채용시험 장소로 가장 적절한 것은?

① A중학교 ② B고등학교
③ C대학교 ④ D중학교
⑤ E고등학교

23 G공사는 채용 일정이 변경됨에 따라 신입직과 경력직의 채용시험을 동시에 동일한 장소에서 실시하려고 한다. 채용시험 장소로 가장 적절한 것은?(단, 채용시험일은 토요일이나 일요일로 한다)

① A중학교 ② B고등학교
③ C대학교 ④ D중학교
⑤ E고등학교

24 다음 중 甲과 乙의 주장을 도출할 수 있는 질문으로 가장 적절한 것은?

甲 : 탄수화물은 우리 몸의 에너지원으로 쓰이는 필수 영양소이다. 건강한 신체 기능을 유지하기 위해서는 탄수화물 섭취 열량이 하루 총 섭취 열량의 50 ~ 70%가 되는 것이 이상적이다. 이에 해당하는 탄수화물의 하루 필요 섭취량은 성인 기준 100 ~ 130g이다. 국민 건강영양조사에 따르면, 우리나라 성인의 하루 탄수화물 섭취량은 평균 289.1g으로 필요 섭취량의 약 2 ~ 3배에 가깝다. 이에 비추어 볼 때, 우리는 탄수화물을 지나치게 많이 섭취하고 있다.

乙 : 우리가 탄수화물을 계속 섭취하지 않으면 우리 몸은 에너지로 사용되던 연료가 고갈되는 상태에 이르게 된다. 이 경우 몸은 자연스레 대체 연료를 찾기 위해 처음에는 근육의 단백질을 분해하고, 이어 내장지방을 포함한 지방을 분해한다. 지방 분해 과정에서 케톤이라는 대사성 물질이 생겨나면서 수분 손실이 나타나고 혈액 내의 당분이 정상보다 줄어들게 된다. 특히 이러한 현상은 간세포에서 두드러지게 나타난다. 이로 인해 혈액 및 소변 등의 체액과 인체조직에서는 케톤 수치가 높아지면서 신진대사 불균형이 초래된다. 따라서 우리는 적절한 양의 탄수화물을 섭취해야 한다.

---

① 간세포의 글리코겐 양이 감소하는 이유는 무엇인가?
② 탄수화물의 섭취를 제한하는 것은 바람직한가?
③ 탄수화물이 체내에서 담당하는 역할은 무엇인가?
④ 탄수화물을 대체할 수 있는 영양소가 있는가?
⑤ 필요섭취량 이상으로 탄수화물을 섭취할 경우 나타나는 현상은 무엇인가?

25 A사원은 다음 사내 규정에 따라 비품을 구매하려고 한다. 작년에 가을이 아닌 같은 계절에 가습기와 에어컨을 구매했다면, 어떠한 경우에도 작년 구매 목록에 대한 설명으로 참이 될 수 없는 것은?(단, 가습기는 10만 원 미만, 에어컨은 50만 원 이상이다)

〈사내 규정〉

• 매년 10만 원 미만, 10만 원 이상, 30만 원 이상, 50만 원 이상의 비품으로 구분지어 구매 목록을 만든다.
• 매 계절마다 적어도 구매 목록 중 하나는 구매한다.
• 매년 최대 6번까지 구매할 수 있다.
• 한 계절에 같은 가격대의 구매 목록을 2번 이상 구매하지 않는다.
• 두 계절 연속으로 같은 가격대의 구매 목록을 구매하지 않는다.
• 50만 원 이상 구매 목록은 매년 2번 구매한다.
• 봄에 30만 원 이상 구매 목록을 구매한다.

---

① 가을에 30만 원 이상 구매 목록을 구매하였다.
② 여름에 10만 원 미만 구매 목록을 구매하였다.
③ 봄에 50만 원 이상 구매 목록을 구매하였다.
④ 겨울에 10만 원 이상 구매 목록을 구매하였다.
⑤ 여름에 50만 원 이상 구매 목록을 구매하였다.

※ 다음은 K공사 신입사원 채용시험 결과 자료이다. 이를 참고하여 이어지는 질문에 답하시오. **[26~27]**

〈K공사 신입사원 채용시험 결과〉

(단위 : 점)

성명	필기시험			면접시험	
	의사소통능력	수리능력	문제해결능력	창의성	업무적합성
강슬기	92	74	84	60	90
박지민	89	82	99	80	90
최미정	80	66	87	80	40
배주현	94	53	95	60	50
정진호	73	92	91	50	100
김석진	90	68	100	70	80
박수영	77	80	92	90	60

26 필기시험 점수 중 수리능력과 문제해결능력 점수의 합이 가장 높은 2명을 총무팀에 배치한다고 할 때, 총무팀에 배치되는 사람으로 바르게 짝지어진 것은?

① 박지민, 정진호 ② 김석진, 박지민

③ 강슬기, 최미정 ④ 박수영, 김석진

⑤ 강슬기, 정진호

27 필기시험 총점과 면접시험 총점을 7 : 3 비율로 적용한 환산점수에서 최저점을 받은 신입사원의 채용이 보류된다고 할 때, 채용이 보류되는 사람은 누구인가?

① 강슬기 ② 최미정

③ 배주현 ④ 정진호

⑤ 박수영

28 다음 글에 대한 내용으로 가장 적절한 것은?

> 불교가 삼국에 전래될 때 대개 불경과 불상 그리고 사리가 들어왔다. 이에 예불을 올리고 불상과 사리를 모실 공간으로 사찰이 건립되었다. 불교가 전래된 초기에는 불상보다는 석가모니의 진신사리를 모시는 탑이 예배의 중심이 되었다.
>
> 불교에서 전하기를, 석가모니가 보리수 아래에서 열반에 든 후 화장(火葬)을 하자 여덟 말의 사리가 나왔다고 한다. 이것이 진신사리이며 이를 모시는 공간이 탑이다. 탑은 석가모니의 분신을 모신 곳으로 간주되어 사찰의 중심에 놓였다. 그러나 진신사리는 그 수가 한정되어 있었기 때문에 삼국시대 말기에는 사리를 대신하여 작은 불상이나 불경을 모셨다. 이제 탑은 석가모니의 분신을 모신 곳이 아니라 사찰의 상징적 건축물로 그 의미가 변했고, 예배의 중심은 탑에서 불상을 모신 금당으로 자연스럽게 옮겨갔다.
>
> 삼국시대 사찰은 탑을 중심으로 하고 그 주위를 회랑으로 두른 다음 부속 건물들을 정연한 비례에 의해 좌우 대칭으로 배치하는 구성을 보였다. 그리하여 이 시기 사찰에서는 기본적으로 남문·중문·탑·금당·강당·승방 등이 남북으로 일직선상에 놓였다. 그리고 반드시 중문과 강당 사이를 회랑으로 연결하여 탑을 감쌌다. 동서양을 막론하고 모든 고대국가의 신전에는 이러한 회랑이 공통적으로 보이는데, 이는 신전이 성역임을 나타내기 위한 건축적 장치가 회랑이기 때문이다. 특히 삼국시대 사찰은 후대의 산사와 달리 도심 속 평지 사찰이었기 때문에 회랑이 필수적이었다.
>
> ※ 회랑 : 종교 건축이나 궁궐 등에서 중요 부분을 둘러싸고 있는 지붕 달린 복도

① 삼국시대의 사찰에서 탑은 중문과 강당 사이에 위치한다.
② 진신사리를 모시는 곳은 탑에서 금당의 불상으로 바뀌었다.
③ 삼국시대 말기에는 진신사리가 부족하여 탑 안을 비워 두었다.
④ 삼국시대 이후에는 평지 사찰과 산사를 막론하고 회랑을 세우지 않았다.
⑤ 탑을 사찰의 중심에 세웠던 것은 사찰이 성역임을 나타내기 위해서였다.

29 다음 〈조건〉을 참고할 때, 바르게 추론한 것은?

> ─────〈조건〉─────
> • 수진이는 어제 밤 10시에 자서 오늘 아침 7시에 일어났다.
> • 지은이는 어제 수진이보다 30분 늦게 자서 오늘 아침 7시가 되기 10분 전에 일어났다.
> • 혜진이는 항상 9시에 자고, 8시간의 수면 시간을 지킨다.
> • 정은이는 어제 수진이보다 10분 늦게 잤고, 혜진이보다 30분 늦게 일어났다.

① 지은이는 가장 먼저 일어났다.
② 정은이는 가장 늦게 일어났다.
③ 혜진이의 수면 시간이 가장 짧다.
④ 수진이의 수면 시간이 가장 길다.
⑤ 수진, 지은, 혜진, 정은 모두 수면 시간이 8시간 이상이다.

30 다음은 국가별 여성 국회의원 수 현황을 나타낸 자료이다. 〈보기〉 중 옳지 않은 내용은 모두 몇 개인가?

〈아시아 6개국 여성 국회의원 수 현황〉

(단위 : 명)

구분	2020년	2021년	2022년
한국	49	51	51
중국	699	699	709
인도	65	64	64
이란	9	17	19
일본	45	44	47
싱가포르	21	24	23

〈유럽 7개국 여성 국회의원 수 현황〉

(단위 : 명)

구분	2020년	2021년	2022년
오스트리아	56	56	63
벨기에	59	57	57
크로아티아	23	30	28
체코	40	40	44
덴마크	67	67	67
노르웨이	67	67	70
러시아	61	71	71

─〈보기〉─

ㄱ. 아시아와 유럽의 13개국 중 2022년 여성 국회의원 수가 전년과 동일한 국가는 3개국이다.
ㄴ. 유럽 7개국 중 2020 ~ 2022년 동안 여성 국회의원 수가 적은 국가의 순위는 변함없다.
ㄷ. 조사기간 동안 중국의 여성 국회의원 수는 한국, 인도, 일본의 여성 국회의원 인원수 합의 4배 이상이다.
ㄹ. 2021년 아시아 6개국 여성 국회의원의 총인원 대비 유럽 7개국 여성 국회의원의 총인원의 비율은 40% 미만이다.

① 없음　　　　　　　　　② 1개
③ 2개　　　　　　　　　④ 3개
⑤ 4개

31 다음 글의 내용에 대한 평가로 가장 적절한 것은?

(가) 우울증을 잘 초래하는 성향은 창조성과 결부되어 있기 때문에 생존에 유리한 측면이 있었다. 따라서 우울증과 관련이 있는 유전자는 오랜 역사를 거쳐 오면서도 사멸하지 않고 살아남아 오늘날 현대인에게도 그 유전자가 상당수 존재할 가능성이 있다. 베토벤, 뉴턴, 헤밍웨이 등 위대한 음악가, 과학자, 작가들의 상당수가 우울한 성향을 갖고 있었다. 천재와 우울증은 어찌 보면 동전의 양면으로, 인류 문명의 진보를 이끈 하나의 동력이자 그 부산물이라 할 수 있을지도 모른다.

(나) 우울증은 일반적으로 자기 파괴적인 질환으로 인식되어 왔지만 실은 자신을 보호하고 미래를 준비하기 위한 보호 기제일 수도 있다. 달성할 수 없거나 달성하기 매우 어려운 목표에 도달하기 위해 엄청난 에너지를 소모하는 것은 에너지와 자원을 낭비할 뿐만 아니라, 정신과 신체를 소진시킴으로써 사회적 기능을 수행할 수 없게 하고 주위의 도움이 없으면 생명을 유지하기 어려운 상태에 이르게도 할 수 있다. 이를 막기 위한 기제가 스스로의 자존감을 낮추고 그 목표를 포기하게 만드는 것이다. 이를 통해 고갈된 에너지를 보충하고 다시 도전할 수 있는 기회를 모색할 수 있다.

(다) 오늘날 우울증은 왜 이렇게 급격하게 늘어나는 것일까? 창조성이란 그 사회에 존재하고 있는 기술이나 생각에 대한 도전이자 대안 제시이며, 기존의 기술이나 생각을 엮어서 새로운 조합을 만들어 내는 것이다. 과거에 비해 현대 사회는 경쟁이 심화되고 혁신들이 더 가치를 인정받기 때문에 창조성이 있는 사람은 상당히 큰 선택적 이익을 갖게 된다. 그렇지만 현대 사회처럼 기존에 존재하는 기술이나 생각이 엄청나게 많아 우리의 뇌가 그것을 담기에도 벅찬 경우에는 새로운 조합을 만들어 내는 일은 무척이나 많은 에너지를 요한다. 또한 지금과 같은 경쟁 사회는 새로운 기술이나 생각에 대한 사회적 요구가 커지기 때문에 정신적 소진 상태를 초래하기 쉬운 환경이 되고 있다. 결국 경쟁은 창조성을 발휘하게 하지만 지나친 경쟁은 정신적 소진을 초래하기 때문에 우울증이 많이 발생할 수 있다.

① 창조적인 사람들은 정서적으로 불안정하고 우울증에 걸릴 수 있는 유전자를 가질 확률이 높다는 사실은 (가)를 강화한다.

② 우울증에 걸린 사람 중에 어려운 목표를 포기하지 못하는 사람들이 많다는 사실은 (나)를 강화한다.

③ 정신적 소진은 우울증을 초래할 가능성이 높다는 사실은 (다)를 약화한다.

④ 유전적 요인이 환경에 적응하는 과정에서 정신질환이 생겨난다는 사실은 (가)와 (나) 모두를 약화한다.

⑤ 과거에 비해 현대 사회에서 창조적인 아이디어를 만들어내기 어렵다는 사실은 (가)를 강화하고 (다)를 약화한다.

32 세미나에 참석한 A사원, B사원, C주임, D주임, E대리는 각자 숙소를 배정받았다. A사원, D주임은 여자이고, B사원, C주임, E대리는 남자이다. 다음 〈조건〉과 같이 숙소가 배정되었을 때, 옳지 않은 것은?

---〈조건〉---

- 숙소는 5층이며 각 층마다 1명씩 배정한다.
- E대리의 숙소는 D주임의 숙소보다 위층이다.
- 1층에는 주임을 배정한다.
- 1층과 3층에는 남직원을 배정한다.
- 5층에는 사원을 배정한다.

① D주임은 2층에 배정된다.
② 5층에 A사원이 배정되면 4층에 B사원이 배정된다.
③ 5층에 B사원이 배정되면 4층에 A사원이 배정된다.
④ C주임은 1층에 배정된다.
⑤ 5층에 B사원이 배정되면 3층에 E대리가 배정된다.

33 다음 글에 대한 내용으로 가장 적절한 것은?

미적인 것이란 내재적이고 선험적인 예술 작품의 특성을 밝히는 데서 더 나아가 삶의 풍부하고 생동적인 양상과 가치, 목표를 예술 형식으로 변환한 것이다. 미(美)는 어떤 맥락으로부터도 자율적이기도 하지만 타율적이다. 미에 대한 자율적 견해를 지닌 칸트도 일견 타당하지만, 미를 도덕이나 목적론과 연관시킨 톨스토이나 마르크스도 타당하다. 우리가 길을 지나다 이름 모를 곡을 듣고서 아름답다고 느끼는 것처럼 순수미의 영역이 없는 것은 아니다. 하지만 그 곡이 독재자를 열렬히 지지하기 위한 선전곡이었음을 안 다음부터 그 곡을 혐오하듯 미(美) 또한 사회 경제적, 문화적 맥락의 영향을 받기도 한다.

① 작품의 구조 자체에 주목하여 문학작품을 감상해야 한다는 절대주의적 관점은 칸트의 견해와 유사하다.
② 칸트는 현실과 동떨어진 작품보다 부조리한 사회 현실을 고발하는 작품의 가치를 더 높게 평가하였을 것이다.
③ 칸트의 견해에 따르면 예술 작품이 독자에게 어떠한 영향을 미치느냐에 따라 작품의 가치가 달라질 수 있다.
④ 톨스토이의 견해에 따라 시를 감상한다면 운율과 이미지, 시상 전개 등을 중심으로 감상해야 한다.
⑤ 톨스토이와 마르크스는 예술 작품이 내재하고 있는 고유한 특성이 감상에 중요하지 않다고 주장했다.

34 다음 글을 통해 글쓴이가 말하고자 하는 바로 가장 적절한 것은?

> 프랜시스 베이컨은 사람을 거미와 같은 사람, 개미와 같은 사람, 꿀벌과 같은 사람 세 종류로 나누어 보았다.
> 첫째, '거미'와 같은 사람이 있다. 거미는 벌레들이 자주 날아다니는 장소에 거미줄을 쳐놓고 숨어 있다가, 벌레가 거미줄에 걸리면 슬그머니 나타나 잡아먹는다. 거미와 같은 사람은 땀 흘려 노력하지 않으며, 누군가 실수를 하기 기다렸다가 그것을 약점으로 삼아 그 사람의 모든 것을 빼앗는다.
> 둘째, '개미'와 같은 사람이 있다. 개미는 부지런함의 상징이 되는 곤충이다. 더운 여름에도 쉬지 않고 땀을 흘리며 먹이를 물어다 굴속에 차곡차곡 저장한다. 그러나 그 개미는 먹이를 남에게 나누어 주지는 않는다. 개미와 같은 사람은 열심히 일하고 노력하여 돈과 재산을 많이 모으지만, 남을 돕는 일에는 아주 인색하여 주변 이웃의 불행을 모른 체하며 살아간다.
> 셋째, '꿀벌'과 같은 사람이 있다. 꿀벌은 꽃의 꿀을 따면서도 꽃에 상처를 남기지 않고, 이 꽃 저 꽃으로 날아다니며 꽃이 열매를 맺도록 도와준다. 만약 꿀벌이 없다면 많은 꽃은 열매를 맺지 못할 것이다. 꿀벌과 같은 사람은 책임감을 갖고 열심히 일하면서도 남에게 도움을 준다. 즉, 꿀벌과 같은 사람이야말로 우리 사회에 반드시 있어야 할 이타적 존재이다.

① 노력하지 않으면서 성공을 바라는 사람은 결코 성공할 수 없다.
② 다른 사람의 실수를 모른 채 넘어가 주는 배려가 필요하다.
③ 자신의 일만 열심히 하다 보면 누군가는 반드시 알아봐 준다.
④ 맡은 바 책임을 다하면서도 남을 돌볼 줄 아는 사람이 되자.
⑤ 자신의 삶보다 이웃의 삶을 소중하게 돌볼 줄 알아야 한다.

35 국제영화제 행사에 참석한 H는 A ~ F 여섯 개의 영화를 다음 〈조건〉에 맞춰 5월 1일부터 5월 6일까지 하루에 한 편씩 보려고 한다. 다음 중 항상 옳은 것은?

> ─────〈조건〉─────
> • F영화는 3일과 4일 중 하루만 상영된다.
> • D영화는 C영화가 상영된 날 이틀 후에 상영된다.
> • B영화는 C, D영화보다 먼저 상영된다.
> • 첫째 날 B영화를 본다면, 5일에 반드시 A영화를 본다.

① A영화는 C영화보다 먼저 상영될 수 없다.
② C영화는 E영화보다 먼저 상영된다.
③ D영화는 5일이나 폐막작으로 상영될 수 없다.
④ B영화는 1일 또는 2일에 상영된다.
⑤ E영화는 개막작이나 폐막작으로 상영된다.

36 다음은 지역별·용도지역별 지가변동률에 대한 자료이다. 이에 대한 설명으로 옳은 것은?(단, 소수점 둘째 자리에서 반올림한다)

〈2023년 10월 전년 동월 대비 지역별·용도지역별 지가변동률〉

(단위 : %)

지역별 ＼ 용도지역별	평균	주거지역	상업지역	공업지역	보전관리지역	농림지역
전국	3.14	3.53	3.01	1.88	2.06	2.39
서울특별시	3.88	3.95	3.34	5.3	–	–
부산광역시	3.79	4.38	5.28	-0.18	–	–
대구광역시	3.87	5.00	3.65	-0.97	–	1.4
인천광역시	3.39	3.64	3.37	3.35	2.78	2.82
광주광역시	4.29	4.59	3.00	1.60	1.92	6.45
대전광역시	2.38	2.84	1.68	1.09	1.28	–
울산광역시	1.01	1.46	1.16	-0.22	2.42	1.08
세종특별자치시	4.55	3.83	3.39	4.44	6.26	2.44
경기도	3.23	3.47	2.38	2.36	2.1	3.04
강원도	2.54	2.97	2.13	1.84	1.23	2.49
충청북도	2.08	1.64	1.64	2.06	1.53	1.80
충청남도	1.34	1.88	1.06	0.64	0.87	1.38
전라북도	2.23	2.21	1.83	-0.42	2.88	2.75
전라남도	3.61	4.02	3.14	3.12	3.52	3.57
경상북도	2.06	2.15	1.73	0.21	2.05	2.24
경상남도	0.80	0.22	0.67	-1.61	1.77	1.45
제주특별자치도	2.21	1.67	1.67	0.09	1.61	–

① 전년 동월 대비 공업지역 지가가 감소한 지역의 농림지역 지가는 전년 동월 대비 증가하였다.
② 전라북도의 상업지역 지가변동률은 충청북도의 주거지역 지가변동률보다 1.3배 이상이다.
③ 대구광역시의 공업지역 지가변동률과 경상남도의 보전관리지역 지가변동률의 차이는 1.59%p이다.
④ 전국 평균 지가변동률보다 평균 지가변동률이 높은 지역은 주거지역 지가변동률도 전국 평균보다 높다.
⑤ 보전관리지역 지가변동률 대비 농림지역 지가변동률의 비율은 경기도보다 강원도가 높다.

37 다음은 청년을 대상으로 가장 선호하는 직장에 대해 조사한 통계 자료이다. 이에 대한 내용으로 옳지 않은 것은?

<15 ~ 24세가 가장 선호하는 직장>

(단위 : %)

구분		국가기관	공기업	대기업	벤처기업	외국계기업	전문직기업	중소기업	해외취업	자영업	기타
성별	남성	32.2	11.1	19.5	5	2.8	11.9	2.9	1.8	11.9	0.9
	여성	34.7	10.9	14.8	1.8	4.5	18.5	2	3.7	7.9	1.2
연령	청소년(15 ~ 18세)	35.9	8.1	18.4	4.1	3.1	17.2	2.2	2.7	7.1	1.2
	청소년(19 ~ 24세)	31.7	13.2	16	2.7	4.2	14	2.6	2.8	11.9	0.9
학력	중학교 재학	35.3	10.3	17.6	3.5	3.9	16.5	2	3.1	6.7	1.1
	고등학교 재학	35.9	7.8	18.5	4.3	3	17.5	2.1	2.8	6.8	1.3
	대학교 재학	34.3	14.4	15.9	2.3	5.4	14.6	1.9	3.8	6.5	0.9
	기타	30.4	12.1	16.1	3	3.3	13.5	3.1	2.3	15.3	0.9
가구소득	100만 원 미만	31.9	9.5	18.5	3.9	2.8	15	3	2.5	11.3	1.6
	100 ~ 200만 원 미만	32.6	10.4	19.1	3.5	3.1	14.2	2.6	2.2	11.4	0.9
	200 ~ 300만 원 미만	34.7	11.2	15.9	3.1	3.1	16.1	2.5	2.5	9.8	1.1
	300 ~ 400만 원 미만	36.5	12	15.3	3.6	4	14.5	2.1	3	8.2	0.8
	400 ~ 600만 원 미만	31.9	12	17	2.4	6.4	16.5	1.9	4.6	6.5	0.8
	600만 원 이상	29.1	11.1	15.5	2.8	6.1	18	1.7	3.5	10.5	1.7

① 가구소득이 많을수록 중소기업을 선호하는 비율은 줄어들고 있다.

② 연령을 기준으로 3번째로 선호하는 직장은 15 ~ 18세의 경우와 19 ~ 24세의 경우가 같다.

③ 국가기관은 모든 기준에서 가장 선호하는 직장임을 알 수 있다.

④ 남성과 여성 모두 국가기관에 대한 선호 비율은 공기업에 대한 선호 비율의 3배 이상이다.

⑤ 학력별 공기업을 선호하는 비중이 가장 높은 학력은 대학교 재학이다.

※ G공사의 시설관리부는 각 지부의 전산시스템을 교체하고자 한다. 전산시스템을 교체할 지부에 대한 정보는 다음과 같다. 이를 참고하여 이어지는 질문에 답하시오. [38~39]

〈전산시스템 교체 정보〉

- 각 지부의 전산시스템을 교체하는 데 다음과 같은 소요기간이 필요하며, 매년 필요한 예산은 다음과 같다.
- 각 연도의 예산 범위 내에서 동시에 여러 지부의 전산시스템 교체를 진행할 수 있으나, 예산 범위를 초과하여서는 진행할 수 없다.
- 각 지부의 교체 작업은 각 소요기간 동안 중단 없이 진행된다.
- 교체작업은 6년 내에 모두 완료되어야 한다.

〈지부별 교체 정보〉

지부	소요기간	1년 필요 예산
수도권	4년	26억 원
전남권	2년	10억 원
충북권	1년	5억 원
경남권	3년	17억 원
경북권	2년	9억 원

38 G공사에서 연차별로 사용 가능한 예산이 다음과 같을 때, 〈보기〉에서 옳은 것을 모두 고르면?

〈연차별 사용가능 예산〉

구분	1년 차	2년 차	3년 차	4년 차	5년 차	6년 차
예산(억 원)	32	40	38	44	28	26

─────〈보기〉─────

ㄱ. 6년 내 모든 지부의 전산시스템 교체를 위해서 수도권 지부는 1년 차에 시작하여야 한다.
ㄴ. 전남권과 수도권의 교체 작업은 동시에 진행하여야 한다.
ㄷ. 충북권의 교체 작업을 6년 차에 시작하더라도 6년 내에 모든 지부의 전산시스템 교체를 완료할 수 있다.
ㄹ. 충북권과 경남권의 교체 작업은 동시에 진행된다.

① ㄱ, ㄴ
② ㄱ, ㄷ
③ ㄴ, ㄷ
④ ㄴ, ㄹ
⑤ ㄷ, ㄹ

39 연차별로 사용 가능한 예산이 다음과 같이 변경되었다고 할 때, 충북권의 전산시스템 교체가 시행될 연차는 언제인가?

〈연차별 사용가능 예산〉						
구분	1년 차	2년 차	3년 차	4년 차	5년 차	6년 차
예산(억 원)	28	26	50	39	36	30

① 2년 차
② 3년 차
③ 4년 차
④ 5년 차
⑤ 6년 차

40 다음 글에 대한 평가로 가장 적절한 것은?

김과장은 아들 철수가 최근 출시된 '디아별로' 게임에 몰두한 나머지 학업을 소홀히 하고 있다는 것을 알았다. 그러던 중 컴퓨터 게임과 학업 성적에 대한 다음과 같은 연구 결과를 접하게 되었다. 그 연구 결과에 의하면, 하루 1시간 이내로 게임을 하는 아이들은 1시간 이상 게임을 하는 아이들보다 성적이 높았고 상위권에 속했으나, 하루 1시간 이상 게임을 하는 아이들의 경우 게임을 더 오래 하는 아이들이 성적이 더 낮은 것으로 나타났다. 연구보고서는 아이들이 게임을 하는 시간을 부모가 1시간 이내로 통제한다면, 아이들의 학교 성적이 상위권에서 유지될 것이라고 결론을 내리고 있다.

① 게임을 하는 시간보다 책 읽는 시간이 더 많은 아이들이 그렇지 않은 아이들보다 성적이 더 높았다면, 이는 윗글의 결론을 강화한다.
② 하루 1시간 이상 3시간 이내 게임을 하던 아이들의 게임 시간을 줄였으나 성적이 오르지 않았다면, 이는 윗글의 결론을 강화한다.
③ 하루에 게임을 하는 시간을 1시간 이내로 줄인 아이들이 여분의 시간을 책 읽는 데 썼다면, 이는 윗글의 결론을 약화한다.
④ 평균 이하의 성적을 보이는 아이들이 대부분 하루에 3시간 이상씩 게임을 하였다면, 이는 윗글의 결론을 약화한다.
⑤ 아이들의 게임 시간을 하루 1시간 이상으로 늘려도 성적에 변화가 없었다면, 이는 윗글의 결론을 약화한다.

〈상황〉

IT기업 박부장은 AI와 관련하여 신제품 개발을 착수하려고 한다. 현재 박부장은 예산 범위 내에서 수행해야 하는 활동과 예상되는 예산을 정리하는 것을 어느 정도 마친 상태이며, 예산을 정하는 데 있어 직접비용을 높게 측정하고 싶어 다른 팀원들의 생각을 들어보려 한다.

41 다음 중 예산관리 절차를 고려할 때, 박부장이 다음으로 진행할 단계로 옳은 것은?

① 필요한 과업 규명   ② 예산 배정
③ 예산 사용   ④ 우선순위 결정
⑤ 예산 전용

42 다음 중 박부장이 우선순위로 두지 않을 비용은?

① 사무비품비   ② 시설비
③ 인건비   ④ 재료비
⑤ 잡비

43 다음 그림과 같이 각 층에 1인 1실의 방이 4개 있는 3층 호텔에 A ~ I 총 9명이 투숙해 있다. 주어진 〈조건〉을 토대로 할 때, 반드시 옳은 것은?

	301	302	303	304	
좌	201	202	203	204	우
	101	102	103	104	

─〈조건〉─

(가) 각 층에는 3명씩만 투숙한다.

(나) A의 바로 위에는 C가 투숙해 있으며, A의 바로 오른쪽 방에는 아무도 투숙해 있지 않다.

(다) B의 바로 위의 방에는 아무도 투숙해 있지 않다.

(라) C의 바로 왼쪽에 있는 방에는 아무도 투숙해 있지 않으며, C는 D와 같은 층 바로 옆에 인접해 있다.

(마) D는 E의 바로 아래의 방에 투숙해 있다.

(바) E, F, G는 같은 층에 투숙해 있다.

(사) G의 옆방에는 아무도 투숙해 있지 않다.

(아) I는 H보다 위층에 투숙해 있다.

① A는 104, 204, 304호 중 한 곳에 투숙해 있다.

② C는 1층에 투숙해 있다.

③ F는 3층에 투숙해 있을 것이다.

④ H는 1층, 바로 위의 방에는 E, 그 위의 방에는 D가 있다.

⑤ I는 3층에 투숙해 있다.

44 다음은 서울과 경기 지역의 기상실황표이다. 이에 대한 설명으로 옳지 않은 것은?

〈기상실황표〉

구분	시정(km)	현재 기온(℃)	이슬점 온도(℃)	불쾌지수	습도(%)	풍속(m/s)
서울	6.9	23.4	14.6	70	58	1.8
백령도	0.4	16.1	15.2	61	95	4.4
인천	10	21.3	15.3	68	69	3.8
수원	7.7	23.8	16.8	72	65	1.8
동두천	10.1	23.6	14.5	71	57	1.5
파주	20	20.9	14.7	68	68	1.5
강화	4.2	20.7	14.8	67	67	1.7
양평	6.6	22.7	14.5	70	60	1.4
이천	8.4	23.7	13.8	70	54	1.4

① 시정이 가장 좋은 곳은 파주이다.

② 이슬점 온도가 가장 높은 지역은 불쾌지수 또한 가장 높다.

③ 불쾌지수가 70을 초과한 지역은 2곳이다.

④ 현재 기온이 가장 높은 지역은 이슬점 온도와 습도 또한 가장 높다.

⑤ 시정이 가장 좋지 않은 지역은 풍속이 가장 강하다.

45 A은행 B지점에서는 11월 넷째 주(11월 20일 ～ 11월 24일) 중에 2회에 걸쳐 전 직원을 대상으로 '고객 개인정보 유출 방지'에 대한 교육을 지역 문화회관에서 진행하려고 한다. 자료를 토대로 B지점이 교육을 진행할 수 있는 요일과 시간대를 모두 고르면?(단, 교육은 1회당 3시간씩 진행된다)

〈문화회관 이용 가능 요일〉

구분	월요일	화요일	수요일	목요일	금요일
9시 ～ 12시	○	×	○	×	○
12시 ～ 13시	점심시간(운영 안 함)				
13시 ～ 17시	×	○	○	×	×

〈주간 주요 일정표〉

일정	내용
11월 20일 월요일	08:30 ～ 09:30 주간조회 및 부서별 회의 14:00 ～ 15:00 팀별 전략 회의
11월 21일 화요일	09:00 ～ 10:00 경쟁력 강화 회의
11월 22일 수요일	11:00 ～ 13:00 부서 점심 회식 17:00 ～ 18:00 팀 회식
11월 23일 목요일	15:00 ～ 16:00 경력사원 면접
11월 24일 금요일	특이사항 없음

※ 주요 일정이 있는 시간 이외에 문화회관 이용 시간과 일정 시간이 겹치지 않는다면 언제든지 교육을 받을 수 있음

① 월요일 오전, 수요일 오후, 금요일 오전
② 화요일 오전, 수요일 오후, 목요일 오전
③ 화요일 오후, 수요일 오전, 금요일 오전
④ 화요일 오후, 수요일 오후, 금요일 오전
⑤ 수요일 오전, 수요일 오후, 금요일 오전

46 다음 글을 토대로 바르게 추론한 것을 〈보기〉에서 모두 고르면?

6명의 선수 A ~ F가 참가하는 어떤 게임은 다음 조건을 만족한다고 한다. 이 게임에서 선수 X가 선수 Y에게 우세하면 선수 Y는 선수 X에게 열세인 것으로 본다.
- A, B, C 각각은 D, E, F 중 정확히 2명에게만 우세하다.
- D, E, F 각각은 A, B, C 중 정확히 2명에게만 열세이다.
- A는 D와 E에게 우세하다.

〈보기〉

ㄱ. C는 E에게 우세하다.
ㄴ. F는 B와 C에게 열세이다.
ㄷ. B가 E에게 우세하면 C는 D에게 우세하다.

① ㄱ   ② ㄴ
③ ㄷ   ④ ㄱ, ㄷ
⑤ ㄴ, ㄷ

47 다음은 공연예술의 연도별 행사 추이에 대한 자료이다. 이에 대한 설명으로 옳은 것은?

〈공연예술의 연도별 행사 추이〉

(단위 : 건)

구분	2014년	2015년	2016년	2017년	2018년	2019년	2020년	2021년	2022년
양악	2,658	2,658	2,696	3,047	3,193	3,832	3,934	4,168	4,628
국악	617	1,079	1,002	1,146	1,380	1,440	1,884	1,801	2,192
무용	660	626	778	1,080	1,492	1,323	미집계	1,480	1,521
연극	610	482	593	717	1,406	1,113	1,300	1,929	1,794

① 2014 ~ 2022년 동안 매년 국악 공연건수가 연극 공연건수보다 더 많다.
② 2014 ~ 2022년 동안 매년 양악 공연건수가 국악, 무용, 연극 공연건수의 합보다 더 많다.
③ 2014년에 비해 2022년 공연건수의 증가율이 가장 높은 장르는 국악이다.
④ 연극 공연건수가 무용 공연건수보다 많아진 것은 2021년부터이다.
⑤ 2021년에 비해 2022년에 공연건수가 가장 많이 증가한 장르는 국악이다.

48 한 수입상이 외국 회사와 거래를 하고 있다. 5월분 상품 수입에 대한 대금 $50,000을 결제하려고 할 때 환율은 결제일 당일의 환율이 적용되고, 운송요금도 결제일의 요금으로 부과된다면 가장 비용이 적게 드는 날은 언제인가?

날짜	환율(1$당 원)	운송요금(원)
5월 1일	1,150	3,500,000
5월 2일	1,153	3,500,000
5월 3일	1,156	3,500,000
5월 4일	1,170	2,500,000
5월 5일	1,180	2,500,000
5월 6일	1,194	2,500,000
5월 7일	1,130	3,500,000
5월 8일	1,125	4,000,000
5월 9일	1,160	2,500,000
5월 10일	1,200	2,000,000
5월 11일	1,220	1,500,000
5월 12일	1,200	2,000,000
5월 13일	1,180	2,000,000
5월 14일	1,170	2,000,000
5월 15일	1,165	2,500,000
5월 16일	1,145	3,000,000

① 5월 1일
② 5월 7일
③ 5월 8일
④ 5월 14일
⑤ 5월 16일

49 다음 글에 대한 내용으로 가장 적절한 것은?

> 헌법은 국민의 기본권을 보장하고 국가의 통치조직과 통치 작용의 원리를 정하는 최고법이다. '헌법'이라는 용어는 영어의 'Constitution', 'Constitutional Law'를 번역한 것이다. 근대 초기에 우리나라와 중국은 이 단어를 국제(國制), 헌장(憲章), 국헌(國憲) 등으로 다양하게 번역하였는데, 오늘날에는 공동체의 최고법규범을 지칭하는 용어로 사용하고 있다. 그런데 엄격히 보면 Constitution은 일정한 구성체(공동체)를 의미하고, Constitutional Law는 그 구성체를 규율하는 최고의 법규범을 일컫는다. 따라서 헌법학에서 헌법이라는 용어는 문맥에 따라 이 둘 가운데 어느 하나를 지칭하기도 하고, 둘을 같이 지칭하기도 한다.
> 역사적으로 헌법이라는 단어의 어원은 중국 전국시대 문헌인 『국어』 진어편(篇)의 '상선벌간 국지헌법야(賞善罰姦 國之憲法也)'라는 문장에서 찾아볼 수 있다. 또한 『후한서』, 『서경』, 『예기』 등 중국의 옛 문헌에도 헌법이라는 단어가 나타나는데, 여기에서 헌법은 모든 종류의 법을 통틀어 지칭하는 법의 통칭어이다. 우리나라에서는 법령을 통칭하는 '국제(國制)'라는 용어가 조선시대에 편찬된 『고려사』에 보이고, 헌법이라는 말은 1884년 1월 30일 한성순보에 실린 '구미입헌정체(歐美立憲政體)'라는 글에서 오늘날 의미로 사용되었다. 헌법이라는 단어가 실정법에서 처음 사용된 것은 1919년 9월 11일 공포된 「대한민국임시헌법」이다.
> 한편 헌법은 시대 흐름에 따라 고유한 의미의 헌법, 근대 입헌주의 헌법 등으로 나눌 수 있다. 고유한 의미의 헌법은 국가의 최고기관을 조직·구성하고, 이들 기관의 권한행사 방법, 국가기관의 상호 관계 및 활동 범위를 정한 기본법이다. 이러한 의미의 헌법은 국가가 존재하는 한 어떠한 형태로든 존재한다. 근대 입헌주의 헌법이란 개인의 자유와 권리를 보장하고, 권력분립에 의하여 국가권력의 남용을 억제하는 것을 내용으로 하는 헌법을 말한다.

① 개인의 자유를 보장하지 않은 헌법도 근대 입헌주의 헌법이라 할 수 있다.
② 고려사에 기록된 국제(國制)라는 용어는 오늘날 통용되는 헌법의 의미로 사용되었다.
③ 헌법학에서 사용하는 헌법이라는 용어는 최고의 법규범이 아닌 일정한 구성체를 지칭하기도 한다.
④ 근대 입헌주의 헌법과 비교할 때, 고유한 의미의 헌법은 국가권력의 조직·구성보다는 국가권력의 제한에 그 초점을 둔다고 할 수 있다.
⑤ 중국에서 헌법이라는 용어는 처음에는 최고법규범을 의미했지만, 현재는 다양한 종류의 법이 혼합된 형태를 의미하는 용어로 사용된다.

50 다음 그래프에 대한 설명으로 옳은 것은?

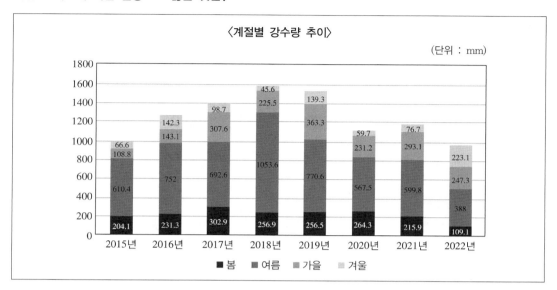

① 2015 ~ 2022년 가을철 평균 강수량은 210mm 미만이다.
② 우리나라 여름철 강수량은 그 해 강수량의 50% 이상을 차지한다.
③ 강수량이 제일 낮은 해에 우리나라는 가뭄이었다.
④ 전년 대비 강수량의 변화가 가장 큰 때는 2020년이다.
⑤ 여름철 강수량이 두 번째로 높았던 해의 가을·겨울철 강수량의 합은 봄철 강수량의 2배이다.

51 다음 자료를 근거로 판단할 때, 아동방과후교육 사업에서 허용되는 사업비 지출품목을 모두 고르면?

K부서는 아동방과후교육 사업을 운영하고 있다. 원칙적으로 사업비는 사용목적이 사업 운영인 경우에만 지출할 수 있다. 다만, 다음 중 어느 하나에 해당하면 예외적으로 허용된다. 첫째, 품목당 단가가 10만 원 이하로 사용목적이 서비스 제공인 경우에 지출할 수 있다. 둘째, 사용연한이 1년 이내인 경우에 지출할 수 있다.

〈필요 물품 목록〉

품목	단가	사용목적	사용연한
인형탈	120,000원	사업 운영	2년
프로그램 대여	300,000원	보고서 작성	6개월
의자	110,000원	서비스 제공	5년
컴퓨터	950,000원	서비스 제공	3년
클리어파일	500원	상담일지 보관	2년
블라인드	99,000원	서비스 제공	5년

① 프로그램 대여, 의자
② 컴퓨터, 클리어파일
③ 클리어파일, 블라인드
④ 인형탈, 블라인드, 프로그램 대여
⑤ 인형탈, 의자, 컴퓨터

52 각 지역 대표 8명이 〈조건〉에 따라 원탁에 앉아 회의를 진행하려고 한다. 다음 중 경인 지역 대표의 맞은편에 앉은 사람을 바르게 추론한 것은?

〈조건〉
- 서울, 부산, 대구, 광주, 대전, 경인, 춘천, 속초 대표가 참여하였다.
- 서울 대표는 12시 방향에 앉아 있다.
- 서울 대표의 오른쪽 두 번째 자리에는 대전 대표가 앉아 있다.
- 부산 대표는 경인 대표의 왼쪽에 앉는다.
- 광주 대표의 양 옆자리는 대전 대표와 부산 대표이다.
- 광주 대표와 대구 대표는 마주 보고 있다.
- 속초 대표의 양 옆자리는 서울 대표와 대전 대표이다.

① 대전 대표
② 부산 대표
③ 대구 대표
④ 서울 대표
⑤ 속초 대표

53 다음은 하진이의 10월 모바일 쇼핑 구매내역이다. 이에 대한 설명으로 옳은 것은?

<10월 모바일 쇼핑 구매내역>

(단위 : 원, 포인트)

상품	주문금액	할인금액		결제금액	
요가용품세트	45,400	즉시할인 쿠폰할인	4,540 4,860	(신용카드)＋(포인트)	32,700＋3,300 ＝36,000
가을스웨터	57,200	즉시할인 쿠폰할인	600 7,970	(신용카드)＋(포인트)	48,370＋260 ＝48,630
샴푸	38,800	즉시할인 쿠폰할인	0 ( )	(신용카드)＋(포인트)	34,300＋1,500 ＝35,800
보온병	9,200	즉시할인 쿠폰할인	1,840 0	(신용카드)＋(포인트)	7,290＋70 ＝7,360
전체	150,600	－	22,810	－	127,790

※ [결제금액(원)]＝(주문금액)－(할인금액)

※ [할인율(%)]＝$\dfrac{(할인금액)}{(주문금액)}\times100$

※ 1포인트는 결제금액 1원에 해당함

① 전체 할인율은 15% 미만이다.

② 할인율이 가장 높은 상품은 보온병이다.

③ 주문금액 대비 신용카드 결제금액 비율이 가장 낮은 상품은 요가용품세트이다.

④ 10월 전체 주문금액의 3%가 11월 포인트로 적립된다면, 10월 구매로 적립된 11월 포인트는 10월 동안 사용한 포인트보다 많다.

⑤ 결제금액 중 포인트로 결제한 금액이 차지하는 비율이 두 번째로 낮은 상품은 가을스웨터이다.

T기업은 신입사원들의 퇴사율이 높아지고 있는 상황을 해결하기 위해 사원들을 중심으로 설문 조사를 실시하였다. 그중 제일 높은 비중을 차지한 것은 바로 커뮤니케이션의 문제였다. 이에 따라 T기업의 대표는 업무에 대한 이해도가 낮은 신입사원들에게 적절한 설명과 피드백 없이 업무를 진행시킨 것이 가장 큰 문제라고 생각했다. 이러한 문제를 해결하기 위해서 대표는 전 직원을 대상으로 효과적인 커뮤니케이션을 위한 교육을 실시하기로 결정하였다. 다음은 회사 내에서 직원들의 의견을 수렴하여 만든 효과적인 커뮤니케이션을 위한 5가지 교육 방안이다. 특히 T기업의 대표는 적절한 커뮤니케이션 수단에 대한 내용을 강조하고 있다.

1) 명확한 목표설정
  • 메시지를 전달하고 받는 내용에 대해 명확한 목표설정이 필요하다.
  • 필요하면 정확한 이해를 돕는 시각적 보조 자료를 활용한다.
2) 적절한 커뮤니케이션 수단
  • 상대방이 이해하기 쉬운 전달 방법을 선택한다.
  • 언어적, 비언어적인 방법을 적절히 활용한다.
  • 간접화법보단 직접적으로 의사를 표현하도록 한다.
3) 적절한 피드백
  • 메시지 전달이 원활하게 이루어지고 있는지 확인한다.
  • 비언어적인 수단을 통해 전해지는 메시지를 확인한다.
4) 공감과 신뢰감 형성
  • 외형적 의미뿐 아니라 내면적 의미를 이해하고 공감한다.
  • 상대방의 말과 행동을 파악하고 같이 조절한다.
5) 부드럽고 명확한 전달
  • 안정적인 목소리를 유지한다.
  • 자신감을 가지고 말끝이 흐려지지 않게 끝까지 분명하게 말한다.
  • 정보 전달 시 숫자 활용, 자료 제공 등 구체적이고 명확하게 전달한다.
  • 발음을 분명하게 한다.

54 다음 중 교육받은 내용을 고려한 대화로 보기 어려운 것은?

① 김대리 : 저는 다른 의견보다 첫 번째 의견에 적극적으로 동의합니다.

② 이팀장 : 가능하면 시각적 보조 자료를 활용해서 근거를 제시해 주면 좋겠네.

③ 김대리 : 물론이죠. 근데 아까 하신 말씀 중에 어려운 부분이 있는데 여쭤볼 수 있을까요?

④ 최팀장 : 그것도 못 알아들으면 어떻게 일을 하는가? 알아서 공부해 오게!

⑤ 이팀장 : 물어보고 싶은 부분이 어떤 건지 얘기해 보게.

55 다음 중 T기업의 대표가 강조하고 있는 적절한 커뮤니케이션 수단에 대한 설명으로 옳지 않은 것은?

① 안정적인 목소리를 유지하고 발음을 분명히 해야 전달이 명확하게 된다.

② 비언어적인 수단을 사용하지 않아도 전해지기 때문에 언어적인 수단만을 사용한다.

③ 통계나 그림 같은 시각적 보조 자료를 이용하여 전략적으로 소통한다.

④ 상대방이 취하는 행동을 유심히 관찰하여 공감을 한다.

⑤ 간접화법보다는 직접적으로 의사를 표현하도록 한다.

56 서울에 사는 A ~ E 다섯 사람의 고향은 각각 대전, 대구, 부산, 광주, 춘천 중 한 곳이다. 설날을 맞아 열차 1, 2, 3을 타고 고향에 내려가고자 할 때, 〈조건〉을 바탕으로 다음 중 옳지 않은 것은?

┌─────────────〈조건〉─────────────┐
- 열차 2는 대전, 춘천을 경유하여 부산까지 가는 열차이다.
- A의 고향은 부산이다.
- E는 어떤 열차를 타도 고향에 갈 수 있다.
- 열차 1에는 D를 포함한 세 사람이 탄다.
- C와 D가 함께 탈 수 있는 열차는 없다.
- B가 탈 수 있는 열차는 열차 2뿐이다.
- 열차 2와 열차 3이 지나는 지역은 대전을 제외하고 중복되지 않는다.
└─────────────────────────────┘

① B의 고향은 춘천이다.

② 열차 1은 대전, 대구, 부산만을 경유한다.

③ 열차 1을 이용하는 사람은 A, D, E이다.

④ E의 고향은 대전이다.

⑤ 열차 3은 두 개 지역을 이동한다.

※ A ~ G 7명은 제주도로 겨울 여행을 갔다. 숙박을 위해 게스트하우스에 묵기로 하였는데, 1층에 방 3개, 2층에 방 2개를 빌렸다. 다음 〈조건〉을 바탕으로 이어지는 질문에 답하시오. [57~58]

───〈조건〉───

- 1인용 방은 꼭 혼자 사용해야 하고, 2인용 방은 혼자 또는 두 명이 사용할 수 있다.
- 1인용 방은 각 층에 하나씩 있으며, D와 F가 사용한다.
- A와 F는 2층을 사용한다.
- B와 G는 같은 방을 사용한다.
- C와 E는 다른 층에 있다.

57 다음 중 A와 방을 함께 쓸 수 있는 사람은?

① C 또는 E　　　　　　　② D 또는 F
③ E 또는 G　　　　　　　④ B 또는 G
⑤ C 또는 F

58 1층은 몇 명이 사용하는가?

① 1명　　　　　　　② 2명
③ 3명　　　　　　　④ 4명
⑤ 5명

59 다음 자료를 바탕으로 바르게 추론한 것을 〈보기〉에서 모두 고르면?

(가) ~ (마)팀이 현재 수행하고 있는 과제의 수는 다음과 같다.
- (가)팀 : 0
- (나)팀 : 1
- (다)팀 : 2
- (라)팀 : 2
- (마)팀 : 3

이 과제에 추가하여 8개의 새로운 과제 a, b, c, d, e, f, g, h를 다음 지침에 따라 (가) ~ (마)팀에 배정한다.

〈지침〉

• 어느 팀이든 새로운 과제를 적어도 하나는 맡아야 한다.
• 기존에 수행하던 과제를 포함해서 한 팀이 맡을 수 있는 과제는 최대 4개이다.
• 기존에 수행하던 과제를 포함해서 4개 과제를 맡는 팀은 둘이다.
• a, b는 한 팀이 맡아야 한다.
• c, d, e는 한 팀이 맡아야 한다.

───── 〈보기〉 ─────

ㄱ. a를 (나)팀이 맡을 수 없다.
ㄴ. f를 (가)팀이 맡을 수 있다.
ㄷ. 기존에 수행하던 과제를 포함해서 2개 과제를 맡는 팀이 반드시 있다.

① ㄱ
② ㄴ
③ ㄱ, ㄷ
④ ㄴ, ㄷ
⑤ ㄱ, ㄴ, ㄷ

60 다음 글의 연구결과에 대한 평가로 적절한 것을 〈보기〉에서 모두 고르면?

콩 속에는 식물성 단백질과 불포화 지방산 등 건강에 이로운 물질들이 풍부하다. 약콩, 서리태 등으로 불리는 검은 콩 껍질에는 황색 콩 껍질에서 발견되지 않는 특수한 항암물질이 들어 있다. 검은 콩은 항암 효과는 물론 항산화 작용 및 신장 기능과 시력 강화에도 좋은 것으로 알려져 있다. A ~ C팀은 콩의 효능을 다음과 같이 연구했다.

〈연구결과〉

• A팀 연구진 : 콩 속 제니스틴의 성인병 예방 효능을 실험을 통해 세계 최초로 입증했다. 또한 제니스틴은 발암 물질에 노출된 비정상 세포가 악성 종양 세포로 진행되지 않도록 억제하는 효능을 갖고 있다는 사실을 흰쥐 실험을 통해 밝혔다. 암이 발생하는 과정은 세포 내의 유전자가 손상되는 개시 단계와 손상된 세포의 분열이 빨라지는 촉진 단계로 나뉘는데 제니스틴은 촉진 단계에서 억제효과가 있다는 것이다.
• B팀 연구진 : 200명의 여성을 조사해 본 결과, 매일 흰 콩 식품을 섭취한 사람은 한 달에 세 번 이하로 섭취한 사람에 비해 폐암에 걸릴 위험이 절반으로 줄었다.
• C팀 연구진 : 식이요법으로 원형탈모증을 완치할 수 있을 것으로 보고 원형탈모증을 가지고 있는 쥐에게 콩기름에서 추출된 화합물을 투여해 효과를 관찰하는 실험을 했다. 실험 결과 콩기름에서 추출된 화합물을 각각 0.1ml, 0.5ml, 2.0ml씩 투여한 쥐에서 원형탈모증 완치율은 각각 18%, 39%, 86%를 기록했다.

───〈보기〉───

ㄱ. A팀의 연구결과는 콩이 암의 발생을 억제하는 효과가 있다는 것을 뒷받침한다.
ㄴ. C팀의 연구결과는 콩기름 함유가 높은 음식을 섭취할수록 원형탈모증 발생률이 높게 나타난다는 것을 뒷받침한다.
ㄷ. 세 팀의 연구결과는 검은 콩이 성인병, 폐암의 예방과 원형탈모증 치료에 효과가 있다는 것을 뒷받침한다.

① ㄱ
② ㄴ
③ ㄱ, ㄷ
④ ㄴ, ㄷ
⑤ ㄱ, ㄴ, ㄷ

61 다음 중 A ~ D음료의 8개 항목에 대한 소비자평가 결과에 대한 설명으로 옳은 것은?

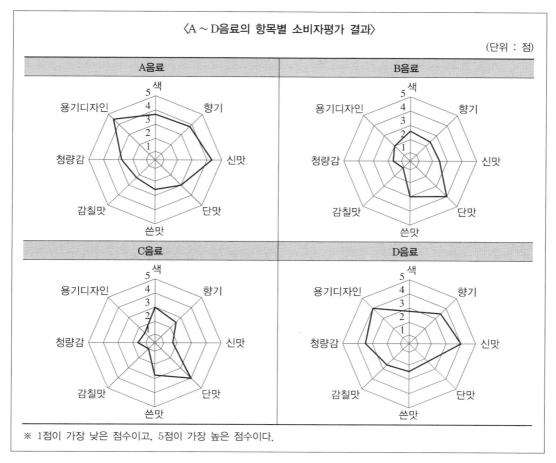

① C음료는 8개 항목 중 쓴맛의 점수가 가장 높다.

② 용기디자인의 점수는 A음료가 가장 높고, C음료가 가장 낮다.

③ A음료는 B음료보다 7개 항목에서 각각 높은 점수를 받았다.

④ 소비자평가 결과의 항목별 점수의 합은 B음료가 D음료보다 크다.

⑤ A ~ D음료 간 색의 점수를 비교할 때 점수가 가장 높은 음료는 단맛의 점수를 비교할 때에도 점수가 가장 높다.

62 A사원의 추론이 참일 때, 빈칸에 들어갈 진술로 적절한 것을 〈보기〉에서 모두 고르면?

A사원은 인사과에서 인사고과를 담당하고 있다. 그는 올해 우수 직원을 선정하여 표창하기로 했으니 인사고과에서 우수한 평가를 받은 직원을 후보자로 추천하라는 과장의 지시를 받았다. 평가 항목은 대민봉사, 업무역량, 성실성, 청렴도이고 각 항목은 상(3점), 중(2점), 하(1점)로 평가한다. A사원이 추천한 표창 후보는 갑돌, 을순, 병만, 정애 네 명이며, 이들이 받은 평가는 다음과 같다.

구분	대민봉사	업무역량	성실성	청렴도
갑돌	상	상	상	하
을순	중	상	하	상
병만	하	상	상	중
정애	중	중	중	상

A사원은 네 명의 후보자에 대한 평가표를 과장에게 제출하였다. 과장은 "평가 점수 총합이 높은 순으로 선발한다. 단, 동점자 사이에서는 _____"라고 하였다. A사원은 과장과의 면담 후 이들 중 세 명이 표창을 받게 된다고 추론하였다.

─────────〈보기〉─────────

ㄱ. 두 개 이상의 항목에서 상의 평가를 받은 후보자를 선발한다.
ㄴ. 청렴도에서 하의 평가를 받은 후보자를 제외한 나머지 후보자를 선발한다.
ㄷ. 하의 평가를 받은 항목이 있는 후보자를 제외한 나머지 후보자를 선발한다.

① ㄱ   ② ㄷ
③ ㄱ, ㄴ   ④ ㄴ, ㄷ
⑤ ㄱ, ㄷ

63 다음 글과 〈조건〉을 근거로 판단할 때, B구역 청소를 하는 요일은?

갑 레스토랑은 매주 1회 휴업일(수요일)을 제외하고 매일 영업한다. 갑 레스토랑의 청소시간은 영업일 저녁 9시부터 10시까지이다. 이 시간에 A구역, B구역, C구역 중 하나를 청소한다. 청소의 효율성을 위하여 청소를 한 구역은 바로 다음 영업일에는 하지 않는다. 각 구역은 매주 다음과 같이 청소한다.

─────────〈조건〉─────────

• A구역 청소는 일주일에 1번 한다.
• B구역 청소는 일주일에 2번 하되, B구역 청소를 한 후 영업일과 휴업일을 가리지 않고 이틀 간은 B구역 청소를 하지 않는다.
• C구역 청소는 일주일에 3번 하되, 그중 1번은 일요일에 한다.

① 월요일과 목요일   ② 월요일과 금요일
③ 월요일과 토요일   ④ 화요일과 금요일
⑤ 화요일과 토요일

64 다음 글이 비판의 대상으로 삼는 주장으로 가장 적절한 것은?

경제 문제는 대개 해결이 가능하다. 대부분의 경제 문제에는 몇 개의 해결책이 있다. 그러나 모든 해결책은 누군가가 상당한 손실을 반드시 감수해야 한다는 특징을 갖고 있다. 하지만 누구도 이 손실을 자발적으로 감수하고자 하지 않으며, 우리의 정치제도는 누구에게도 이 짐을 짊어지라고 강요할 수 없다. 우리의 정치적, 경제적 구조로는 실질적으로 제로섬(Zero-sum)적인 요소를 지니는 경제 문제에 전혀 대처할 수 없다. 대개의 경제적 해결책은 대규모의 제로섬적인 요소를 갖기 때문에 큰 손실을 수반한다. 모든 제로섬 게임에는 승자가 있다면 반드시 패자가 있으며, 패자가 존재해야만 승자가 존재할 수 있다. 경제적 이득이 경제적 손실을 초과할 수도 있지만, 손실의 주체에게 손실의 의미란 상당한 크기의 경제적 이득을 부정할 수 있을 만큼 매우 중요하다. 어떤 해결책으로 인해 평균적으로 사회는 더 잘살게 될 수도 있지만, 이 평균이 훨씬 더 잘살게 된 수많은 사람들과 훨씬 더 못살게 된 수많은 사람들을 감춘다. 만약 당신이 더 못살게 된 사람 중 하나라면 내 수입이 줄어든 것보다 다른 누군가의 수입이 더 많이 늘었다고 해서 위안을 얻지는 않을 것이다. 결국 우리는 우리 자신의 수입을 보호하기 위해 경제적 변화가 일어나는 것을 막거나 혹은 사회가 우리에게 손해를 입히는 공공정책이 강제로 시행되는 것을 막기 위해 싸울 것이다.

① 빈부격차를 해소하는 것만큼 중요한 정책은 없다.
② 사회의 총생산량이 많아지게 하는 정책이 좋은 정책이다.
③ 경제문제에서 모두가 만족하는 해결책은 존재하지 않는다.
④ 경제적 변화에 대응하는 정치제도의 기능에는 한계가 존재한다.
⑤ 경제정책의 효율성을 높이는 방법은 일관성을 유지하는 것이다.

65 다음 빈칸에 들어갈 말로 가장 적절한 것은?

A국 정부는 유전 관리 부서 업무에 적합한 전문가를 한 명 이상 임용하려고 한다. 그런데 지원자들 중 갑은 경쟁국인 B국에 여러 번 드나든 기록이 있다. 그래서 정보 당국은 갑의 신원을 조사했다. 조사 결과 갑이 부적격 판정을 받는다면, 그는 임용되지 못할 것이다. 한편, A국 정부는 임용 심사에서 지역과 성별을 고려한 기준도 적용한다. 동일 지역 출신은 두 사람 이상을 임용하지 않는다. 그리고 적어도 여성 한 명을 임용해야 한다. 이번 임용 시험에 응시한 여성은 갑과 을 둘밖에 없다. 또한, 지원자들 중에서 병과 을이 동일 지역 출신이므로, 만약 병이 임용된다면 을은 임용될 수 없다. 그런데 _____ 따라서 병은 임용되지 못할 것이다.

① 갑이 임용될 것이다.
② 을이 임용되지 못할 것이다.
③ 갑은 조사 결과 부적격 판정을 받을 것이다.
④ 병이 임용된다면, 갑도 임용될 것이다.
⑤ 갑이 조사 결과 적격 판정을 받는다면, 갑이 임용될 것이다.

66 다음은 변리사 A와 B의 특허출원 건수에 대한 자료이다. 2022년 변리사 B의 특허출원 건수는 2021년 변리사 B의 특허출원 건수의 몇 배인가?(단, 특허출원은 변리사 A 또는 B 단독으로만 이루어진다)

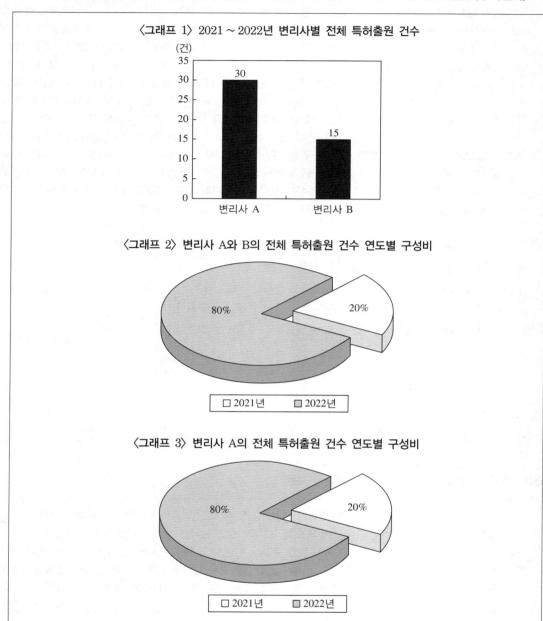

〈그래프 1〉 2021 ~ 2022년 변리사별 전체 특허출원 건수

〈그래프 2〉 변리사 A와 B의 전체 특허출원 건수 연도별 구성비

〈그래프 3〉 변리사 A의 전체 특허출원 건수 연도별 구성비

① 2배
② 3배
③ 4배
④ 5배
⑤ 6배

67 다음은 특정 기업 47개를 대상으로 제품전략, 기술개발 종류 및 기업형태별 기업 수에 대해 조사한 결과이다. 조사대상 기업에 대한 설명으로 옳은 것은?

〈제품전략, 기술개발 종류 및 기업형태별 기업 수〉

(단위 : 개)

제품전략	기술개발 종류	기업형태	
		벤처기업	대기업
시장견인	존속성 기술	3	9
	와해성 기술	7	8
기술추동	존속성 기술	5	7
	와해성 기술	5	3

※ 각 기업은 한 가지 제품전략을 취하고 한 가지 종류의 기술을 개발함

① 와해성 기술을 개발하는 기업 중에는 벤처기업의 비율이 대기업의 비율보다 낮다.
② 기술추동전략을 취하는 기업 중에는 존속성 기술을 개발하는 비율이 와해성 기술을 개발하는 비율보다 낮다.
③ 존속성 기술을 개발하는 기업의 비율이 와해성 기술을 개발하는 기업의 비율보다 높다.
④ 벤처기업 중에는 기술추동전략을 취하는 비율이 시장견인전략을 취하는 비율보다 높다.
⑤ 대기업 중에는 시장견인전략을 취하는 비율이 기술추동전략을 취하는 비율보다 낮다.

68 다음은 축산물 수입 추이를 나타낸 그래프이다. 이에 대한 설명으로 옳지 않은 것은?

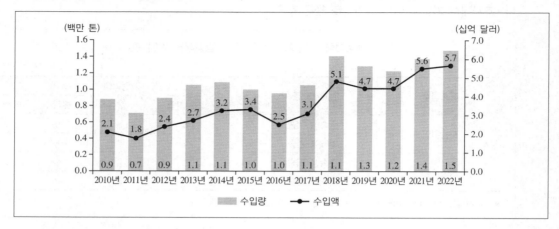

① 2022년 축산물 수입량은 2012년 대비 약 67% 증가하였다.
② 처음으로 2010년 축산물 수입액의 두 배 이상 수입한 해는 2018년이다.
③ 축산물 수입량과 수입액의 변화 추세는 동일하다.
④ 축산물 수입액의 전년 대비 증가율이 가장 높았던 해는 2018년이다.
⑤ 2012년부터 2015년까지 축산물 수입액은 전년 대비 증가했다.

69 다음 빈칸에 들어갈 내용으로 가장 적절한 것은?

국내 여가활동을 개인 활동, 사회성 여가활동, 동호회 활동으로 분류하여 유형별 참여율을 비교하였더니 전체 응답자 중 개인 활동 참여에 응답한 사람이 52.1%로 가장 높았고 사회성 여가활동인 자원봉사활동은 11.9%, 동호회 활동은 10.1%로 저조했다. 국내 여가자원을 여가시간과 비용 면에서 살펴보았을 때 2022년 15세 이상 국민들의 하루 평균 여가시간은 평일 3.3시간, 휴일 5.1시간으로 2020년 평일 4시간, 휴일 7시간보다 평일 여가시간이 0.7시간, 휴일 여가시간이 1.9시간 감소하였음을 확인할 수 있었고, 여가비용은 2022년 한 달 평균 12만 5천 원 정도로 2020년의 16만 8천 원보다 4만 3천 원 정도 감소한 것으로 나타났다. 이 자료는 여가자원이 충분하지 않고, 국내 여가생활 만족도를 파악하는 자료로 활용할 수 있다. 현재 국내에서 행해지고 있는 여가자원 정책을 살펴보면 주 40시간 근무제의 경우 여가만족도는 긍정적이지만 2020년부터 다소 낮아져 2022년에는 36.4%가 실시하고 있다고 응답하였다. 주5일 수업제는 실시 후 평균 46.5%가 만족하고 있다고 응답했다. 종합하면 활발한 여가활동을 저해하는 원인으로 여가자원과 여가활동 지원정책의 부족을 들 수 있다. 여가생활의 질을 높이기 위해 여가를 개인적인 문제로 볼 것이 아니라 _____ 체계적인 정책과 계획 수립을 이룩해야 할 것이다.

① 다양한 지원 방안을 고려하여
② 삶의 질 향상을 위한 수단으로
③ 공적인 정책 과제라는 태도로
④ 국민의 권익 보장 수단으로
⑤ 여가활동의 활성화 방안으로

70 다음 글의 주장에 대한 반박으로 가장 적절한 것은?

1880년 조지 풀맨은 미국 일리노이 주에 풀맨 마을을 건설했다. 이 마을은 그가 경영하는 풀맨 공장 노동자들을 위해 기획한 공동체이다. 이 마을의 소유자이자 경영자인 풀맨은 마을의 교회 수 및 주류 판매 여부 등을 결정했다. 1898년 일리노이 최고법원은 이런 방식의 마을 경영이 민주주의 정신과 제도에 맞지 않는다고 판결하고, 풀맨에게 공장 경영과 직접 관련되지 않은 정치적 권한을 포기할 것을 명령했다. 이 판결이 보여주는 것은 민주주의 사회에서 소유권을 인정하는 것이 자동적으로 정치적 권력에 대한 인정을 함축하지 않는다는 점이다. 즉 풀맨이 자신의 마을에서 모든 집과 가게를 소유하는 것은 적법하지만, 그가 노동자들의 삶을 통제하며 그 마을에서 민주적 자치의 방법을 배제했기 때문에 결과적으로 민주주의 정신을 위배했다는 것이다.

이 결정은 분명히 미국 민주주의 정신에 부합한다. 하지만 문제는 미국이 이와 비슷한 다른 사안에는 동일한 민주주의 정신을 적용하지 않았다는 것이다. 미국은 누군가의 소유물인 마을에서 노동자들이 민주적 결정을 하지 못하게 하는 소유자의 권력을 제지한 반면, 누군가의 소유물인 공장에서 노동자들이 민주적 의사결정을 도입하고자 하는 것에는 반대했다. 만약 미국의 민주주의 정신에 따라 마을에서 재산 소유권과 정치적 권력을 분리하라고 명령할 수 있다면, 공장 내에서도 재산 소유권과 정치적 권력은 분리되어야 한다고 명령할 수 있어야 한다. 공장 소유주의 명령이 공장 내에서 절대적 정치권력이 되어서는 안 된다는 것이다. 하지만 미국은 공장 내에서 소유주의 명령이 공장 운영에 대한 노동자의 민주적 결정을 압도하는 것을 묵인한다. 공장에서도 민주적 원리가 적용되어야만 미국의 민주주의가 일관성을 가진다.

① 미국의 경우 마을 운영과 달리 공장 운영에 관한 법적 판단은 주 법원이 아닌 연방 법원에서 다루어야 한다.
② 대부분의 미국 자본가들은 풀맨 마을과 같은 마을을 경영하지 않으므로 미국의 민주적 가치를 훼손하지 않는다.
③ 미국이 내세우는 민주적 가치는 모든 시민이 자신의 거주지 안에서 자유롭게 살 수 있는 권리를 가장 우선시한다.
④ 마을 운영이 정치적 문제에 속하는 것과 달리 공장 운영은 경제적 문제에 속하므로 전적으로 소유주의 권한에 속한다.
⑤ 공장에서 이루어지고 있는 소유와 경영의 분리는 공장뿐 아니라 마을 공동체 등 사회의 다른 영역에도 적용되어야 한다.

71 우리 헌법에 있어서 제도적 보장의 성질을 띠고 있다고 볼 수 없는 것은?

① 복수정당제도
② 재산권의 보장
③ 교육의 자주성과 전문성
④ 재판청구권
⑤ 근로자의 근로3권

72 다음 중 기본권에 대한 설명으로 옳지 않은 것은?

① 기본권의 주체에는 미성년자나 정신병자, 수형자 등도 포함된다.
② 성질상 법인이 누릴 수 없는 기본권이 있다.
③ 외국인에게는 자유권적 기본권의 대부분이 제한된다.
④ 외국인에게는 사회적 기본권은 원칙적으로 보장되지 않는다.
⑤ 외국인에게는 내국인과 같이 형사보상청구권이 인정된다.

73 다음 중 현행 헌법상의 신체의 자유에 대한 설명으로 옳은 것은?

① 법률과 적법한 절차에 의하지 아니하고는 강제노역을 당하지 아니한다.
② 누구든지 체포·구금을 받을 때에는 그 적부의 심사를 법원에 청구할 수 없다.
③ 체포, 구속, 수색, 압수, 심문에는 검사의 신청에 의하여 법관이 발부한 영장이 제시되어야 한다.
④ 법관에 대한 영장신청은 검사 또는 사법경찰관이 한다.
⑤ 특별한 경우, 형사상 자기에게 불리한 진술을 강요받을 수 있다.

74 다음 중 직업선택의 자유에 대한 설명으로 옳지 않은 것은?

① 경제적 자유로서의 성격이 강하다.
② 바이마르헌법에서 최초로 규정되었으며 법인에게도 인정된다.
③ 헌법상 근로의 의무가 있으므로 무직업의 자유는 인정되지 않는다.
④ 그 내용으로는 직업결정의 자유, 직업수행의 자유, 영업의 자유가 포함된다.
⑤ 노동을 통한 인격발전과 관련하여 주관적 공권의 일종이라 할 수 있다.

75 다음 중 탄핵소추에 대한 설명으로 옳지 않은 것은?

① 대통령이 그 직무집행에 있어서 헌법이나 법률을 위배한 때에는 탄핵소추의 대상이 된다.

② 대통령에 대한 탄핵소추는 국회 재적의원 3분의 2 이상의 찬성이 있어야 의결된다.

③ 대통령이 탄핵소추의 의결을 받은 때에는 국무총리, 법률이 정한 국무위원의 순서로 그 권한을 대행한다.

④ 탄핵결정으로 공직으로부터 파면되면 민사상의 책임은 져야 하나, 형사상의 책임은 면제된다.

⑤ 탄핵소추의 의결을 받은 공무원은 헌법재판소에 의한 탄핵결정이 있을 때까지 그 권한행사가 정지된다.

76 다음 중 2인 이상의 무한책임사원으로만 조직된 회사는 무엇인가?

① 합명회사

② 합자회사

③ 유한회사

④ 주식회사

⑤ 유한책임회사

77 다음 중 헨리(N. Henry)의 정책결정모형 유형론에 대한 설명으로 옳은 것은?

① 점증주의적 패러다임은 지식·정보의 완전성과 미래예측의 확실성을 전제한다.

② 체제모형, 제도모형, 집단모형은 합리주의적 패러다임의 범주에 포함되는 정책결정모형의 예이다.

③ 신제도모형은 정책유형과 조직 내외의 상황적 조건을 결부시켜 정부개입의 성격을 규명하려 한다.

④ 기술평가·예측모형은 전략적 계획 패러다임의 범주에 포함된다.

⑤ 합리주의적 패러다임은 전략적 계획의 틀에 맞추어 정책결정을 이해한다.

78 다음 중 조직의 상황적 요인과 구조적 특성의 관계에 대한 설명으로 옳은 것은?

① 조직의 규모가 커짐에 따라 복잡성이 감소할 것이다.

② 환경의 불확실성이 높아질수록 조직의 공식화 수준은 높아질 것이다.

③ 조직의 규모가 커짐에 따라 조직의 공식화 수준은 낮아질 것이다.

④ 일상적 기술일수록 분화의 필요성이 높아져서 조직의 복잡성이 높아질 것이다.

⑤ 조직의 규모가 커짐에 따라 조직의 분권화가 촉진될 것이다.

79 다음 중 드로(Y. Dror)의 최적모형에 대한 설명으로 옳지 않은 것은?

① 합리적 정책결정모형이론이 과도하게 계량적 분석에 의존해 현실 적합성이 떨어지는 한계를 보완하기 위해 제시되었다.

② 정책결정자의 직관적 판단도 중요한 요소로 간주한다.

③ 경제적 합리성의 추구를 기본 원리로 삼는다.

④ 느슨하게 연결되어 있는 조직의 결정을 다룬다.

⑤ 양적 분석과 함께 질적 분석결과도 중요한 고려 요인으로 인정한다.

80 다음 중 다신공공서비스론의 기본원칙에 대한 설명으로 옳지 않은 것은?

① 관료역할의 중요성은 시민들로 하여금 그들의 공유된 가치를 표명하고 그것을 충족시킬 수 있도록 도와주는 데 있다.

② 관료들은 시장에만 주의를 기울여서는 안 되며 헌법과 법령, 지역사회의 가치, 시민의 이익에도 관심을 기울여야 한다.

③ 예산지출 위주의 정부 운영 방식에서 탈피하여 수입 확보의 개념을 활성화하는 것이 필요하다.

④ 공공의 욕구를 충족시키기 위한 정책은 집합적 노력과 협력적 과정을 통해 효과적으로 달성될 수 있다.

⑤ 조직 내외적으로 공유된 리더십을 갖는 협동적인 수평적 조직구조가 이루어져야 한다.

81 다음 중 직위분류제를 형성하는 기본 개념들에 대한 설명으로 옳지 않은 것은?

① 직급 : 직무의 종류는 다르지만 그 곤란성·책임도 및 자격 수준이 상당히 유사하여 동일한 보수를 지급할 수 있는 모든 직위를 포함하는 것이다.

② 직류 : 동일한 직렬 내에서 담당 직책이 유사한 직무의 군이다.

③ 직렬 : 난이도와 책임도는 서로 다르지만 직무의 종류가 유사한 직급의 군이다.

④ 직군 : 직무의 종류가 광범위하게 유사한 직렬의 범주이다.

⑤ 직위 : 한 사람이 근무하여 처리할 수 있는 직무와 책임의 양이다.

82 다음 중 무의사결정(Non-Decision making)에 대한 설명으로 옳지 않은 것은?

① 사회문제에 대한 정책과정이 진행되지 못하도록 막는 행동이다.

② 기득권 세력이 그 권력을 이용해 기존의 이익배분 상태에 대한 변동을 요구하는 것이다.

③ 기득권 세력의 특권이나 이익 그리고 가치관이나 신념에 대한 잠재적 또는 현재적 도전을 좌절시키려는 것을 의미한다.

④ 변화를 주장하는 사람으로부터 기존에 누리는 혜택을 박탈하거나 새로운 혜택을 제시하여 매수한다.

⑤ 정책문제 채택과정에서 기존 세력에 도전하는 요구는 정책 문제화하지 않고 억압한다.

83 다음 중 르윈(K. Lewin)의 3단계 변화모형의 과정을 순서대로 바르게 나열한 것은?

① 각성(Arousal) → 해빙(Unfreezing) → 변화(Changing)

② 각성(Arousal) → 실행(Commitment) → 재동결(Refreezing)

③ 해빙(Unfreezing) → 변화(Changing) → 재동결(Refreezing)

④ 해빙(Unfreezing) → 실행(Commitment) → 수용(Acceptance)

⑤ 진단(Diagnosis) → 변화(Changing) → 수용(Acceptance)

84 다음 〈보기〉는 민츠버그(Mintzberg)의 5P 전략 중 하나에 대한 설명이다. 이 전략은 무엇인가?

─────── 〈보기〉 ───────

기존의 패러다임, 사업의 방식을 변형하는 것을 말한다. 예를 들어 환자가 내원하는 것이 병원의 주된 사업 논리라고 한다면, 환자가 원할 때 내원하지 않고 병원의 의사가 직접 방문하여 의료서비스를 제공하는 것이다.

① Ploy ② Plan

③ Pattern ④ Position

⑤ Perspective

85 다음 중 지식관리에 대한 설명으로 옳지 않은 것은?

① 형식적 지식은 쉽게 체계화할 수 있는 특성이 있다.

② 암묵적 지식은 조직에서 명시적 지식보다 강력한 힘을 발휘하기도 한다.

③ 형식적 지식은 경쟁기업이 쉽게 모방하기 어려운 지식으로, 경쟁우위 창출의 기반이 된다.

④ 암묵적 지식은 사람의 머릿속에 있는 지식으로, 지적자본(Intellectual Capital)이라고도 한다.

⑤ 기업에서는 구성원의 지식공유를 활성화하기 위하여 인센티브(Incentive)를 도입한다.

86 다음 중 목표관리(MBO)의 SMART 기법에 대한 설명으로 옳지 않은 것은?

① Specific : 목표는 커다란 범위에서 추상적이어야 한다.

② Management : 목표는 그 결괏값이 측정 가능해야 한다.

③ Achievable : 목표는 적당히 도전적이어야 한다.

④ Result-Oriented : 목표는 결과지향적이어야 한다.

⑤ Time-Bound : 목표는 통상 6개월에서 1년 내에 달성이 가능해야 한다.

87 다음 중 동기부여 이론의 내용이론에 해당하지 않는 것은?

① 매슬로(Maslow)의 욕구단계 이론 ② 허즈버그(Herzberg)의 2요인 이론

③ 앨더퍼(Alderfer)의 ERG 이론 ④ 애덤스(Adams)의 공정성 이론

⑤ 맥클리랜드(Meclelland)의 성취동기 이론

88 다음 중 애덤스의 공정성 이론(Equity Theory)을 통해 불공정성으로 인한 긴장을 해소할 수 있는 방법을 〈보기〉에서 모두 고르면?

─〈보기〉─
ㄱ. 투입의 변경
ㄴ. 산출의 변경
ㄷ. 준거대상의 변경
ㄹ. 현장 또는 조직으로부터 이탈

① ㄱ, ㄴ   ② ㄷ, ㄹ
③ ㄱ, ㄴ, ㄷ   ④ ㄱ, ㄷ, ㄹ
⑤ ㄱ, ㄴ, ㄷ, ㄹ

89 다음 중 화폐에 대한 설명으로 옳은 것은?

① 상품화폐의 내재적 가치는 변동하지 않는다.
② 광의의 통화(M2)는 준화폐(Near Money)를 포함하지 않는다.
③ 불태환화폐(Flat Money)는 내재적 가치를 갖는 화폐이다.
④ 가치 저장수단의 역할로 소득과 지출의 발생 시점을 분리시켜 준다.
⑤ 다른 용도로 사용될 수 있는 재화는 교환의 매개 수단으로 활용될 수 없다.

90 다음 중 통화정책의 단기적 효과를 높이는 요인으로 옳은 것을 〈보기〉에서 모두 고르면?

─〈보기〉─
ㄱ. 화폐수요의 이자율 탄력성이 높은 경우
ㄴ. 투자의 이자율 탄력성이 높은 경우
ㄷ. 한계소비성향이 높은 경우

① ㄱ   ② ㄴ
③ ㄱ, ㄴ   ④ ㄴ, ㄷ
⑤ ㄱ, ㄴ, ㄷ

91 수요함수가 $q = 10 - p$로 주어진 생산물시장에서 두 기업 1과 2가 쿠르노 경쟁(Cournot Competition)을 하고 있다. 기업 1의 비용함수는 $c_1(q_1) = 3q_1$이고 기업 2의 비용함수는 $c_2(q_2) = 2q_2$라 할 때, 다음 중 이에 대한 설명으로 옳은 것은?

① 균형에서 시장생산량은 5이다.
② 균형에서 기업 1의 생산량은 기업 2의 생산량의 절반이다.
③ 만약 기업 1이 독점기업이면 시장생산량은 4이다.
④ 만약 두 기업이 완전경쟁기업으로 행동한다면 시장생산량은 6이다.
⑤ 만약 두 기업이 베르트랑 경쟁(Bertrand Competition)을 한다면 기업 1이 모든 시장수요를 차지할 것이다.

92 국민소득, 소비, 투자, 정부지출, 순수출, 조세를 각각 Y, C, I, G, NX, T라고 표현한다. 국민경제의 균형이 〈보기〉와 같이 결정될 때, 균형재정승수(Balanced Budget Multiplier)는?

─────〈보기〉─────

$C = 100 + 0.8(Y - T)$
$Y = C + I + C + NX$

① 0.8 ② 1
③ 4 ④ 5
⑤ 7

93 다음 중 가격차별 행위로 보기 어려운 것을 〈보기〉에서 모두 고르면?

─────〈보기〉─────

가. 전월세 상한제
나. 학생과 노인에게 극장표 할인
다. 수출품 가격과 내수품 가격을 다르게 책정
라. 전력 사용량에 따라 단계적으로 다른 가격 적용
마. 대출 최고 이자율 제한

① 가, 마 ② 다, 라
③ 나, 다, 라 ④ 나, 다, 마
⑤ 다, 라, 마

94 다음 중 인플레이션에 의해 나타날 수 있는 현상으로 보기 어려운 것은?

① 구두창 비용의 발생
② 메뉴비용의 발생
③ 통화가치 하락
④ 총요소생산성의 상승
⑤ 단기적인 실업률 하락

95 다음 중 사회과학의 패러다임에 대한 설명으로 옳지 않은 것은?

① 실증주의는 연구결과를 해석할 때 정치적 가치나 이데올로기의 영향을 적극적으로 고려한다.
② 해석주의는 삶에 관한 심층적이고 주관적인 이해를 얻고자 한다.
③ 비판주의는 사회 변화를 목적으로 사회의 본질적이고 구조적 측면의 파악에 주목한다.
④ 후기실증주의는 객관적인 지식에 대한 직접적 확증은 불가능하다고 본다.
⑤ 포스트모더니즘은 객관적 실재와 진리의 보편적 기준을 거부한다.

96 다음 중 사회조사의 목적에 대한 설명으로 옳지 않은 것은?

① 지난해 발생한 데이트 폭력 사건의 빈도와 유형을 자세히 보고하는 것은 기술적 연구이다.
② 외상 후 스트레스로 퇴역한 군인을 위한 서비스개발의 가능성을 파악하기 위한 초기 면접은 설명적 연구이다.
③ 사회복지 협의회가 매년 실시하는 사회복지기관 통계조사는 기술적 연구이다.
④ 지방도시에 비해 대도시의 아동학대 비율이 높은 이유를 보고하는 것은 설명적 연구이다.
⑤ 지역사회 대상 설문조사를 통해 사회복지 서비스의 만족도를 조사하는 것은 기술적 연구이다.

97 다음 변수의 측정 수준에 따른 분석 방법으로 옳지 않은 것은?

─────────〈보기〉─────────

ㄱ. 출신지역 : 도시, 도농복합, 농어촌, 기타
ㄴ. 교육수준 : 무학, 초등학교 졸업, 중학교 졸업, 고등학교 졸업, 대졸 이상
ㄷ. 가출경험 : 유, 무
ㄹ. 연간기부금액 : ＿＿＿만 원
ㅁ. 연령 : 10대, 20대, 30대, 40대, 50대, 60대 이상

① ㄱ : 최빈값
② ㄴ : 중위수
③ ㄷ : 백분율
④ ㄹ : 범위
⑤ ㅁ : 산술평균

98 다음 중 연구의 외적 타당도를 저해하는 상황으로 옳은 것은?

① 연구대상의 건강 상태가 시간 경과에 따라 회복되는 상황

② 자아존중감을 동일한 측정도구로 사전 – 사후 검사하는 상황

③ 사회적 지지를 다른 측정도구로 사전 – 사후 검사하는 상황

④ 실험집단과 통제집단 간 연령 분포의 차이가 크게 발생하는 상황

⑤ 자발적 참여자만을 대상으로 연구 표본을 구성하게 되는 상황

99 다음 중 변수의 조작적 정의에 대한 설명으로 옳은 것을 〈보기〉에서 모두 고르면?

───────〈보기〉───────
ㄱ. 개념적 정의를 실제로 관찰할 수 있는 수준으로 전환시키는 것이다.
ㄴ. 조작적 정의를 하면 개념의 의미가 다양하고 풍부해진다.
ㄷ. 조작적 정의를 통해 개념에 더욱 추상화된다.
ㄹ. 조작적 정의가 없이도 가설 검증이 가능하다.

① ㄱ   ② ㄱ, ㄴ
③ ㄴ, ㄷ   ④ ㄱ, ㄴ, ㄷ
⑤ ㄱ, ㄷ, ㄹ

100 다음 중 척도에 대한 설명으로 옳은 것은?

① 리커트(Likert) 척도는 개별문항의 중요도를 차등화한다.

② 보가더스(Bogardus)의 사회적 거리척도는 누적척도이다.

③ 평정(Rating) 척도는 문항의 적절성 평가가 용이하다.

④ 거트만(Guttman) 척도는 다차원적 내용을 분석할 때 사용된다.

⑤ 의미차별(Semantic Differential) 척도는 느낌이나 감정을 나타내는 한 쌍의 유사한 형용사를 사용한다.

4권

제4회
근로복지공단

NCS 직업기초능력
+직무기초지식

www.sdedu.co.kr

〈문항 및 시험시간〉

평가영역	문항 수	시험시간	모바일 OMR 답안분석
[NCS] 의사소통능력 / 자원관리능력 / 문제해결능력 / 수리능력 [전공] 법학 / 행정학 / 경영학 / 경제학 / 사회복지학	100문항	100분	

제4회 모의고사

문항 수 : 100문항
시험시간 : 100분

제1영역 직업기초능력

※ 다음 글을 읽고 이어지는 질문에 답하시오. [1~2]

> 갑 : 나는 행복이 만족이라는 개인의 심리적 상태라고 본다. 내가 말하는 만족이란 어떤 순간의 욕구가 충족될 때 생겨나는 것으로서, 욕구가 더 많이 충족될수록 최고 만족에 더 접근한다. 동일한 조건에 있는 사람들 중에도 심리적 상태에 따라 더 행복하기도 하고 덜 행복하기도 하다는 것을 보면 내 주장이 옳다는 것을 알 수 있다.
>
> 을 : 아니다. 행복은 전체 삶을 놓고 볼 때 도덕적인 삶을 사는 것이다. 그 이유는 다음과 같다. 목표에는 규범적 목표와 비규범적 목표가 있다. 한 인간의 규범적 목표란 그의 전체 삶이 끝나는 순간에만 그 달성 여부가 결정되는 목표이다. 반면에 비규범적 목표는 그 달성 여부가 삶의 어떤 순간에 결정된다. 예를 들어 만족은 욕구가 달성된 직후에 만족되었는지의 여부가 결정된다. 행복은 비규범적 목표가 아니라 규범적 목표이다. 그리고 도덕적인 삶 역시 전체 삶이 끝나는 순간에 그 달성 여부가 결정되는 규범적 목표이다. 그러므로 ⊙ 도덕적인 삶과 행복은 같다.
>
> 병 : 행복이 개인의 심리적 상태라는 갑의 주장에 반대한다. 나의 근거는 이렇다. 만약 행복이 심리적 상태라면, 그것은 도덕적으로 선한 자에게나 악한 자에게나 마찬가지로 성취될 수 있을 것이다. 예컨대 자신의 만족을 위해 잔악한 짓을 일삼는 악당은 도덕적 표준에 따르면 부도덕하지만, 우리는 그를 행복한 사람이라고 말해야 한다. 하지만 ⓒ 도덕적으로 타락한 그런 사람은 행복한 사람이 아니다. 행복한 사람은 모두 도덕적인 사람이기 때문이다.
>
> 정 : 병의 마지막 문장에는 동의한다. 다만, 행복의 달성에 필요한 조건들은 개인의 도덕성 외에도 많이 있다는 것을 나의 주장으로서 첨언하고 싶다. 그렇지 않다면, 왜 우리 사회와 국가는 궁핍을 없애고 국민의 건강을 증진하려 노력하며, 모든 국민들에게 참정권을 확장하고자 애쓰겠는가? 만일 각자의 도덕성이 우리의 행복을 위해 필요한 전부라면, 역사상 일어났던 수많은 사회 제도의 개혁들이 무의미해지고 말 것이다.
>
> 무 : 사회 제도의 개혁이 행복과 유관하다는 데에 대체로 공감한다. 그에 덧붙여서 나는, 사회 구성원 각자의 도덕성은 그 개인이 속한 사회가 추구하는 사회 복지의 실현에 기여함으로써 행복의 달성에 간접적으로 영향을 준다고 주장한다. 다만, 사회 복지는 그 사회에 속한 각 개인의 행복을 달성하기 위한 수단일 뿐 그 자체가 목표는 아니다.

01 다음 중 윗글에 대한 내용으로 적절하지 않은 것은?

① 갑은 행복의 정도가 욕구의 충족에 의존한다는 것에 동의한다.

② 을의 논증에 다양한 규범적 목표가 있다는 전제를 추가하면 ㉠이 도출된다.

③ 병이 받아들이는 ㉡은 도덕성이 개인의 심리적 상태가 아니라는 것과 양립가능하다.

④ 정은 역사상 있어온 사회 제도의 개혁들이 무의미하지 않았다는 것을 전제한다.

⑤ 무는 사회 복지가 실현되면 그 사회에 속한 개인들이 반드시 행복해진다고 전제하지는 않는다.

02 윗글을 토대로 할 때, A ~ C에 대한 평가로 적절한 것을 〈보기〉에서 모두 고르면?

> A : 개인의 행복을 위해 꼭 필요한 요소들 중 하나인 건강은, 그가 속한 국가와 사회의 제도를 통한 노력뿐만 아니라 때때로 우연한 행운의 영향을 받기도 한다.
>
> B : 행복을 심리적 상태로 보기는 어렵다. 어떤 사람에게는 만족인 욕구의 충족이 다른 사람에게는 만족이 아닐 수도 있다.
>
> C : 도덕적 행위의 이행은 행복과 무관하다. 개인의 도덕성과 개인의 행복은 서로 어떤 형태로도 영향을 주고받지 않는다.

---〈보기〉---

ㄱ. A는 정의 입장을 반박한다.

ㄴ. B는 을의 입장도 병의 입장도 반박하지 않는다.

ㄷ. C는 무의 입장을 반박하지만 갑의 입장을 반박하지는 않는다.

① ㄱ   ② ㄴ

③ ㄱ, ㄷ   ④ ㄴ, ㄷ

⑤ ㄱ, ㄴ, ㄷ

03 L공사에 근무하는 B사원은 국내 원자력 산업에 대한 SWOT 분석결과 자료를 바탕으로 〈보기〉와 같이 분석하였다. 다음 중 SWOT 분석에 의한 경영전략으로 적절하지 않은 것을 〈보기〉에서 모두 고르면?

〈국내 원자력 산업에 대한 SWOT 분석결과〉

구분	분석결과
강점(Strength)	• 우수한 원전 운영 기술력 • 축적된 풍부한 수주 실적
약점(Weakness)	• 낮은 원전해체 기술 수준 • 안전에 대한 우려
기회(Opportunity)	• 해외 원전수출 시장의 지속적 확대 • 폭염으로 인한 원전 효율성 및 필요성 부각
위협(Threat)	• 현 정부의 강한 탈원전 정책 기조

〈SWOT 분석에 의한 경영전략〉

• SO전략 : 강점을 살려 기회를 포착하는 전략
• ST전략 : 강점을 살려 위협을 회피하는 전략
• WO전략 : 약점을 보완하여 기회를 포착하는 전략
• WT전략 : 약점을 보완하여 위협을 회피하는 전략

〈보기〉

㉠ 뛰어난 원전 기술력을 바탕으로 동유럽 원전수출 시장에서 우위를 점하는 것은 SO전략에 해당한다.
㉡ 안전성을 제고하여 원전 운영 기술력을 향상시키는 것은 WO전략에 해당한다.
㉢ 우수한 기술력과 수주 실적을 바탕으로 국내 원전 사업을 확장하는 것은 ST전략에 해당한다.
㉣ 안전에 대한 우려가 있는 만큼, 안전점검을 강화하고 당분간 정부의 탈원전 정책 기조에 협조하는 것은 WT전략에 해당한다.

① ㉠, ㉡
② ㉠, ㉢
③ ㉡, ㉢
④ ㉡, ㉣
⑤ ㉢, ㉣

04 경현이는 애완동물로 고슴도치와 거북이를 한 마리씩 키우고 있다. 주말을 맞아 집에 놀러 온 영수와 함께 고슴도치와 거북이를 거실에서 경주를 시켜 약 몇 분에 결승점에 들어오는지 맞추는 내기를 하였다. 영수는 거북이, 경현이는 고슴도치 완주시간을 맞혔다고 할 때, 애완동물들이 경주한 거리는 몇 m인가?

구분	고슴도치	거북이
〈애완동물 완주 예상시간〉		
경현	30초	2분
영수	25초	2.5분

※ 고슴도치 속력은 3m/분, 거북이는 고슴도치 속력의 $\frac{1}{5}$ 이다.

① 1.5m

② 1.7m

③ 1.9m

④ 2.1m

⑤ 2.4m

05 운송업체에서 택배 기사로 일하고 있는 A씨는 5곳에 배달을 할 때, 첫 배송지에서 마지막 배송지까지 총 1시간 20분이 걸린다. 평균적으로 위와 같은 속도로 배달을 할 때 12곳에 배달을 하는 데 걸리는 시간은?

① 3시간 12분
② 3시간 25분
③ 3시간 36분
④ 3시간 40분
⑤ 3시간 52분

06 경력직 채용공고를 통해 서류를 통과한 지원자 은지, 지현, 영희는 임원면접을 진행하고 있다. 회장, 사장, 이사, 인사팀장으로 이루어진 4명의 임원은 지원자에게 각각 '상, 중, 하' 중 하나의 점수를 줄 수 있으며, 2인 이상에게 '상'을 받은 지원자는 최종 합격, 3인 이상에게 '하'를 받은 지원자는 탈락한다고 한다. 다음 〈조건〉에 따라 항상 옳은 것은?

─〈조건〉─

- 임원들은 3명에게 각각 '상, 중, 하'를 하나씩 주었다.
- 사장은 은지에게 '상'을 주고, 다른 한 명에게는 회장보다 낮은 점수를, 다른 한 명에게는 회장과 같은 점수를 주었다.
- 이사는 지원자에게 사장과 같은 점수를 주었다.
- 인사팀장은 한 명에게 '상'을 주었으며, 영희에게는 사장이 준 점수보다 낮은 점수를 주었다.

① 회장이 은지에게 '하'를 주었다면, 은지는 탈락한다.
② 회장이 영희에게 '상'을 주었다면, 영희가 최종 합격한다.
③ 인사팀장이 지현이에게 '중'을 주었다면, 지현이는 탈락한다.
④ 인사팀장이 지현이에게 '상'을 주었다면, 지현이는 탈락하지 않는다.
⑤ 인사팀장이 은지에게 '상'을 주었다면, 은지가 최종 합격한다.

07 다음 중 제시된 문단을 논리적 순서대로 바르게 나열한 것은?

(가) 고창 갯벌은 서해안에 발달한 갯벌로서 다양한 해양 생물의 산란·서식지이며, 어업인들의 삶의 터전으로 많은 혜택을 주었다. 그러나 최근 축제식 양식과 육상에서부터 오염원 유입 등으로 인한 환경 변화로 체계적인 이용·관리 방안이 지속적으로 요구됐다.

(나) 정부는 전라북도 고창 갯벌 약 $11.8km^2$를 '습지보전법'에 의한 '습지보호지역'으로 지정하며 고시한다고 밝혔다. 우리나라에서 일곱 번째로 지정되는 고창 갯벌은 칠면초·나문재와 같은 다양한 식물이 자생하고, 천연기념물인 황조롱이와 멸종 위기종을 포함한 46종의 바닷새가 서식하는, 생물 다양성이 풍부하며 보호 가치가 큰 지역으로 나타났다.

(다) 정부는 이번 습지보호지역으로 지정된 고창 갯벌을 람사르 습지로 등록할 계획이며, 제2차 연안습지 기초 조사를 실시하여 보전 가치가 높은 갯벌뿐만 아니라 훼손된 갯벌에 대한 관리도 강화해 나갈 계획이다.

(라) 습지보호지역으로 지정되면 이 지역에서 공유수면 매립, 골재 채취 등의 갯벌 훼손 행위는 금지되나, 지역 주민이 해오던 어업 활동이나 갯벌 이용 행위에는 특별한 제한이 없다.

① (가) - (나) - (다) - (라)
② (가) - (라) - (나) - (다)
③ (나) - (가) - (라) - (다)
④ (다) - (가) - (나) - (라)
⑤ (라) - (나) - (가) - (다)

08 다음은 휴대 전화를 구입하기 위하여 작성한 자료이다. 경제적 의사결정을 고려하여 바르게 판단한 것은?
(단, 만족도 1단위는 화폐 1만 원의 가치와 같다)

〈A ~ C상품의 가격 및 만족도〉

상품 \ 가격	만족도	광고의 호감도 (5)	디자인 (12)	카메라 기능 (8)	단말기 크기 (9)	A/S (6)	합계 (40)
A	35만 원	5	10	6	8	5	34
B	28만 원	4	9	6	7	5	31
C	25만 원	3	7	5	6	4	25

※ ( ) 안은 만족도의 만점을 의미한다.

① 합리적으로 선택한다면 상품 B를 구입할 것이다.
② 단말기 크기보다 카메라 기능을 더 중시하고 있다.
③ 만족도가 가장 큰 대안을 선택하는 것이 가장 합리적이다.
④ 예산이 25만 원으로 제한되면 휴대 전화 구입을 포기할 것이다.
⑤ 구매 선택의 기준으로 휴대 전화의 성능을 지나치게 중시하고 있다.

09 다음 논증에 대한 평가로 적절한 것을 〈보기〉에서 모두 고르면?

합리적 판단과 윤리적 판단의 관계는 무엇일까? 나는 합리적 판단만이 윤리적 판단이라고 생각한다. 즉, 어떤 판단이 합리적인 것이 아닐 경우 그 판단은 윤리적인 것도 아니라는 것이다. 그 이유는 다음과 같다. 일단 ㉠ 보편적으로 수용될 수 있는 판단만이 윤리적 판단이다. 즉 개인이나 사회의 특성에 따라 수용 여부에서 차이가 나는 판단은 윤리적 판단이 아니라는 것이다. 그리고 ㉡ 모든 이성적 판단은 보편적으로 수용될 수 있는 판단이다. 예를 들어, "모든 사람은 죽는다."와 "소크라테스는 사람이다."라는 전제들로부터 "소크라테스는 죽는다."라는 결론으로 나아가는 이성적인 판단은 보편적으로 수용될 수 있는 것이다. 이러한 판단이 나에게는 타당하면서, 너에게 타당하지 않을 수는 없다. 이것은 이성적 판단이 갖는 일반적 특징이다. 따라서 ㉢ 보편적으로 수용될 수 있는 판단만이 합리적 판단이다. ㉣ 모든 합리적 판단은 이성적 판단이다라는 것은 부정할 수 없기 때문이다. 결국 우리는 ㉤ 합리적 판단만이 윤리적 판단이다라는 결론에 도달할 수 있다.

〈보기〉
ㄱ. ㉠은 받아들일 수 없는 것이다. '1+1=2'와 같은 수학적 판단은 보편적으로 수용될 수 있는 것이지만, 수학적 판단이 윤리적 판단은 아니기 때문이다.
ㄴ. ㉡과 ㉣이 참일 경우 ㉢은 반드시 참이 된다.
ㄷ. ㉠과 ㉢이 참이라고 할지라도 ㉤이 반드시 참이 되는 것은 아니다.

① ㄱ
② ㄴ
③ ㄱ, ㄷ
④ ㄴ, ㄷ
⑤ ㄱ, ㄴ, ㄷ

10 다음은 수송부문 대기 중 온실가스 배출량에 대한 자료이다. 이에 대한 설명으로 옳지 않은 것은?

〈수송부문 대기 중 온실가스 배출량〉

(단위 : ppm)

시점	구분	합계	이산화탄소	아산화질소	메탄
2018년	합계	83,618	82,917.7	197.6	502.6
	산업부문	58,168.9	57,702.5	138	328.3
	가계부문	25,449.1	25,215.2	59.6	174.3
2019년	합계	85,343	84,626.3	202.8	513.9
	산업부문	59,160.1	58,686.7	141.4	332.1
	가계부문	26,182.9	25,939.6	61.4	181.8
2020년	합계	85,014.3	84,306.8	203.1	504.4
	산업부문	60,030.1	59,553.9	144.4	331.7
	가계부문	24,984.3	24,752.9	58.7	172.7
2021년	합계	86,338.3	85,632.1	205.1	501.1
	산업부문	64,462.4	63,936.9	151.5	374
	가계부문	21,875.9	21,695.2	53.6	127.1
2022년	합계	88,261.37	87,547.49	210.98	502.9
	산업부문	65,491.52	64,973.29	155.87	362.36
	가계부문	22,769.85	22,574.2	55.11	140.54

① 이산화탄소의 배출량 비중은 어느 시기든 상관없이 가장 크다.

② 연도별 가계와 산업 부문의 배출량 차이 값은 2022년에 가장 크다.

③ 연도별 가계와 산업 부문의 배출량 차이 값은 해가 지날수록 지속적으로 증가한다.

④ 해당 기간 동안 온실가스 배출량의 총량은 지속적으로 증가하고 있다.

⑤ 모든 시기에서 아산화질소보다 메탄은 항상 많은 양이 배출되고 있다.

11 다음은 2018 ~ 2022년 4종목의 스포츠 경기에 대한 경기 수를 나타낸 자료이다. 이에 대한 설명으로 옳지 않은 것은?

〈국내 연도별 스포츠 경기 수〉

(단위 : 회)

구분	2018년	2019년	2020년	2021년	2022년
농구	413	403	403	403	410
야구	432	442	425	433	432
배구	226	226	227	230	230
축구	228	230	231	233	233

① 농구의 경기 수는 2019년 전년 대비 감소율이 2022년 전년 대비 증가율보다 높다.

② 2018년 농구와 배구 경기 수 차이는 야구와 축구 경기 수 차이의 90% 이상이다.

③ 2018년부터 2022년까지 야구 평균 경기 수는 축구 평균 경기 수의 2배 이하이다.

④ 2019년부터 2021년까지 경기 수가 증가하는 스포츠는 1종목이다.

⑤ 2022년 경기 수가 5년 동안의 종목별 평균 경기 수보다 적은 스포츠는 1종목이다.

12 A~D 4개의 밭이 나란히 있다. 2020년에 A에는 장미, B에는 진달래, C에는 튤립을 심었고, D에는 아무 것도 심지 않았다. 2021년에는 C에 아무 것도 심지 않기로 하였고, 〈조건〉이 다음과 같을 때, 2022년에 가능한 조합을 고르면?

〈조건〉

- 한 밭에는 한 가지 꽃만 심는다.
- 심을 수 있는 꽃은 장미, 튤립, 진달래, 백합, 나팔꽃이다.
- 한 가지 꽃을 두 군데 이상 심으면 안 된다.
- 장미와 튤립을 인접해서 심으면 안 된다.
- 전 해에 장미를 심었던 밭에는 아무 것도 심지 않거나 진달래를 심고, 진달래를 심었던 밭에는 아무 것도 심지 않거나 장미를 심어야 한다(단, 아무 것도 심지 않았던 밭에는 그 전 해에 장미를 심었으면 진달래를, 진달래를 심었으면 장미를 심어야 한다).
- 매년 한 군데 밭에만 아무 것도 심지 않아야 한다.
- 각각의 밭은 4년에 한 번만 아무 것도 심지 않아야 한다.
- 전 해에 심지 않은 꽃 중 적어도 한 가지는 심어야 한다.
- 튤립은 2년에 1번씩 심어야 한다.

	A	B	C	D
①	장미	진달래	튤립	심지 않음
②	심지 않음	진달래	나팔꽃	백합
③	장미	심지 않음	나팔꽃	튤립
④	심지 않음	진달래	백합	나팔꽃
⑤	장미	진달래	심지 않음	튤립

13 W공사는 맞춤형 산업용수 공급 사업을 통해 기업의 요구에 맞는 수질의 산업용수를 생산, 공급하고 있다. 자료에 대한 내용으로 가장 적절한 것은?

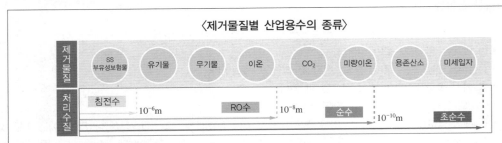

〈제거물질별 산업용수의 종류〉

※ 용존산소 : 물에 녹아있는 산소

〈산업용수의 종류 및 용도〉

구분	RO수	순수	초순수
비저항	$0.1M\Omega cm$ 미만	$0.1M\Omega cm$ 이상	$10M\Omega cm$ 이상
공정	다중여과탑, 활성탄흡착, RO막	이온교환, CO_2 탈기	용존산소 탈기, 한외여과
사용용도	제철, 석유화학	발전, 자동차, 목재펄프	반도체, 디스플레이, 제약

※ 비저항 : 단위면적, 단위길이당 전기저항의 비율

① RO수를 생산하기 위해서 다중여과탑, 한외여과 공정이 필요하다.

② 정밀한 작업이 필요한 반도체 회사에는 용존산소 탈기, 한외여과 공정을 거쳐 생산된 초순수를 공급한다.

③ 이온교환, CO_2 탈기 공정을 통해 제거물질 순서 중 무기물과 이온까지 제거해 순수를 생산한다.

④ 침전수는 $10^{-8}m$ 크기의 물질까지 제거한다.

⑤ 석유화학 회사에는 예상치 못한 화학반응을 줄이기 위해 미량이온을 제거한 RO수를 공급한다.

14 다음 글의 가설 A, B에 대한 평가로 가장 적절한 것은?

진화론에서는 인류 진화 계통의 초기인 약 700만 년 전에 인간에게 털이 거의 없어졌다고 보고 있다. 털이 없어진 이유에 대해서 학자들은 해부학적, 생리학적, 행태학적 정보들을 이용하는 한편 다양한 상상력까지 동원해서 이와 관련된 진화론적 시나리오들을 제안해 왔다.

가설 A는 단순하게 고안되어 1970년대 당시 많은 사람들이 고개를 끄덕였던 설명으로, 현대적 인간의 출현을 무자비한 폭력과 투쟁의 산물로 설명하던 당시의 모든 가설을 대체할 수 있을 정도로 매력적으로 보였다. 이 가설에 따르면 인간은 진화 초기에 수상생활을 시작하였다. 인간 선조들은 수영을 하고 물속에서 아기를 키우는 등 즐거운 활동을 하기 위해서 수상생활을 하였다. 오랜 물속 생활로 인해 고대 초기 인류들은 몸의 털이 거의 없어졌다. 그 대신 피부 아래에 지방층이 생겨났다.

그 이후에 나타난 가설 B는 인간의 피부에 털이 없으면 털에 사는 기생충들이 감염시키는 질병이 줄어들기 때문에 생존과 생식에 유리하다고 주장하였다. 털은 따뜻하여 이나 벼룩처럼 질병을 일으키는 체외 기생충들이 살기에 적당하기 때문에 신체에 털이 없으면 그러한 병원체들이 자리 잡기 어렵다는 것이다. 이 가설에 따르면 인간이 자신을 더 효과적으로 보호할 수 있는 의복이나 다른 수단들을 활용할 수 있었을 때 비로소 털이 없어지는 진화가 가능하다. 옷이 기생충에 감염되면 벗어서 씻어 내면 간단한데, 굳이 영구적인 털로 몸을 덮을 필요가 있겠는가?

① 인간 선조들의 화석이 고대 호수 근처에서 가장 많이 발견되었다는 사실은 가설 A를 약화한다.

② 털 없는 신체나 피하 지방 같은 현대 인류의 해부학적 특징들을 고래나 돌고래 같은 수생 포유류들도 가지고 있다는 사실은 가설 A를 약화한다.

③ 호수나 강에는 인간의 생존을 위협하는 수인성 바이러스가 광범위하게 퍼져 있었으며 인간의 피부에 그에 대한 방어력이 없다는 사실은 가설 A를 약화한다.

④ 열대 아프리카 지역에서 고대로부터 내려온 전통 생활을 유지하고 있는 주민들이 옷을 거의 입지 않는다는 사실은 가설 B를 강화한다.

⑤ 피부를 보호할 수 있는 옷이나 다른 수단을 만들 수 있는 인공물들이 사용된 시기는 인류 진화의 마지막 단계에 한정된다는 사실은 가설 B를 강화한다.

15 S회사는 18주년을 맞이해 기념행사를 하려고 한다. 이에 걸맞은 단체 티셔츠를 구매하려고 하는데, A회사는 60장 이상 구매 시 20% 할인이 되고 B회사는 할인이 안 된다고 한다. A회사에서 50장을 구매하고 B회사에서 90장을 구매했을 때 가격은 약 399,500원이고, A회사에서 100장을 구매하고 B회사에서 40장을 구매했을 때 가격은 약 400,000원이다. A회사와 B회사의 할인 전 티셔츠 가격은?

	A회사	B회사			A회사	B회사
①	3,950원	2,100원		②	3,900원	2,200원
③	3,850원	2,300원		④	3,800원	2,400원
⑤	3,750원	2,500원				

16 다음 중 밑줄 친 ㉠에 대한 비판으로 가장 적절한 것은?

"프랑스 수도가 어디지?"라는 가영의 물음에 나정이 "프랑스 수도는 로마지."라고 대답했다고 하자. 나정이 가영에게 제공한 것을 정보라고 할 수 있을까? 정보의 일반적 정의는 '올바른 문법 형식을 갖추어 의미를 갖는 자료'이다. 이 정의에 따르면 나정의 대답은 정보를 담고 있다. 다음 진술은 이런 관점을 대변하는 진리 중립성 논제를 표현한다. "정보를 준다는 것이 반드시 그 내용이 참이라는 것을 의미하지는 않는다." 이 논제 의 관점에서 보자면, 올바른 문법 형식을 갖추어 의미를 해석할 수 있는 자료는 모두 정보의 자격을 갖는다. 그 내용이 어떤 사태를 표상하든, 참을 말하든, 거짓을 말하든 상관없다.

그러나 이 조건만으로는 불충분하다는 지적이 있다. 철학자 플로리디는 전달된 자료를 정보라고 하려면 그 내용이 참이어야 한다고 주장한다. 즉, 정보란 올바른 문법 형식을 갖춘, 의미 있고 참인 자료라는 것이다. 이를 ㉠ 진리성 논제라고 한다. 그라이스는 이렇게 말한다. "거짓 '정보'는 저급한 종류의 정보가 아니다. 그 것은 아예 정보가 아니기 때문이다." 이 점에서 그 역시 이 논제를 받아들이고 있다.

이런 논쟁은 용어법에 관한 시시한 언쟁처럼 보일 수도 있지만, 두 진영 간에는 정보 개념이 어떤 역할을 해야 하는가에 대한 근본적인 견해 차이가 있다. 진리성 논제를 비판하는 사람들은 틀린 '정보'도 정보로 인정 되어야 한다고 말한다. 자료의 내용이 그것을 이해하는 주체의 인지 행위에서 분명한 역할을 수행한다는 이 유에서다. '프랑스 수도가 로마'라는 말을 토대로 가영은 이런저런 행동을 할 수 있다. 가령, 프랑스어를 배우 기 위해 로마로 떠날 수도 있고, 프랑스 수도를 묻는 퀴즈에서 오답을 낼 수도 있다. 거짓인 자료는 정보가 아니라고 볼 경우, '정보'라는 말이 적절하게 사용되는 사례들의 범위를 부당하게 제한하는 꼴이 된다.

① '정보'라는 표현이 일상적으로 사용되는 사례가 모두 적절한 것은 아니다.
② 올바른 문법 형식을 갖추지 못한 자료는 정보라는 지위에 도달할 수 없다.
③ 사실과 다른 내용의 자료를 숙지하고 있는 사람은 정보를 안다고 볼 수 없다.
④ 내용이 거짓인 자료를 토대로 행동을 하는 사람은 자신이 의도한 결과에 도달할 수 없다.
⑤ 거짓으로 밝혀질 자료도 그것을 믿는 사람의 인지 행위에서 분명한 역할을 한다면 정보라고 볼 수 있다.

17 다음은 우리나라의 시·군 중 2022년 경지 면적, 논 면적, 밭 면적 상위 5개 시·군에 대한 자료이다. 이에 대한 설명으로 옳은 것을 〈보기〉에서 모두 고르면?

〈경지 면적, 논 면적, 밭 면적 상위 5개 시·군〉

(단위 : ha)

구분	순위	시·군	면적
경지 면적	1	해남군	35,369
	2	제주시	31,585
	3	서귀포시	31,271
	4	김제시	28,501
	5	서산시	27,285
논 면적	1	김제시	23,415
	2	해남군	23,042
	3	서산시	21,730
	4	당진시	21,726
	5	익산시	19,067
밭 면적	1	제주시	31,577
	2	서귀포시	31,246
	3	안동시	13,231
	4	해남군	12,327
	5	상주시	11,047

※ (경지 면적)=(논 면적)+(밭 면적)
※ 순위는 면적이 큰 시·군부터 순서대로 부여함

─────〈보기〉─────

ㄱ. 해남군의 논 면적은 해남군 밭 면적의 2배 이상이다.
ㄴ. 서귀포시의 논 면적은 제주시 논 면적보다 크다.
ㄷ. 서산시의 밭 면적은 김제시 밭 면적보다 크다.
ㄹ. 상주시의 논 면적은 익산시 논 면적의 90% 이하이다.

① ㄱ, ㄴ
② ㄴ, ㄷ
③ ㄴ, ㄹ
④ ㄱ, ㄷ, ㄹ
⑤ ㄴ, ㄷ, ㄹ

18 다음 글에 대한 내용으로 적절하지 않은 것은?

제약 연구원이란 제약 회사에서 약을 만드는 과정에 참여하는 사람을 말한다. 제약 연구원은 이러한 모든 단계에 참여하지만, 특히 신약 개발 단계와 임상 시험 단계에서 가장 중점적인 역할을 한다. 일반적으로 약을 만드는 과정은 새로운 약품을 개발하는 신약 개발 단계, 임상 시험을 통해 개발된 신약의 약효를 확인하는 임상 시험 단계, 식약처에 신약이 판매될 수 있도록 허가를 요청하는 약품 허가 요청 단계, 마지막으로 의료 진과 환자를 대상으로 신약에 대해 홍보하는 영업 및 마케팅의 단계로 나눈다.

제약 연구원이 되기 위해서는 일반적으로 약학을 전공해야 한다고 생각하기 쉽지만, 약학 전공자 이외에도 생명 공학, 화학 공학, 유전 공학 전공자들이 제약 연구원으로 활발하게 참여하고 있다. 만일 신약 개발의 전문가가 되고 싶다면 해당 분야에서 오랫동안 연구한 경험이 필요하기 때문에 대학원에서 석사나 박사 학위를 취득하는 것이 유리하다.

제약 연구원이 되기 위해서는 전문적인 지식도 중요하지만, 사람의 생명과 관련된 일인 만큼, 무엇보다도 꼼꼼함과 신중함, 책임 의식이 필요하다. 또한, 제약 회사라는 공동체 안에서 일을 하는 것이므로 원만한 일의 진행을 위해서 의사소통 능력도 필수적으로 요구된다. 오늘날 제약 분야가 빠르게 성장하고 있다는 점을 고려할 때, 일에 대한 도전 의식, 호기심과 탐구심 등도 제약 연구원에게 필요한 능력으로 꼽을 수 있다.

① 제약 연구원은 약품 허가 요청 단계에 참여한다.
② 신약 개발 전문가가 되려면 반드시 석사나 박사를 취득해야 한다.
③ 생명이나 유전 공학 전공자도 제약 연구원으로 일할 수 있다.
④ 오늘날 제약 연구원에게 요구되는 능력이 많아졌다.
⑤ 제약 연구원과 관련된 정보가 부족하다면 약학을 전공해야만 제약 연구원이 될 수 있다고 생각할 수 있다.

19 갑과 을이 다음 〈조건〉에 따라 게임을 할 때, 옳지 않은 것은?

―――〈조건〉―――

• 갑과 을은 다음과 같이 시각을 표시하는 하나의 시계를 가지고 게임을 한다.

0	9	:	1	5

• 갑, 을 각자가 일어났을 때, 시계에 표시된 4개의 숫자를 합산하여 게임의 승패를 결정한다. 숫자의 합이 더 작은 사람이 이기고, 숫자의 합이 같을 때에는 비긴다.
• 갑은 오전 6:00 ~ 오전 6:59에 일어나고, 을은 오전 7:00 ~ 오전 7:59에 일어난다.

① 갑이 오전 6시 정각에 일어나면, 반드시 갑이 이긴다.
② 을이 오전 7시 59분에 일어나면, 반드시 을이 진다.
③ 을이 오전 7시 30분에 일어나고, 갑이 오전 6시 30분 전에 일어나면 반드시 갑이 이긴다.
④ 갑과 을이 정확히 1시간 간격으로 일어나면, 반드시 갑이 이긴다.
⑤ 갑과 을이 정확히 50분 간격으로 일어나면, 갑과 을은 비긴다.

20 A ~ E 총 5개 레스토랑의 통신사별 멤버십 혜택이 다음과 같을 때, 가장 비용이 저렴한 경우는?

〈통신사별 멤버십 혜택〉

구분	X통신사	Y통신사	Z통신사
A레스토랑	1,000원당 100원 할인	15% 할인	–
B레스토랑	15% 할인	20% 할인	15% 할인
C레스토랑	20% 할인 (VIP의 경우 30% 할인)	1,000원당 200원 할인	30% 할인
D레스토랑	–	10% 할인 (VIP의 경우 20% 할인)	1,000원당 100원 할인
E레스토랑	15% 할인	–	20% 할인

① A레스토랑에서 14만 3천 원의 금액을 사용하고, Y통신사의 할인을 받는다.
② B레스토랑에서 16만 5천 원의 금액을 사용하고, X통신사의 할인을 받는다.
③ C레스토랑에서 16만 4천 원의 금액을 사용하고, X통신사의 VIP 할인을 받는다.
④ D레스토랑에서 15만 4천 원의 금액을 사용하고, Y통신사의 VIP 할인을 받는다.
⑤ E레스토랑에서 16만 2천 원의 금액을 사용하고, Z통신사의 할인을 받는다.

21 L공사는 최근 문서 정리를 위해 머신러닝 알고리즘을 배치하였다. 〈조건〉을 토대로 하여 8월 4일에 머신러닝 알고리즘은 문서를 몇 건 정리하였는가?

〈조건〉

- 7월 29일에는 테스트로 10건만 문서 정리를 진행하였다.
- 7월 30일부터는 전날 정리한 양의 2배보다 10건 더 문서 정리를 진행하였다.
- 7월과 8월 모두 31일까지 있다.
- 문서 정리는 쉬는 날 없이 매일 진행하였다.

① 630건   ② 640건
③ 1,270건   ④ 1,280건
⑤ 1,300건

※ 다음 자료를 보고 이어지는 질문에 답하시오. [22~24]

K기업에서는 대학생들을 대상으로 K기업을 소개하는 설명회를 개최하려고 한다. 행사 담당자인 김윤수 사원은 설명회에 열릴 장소를 대관하고 대학생들에게 나눠 줄 홍보책자를 주문하려고 한다.

- 대관 장소는 설명회에 참여하는 대학생들과 K기업 담당자(총 7인), 강연자(3인)를 포함하여 총 5%의 여유인원을 수용할 수 있는 곳으로 선정한다.
- 홍보책자는 설명회에 참여하는 모든 대학생들에게 나눠 줄 공동 책자, 대학생의 계열에 따른 책자 3종(인문계열, 사회계열, 공학계열)이다. 공동 책자는 설명회에 참여하는 대학생 인원수의 10% 여유분을 포함하여 제작하고, 계열에 따른 책자는 필요한 권수보다 10권씩을 더 제작한다.

〈한국대학교 설명회 참가 인원〉

인문계열	55명
사회계열	70명
공학계열	40명

〈이국대학교 설명회 참가 인원〉

인문계열	150명
사회계열	30명
공학계열	45명

〈오국대학교 설명회 참가 인원〉

인문계열	10명
사회계열	80명
공학계열	110명

22 김윤수 사원은 몇 개의 대관처를 조사하였다. 다음 중 각 업체의 수용 가능 인원이 다음과 같을 때, 가능한 업체를 고르면?

① A홀 - 500명까지 수용 가능
② B홀 - 550명까지 수용 가능
③ C홀 - 600명까지 수용 가능
④ D홀 - 620명까지 수용 가능
⑤ E홀 - 650명까지 수용 가능

23 다음 중 김윤수 사원이 제작해야 하는 홍보책자의 수를 종류별로 바르게 나열한 것은?

	공동 책자	인문계열 책자	사회계열 책자	공학계열 책자
①	590권	215권	190권	195권
②	590권	225권	200권	205권
③	649권	225권	200권	205권
④	649권	215권	190권	195권
⑤	649권	225권	190권	205권

24 김윤수 사원은 홍보책자 제작을 P인쇄업체에 의뢰하였다. 공동 책자는 기존의 것을 활용하고 계열별 홍보책자 3종만 주문하려고 한다면 업체의 가격이 다음과 같을 때, 김윤수 사원이 업체에게 지불해야 하는 총금액은 얼마인가?(단, 모든 홍보 책자는 1권당 40페이지이다)

> • 1권당 10페이지 이내 : 페이지당 50원
> • 1권당 50페이지 이내 : 페이지당 20원
> • 1권당 50페이지 이상 : 페이지당 10원

① 496,000원   ② 497,000원
③ 498,000원   ④ 500,000원
⑤ 502,000원

25 다음 글의 ㉠~㉤에서 문맥에 맞지 않는 곳을 찾아 바르게 수정한 것은?

반세기 동안 지속되던 냉전 체제가 1991년을 기점으로 붕괴되면서 동유럽 체제가 재편되었다. 동유럽에서는 연방에서 벗어나 많은 국가들이 독립하였다. 이 국가들은 자연스럽게 자본주의 시장경제를 받아들였는데, 이후 몇 년 동안 공통적으로 극심한 경제 위기를 경험하게 되었다. 급기야 IMF(국제통화기금)의 자금 지원을 받게 되는데, 이는 ㉠ 갑작스럽게 외부로부터 도입한 자본주의 시스템에 적응하는 일이 결코 쉽지 않다는 점을 보여준다.

이 과정에서 해당 국가 국민의 평균 수명이 급격하게 줄어들었는데, 이는 같은 시기 미국, 서유럽 국가들의 평균 수명이 꾸준히 늘었다는 것과 대조적이다. 이러한 현상에 대해 ㉡ 자본주의 시스템 도입을 적극적으로 지지했던 일부 경제학자들은 오래전부터 이어진 ㉢ 동유럽 지역 남성들의 과도한 음주와 흡연, 폭력과 살인 같은 비경제적 요소를 주된 원인으로 꼽았다. 즉 경제 체제의 변화와는 관련이 없다는 것이다.

이러한 주장에 의문을 품은 영국의 한 연구자는 해당 국가들의 건강 지표가 IMF의 자금 지원 전후로 어떻게 달라졌는지를 살펴보았다. 여러 사회적 상황을 고려하여 통계 모형을 만들고, ㉣ IMF의 자금 지원을 받은 국가와 다른 기관에서 자금 지원을 받은 국가를 비교하였다. 같은 시기 독립한 동유럽 국가 중 슬로베니아만 유일하게 IMF가 아닌 다른 기관에서 돈을 빌렸다. 이때 두 곳의 차이는, IMF는 자금을 지원받은 국가에게 경제와 관련된 구조조정 프로그램을 실시하게 한 반면, 슬로베니아를 지원한 곳은 그렇게 하지 않았다는 점이다. IMF 구조조정 프로그램을 실시한 국가들은 ㉤ 실시 이전부터 결핵 발생률이 크게 증가했던 것으로 나타났다. 그러나 슬로베니아는 같은 기간에 오히려 결핵 사망률이 감소했다. IMF 구조조정 프로그램의 실시 여부는 국가별 결핵 사망률과 일정한 상관관계가 있었던 것이다.

① ㉠을 '자본주의 시스템을 갖추지 않고 지원을 받는 일'로 수정한다.
② ㉡을 '자본주의 시스템 도입을 적극적으로 반대했던'으로 수정한다.
③ ㉢을 '수출입과 같은 국제 경제적 요소'로 수정한다.
④ ㉣을 'IMF의 자금 지원 직후 경제 성장률이 상승한 국가와 하락한 국가'로 수정한다.
⑤ ㉤을 '실시 이후부터 결핵 사망률이 크게 증가했던 것'으로 수정한다.

26 다음은 국제 여객·화물 수송량 및 분담률에 대한 자료이다. 이에 대한 설명으로 옳지 않은 것은?

〈국제 여객·화물 수송량 및 분담률〉

[단위 : 여객(천 명), 화물(천 톤), 분담률(%)]

구분			2018년	2019년	2020년	2021년	2022년
여객	해운	수송량	2,534	2,089	2,761	2,660	2,881
		분담률	6.7	5.9	6.4	5.9	5.7
	항공	수송량	35,341	33,514	40,061	42,649	47,703
		분담률	93.3	94.1	93.6	94.1	94.3
화물	해운	수송량	894,693	848,299	966,193	1,069,556	1,108,538
		분담률	99.7	99.7	99.7	99.7	99.7
	항공	수송량	2,997	2,872	3,327	3,238	3,209
		분담률	0.3	0.3	0.3	0.3	0.3

※ 수송분담률 : 여객 및 화물의 총수송량에서 분야별 수송량이 차지하는 비율

① 2018년부터 2022년까지 항공 여객 수송량 평균은 39,854천 명이다.
② 여객수송은 항공이 차지하는 비중이 절대적인 반면, 화물수송은 그 반대이다.
③ 여객 총수송량과 화물 총수송량은 2019년부터 꾸준히 증가하고 있다.
④ 2022년 해운 여객 수송량은 2019년 대비 37% 이상 증가하였다.
⑤ 2022년 항공 화물 수송량은 2020년 대비 4% 이상 감소하였다.

27 다음 글의 내용으로 적절하지 않은 것은?

최근 아이들의 급격한 시력저하를 걱정하는 부모가 늘고 있다. 초등학생, 중학생, 고등학생은 말할 것도 없고 이제 유치원생까지 안경을 써야 할 정도로 시력이 나빠지고 있다. K공단에 따르면 2015 ~ 2022년 7년 사이에 19세 이하 아동·청소년 근시환자는 55만 4,642명(2015년)에서 87만 6,950명(2022년)으로 58.1%나 증가했다. 선진국보다 5배나 많은 수치이다. 아이뿐만 아니라 성인도 눈의 피로를 방치하면 안구건조증 같은 안구질환에 걸리기 쉽다. 실제로 오랫동안 스마트폰이나 모니터를 보면서 일하는 직장인 중 안구건조증으로 고생하는 사람이 많다. 하루 4시간 넘게 게임을 즐기는 청소년 역시 안구건조증으로 병원을 찾는다.

① 선진국일수록 아동·청소년의 근시 비율이 높다.
② 2015년에 비해 2022년의 아동·청소년 근시 환자가 약 32만 명 증가했다.
③ 최근 유치원생도 급격한 시력 저하가 나타나고 있다.
④ 오랫동안 스마트폰이나 모니터를 보면서 일하는 성인들에게도 안구건조증이 나타난다.
⑤ 장시간 즐기는 게임은 청소년 안구건조증의 원인이 된다.

28 다음은 A, B기업의 경력사원채용 지원자 특성에 대한 자료이다. 이에 대한 설명으로 옳은 것을 〈보기〉에서 모두 고르면?

〈경력사원채용 지원자 특성〉

(단위 : 명)

지원자 특성	기업	A기업	B기업
성별	남성	53	57
	여성	21	24
최종학력	학사	16	18
	석사	19	21
	박사	39	42
연령대	30대	26	27
	40대	25	26
	50대 이상	23	28
관련 업무 경력	5년 미만	12	18
	5년 이상 10년 미만	9	12
	10년 이상 15년 미만	18	17
	15년 이상 20년 미만	16	9
	20년 이상	19	25

※ A기업과 B기업에 모두 지원한 인원은 없음

─────〈보기〉─────

ㄱ. A기업 지원자 중, 남성 지원자의 비율은 관련 업무 경력이 10년 이상인 지원자의 비율보다 높다.
ㄴ. 최종학력이 석사 또는 박사인 B기업 지원자 중 관련 업무 경력이 20년 이상인 지원자는 7명 이상이다.
ㄷ. 기업별 여성 지원자의 비율은 A기업이 B기업보다 높다.
ㄹ. A, B기업 전체 지원자 중 40대 지원자의 비율은 35% 미만이다.

① ㄱ, ㄴ   ② ㄱ, ㄷ
③ ㄴ, ㄷ   ④ ㄴ, ㄹ
⑤ ㄷ, ㄹ

29 다음 〈조건〉을 보고 이들의 대화를 근거로 판단할 때, 6월생은 누구인가?

─────〈조건〉─────
- 같은 해에 태어난 5명(지나, 정선, 혜명, 민경, 효인)은 각자 자신의 생일을 알고 있다.
- 5명은 자신을 제외한 나머지 4명의 생일이 언제인지는 모르지만, 3월생이 2명, 6월생이 1명, 9월생이 2명 이라는 사실은 알고 있다.
- 아래 대화는 5명이 한 자리에 모여 나눈 대화를 순서대로 기록한 것이다.
- 5명은 대화의 진행에 따라 상황을 논리적으로 판단하고, 솔직하게 대답한다.

민경 : 지나야, 네 생일이 5명 중에서 제일 빠르니?
지나 : 그럴 수도 있지만 확실히는 모르겠어.
정선 : 혜명아, 네가 지나보다 생일이 빠르니?
혜명 : 그럴 수도 있지만 확실히는 모르겠어.
지나 : 민경아, 넌 정선이가 몇 월생인지 알겠니?
민경 : 아니, 모르겠어.
혜명 : 효인아, 넌 민경이보다 생일이 빠르니?
효인 : 그럴 수도 있지만 확실히는 모르겠어.

① 지나   ② 정선
③ 혜명   ④ 민경
⑤ 효인

30 다음은 독감의 변인 3가지에 대한 실험을 하고 난 보고서이다. 다음과 같은 변인 3가지 외에 다른 변인은 없다고 했을 때, 옳은 것을 〈보기〉에서 모두 고르면?

선택 1. 수분섭취를 잘하였고, 영양섭취와 예방접종은 하지 않았는데 독감에 걸리지 않았다.

선택 2. 수분섭취는 하지 않았고, 영양섭취와 예방접종은 하였는데 독감에 걸리지 않았다.

선택 3. 영양섭취와 예방접종, 수분섭취를 모두 하였는데 독감에 걸리지 않았다.

선택 4. 영양섭취는 하였고, 예방접종을 하지 않았으며, 수분섭취는 하였는데 독감에 걸렸다.

〈보기〉

ㄱ. 선택 1, 2를 비교해 보았을 때 수분섭취를 하지 않아 독감에 걸렸을 것으로 추정된다.

ㄴ. 선택 1, 4를 비교해 보았을 때 영양섭취를 하지 않아 독감에 걸리지 않았을 것으로 추정된다.

ㄷ. 선택 2, 4를 비교해 보았을 때 예방접종을 하여 독감에 걸렸을 것으로 추정된다.

ㄹ. 선택 3, 4를 비교해 보았을 때 예방접종을 하면 독감에 걸리지 않는 것으로 추정된다.

---

① ㄱ
② ㄴ, ㄷ
③ ㄷ, ㄹ
④ ㄴ, ㄹ
⑤ ㄱ, ㄴ, ㄹ

31

다음 글과 상황을 근거로 판단할 때, 갑이 납부하는 송달료의 합계는?

> 송달이란 소송의 당사자와 그 밖의 이해관계인에게 소송상의 서류의 내용을 알 수 있는 기회를 주기 위해 법에 정한 방식에 따라 하는 통지행위를 말하며, 송달에 드는 비용을 송달료라고 한다. 소 또는 상소를 제기하려는 사람은, 소장이나 상소장을 제출할 때 당사자 수에 따른 계산방식으로 산출된 송달료를 수납은행(대부분 법원구내 은행)에 납부하고 그 은행으로부터 교부받은 송달료납부서를 소장이나 상소장에 첨부하여야 한다. 송달료 납부의 기준은 아래와 같다.
>
> - 소 또는 상소 제기 시 납부해야 할 송달료
>   - 가. 민사 제1심 소액사건 : (당사자 수)×(송달료 10회분)
>   - 나. 민사 제1심 소액사건 이외의 사건 : (당사자 수)×(송달료 15회분)
>   - 다. 민사 항소사건 : (당사자 수)×(송달료 12회분)
>   - 라. 민사 상고사건 : (당사자 수)×(송달료 8회분)
> - 송달료 1회분 : 3,200원
> - 당사자 : 원고, 피고
> - 사건의 구별
>   - 가. 소액사건 : 소가 2,000만 원 이하의 사건
>   - 나. 소액사건 이외의 사건 : 소가 2,000만 원을 초과하는 사건
> ※ 소가(訴價)라 함은 원고가 승소하면 얻게 될 경제적 이익을 화폐단위로 평가한 금액을 말한다.

> 〈상황〉
>
> 갑은 보행로에서 자전거를 타다가 을의 상품진열대에 부딪쳐서 부상을 당하였고, 이 상황을 병이 목격하였다. 갑은 을에게 자신의 병원치료비와 위자료를 요구하였다. 그러나 을은 갑의 잘못으로 부상당한 것으로 자신에게는 책임이 없으며, 오히려 갑 때문에 진열대가 파손되어 손해가 발생했으므로 갑이 손해를 배상해야 한다고 주장하였다. 갑은 자신을 원고로, 을을 피고로 하여 병원치료비와 위자료로 합계 금 2,000만 원을 구하는 소를 제기하였다. 제1심 법원은 증인 병의 증언을 바탕으로 갑에게 책임이 있다는 을의 주장이 옳다고 인정하여, 갑의 청구를 기각하는 판결을 선고하였다. 이 판결에 대해서 갑은 항소를 제기하였다.

① 76,800원
② 104,800원
③ 124,800원
④ 140,800원
⑤ 172,800원

32 다음 글에서 가장 중요하게 생각하는 것은?

사람은 타고난 용모가 추한 것을 바꾸어 곱게 할 수도 없고, 타고난 힘이 약한 것을 바꾸어 강하게도 할 수 없으며, 키가 작은 것을 바꾸어 크게 할 수도 없다. 이것은 왜 그런 것일까? 그것은 사람은 저마다 이미 정해진 분수가 있어서 그것을 고치지 못하기 때문이다.

그러나 오직 한 가지 변할 수 있는 것이 있으니, 그것은 마음과 뜻이다. 이 마음과 뜻은 어리석은 것을 바꾸어 지혜롭게 할 수가 있고, 모진 것을 바꾸어 어질게 만들 수도 있다. 그것은 무슨 까닭인가? 그것은 사람의 마음이란 비어 있고 차 있고 한 것이 본래 타고난 것에 구애되지 않기 때문이다. 그렇다. 사람에게 지혜로운 것보다 더 아름다운 것은 없다. 어진 것보다 더 귀한 것이 없다. 그런데 어째서 나는 어질고 지혜 있는 사람이 되지 못하고 하늘에서 타고난 본성을 깎아 낸단 말인가? 사람마다 이런 뜻을 마음속에 두고 이것을 견고하게 가져서 조금도 물러서지 않는다면 누구나 거의 올바른 사람의 지경에 들어갈 수가 있다.

그러나 사람들은 혼자서 자칭 내가 뜻을 세웠노라고 하면서도, 이것을 가지고 애써 앞으로 나아가려 하지 않고, 그대로 우두커니 서서 어떤 효력이 나타나기만 기다린다. 이것은 명목으로는 뜻을 세웠노라고 말하지만, 그 실상은 학문을 하려는 정성이 없기 때문이다. 그렇지 않고 만일 내 뜻의 정성이 정말로 학문에 있다고 하면 어진 사람이 될 것은 정한 이치이고, 또 내가 하고자 하는 올바른 일을 행하면 그 효력이 나타날 것인데, 왜 이것을 남에게서 구하고 뒤에 하자고 기다린단 말인가?

① 자연의 순리대로 살아가는 일
② 천하의 영재를 얻어 교육하는 일
③ 뜻을 세우고 그것을 실천하는 일
④ 세상과 적절히 타협하며 살아가는 삶
⑤ 다른 사람들에게 선행을 널리 베푸는 일

33 식당을 창업하려는 A가 금융기관에 근무하는 B를 찾아와 창업상담과 대출을 위한 창업컨설팅을 요청하였다. A의 창업계획과 고려사항은 다음과 같고 B가 A의 신용등급을 확인한 결과, A의 대출가능 금액은 6천만 원이다. A가 창업을 해야 하는지 회사를 다녀야 하는지 선택하고, 그 선택이 얼마나 이익인지 바르게 짝지은 것은?

■ **A의 창업계획**
- 식당 매장 임차비용 : 보증금 1억 2천만 원, 월세 1천2백만 원
- 메뉴 1개 판매가격 : 3,500원
- 메뉴 1개 판매비용 : 500원
- 1일 평균 판매량 180개(월 25일 운영)
- A의 자기자금 보유현황 : 60,000,000원(시중 은행 정기예금 연이율 3%)

■ **고려사항**
- 시중은행 대출이자 연이율 5%
- A는 현재 연봉 3천6백만 원인 회사를 다니고 있으며 회사를 퇴사하고 식당을 본격적으로 운영하려고 함

---

① 창업을 한다. 1,500만 원 이익
② 창업을 한다. 1,800만 원 이익
③ 기존 회사를 다닌다. 2,280만 원 이익
④ 기존 회사를 다닌다. 2,100만 원 이익
⑤ 기존 회사를 다닌다. 2,580만 원 이익

※ 자동차에 번호판을 부여하는 규칙이 다음과 같을 때, 이어지는 질문에 답하시오. [34~35]

〈자동차 번호판 부여 규칙〉

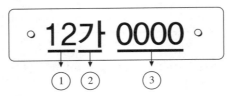

각 숫자는 다음의 사항을 나타낸다.
① 자동차의 종류
② 자동차의 용도
③ 자동차의 등록번호

▶ 자동차의 종류

구분	숫자 기호
승용차	01 ~ 69
승합차	70 ~ 79
화물차	80 ~ 97
특수차	98 ~ 99

▶ 자동차의 용도

구분		문자 기호
비사업용		가, 나, 다, 라, 마, 거, 너, 더, 러, 머, 서, 어, 저, 고, 노, 도, 로, 모, 보, 소, 오, 조, 구, 누, 두, 루, 무, 부, 수, 우, 주
사업용	택시	아, 바, 사, 자
	택배	배
	렌터카	하, 허, 호

▶ 자동차의 등록번호
차량의 고유번호로 임의로 부여

34 A씨는 이사를 하면서 회사와 거리가 멀어져 출퇴근을 위해 새 승용차를 구입하였다. A씨가 부여받을 수 있는 자동차 번호판으로 적절하지 않은 것은?

① 23겨 4839

② 67거 3277

③ 42서 9961

④ 31주 5443

⑤ 12모 4839

35 다음 중 자동차 번호판 성격이 다른 하나는?

① 80가 8425

② 84배 7895

③ 92보 1188

④ 81오 9845

⑤ 97주 4763

36 다음은 출생 연대별로 드러난 개인주의 가치 성향을 조사한 결과이다. 이에 대한 설명으로 옳은 것은?

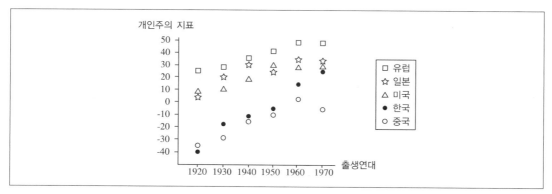

① 세대별로 가치관의 차이는 한국보다 유럽이 큰 편이다.

② 한국을 제외하고는 나이와 개인주의 가치관이 반비례한다.

③ 중국의 1960년대생과 1970년대생은 비슷한 개인주의 성향을 보인다.

④ 전체 인구를 보면 대체로 유럽, 일본, 미국이 한국, 중국보다 개인주의 성향이 더 강하다.

⑤ 일본의 세대별 개인주의의 차이가 가장 크다.

37 다음은 C도로공사에서 제시한 고속도로 통행요금산정표와 차종별 주행요금 단가이다. 다음 중 차종별 통행요금을 순서대로 바르게 나열한 것은?(단, 요금은 소수점 첫째 자리에서 버림한다)

〈고속도로 통행요금산정 기본구조〉

구분	폐쇄식	개방식
기본요금	900원	720원
요금산정	(기본요금)+[(주행거리)×(차종별 km당 주행요금)]	

〈차종별 주행요금 단가〉

구분	km당 주행요금
1종	44.3원
2종	45.2원
3종	47.0원
4종	62.9원
5종	74.4원

① K씨는 2종 자동차를 운전하며, 폐쇄식 고속도로 12km를 운전했다. 1,460원
② A씨는 1종을 렌트하여 여행하는 동안 폐쇄식 고속도로 20km를 운전했다. 1,980원
③ H씨는 4종 화물차로 물건을 운반하기 위해 개방식 고속도로 30km를 이용했다. 3,600원
④ B씨는 3종 고속버스 운전사이며, 폐쇄식 고속도로 28km를 운전했다. 2,510원
⑤ E씨는 1종 자동차를 구입하여, 개방식 고속도로 10km를 시험 운전해 보았다. 1,160원

38 남학생 A ~ D와 여학생 W ~ Z 8명이 있다. 어떤 시험을 본 뒤 득점을 살펴보았더니, 남녀 모두 1명씩 짝을 이루어 동점을 받았다. 다음 〈조건〉을 모두 만족할 때, 옳은 것은?

─〈조건〉─
• 여학생 X는 남학생 B 또는 C와 동점이다.
• 여학생 Y는 남학생 A 또는 B와 동점이다.
• 여학생 Z는 남학생 A 또는 C와 동점이다.
• 남학생 B는 여학생 W 또는 Y와 동점이다.

① 여학생 W는 남학생 C와 동점이다.
② 여학생 X는 남학생 B와 동점이다.
③ 여학생 Z는 남학생 C와 동점이다.
④ 여학생 Y는 남학생 A와 동점이다.
⑤ 남학생 D는 여학생 W와 동점이다.

39 다음은 대규모 기업진단 매출액에 대한 자료이다. 이에 대한 내용으로 옳지 않은 것은?

〈대규모 기업집단 매출액 현황〉

구분	2020년	2021년	2022년
상위 10대 민간 기업집단	680.5조 원	697.3조 원	874.1조 원
상위 30대 민간 기업집단	939.6조 원	941.8조 원	1,134.0조 원
민간 기업집단	984.7조 원(총 40집단)	1,016.9조 원(총 45집단)	1,231.8조 원(총 47집단)
전체 기업집단 [(민간)+(공공)]	1,095.0조 원(총 48집단)	1,113.9조 원(총 53집단)	1,348.3조 원(총 55집단)

※ 자산규모 5조 이상 기업집단(상호출자·채무보증 제한 대상)
※ 자산규모 기준으로 상위 10대, 30대

① 2022년 전체 기업집단 매출액 대비 상위 10대 민간 기업집단이 차지하고 있는 비율은 2020년에 비해 약간 낮아졌다.
② 2022년 상위 10대 민간 기업집단의 매출액은 상위 30대 민간 기업집단 매출액의 75% 이상을 차지하고 있다.
③ 2020년 공공집단이 차지하고 있는 매출액은 전체 기업집단의 약 10% 정도이다.
④ 2020년 대비 2022년 상위 30대 민간 기업집단의 매출액 증가율보다 상위 10대 민간 기업집단의 매출액 증가율이 더 높다.
⑤ 민간 기업집단의 총수와 매출액은 해마다 증가하고 있다.

40 H공사에 근무하는 K씨가 업무시간에 대한 안내문을 작성하였다. 다음 중 수정사항으로 적절하지 않은 것은?

안녕하십니까?

H공사 P본부를 방문해 주셔서 감사드립니다. 저희 P본부 직원 일동은 신속한 업무처리를 위해 항상 최선을 다할 것을 약속드리며 P본부 업무시간에 대한 안내 말씀 드리겠습니다.

업무시간은 월 ~ 금요일 09:00 ~ 16:00이고, 점심시간은 별도로 있지 않습니다. 일요일·공휴일은 휴무이며, 우편 업무시간은 H공사 본사 업무시간과 다르기 때문에 착오 없으시기 바랍니다.

항상 고객 여러분과 함께하는 H공사 P본부가 되겠습니다.

– P본부 직원 일동

---

① '안내 말씀'이 아니라 안내를 드리겠다고 표현하는 것이 고객을 존대하는 표현으로 적절해.

② 한 줄로 다 설명하기보다는 목차 형식으로 구분하는 게 좋겠어.

③ P본부 우편 이용시간을 추가해야겠어.

④ 마지막에 인사말로 '감사합니다.'를 추가하는 게 좋을 것 같아.

⑤ 'P본부 직원 일동'을 문서를 실제 작성한 사람의 이름으로 바꿔야 해.

○○부는 철새로 인한 국내 야생 조류 및 가금류 조류인플루엔자(AI; Avian Influenza, AI) 바이러스 감염 확산 여부를 추적 조사하고 있다. AI 바이러스는 병원성 정도에 따라 고병원성과 저병원성 AI 바이러스로 구분한다. 발표 자료에 따르면, 2023년 10월 25일 충남 천안시에서는 야생 조류 분변에서 고병원성 AI 바이러스가 검출되었으며 이는 2021년 2월 1일 충남 아산시에서 검출된 이래 2년 8개월 만의 검출 사례였다. 최근 야생 조류 고병원성 AI 바이러스 검출 사례는 2023년 10월 25일부터 11월 21일까지 경기도에서 3건, 충남에서 2건이 발표되었고, 가금류 고병원성 AI 바이러스 검출 사례는 전국에서 총 3건이 발표되었다. 같은 기간에 야생 조류 저병원성 AI 바이러스 검출 후 발표된 사례는 전국에 총 8건이다. 또한 채집된 의심 야생 조류의 분변 검사 결과, 고병원성·저병원성 AI 바이러스 모두에 해당하지 않아 바이러스 미분리로 분류된 사례는 총 7건이다. 야생 조류 AI 바이러스 검출 현황은 고병원성 AI, 저병원성 AI, 검사 중으로 분류하고 바이러스 미분리는 야생 조류 AI 바이러스 검출 현황에 포함하지 않는다. 야생 조류 AI 바이러스가 검출되고 나서 고병원성 여부를 확인하기 위해 정밀 검사를 하는 데 상당한 기간이 소요되므로, 아직 검사 중인 것이 9건이다. 그중 하나인 제주도 하도리의 경우 11월 22일 고병원성 AI 바이러스 검출 여부를 발표할 예정이다. ○○부 주무관 갑은 2023년 10월 25일부터 11월 21일까지 발표된 야생 조류 AI 바이러스 검출 현황을 아래와 같이 표로 작성하였으나 검출 현황을 적절히 반영하지 않아 수정이 필요하다.

〈야생 조류 AI 바이러스 검출 현황〉

고병원성 AI	저병원성 AI	검사 중	바이러스 미분리
8건	8건	9건	7건

※ 기간 : 2023년 10월 25일 ~ 2023년 11월 21일

〈보기〉

ㄱ. 고병원성 AI 항목의 8건을 5건으로 수정한다.
ㄴ. 검사 중 항목의 9건을 8건으로 수정한다.
ㄷ. 바이러스 미분리 항목을 삭제한다.

① ㄱ
② ㄴ
③ ㄱ, ㄷ
④ ㄴ, ㄷ
⑤ ㄱ, ㄴ, ㄷ

42 다음 글에서 추론할 수 있는 것을 〈보기〉에서 모두 고르면?

> 수학을 이해하기 위해서는 연역적인 공리적 증명 방법에 대해 정확히 이해할 필요가 있다. 우리는 2보다 큰 짝수들을 원하는 만큼 많이 조사하여 각각이 두 소수(素數)의 합이라는 것을 알아낼 수 있다. 그러나 이러한 과정을 통해 얻은 결과를 '수학적 정리'라고 말할 수 없다. 이와 비슷하게, 한 과학자가 다양한 크기와 모양을 가진 1,000개의 삼각형의 각을 측정하여, 측정 도구의 정확도 범위 안에서 그 각의 합이 180도라는 것을 알아냈다고 가정하자. 이 과학자는 임의의 삼각형의 세 각의 합이 180도가 확실하다고 결론 내릴 것이다. 그러나 이러한 측정의 결과는 근삿값일 뿐이라는 문제와, 측정되지 않은 어떤 삼각형에서는 현저하게 다른 결과가 나타날지도 모른다는 의문이 남는다. 이러한 과학자의 증명은 수학적으로 받아들일 수 없다. 반면에, 수학자들은 모두 의심할 수 없는 공리들로부터 시작한다. 두 점을 잇는 직선을 하나만 그을 수 있다는 것을 누가 의심할 수 있는가? 이와 같이 의심할 수 없는 공리들을 참이라고 받아들이면, 이로부터 연역적 증명을 통해 나오는 임의의 삼각형의 세 각의 합이 180도라는 것이 참이라는 것을 받아들여야만 한다. 이런 식으로 증명된 결론을 수학적 정리라고 한다.

〈보기〉
ㄱ. 연역적으로 증명된 것은 모두 수학적 정리이다.
ㄴ. 연역적으로 증명된 수학적 정리를 거부하려면, 공리 역시 거부해야 한다.
ㄷ. 어떤 삼각형의 세 각의 합이 오차 없이 측정되었다면, 그 결과는 수학적 정리로 받아들일 수 있다.

① ㄱ
② ㄴ
③ ㄱ, ㄷ
④ ㄴ, ㄷ
⑤ ㄱ, ㄴ, ㄷ

43 환경부의 인사실무 담당자는 환경정책과 관련된 특별위원회를 구성하면서 외부 환경 전문가를 위촉하려 한다. 현재 거론되고 있는 외부 전문가는 A ~ F 총 여섯 명이며 담당자는 다음의 〈조건〉을 충족시키는 선택을 해야 한다. 만약 B가 위촉되지 않는다면, 몇 명이 위촉되는가?

〈조건〉
- 만약 A가 위촉되면, B와 C도 위촉되어야 한다.
- 만약 A가 위촉되지 않는다면, D가 위촉되어야 한다.
- 만약 B가 위촉되지 않는다면, C나 E가 위촉되어야 한다.
- 만약 C와 E가 위촉되면, D는 위촉되어서는 안 된다.
- 만약 D나 E가 위촉되면, F도 위촉되어야 한다.

① 1명
② 2명
③ 3명
④ 4명
⑤ 5명

44 다음 중 공인중개사 A씨의 예상이 적중되기 위해 필요한 상황으로 옳은 것은?

A씨는 작년 1월부터 자신의 사무실이 위치한 건물 1층에 세를 얻어 커피숍을 함께 운영하기 시작하였다. 비록 커피숍을 운영하여 얻은 이익은 공인중개사 업무를 통해 얻는 소득보다는 적었지만 A씨의 소득에 또 다른 큰 보탬이 되었다.

금년에도 A씨는 공인중개사 업무를 계속 수행하면서 커피숍을 운영하고 있는데 금년 3월부터 시작된 건물 앞 도로 공사로 인해 6월 중순 현재까지 커피숍을 찾는 손님이 급격히 감소하여 커피숍 운영을 통해 오히려 금전적 손실을 입고 있다. A씨는 올해의 소득이 작년보다는 적을 것으로 예상했다.

① 커피숍의 임대료가 올해 10% 인하되었다.
② 부동산 중개 건수가 작년보다 2배 증가하였다.
③ 건물 앞 도로공사가 금년 6월 말에 끝이 난다.
④ 공인중개사 사무실과 커피숍의 직원을 각각 한 명씩 해고하였다.
⑤ 올해의 공인중개사 업무 수익의 증가분이 커피숍 운영의 손실을 상쇄할 수 없다.

45 다음 글의 요지로 가장 적절한 것은?

신문이 진실을 보도해야 한다는 것은 새삼스러운 설명이 필요 없는 당연한 이야기이다. 정확한 보도를 하기 위해서는 문제를 전체적으로 보아야 하고, 역사적으로 새로운 가치의 편에서 봐야 하며, 무엇이 근거이고, 무엇이 조건인가를 명확히 해야 한다. 그런데 이러한 준칙을 강조하는 것은 기자들의 기사 작성 기술이 미숙하기 때문이 아니라, 이해관계에 따라 특정 보도의 내용이 달라지기 때문이다. 자신들에게 유리하도록 기사가 보도되게 하려는 외부 세력이 있으므로 진실 보도는 일반적으로 수난의 길을 걷게 마련이다. 신문은 스스로 자신들의 임무가 '사실 보도'라고 말한다. 그 임무를 다하기 위해 신문은 자신들의 이해관계에 따라 진실을 왜곡하려는 권력과 이익 집단, 그 구속과 억압의 논리로부터 자유로워야 한다.

① 진실 보도를 위하여 구속과 억압의 논리로부터 자유로워야 한다.
② 자신들에게 유리하도록 기사가 보도되게 하는 외부 세력이 있다.
③ 신문의 임무는 사실 보도이나, 진실 보도는 수난의 길을 걷는다.
④ 정확한 보도를 하기 위하여 전체적 시각을 가져야 한다.
⑤ 신문 보도에 있어 준칙을 강조하는 것은 기자들의 기사 작성 기술이 미숙하기 때문이다.

46 다음 글에 대한 내용으로 적절하지 않은 것은?

> 세슘은 알칼리 금속에 속하는 화학 원소로 무르고 밝은 금색이며 실온에서 액체 상태로 존재하는 세 가지 금속 중 하나이다. 세슘은 공기 중에서도 쉽게 산화하며 가루 세슘 또한 자연발화를 하는데다 물과 폭발적으로 반응하기 때문에 소방법에서는 위험물로 지정하고 있다. 나트륨이나 칼륨은 물에 넣으면 불꽃을 내며 타는데, 세슘의 경우에는 물에 넣었을 때 발생하는 반응열과 수소 기체가 만나 더욱 큰 폭발을 일으킨다. 세슘에는 약 30종의 동위원소가 있는데, 이중 세슘-133만이 안정된 형태이며 나머지는 모두 자연적으로 붕괴한다. 또한, 이중 세슘-137은 감마선을 만드는 데, 1987년에 이 물질에 손을 댄 4명이 죽고 200명 이상이 피폭당한 고이아니아 방사능 유출사고가 있었다.

① 세슘은 실온에서 액체로 존재하는 세 가지 금속 중 하나이다.
② 액체 상태의 세슘은 위험물에서 제외하고 있다.
③ 세슘은 물에 넣었을 때 큰 폭발을 일으킨다.
④ 세슘-137을 부주의하게 다룰 경우 생명이 위독할 수 있다.
⑤ 세슘의 동위원소 대부분은 안정적이지 못하다.

47 다음 글에서 밑줄 친 ㉠~㉤의 수정 방안으로 적절하지 않은 것은?

실제로 예상보다 많은 청소년이 아르바이트를 하고 있거나 아르바이트를 했던 경험이 있다고 응답했다. ㉠ 청소년들이 가장 많은 아르바이트는 '광고 전단 돌리기'였다. 전단지 아르바이트는 ㉡ 시급이 너무 높지만 아르바이트 중에서도 가장 짧은 시간에 할 수 있는 대표적인 단기 아르바이트로 유명하다. 이러한 특징으로 인해 대부분의 사람이 전단지 아르바이트를 꺼리게 되고, 돈은 필요하지만 학교에 다니면서 고정적으로 일하기는 어려운 청소년들이 주로 하게 된다고 한다. 전단지 아르바이트 다음으로는 음식점에서 아르바이트를 해보았다는 청소년들이 많았다. 음식점 중에서도 패스트푸드점에서 아르바이트를 하고 있거나 해보았다는 청소년들이 가장 많았는데, 패스트푸드점은 ㉢ 대체로 높은 임금을 받거나 대형 프랜차이즈가 아닌 경우에는 최저임금마저도 주지 않는다는 조사 결과가 나왔다. 또한, 식대나 식사를 제공하지 않아서 몇 시간 동안 서서 일하면서도 ㉣ 끼니만도 제대로 해결하지 못했던 경험을 한 청소년이 많은 것으로 밝혀졌다. ㉤ 근로자로써 당연히 보장받아야 할 권리를 청소년이라는 이유로 보호받지 못하고 있다.

① ㉠ : 호응 관계를 고려하여 '청소년들이 가장 많이 경험해 본'으로 수정한다.

② ㉡ : 앞뒤 문맥을 고려하여 '시급이 너무 낮지만'으로 수정한다.

③ ㉢ : 호응 관계를 고려하여 '대체로 최저임금으로 받거나'로 수정한다.

④ ㉣ : 호응 관계를 고려하여 '끼니조차'로 수정한다.

⑤ ㉤ : '로써'는 어떤 일의 수단이나 도구를 나타내는 격조사이므로 '근로자로서'로 수정한다.

48 S사의 배터리개발부, 생산기술부, 전략기획부, 품질보증부는 지원자의 전공에 따라 신입사원을 뽑았다. 다음 〈조건〉을 참고할 때, 항상 참인 것은?

───〈조건〉───

- S사의 배터리개발부, 생산기술부, 전략기획부, 품질보증부에서 순서대로 각각 2명, 1명, 1명, 3명의 신입사원을 뽑는다.
- 배터리개발부는 재료공학을, 생산기술부는 화학공학, 전략기획부는 경영학, 품질보증부는 정보통신학과 졸업생을 뽑았다.
- A∼G가 S사 신입사원으로 합격하였으며, A, B, E지원자만 복수전공을 하였고 가능한 부서에 모두 지원하였다.
- A지원자는 복수전공을 하여 배터리개발부와 생산기술부에 지원하였다.
- B지원자는 경영학과 정보통신학을 전공하였다.
- E지원자는 화학공학과 경영학을 전공하였다.
- C지원자는 품질보증부에 지원하였다.
- D지원자는 배터리개발부의 신입사원으로 뽑혔다.
- F와 G지원자는 같은 학과를 졸업하였다.

① A지원자는 배터리개발부의 신입사원으로 뽑히지 않았다.
② E지원자는 생산기술부의 신입사원으로 뽑혔다.
③ G지원자는 배터리개발부의 신입사원으로 뽑혔다.
④ B지원자는 품질보증부의 신입사원으로 뽑혔다.
⑤ F지원자는 품질보증부의 신입사원으로 뽑히지 않았다.

49 다음 글에 대한 내용으로 가장 적절한 것은?

체험사업을 운영하는 이들은 아이들에게 다양한 직업의 현장과 삶의 실상, 즉 현실을 체험하게 해 준다고 홍보한다. 직접 겪지 못하는 현실을 잠시나마 체험함으로써 미래에 더 좋은 선택을 할 수 있게 한다는 것이다. 체험은 생산자에게는 홍보와 돈벌이 수단이 되고, 소비자에게는 교육의 연장이자 주말 나들이 거리가 된다. 이런 필요와 전략이 맞물려 체험사업이 번성한다. 그러나 이때의 현실은 체험하는 사람의 필요와 여건에 맞추어 미리 짜놓은 현실, 치밀하게 계산된 현실이다. 다른 말로 하면 가상현실이다. 아이들의 상황을 고려해서 눈앞에 보일 만한 것, 손에 닿을 만한 것, 짧은 시간에 마칠 수 있는 것을 잘 계산해서 마련해 놓은 맞춤형 가상현실인 것이다. 눈에 보이지 않는 구조, 손에 닿지 않는 제도, 장기간 반복되는 일상은 체험행사에서는 제공될 수 없다.

여기서 주목해야 할 것은 경험과 체험의 차이이다. 경험은 타자와의 만남이다. 반면 체험 속에서 인간은 언제나 자기 자신만을 볼 뿐이다. 타자들로 가득한 현실을 경험함으로써 인간은 스스로 변화하는 동시에 현실을 변화시킬 동력을 얻는다. 이와 달리 가상현실에서는 그것을 체험하고 있는 자신을 재확인하는 것으로 귀결되기 마련이다. 경험 대신 체험을 제공하는 가상현실은 실제와 가상의 경계를 모호하게 할 뿐만 아니라 우리를 현실에 순응하도록 이끈다. 요즘 미래 기술로 각광받는 디지털 가상현실 기술은 경험을 체험으로 대체하려는 오랜 시도의 결정판이다. 버튼 하나만 누르면 3차원으로 재현된 세계가 바로 앞에 펼쳐진다. 한층 빠르고 정교한 계산으로 구현한 가상현실은 우리에게 필요한 모든 것을 눈앞에서 체험할 수 있는 본격 체험사회를 예고하는 것만 같다.

① 체험사업은 장기간의 반복적 일상을 가상현실을 통해 경험하도록 해 준다.
② 현실을 변화시킬 수 있는 동력은 체험이 아닌 현실을 경험함으로써 얻게 된다.
③ 가상현실은 실제와 가상 세계의 경계를 구분하여 자기 자신을 체험할 수 없도록 한다.
④ 체험사업은 아이들에게 타자와의 만남을 경험하게 해줌으로써 경제적 이윤을 얻고 있다.
⑤ 디지털 가상현실 기술은 아이들에게 현실을 경험하게 함으로써 미래에 더 좋은 선택을 하도록 돕는다.

※ H공사는 2023년 하반기 승진후보자 중 승진자를 선발하고자 한다. 이어지는 질문에 답하시오. **[50~51]**

〈2023년 하반기 승진자 선발〉

1. 승진자 선발 방식
 • 승진점수(100)는 실적평가점수(40), 동료평가점수(30), 혁신사례점수(30)에 교육 이수에 따른 가점을 합산하여 산정한다.
 • 교육 이수자에게는 다음의 가점을 부여한다.

교육	조직문화	전략적 관리	혁신역량	다자협력
가점	2	2	3	2

 • 승진후보자 중 승진점수가 가장 높은 2인을 선발하여 승진시킨다.

2. 승진후보자 평가정보

승진후보자	실적평가점수	동료평가점수	혁신사례점수	이수교육
A	34	26	22	다자협력
B	36	25	18	혁신역량
C	39	26	24	–
D	37	21	23	조직문화, 혁신역량
E	36	29	21	–

50 하반기 인사에 혁신의 반영률을 높이라는 내부 인사위원회의 권고에 따라 승진자 선발 방식이 다음과 같이 변경되었다. 변경된 승진자 선발 방식에 따라 승진자를 선발할 때, 승진할 2명은?

〈승진자 선발 방식 변경〉

〈변경 전〉	〈변경 후〉
1. 승진점수(100) 총점 및 배점 • 실적평가점수(40) • 동료평가점수(30) • 혁신사례점수(30) 2. 혁신역량 교육 가점	1. 승진점수(115) 총점 및 배점 • 실적평가점수(40) • 동료평가점수(30) • 혁신사례점수(45) – 혁신사례점수에 50%의 가중치를 부여 2. 혁신역량 교육 가점

〈변경 전〉 2. 혁신역량 교육 가점

교육	혁신역량
가점	3

〈변경 후〉 2. 혁신역량 교육 가점

교육	혁신역량
가점	4

① A, D

② B, C

③ B, E

④ C, D

⑤ C, E

51 기존의 승진자 선발 방식에 따라 승진후보자 A ~ E 5명 중 2명을 승진시키고자 한다. 동점자가 있는 경우 실적평가 점수가 더 높은 후보자를 선발한다고 할 때, 승진할 2명은?

① A, B

② A, C

③ C, D

④ C, E

⑤ D, E

52 다음은 지역별 및 연령대별 흡연율에 대한 자료이다. 〈보기〉에서 옳은 것을 모두 고르면?

〈지역별 · 연령대별 흡연율〉

(단위 : %)

지역	평균	연령대				
		20대	30대	40대	50대	60대 이상
A	24.4	28.4	24.8	27.4	20.0	16.2
B	24.2	21.5	31.4	29.9	18.7	18.4
C	23.1	18.9	27.0	27.2	25.4	17.6
D	23.0	28.0	30.1	27.9	15.6	2.7
E	21.8	30.0	27.5	22.4	10.8	9.1
F	19.9	24.2	25.2	19.3	18.9	18.4
G	17.8	13.1	25.4	22.5	19.9	16.5
H	17.5	22.2	16.1	18.2	18.2	15.8
I	16.4	11.6	25.4	13.4	16.2	13.9
J	15.6	14.0	22.2	18.8	11.6	9.4
전국 평균	22.9	25.5	29.6	24.9	19.8	12.3

〈보기〉

ㄱ. 지역 평균 흡연율이 전국 평균 흡연율보다 높은 지역은 4곳이다.

ㄴ. 40대를 기준으로 흡연율이 가장 높은 지역과 20대를 기준으로 흡연율이 가장 높은 지역은 다르다.

ㄷ. I지역은 J지역보다 20대와 30대 흡연자 수의 차이가 더 크다.

ㄹ. 각 지역의 연령대 흡연율 순위가 전국 평균의 연령대 흡연율 순위와 동일한 지역은 3곳이다.

① ㄱ, ㄴ

② ㄱ, ㄷ

③ ㄷ, ㄹ

④ ㄱ, ㄴ, ㄹ

⑤ ㄴ, ㄷ, ㄹ

53 어느 회사에서는 A, B 두 제품을 주력 상품으로 제조하고 있다. A제품을 1개 만드는 데 재료비는 3,600원, 인건비는 1,600원이 들어가고, B제품을 1개 만드는 데 재료비는 1,200원, 인건비는 2,000원이 들어간다. 이 회사는 한 달 동안 두 제품을 합하여 40개를 생산하려고 한다. 재료비는 12만 원 이하, 인건비는 7만 원 이하가 되도록 하려고 할 때, A제품을 최대로 생산하면 몇 개를 만들 수 있는가?

① 25개 ② 26개
③ 28개 ④ 30개
⑤ 31개

54 K은행 A지점은 개점 5주년을 맞이하여 행사기간 동안 방문하는 고객에게 소정의 사은품을 나누어 주는 행사를 진행하고자 한다. 행사에 필요한 예산을 본사에 요청하기 위해 다음과 같이 기획안과 예산안을 제출하고자 할 때, 총 필요 예산금액(A)으로 옳은 것은?

〈경품 추첨용 도구(룰렛)〉

※ 원점을 중심으로 각 부채꼴의 각은 동일함

〈기획안〉

- 행 사 명 : 5주년 고객감사 특별행사
- 행사기간 : 11월 6일(월) ~ 17일(금)
- 참여대상 : 행사기간 내 본 지점 내방 고객
- 추첨방법 : 룰렛판을 돌려 화살표가 지시하는 상품을 제공함
- 경품내역 : 볼펜, 핸드로션, 휴대전화 거치대, 주방세제, 밀폐용기 세트, 상품권(1만 원)

〈예산안〉

- 예상 참여인원 : 4,000명(전년 동월 방문객 수 참고)
- 총 필요 예산금액 : A

〈구매상품 리스트〉

품목	볼펜	핸드로션	휴대전화 거치대	주방세제	밀폐용기 세트	상품권
단가	500원	2,000원	3,000원	5,000원	10,000원	10,000원
수량						
총액						

① 9,500,000원 ② 10,250,000원
③ 11,750,000원 ④ 12,500,000원
⑤ 13,250,000원

55 A ~ D 4명은 한 아파트에 살고 있다. 이 아파트는 1층, 2층, 층별로 1호, 2호로 구성되어 있다. 〈조건〉을 바탕으로 추론한 내용으로 옳은 것을 〈보기〉에서 모두 고르면?

───〈조건〉───
- 각 집에는 한 명씩만 산다.
- D는 2호에 살고 A는 C보다 위층에 있다.
- B와 C는 서로 다른 호수에 산다.
- A와 B는 이웃해 있다.

───〈보기〉───
ㄱ 1층 1호 – C   ㄴ 1층 2호 – B
ㄷ 2층 1호 – A   ㄹ 2층 2호 – D

① ㄱ, ㄴ   ② ㄱ, ㄷ
③ ㄴ, ㄷ   ④ ㄴ, ㄹ
⑤ ㄱ, ㄴ, ㄷ, ㄹ

56 다음 〈조건〉을 바탕으로 할 때, 주어진 문장을 판단한 내용으로 옳은 것은?

───〈조건〉───
- 보혜, 지현, 원웅, 남형, 재희가 차례대로 있는 1 ~ 5번 방에 들어가 있다.
- 보혜와 지현이 사이의 간격과 지현이와 재희 사이의 간격은 같다.
- 남형이는 재희보다 오른쪽 방에 있다.
- 보혜는 1번 방에 있다.

재희는 원웅이보다 왼쪽 방에 있다.

① 확실히 아니다.
② 확실하지 않지만 틀릴 확률이 높다.
③ 확실하지 않지만 맞을 확률이 높다.
④ 확실히 맞다.
⑤ 알 수 없다.

57 다음은 9개 국가의 실질세 부담률에 대한 자료이다. 〈조건〉에 근거하여 (A) ~ (E)에 해당하는 국가를 바르게 나열한 것은?

구분 / 국가	독신 가구 실질세 부담률(%)	2012년 대비 증감(%p)	전년 대비 증감(%p)	다자녀 가구 실질세 부담률(%)	독신 가구와 다자녀 가구의 실질세 부담률 차이(%p)
(A)	55.3	−0.20	−0.28	40.5	14.8
일본	32.2	4.49	0.26	26.8	5.4
(B)	39.0	−2.00	−1.27	38.1	0.9
(C)	42.1	5.26	0.86	30.7	11.4
한국	21.9	4.59	0.19	19.6	2.3
(D)	31.6	−0.23	0.05	18.8	12.8
멕시코	19.7	4.98	0.20	19.7	0.0
(E)	39.6	0.59	−1.16	33.8	5.8
덴마크	36.4	−2.36	0.21	26.0	10.4

〈2022년 국가별 실질세부담률〉

─〈조건〉─

- 2022년 독신 가구와 다자녀 가구의 실질세 부담률 차이가 덴마크보다 큰 국가는 캐나다, 벨기에, 포르투갈이다.
- 2022년 독신 가구 실질세 부담률이 전년 대비 감소한 국가는 벨기에, 그리스, 스페인이다.
- 스페인의 2022년 독신 가구 실질세 부담률은 그리스의 2022년 독신 가구 실질세 부담률보다 높다.
- 2022년 독신 가구 실질세 부담률이 2012년 대비 가장 큰 폭으로 증가한 국가는 포르투갈이다.

	(A)	(B)	(C)	(D)	(E)
①	벨기에	그리스	포르투갈	캐나다	스페인
②	벨기에	스페인	캐나다	포르투갈	그리스
③	벨기에	스페인	포르투갈	캐나다	그리스
④	캐나다	그리스	스페인	포르투갈	벨기에
⑤	캐나다	스페인	포르투갈	벨기에	그리스

58 다음 〈조건〉과 제시된 상황을 근거로 판단할 때, 갑이 향후 1년간 자동차를 유지하는 데 드는 총비용은?

─〈조건〉─

- 자동차 유지비는 연 감가상각비, 연 자동차 보험료, 연 주유비용으로 구성되며 그 외의 비용은 고려하지 않는다.
- 연 감가상각비 계산 공식

$$(\text{연 감가상각비}) = \frac{[(\text{자동차 구매비용}) - (\text{운행가능기간 종료 시 잔존가치})]}{[\text{운행가능기간(년)}]}$$

- 연 자동차 보험료

(단위 : 만 원)

구분		차종		
		소형차	중형차	대형차
보험가입 시 운전경력	1년 미만	120	150	200
	1년 이상 2년 미만	110	135	180
	2년 이상 3년 미만	100	120	160
	3년 이상	90	105	140

※ 차량 구매 시 보험 가입은 필수이며 1년 단위로 가입한다.
※ 보험 가입 시 해당 차량에 블랙박스가 설치되어 있으면 보험료 10%가 할인된다.

- 주유비용
  1리터당 10km를 운행할 수 있으며, 리터당 비용은 연중 내내 1,500원이다.

〈상황〉

- 갑은 1,000만 원에 중형차 1대를 구입하여 바로 운행을 시작하였다.
- 차는 10년 동안 운행가능하며, 운행가능기간 종료 시 잔존가치는 100만 원이다.
- 자동차 보험 가입 시, 갑의 운전 경력은 2년 6개월이며 차에는 블랙박스가 설치되어 있다.
- 갑은 매달 500km씩 차를 운행한다.

① 192만 원
② 288만 원
③ 298만 원
④ 300만 원
⑤ 330만 원

59 다음 글에 대한 내용으로 가장 적절한 것은?

> 미국의 사회이론가이자 정치학자인 로버트 액셀로드의 저서 『협력의 진화』에서 언급된 팃포탯(Tit for Tat) 전략은 '죄수의 딜레마'를 해결할 가장 유력한 전략으로 더욱 잘 알려져 있는 듯하다.
>
> 죄수의 딜레마는 게임 이론에서 가장 유명한 사례 중 하나로, 두 명의 실험자가 참여하는 비제로섬 게임(Non Zero-sum Game)의 일종이다. 두 명의 실험자는 각각 다른 방에 들어가 심문을 받는데, 둘 중 하나가 배신하여 죄를 자백한다면 자백한 사람은 즉시 석방되는 대신 나머지 한 사람이 10년을 복역하게 된다. 다만, 두 사람 모두가 배신하여 죄를 자백할 경우는 5년을 복역하며, 두 사람 모두 죄를 자백하지 않는다면 각각 6개월을 복역하게 된다.
>
> 죄수의 딜레마에서 실험자들은 개인에게 있어 이익이 최대화된다는 가정 아래 움직이기 때문에 결과적으로는 모든 참가자가 배신을 선택하는 결과가 된다. 즉, 자신의 최대 이익을 노리려던 선택이 오히려 둘 모두에게 배신하지 않는 선택보다 나쁜 결과를 불러오는 것이다.
>
> 팃포탯 전략은 1979년 액셀로드가 죄수의 딜레마를 해결하기 위해 개최한 1·2차 리그 대회에서 우승한 프로그램의 짧고 간단한 핵심 전략이다. 캐나다 토론토 대학의 심리학자인 아나톨 라포트 교수가 만든 팃포탯은 상대가 배신한다면 나도 배신을, 상대가 의리를 지킨다면 의리로 대응한다는 내용을 담고 있다. 이 단순한 전략을 통해 팃포탯은 총 200회의 거래에서 유수의 컴퓨터 프로그램을 제치고 우승을 차지할 수 있었다. 대회가 끝난 후 액셀로드는 참가한 모든 프로그램들의 전략을 '친절한 전략'과 '비열한 전략'으로 나누었는데, 친절한 전략으로 분류된 팃포탯을 포함해 대체적으로 친절한 전략을 사용한 프로그램들이 좋은 성적을 냈다는 사실을 확인할 수 있었다. 그리고 그 중에서도 팃포탯이 두 차례 모두 우승할 수 있었던 것은 비열한 전략을 사용하는 프로그램에게는 마찬가지로 비열한 전략으로 대응했기 때문임을 알게 되었다.

① 엑셀로드가 만든 팃포탯은 죄수의 딜레마에서 우승할 수 있는 가장 유력한 전략이다.

② 죄수의 딜레마에서 자신의 이득이 최대로 나타나는 경우는 죄를 자백하지 않는 것이다.

③ 엑셀로드는 리그 대회를 통해 팃포탯과 같은 대체로 비열한 전략을 사용하는 프로그램이 좋은 성적을 냈다는 사실을 알아냈다.

④ 대회에서 우승한 팃포탯 전략은 비열한 전략을 친절한 전략보다 많이 사용했다.

⑤ 팃포탯 전략이 우승한 것은 비열한 전략에 마찬가지로 비열하게 대응했기 때문이다.

60 다음은 공공도서관 시설 및 도서관 자료 구비 기준과 상황에 대한 자료이다. 이를 토대로 옳은 것을 〈보기〉에서 모두 고르면?

〈공공도서관 시설 및 도서관 자료 구비 기준〉

봉사대상 인구(명)	시설		도서관 자료	
	건물면적(m²)	열람석(석)	기본장서(권)	연간증서(권)
10만 이상 30만 미만	1,650 이상	350 이상	30,000 이상	3,000 이상
30만 이상 50만 미만	3,300 이상	800 이상	90,000 이상	9,000 이상
50만 이상	4,950 이상	1,200 이상	150,000 이상	15,000 이상

- 봉사대상 인구란 도서관이 설치되는 해당 시의 인구를 말한다. 연간증서(年間增書)는 설립 다음 해부터 매년 추가로 늘려야 하는 장서로서 기본장서에 포함된다.
- 전체 열람석의 10% 이상을 노인과 장애인 열람석으로 할당하여야 한다.
- 공공도서관은 기본장서 외에 다음 각 목에서 정하는 자료를 갖추어야 한다.
  가. 봉사대상 인구 1천 명당 1종 이상의 연속간행물
  나. 봉사대상 인구 1천 명당 10종 이상의 시청각 자료

〈상황〉

○○부는 신도시인 A시에 2024년 상반기 개관을 목표로 공공도서관 건설을 추진 중이다. A시의 예상 인구 추계는 다음과 같다.

구분	2022년	2025년	2030년	2040년
예상 인구(명)	13만	15만	30만	50만

※ A시 도서관은 예정대로 개관한다.
※ 2022년 인구는 실제 인구이며, 인구는 해마다 증가한다고 가정한다.

〈보기〉

ㄱ. A시 도서관 개관 시 확보해야 할 최소 기본장서는 30,000권이다.
ㄴ. A시의 예상 인구 추계자료와 같이 인구가 증가한다면, 2025년에는 노인 및 장애인 열람석을 2024년에 비해 35석 추가로 더 확보해야 한다.
ㄷ. A시의 예상 인구 추계자료와 같이 인구가 증가하고, 2025 ~ 2030년에 매년 같은 수로 인구가 늘어난다면, 2028년에는 최소 240종 이상의 연속간행물과 2,400종 이상의 시청각 자료를 보유해야 한다.
ㄹ. 2030년 실제 인구가 예상 인구의 80% 수준에 불과하다면, 개관 이후 2030년 말까지 추가로 보유해야 하는 총 연간증서는 최소 18,000권이다.

① ㄱ, ㄴ
② ㄱ, ㄷ
③ ㄴ, ㄹ
④ ㄱ, ㄷ, ㄹ
⑤ ㄴ, ㄷ, ㄹ

61 다음 중 A의 주장에 대해 반박할 수 있는 내용으로 가장 적절한 것은?

> A : 우리나라의 장기 기증률은 선진국에 비해 너무 낮아. 이게 다 부모로부터 받은 신체를 함부로 훼손해서는 안 된다는 전통적 유교 사상 때문이야.
>
> B : 맞아. 그런데 장기기증 희망자로 등록이 돼 있어도 유족들이 장기 기증을 반대하여 기증이 이뤄지지 않는 경우도 많아.
>
> A : 유족들도 결국 유교 사상으로 인해 신체 일부를 다른 사람에게 준다는 방식을 잘 이해하지 못하는 거야.
>
> B : 글쎄, 유족들이 동의해서 기증이 이뤄지더라도 보상금을 받고 '장기를 팔았다.'라는 죄책감을 느끼는 유족들도 있다고 들었어. 또 아직은 장기 기증에 대한 생소함 때문일 수도 있어.

① 캠페인을 통해 장기 기증에 대한 사람들의 인식을 변화시켜야 한다.

② 유족에게 지급하는 보상금 액수가 증가하면 장기 기증률도 높아질 것이다.

③ 장기기증 희망자는 반드시 가족들의 동의를 미리 받아야 한다.

④ 장기 기증률이 낮은 이유에는 유교 사상 외에도 여러 가지 원인이 있을 수 있다.

⑤ 제도의 변화만으로는 장기 기증률을 높이기 어렵다.

62 K회사는 신입사원들을 대상으로 3개월 동안 의무적으로 강연을 듣게 하였다. 강연은 월요일과 수요일에 1회씩 열리고 금요일에는 격주로 1회씩 열린다고 할 때, 8월 1일 월요일에 처음 강연을 들은 신입사원이 13번째 강연을 듣는 날은 언제인가?(단, 그 주 금요일 강연은 열리지 않았다)

① 8월 31일 ② 9월 2일

③ 9월 5일 ④ 9월 7일

⑤ 9월 9일

63 다음은 A사원의 3월 출장내역을 나타낸 자료이다. 〈조건〉을 근거로 판단할 때, A사원이 3월 출장여비로 받을 수 있는 총액은?

〈A사원의 3월 출장내역〉

구분	출장지	출장 시작 및 종료 시각	비고
출장 1	세종시	14 ~ 16시	관용차량 사용
출장 2	인천시	14 ~ 18시	–
출장 3	서울시	9 ~ 16시	업무추진비 사용

〈조건〉

• 출장여비 기준
  – 출장여비는 출장수당과 교통비의 합이다.
  1) 세종시 출장
    – 출장수당 : 1만 원
    – 교통비 : 2만 원
  2) 세종시 이외 출장
    – 출장수당 : 2만 원(13시 이후 출장 시작 또는 15시 이전 출장 종료 시 1만 원 차감)
    – 교통비 : 3만 원
• 출장수당의 경우 업무추진비 사용 시 1만 원이 차감되며, 교통비의 경우 관용차량 사용 시 1만 원이 차감된다.

① 6만 원   ② 7만 원
③ 8만 원   ④ 9만 원
⑤ 10만 원

64 G공사는 2023년 하반기 우수사원들에게 부상으로 순금을 수여하기로 하였다. 수상자는 1 ~ 3등 각 1명씩 이며, 1등에게는 5돈 순금 두꺼비를 수여하고, 2등과 3등에게는 10g의 순금 열쇠를 하나씩 수여하기로 하였다. 부상 제작에 필요한 순금은 총 몇 kg인가?(단, 한 돈은 3.75g이다)

① 0.3875kg   ② 0.03875kg
③ 0.2875kg   ④ 0.02875kg
⑤ 3.8750kg

65 다음은 옥외전기 현장에서의 전기 안전사용 방법에 대한 자료이다. 다음 중 옥외전기 현장에서의 전기 안전사용을 실천하는 경우로 옳지 않은 것은?

〈옥외전기 현장에서의 전기 안전사용 방법〉

건축(건설)공사 현장에서	이삿짐 운반 시
• 건축물의 건축주(또는 시공자)는 공사현장의 위해를 방지하기 위하여 필요한 조치를 하여야 합니다(산업안전보건법 및 전기사업법). • 고압전선과 근접한 장소에서 건물의 증·개축공사를 할 경우 한전에 연락하여 전선과 충분한 안전거리를 확보하고, 충전 부위에 대한 방호(안전조치)를 취한 후, 작업을 하셔야 합니다. • 철근, 파이프의 운반이나 취급 중에 부근의 전력선 주변에 근접되지 않도록 주의하고, 크레인이나 펌프카 등 중장비 사용 시에는 부근의 전력선에 근접하지 않도록 작업 위치를 잘 선정하여야 합니다. • 피복 전력선에 잠깐 접촉될 경우에도 감전되므로, 안전하다고 잘못 판단하여 계속 접촉하거나 손이나 쇠붙이로 접촉하면 안 됩니다. • 지하 굴착 시에는 지하매설 전력선이 있는지 반드시 사전에 관할 지역 한전으로 확인하여야 하며, 필요 시 직원의 입회하에 안전하게 작업해야 합니다.	• 고가 사다리차를 이용하여 이삿짐 운반 시 작업에 지장이 된다하여 전력선을 만지는 경우가 있으나, 피복이 있는 절연전선도 접촉하면 감전되므로 절대로 밧줄로 묶거나 막대기, 쇠붙이 등으로 지지하면 안 됩니다. • 전력선 근처에서 이삿짐 운반 작업 시에는 전력선과 충분한 거리를 확보한 후, 작업하셔야 합니다. • 불가피하게 전력선에 접근이 필요한 경우 반드시 사전에 한전과 연락하여 안전조치를 취한 후 작업을 하시기 바랍니다.
끊어진 전력선 발견 시	**농어촌에서 전기사용 시**
• 끊어진 전력선에도 전기가 통하므로 함부로 접근하지 말고, 주위의 통행인에게도 위험을 알리고 접근하지 않도록 조치한 후 가까운 소방서, 공사로 연락하여야 합니다. • 차 안에 타고 있을 때 전선이 떨어져 차와 땅에 걸쳐져 있다면 차 안에 그대로 머물러 있어야 되며, 만약 차 밖으로 꼭 나와야 한다면 차체와 신체 일부가 접촉되지 않도록 뛰어내려야 합니다.	• 양수기용 전선은 지지대를 세워, 땅에서 충분히 띄워서 설치하여야 합니다. • 양수기 취급 및 스위치 조작은 마른손으로 장갑을 끼고 하여야 하며, 위치 이동이 필요할 경우 반드시 전원 스위치를 끈 후에 이동시켜야 합니다. • 무단으로 전기를 연결하여 모터 등을 사용하지 않아야 합니다. • 비닐하우스 설치 시 전선에 접촉되지 않도록 주의하여야 합니다.
낚시터에서	**위험설비 발견 시 조치요령**
• 낚시터 인근에 전력선이 있는 장소, '감전위험' 경고판이 있는 곳에서는 절대로 낚시를 하지 말아야 합니다. • 낚시 중 또는 낚시터에서 이동할 때에는 부근의 전력선에 낚싯대가 닿지 않도록 특별히 주의하여야 합니다.	• 전주에 설치된 전선, 애자, 변압기 등의 설비에서 스파크(불꽃)나 큰 소리가 나는 등 평상시와는 다른 이상 징후를 발견하였을 때에는 가까운 공사로 연락하여 주십시오.

① 5층 건물에 고가 사다리를 통해 이삿짐을 옮기던 A씨는 전력선이 동선에 걸려 피복전선이 있는 전선인지 확인한 후 밧줄로 묶어 두었다.
② 지나가던 행인 B씨는 전력선 하나가 끊어져 사람들 머리 바로 위 높이까지 내려 온 것을 보고 위험함을 알리고 공사에 연락하였다.
③ 신도시 아파트 건축현장에서 지하 굴착을 하게 된 담당자 C씨는 관할 지역 공사로 연락해 지하매설 전력선이 있는지 문의하였다.
④ 수박 비닐하우스를 운영하는 D씨는 양수기 스위치를 켜기 위해 젖은 손을 수건에 닦고 장갑을 꼈다.
⑤ E씨는 주말에 낚시를 하려다가 낚시터에 감전 위험 경고판이 있는 것을 보고 다른 곳으로 가 멀리 떨어져 낚시를 하였다.

66 다음 글의 내용으로 적절하지 않은 것은?

미국과 영국은 1921년 워싱턴 강화회의를 기점으로 태평양 및 중국에 대한 일본의 침략을 견제하기 시작하였다. 가중되는 외교적 고립으로 인해 일본은 광물과 곡물을 수입하는 태평양 경로를 상실할 위험에 처하였다. 이에 대처하기 위해 일본은 식민지 조선의 북부 지역에서 광물과 목재 등 군수산업 원료를 약탈하는 데 주력하게 되었다. 콩 또한 확보해야 할 주요 물자 중 하나였는데, 콩은 당시 일본에서 선호하던 식량일 뿐만 아니라 군수산업을 위한 원료이기도 하였다.

일본은 확보된 공업 원료와 식량 자원을 자국으로 수송하는 물류 거점으로 함경도를 주목하였다. 특히 청진·나진·웅기 등 대륙 종단의 시발점이 되는 항구와 조선의 최북단 지역이던 무산·회령·종성·온성을 중시하였다. 또한 조선의 남부 지방에서는 면화, 북부 지방에서는 양모 생산을 장려하였던 조선총독부의 정책에 따라 두만강을 통해 바로 만주로 진출할 수 있는 회령·종성·온성은 양을 목축하는 축산 거점으로 부상하였다. 일본은 만주와 함경도에서 생산된 광물자원과 콩, 두만강변 원시림의 목재를 일본으로 수송하기 위해 함경선, 백무선 등의 철도를 잇따라 부설하였다. 더불어 무산과 회령, 경흥에서는 석탄 및 철광 광산을 본격적으로 개발하였다. 이에 따라 오지의 작은 읍이었던 무산·회령·종성·온성의 개발이 촉진되어 근대적 도시로 발전하였다. 일본의 정책들은 함경도를 만주와 같은 경제권으로 묶음으로써 조선의 다른 지역과 경제적으로 분리시켰다.

철도 부설 및 광산 개발을 위해 일본은 조선 노동자들을 강제 동원하였고, 수많은 조선 노동자들이 강제 노동 끝에 산록과 땅 속 깊은 곳에서 비참한 삶을 마쳤다. 1935년 회령의 유선탄광에서 폭약이 터져 800여 명의 광부가 매몰돼 사망했던 사건은 그 단적인 예이다. 영화「아리랑」의 감독 겸 주연이었던 나운규는 그의 고향 회령에서 청진까지 부설되었던 철도 공사에 조선인 노동자들이 강제 동원되어 잔혹한 노동에 혹사되는 참상을 목도하였다. 그때 그는 노동자들이 부르던 아리랑의 애달픈 노랫가락을 듣고 영화「아리랑」의 기본 줄거리를 착상하였다.

① 영화「아리랑」감독의 고향에서 탄광 폭발사고가 발생하였다.
② 조선 최북단 지역의 몇몇 작은 읍들은 근대적 도시로 발전하였다.
③ 축산 거점에서 대륙 종단의 시발점이 되는 항구까지 부설된 철도가 있었다.
④ 군수산업 원료를 일본으로 수송하는 것이 함경선 부설의 목적 중 하나였다.
⑤ 일본은 함경도를 한반도와 같은 경제권으로 묶는 정책을 폈다.

67 최근 라면시장이 3년 만에 마이너스 성장한 것으로 나타남에 따라 S라면회사에 근무하는 K대리는 신제품 개발 이전 라면 시장에 대한 환경 분석과 관련된 보고서를 제출하라는 과제를 받았다. 다음 K대리가 작성한 SWOT 분석 중 기회요인에 작성될 수 있는 내용이 아닌 것은 무엇인가?

<SWOT 분석표>

강점(Strength)	약점(Weakness)
• 식품그룹으로서의 시너지 효과 • 그룹 내 위상, 역할 강화 • A제품의 성공적인 개발 경험	• 유통업체의 영향력 확대 • 과도한 신제품 개발 • 신상품의 단명 • 유사상품의 영역침범 • 경쟁사의 공격적인 마케팅 대응 부족 • 원재료의 절대적 수입 비중
기회(Opportunity)	위협(Threat)
	• 저출산, 고령화로 취식인구 감소 • 소득 증가 • 언론, 소비단체의 부정적인 이미지 이슈화 • 정보의 관리, 감독 강화

① 1인 가구의 증대(간편식, 편의식)
② 조미료에 대한 부정적인 인식 개선
③ 1인 미디어 라면 먹방의 유행
④ 난공불락의 N사
⑤ 세계화로 인한 식품 시장의 확대

※ 다음은 A기업의 팀장들이 나눈 대화이다. 이어지는 질문에 답하시오. **[68~69]**

오팀장 : 저는 주로 팀원들이 자신의 적성에 맞고 흥미를 가지고 있는 업무를 할 때 성과가 높아진다고 생각합니다.
이팀장 : 저는 인력배치를 통해 팀원 개개인이 자신들의 역량을 발휘해 줄 것을 기대하고 있습니다. 그래서 저는 팀원의 능력이나 성격 등과 가장 적합한 위치에 배치하여 팀의 효율성을 높이고 싶습니다. 즉, 작업이나 직무가 요구하는 요건과 개인이 보유하고 있는 역량을 균형 있게 배치하는 것을 선호하는 편입니다.
김팀장 : 저는 인력배치를 할 때 작업량과 여유 또는 부족 인원을 감안하여 소요 인원을 결정하여 배치하는 것을 선호합니다.
박부장 : 팀장님들의 의견 잘 들었습니다. 말씀해 주신 인력배치 유형들을 적절하게 조화하여 팀을 운영한다면 더 좋은 성과를 낼 수 있겠네요.

68 다음 중 각 팀장이 가장 선호하는 인력배치 유형을 바르게 짝지은 것은?

	오팀장	이팀장	김팀장
①	양적배치	질적배치	적성배치
②	질적배치	적성배치	양적배치
③	적성배치	질적배치	양적배치
④	적성배치	양적배치	질적배치
⑤	양적배치	적성배치	질적배치

69 다음 중 오팀장이 선호하는 인력배치 유형의 특징으로 옳은 것은?

① 자신의 업무에 흥미를 느낄 수 있는 곳으로 배치된다.
② 작업량과 조업도, 여유 또는 부족 인원을 감안하여 소요 인원을 결정 및 배치한다.
③ 능력이나 성격 등과 가장 적합한 위치에 배치하는 것이다.
④ 개인에게 능력을 발휘할 수 있는 기회와 장소를 부여한다.
⑤ 모든 팀원을 평등하게 고려해서 배치한다.

70 다음은 산업분야별 신입사원에게 필요한 10개 직무역량 중요도 자료이다. 이에 대한 설명으로 옳은 것을 〈보기〉에서 모두 고르면?

〈산업분야별 직무역량 중요도〉

(단위 : 점)

직무역량 ＼ 산업분야	신소재	게임	미디어	식품
의사소통능력	4.34	4.17	4.42	4.21
수리능력	4.46	4.06	3.94	3.92
문제해결능력	4.58	4.52	4.45	4.50
자기개발능력	4.15	4.26	4.14	3.98
자원관리능력	4.09	3.97	3.93	3.91
대인관계능력	4.35	4.00	4.27	4.20
정보능력	4.33	4.09	4.27	4.07
기술능력	4.07	4.24	3.68	4.00
조직이해능력	3.97	3.78	3.88	3.88
직업윤리	4.44	4.66	4.59	4.39

※ 중요도는 5점 만점임

〈보기〉

ㄱ. 신소재 산업분야에서 중요도 상위 2개 직무역량은 문제해결능력과 수리능력이다.
ㄴ. 산업분야별 직무역량 중요도의 최댓값과 최솟값 차이가 가장 큰 것은 미디어이다.
ㄷ. 각 산업분야에서 중요도가 가장 낮은 직무역량은 조직이해능력이다.
ㄹ. 4개 산업분야 직무역량 중요도의 평균값이 가장 높은 직무역량은 문제해결능력이다.

① ㄱ, ㄴ
② ㄱ, ㄷ
③ ㄷ, ㄹ
④ ㄱ, ㄴ, ㄹ
⑤ ㄴ, ㄷ, ㄹ

71 다음 중 상법상 손해보험에 해당하는 것은 모두 몇 개인가?

ㄱ. 책임보험	ㄴ. 화재보험
ㄷ. 해상보험	ㄹ. 생명보험
ㅁ. 상해보험	ㅂ. 재보험

① 2개   ② 3개

③ 4개   ④ 5개

⑤ 6개

72 다음 중 지방자치단체에서 제정한 법을 무엇이라고 하는가?

① 조례   ② 행정자치법

③ 지방자치법   ④ 조약

⑤ 명령

73 다음 중 행정기관에 대한 설명으로 옳은 것은?

① 다수 구성원으로 이루어진 합의제 행정청이 대표적인 행정청의 형태이며, 지방자치단체의 경우 지방의회가 행정청이다.

② 감사기관은 다른 행정기관의 사무나 회계처리를 검사하고 그 적부에 관해 감사하는 기관이다.

③ 자문기관은 행정청의 내부 실·국의 기관으로 행정청의 권한 행사를 보좌한다.

④ 의결기관은 행정청의 의사결정에 참여하는 권한을 가진 기관이지만 행정청의 의사를 법적으로 구속하지는 못한다.

⑤ 집행기관은 채권자의 신청에 의하여 강제집행을 실시할 직무를 갖지 못한다.

74 다음 중 국가공무원법에 명시된 공무원의 복무의무로 옳지 않은 것은?

① 범죄 고발의 의무
② 친절·공정의 의무
③ 비밀엄수의 의무
④ 정치운동의 금지
⑤ 복종의 의무

75 다음 중 상법상 보험자의 면책사유에 해당하지 않는 것은?

① 보험사고가 보험계약자의 고의로 발생한 경우
② 보험사고가 피보험자의 실수로 발생한 경우
③ 보험사고가 보험계약자의 중대한 과실로 발생한 경우
④ 보험사고가 전쟁 기타의 변란으로 발생한 경우
⑤ 보험사고가 보험수익자의 과실로 발생한 경우

76 다음 중 국가배상에 대한 설명으로 옳은 것은?

① 도로건설을 위해 자신의 토지를 수용당한 개인은 국가배상청구권을 가진다.
② 공무원이 직무수행 중에 적법하게 타인에게 손해를 입힌 경우 국가가 배상 책임을 진다.
③ 도로·하천 등의 설치 또는 관리에 하자가 있어 손해를 받은 개인은 국가가 배상 책임을 진다.
④ 공무원은 어떤 경우에도 국가배상청구권을 행사할 수 없다.
⑤ 국가배상법에서 규정하고 있는 손해배상은 손실보상으로도 볼 수 있다.

77 다음 중 정책결정과 관련된 이론에 대한 설명으로 옳지 않은 것은?

① 쿠바 미사일 사태에 대한 사례 분석인 앨리슨(Allison) 모형은 정부의 정책결정 과정은 합리모형보다는 조직과정모형과 정치모형으로 설명하는 것이 더 바람직하다고 주장한다.

② 드로(Dror)가 주장한 최적모형은 기존의 합리적 결정 방식이 지나치게 수리적 완벽성을 추구해 현실성을 잃었다는 점을 지적하고 합리적 분석뿐만 아니라 결정자의 직관적 판단도 중요한 요소로 간주한다.

③ 쓰레기통모형은 문제, 해결책, 선택 기회, 참여자의 네 요소가 독자적으로 흘러 다니다가 어떤 계기로 만나게 될 때 결정이 이루어진다고 설명한다.

④ 에치오니(Etzioni)의 혼합탐사모형에 의하면 결정은 근본적 결정과 세부적 결정으로 나누어질 수 있으며, 합리적 의사결정모형과 점진적 의사결정모형을 보완적으로 사용할 수 있다.

⑤ 사이먼(Simon)의 만족모형에 의하면 정책담당자들은 경제인과 달리 최선의 합리성을 추구하기보다는 시간과 공간, 재정적 측면에서의 여러 요인을 고려해 만족할 만한 수준에서 정책을 결정하게 된다.

78 다음 중 정책의제의 설정에 영향을 미치는 요인에 대한 설명으로 옳지 않은 것은?

① 일상화된 정책문제보다는 새로운 문제가 보다 쉽게 정책의제화된다.

② 정책 이해관계자가 넓게 분포하고 조직화 정도가 낮은 경우에는 정책의제화가 상당히 어렵다.

③ 사회 이슈와 관련된 행위자가 많고, 이 문제를 해결하기 위한 정책의 영향이 많은 집단에 영향을 미치거나 정책으로 인한 영향이 중요한 것일 경우 상대적으로 쉽게 정책의제화된다.

④ 국민의 관심 집결도가 높거나 특정 사회 이슈에 대해 정치인의 관심이 큰 경우에는 정책의제화가 쉽게 진행된다.

⑤ 정책문제가 상대적으로 쉽게 해결될 것으로 인지되는 경우에는 쉽게 정책의제화된다.

79 다음 중 롤스(J. Rawls)의 사회 정의 원리에 대한 설명으로 옳지 않은 것은?

① 원초상태(Original Position)에서 합의되는 일련의 법칙이 곧 사회정의의 원칙으로서 계약 당사자들의 사회협동체를 규제하게 된다.

② 정의의 제1원리는 기본적 자유의 평등원리로서, 모든 사람은 다른 사람의 유사한 자유와 상충되지 않는 한도 내에서 최대한의 기본적 자유에의 평등한 권리를 인정하는 것이다.

③ 정의의 제2원리의 하나인 차등 원리(Difference Principle)는 가장 불우한 사람들의 편익을 최대화해야 한다는 원리이다.

④ 정의의 제2원리의 하나인 기회 균등의 원리는 사회·경제적 불평등은 그 모체가 되는 모든 직무와 지위에 대한 기회 균등이 공정하게 이루어진 조건 하에서 직무나 지위에 부수해 존재해야 한다는 원리이다.

⑤ 정의의 제1원리가 제2원리에 우선하고, 제2원리 중에서는 차등원리가 기회균등의 원리에 우선되어야 한다.

80 다음 중 조직구성원의 인간관에 따른 조직관리와 동기부여에 대한 설명으로 옳은 것을 〈보기〉에서 모두 고르면?

─────── 〈보기〉───────

ㄱ. 허즈버그의 욕구충족요인 이원론에 의하면, 불만요인을 제거해야 조직원의 만족감을 높이고 동기가 유발된다는 것이다.

ㄴ. 로크의 목표설정이론에 의하면 동기 유발을 위해서는 구체성이 높고 난이도가 높은 목표가 채택되어야한다는 것이다.

ㄷ. 합리적·경제적 인간관은 테일러의 과학적 관리론, 맥그리거의 X이론, 아지리스의 미성숙인 이론의 기반을 이룬다.

ㄹ. 자아실현적 인간관은 호손실험을 바탕으로 해서 비공식적 집단의 중요성을 강조하며, 자율적으로 문제를해결하도록 한다.

① ㄱ, ㄴ, ㄷ, ㄹ　　　　　　　② ㄱ, ㄴ, ㄷ
③ ㄱ, ㄴ, ㄹ　　　　　　　　　④ ㄴ, ㄷ
⑤ ㄷ, ㄹ

81 우리나라 정부의 예산편성 절차를 〈보기〉에서 순서대로 바르게 나열한 것은?

─────── 〈보기〉───────

ㄱ. 예산편성지침 통보　　　　　ㄴ. 예산의 사정
ㄷ. 국무회의 심의와 대통령 승인　ㄹ. 중기사업계획서 제출
ㅁ. 예산요구서 작성 및 제출

① ㄱ－ㄹ－ㅁ－ㄴ－ㄷ　　　　② ㄹ－ㄱ－ㅁ－ㄴ－ㄷ
③ ㄱ－ㅁ－ㄹ－ㄷ－ㄴ　　　　④ ㄹ－ㄴ－ㄱ－ㅁ－ㄷ
⑤ ㄱ－ㄴ－ㄹ－ㅁ－ㄷ

82 다음 중 공공서비스에 대한 설명으로 옳지 않은 것은?

① 의료, 교육과 같은 가치재(Worthy Goods)는 경합적이므로 시장을 통한 배급도 가능하지만 정부가 개입할수도 있다.

② 공유재(Common Goods)는 정당한 대가를 지불하지 않는 사람들을 이용에서 배제하기 어렵다는 문제가있다.

③ 노벨상을 수상한 오스트롬(E. Ostrom)은 정부의 규제에 의해 공유자원의 고갈을 방지할 수 있다는 보편적이론을 제시하였다.

④ 공공재(Public Goods) 성격을 가진 재화와 서비스는 시장에 맡겼을 때 바람직한 수준 이하로 공급될 가능성이 높다.

⑤ 어획자 수나 어획량에 대해서 아무런 제한이 없는 개방어장의 경우 공유의 딜레마 또는 공유의 비극이라는문제가 발생한다.

83 A제약회사가 신약개발 R&D에 투자하려고 하고, 이에 담당 임원은 200만 달러를 특정 연구에 쏟아 부어야 하는지를 결정해야 한다. 상황이 다음과 같을 때, 당신이 의사결정자라면 어떻게 할 것인가?(단, 기대수익으로 가장 적절한 것을 결정한다)

> 이 연구개발 프로젝트의 성공 여부는 확실하지 않으며, 의사결정자는 특허를 받는 기회를 70%로 보고 있다. 만일 특허를 받는다면 이 회사는 2,500만 달러의 기술료를 받아 다른 회사에 넘기거나, 1,000만 달러를 더 투자해 개발품을 직접 판매할 수 있다. 만일 직접 판매할 경우 수요가 몰릴 확률은 25%, 수요가 중간일 경우는 55%, 수요가 낮을 경우는 20%이다. 수요가 높으면 5,500만 달러를 판매 수입으로 벌 것으로 보이며, 수요가 중간인 경우는 3,300만 달러, 수요가 없는 경우에도 1,500만 달러를 벌 것으로 예상된다.

① 개발을 그만둔다.
② 개발한 다음 기술료를 받고, 특허를 외부에 판다.
③ 개발한 다음 직접 판매한다.
④ 개발이 된다 하더라도 특허를 받지 않는다.
⑤ 시장의 변화를 좀 더 지켜보고 결정한다.

84 다음 중 조직차원의 공식적 커뮤니케이션에 해당하지 않는 것은?

① 군집형 커뮤니케이션
② 대각적 커뮤니케이션
③ 수평적 커뮤니케이션
④ 상향식 커뮤니케이션
⑤ 하향식 커뮤니케이션

85 다음 중 동기부여 이론에 대한 설명으로 옳지 않은 것은?

① 조직의 관점에서 동기부여는 목표달성을 위한 종업원의 지속적 노력을 효과적으로 발생시키는 것을 의미한다.
② 허즈버그(Herzberg)의 2요인 이론에 따르면 임금수준이 높아지면 직무에 대한 만족도 또한 높아진다.
③ 애덤스(Adams)의 공정성 이론은 다른 사람과의 상대적인 관계에서 동기요인이 작용한다는 것을 강조한다.
④ 로크(Locke)의 목표설정 이론은 추후 목표에 의한 관리(MBO)의 이론적 기반이 되었다.
⑤ 브룸(Vroom)의 기대이론에 따르면 유의성은 결과에 대한 개인의 선호도를 나타내는 것으로 동기를 유발시키는 힘 또는 가치를 뜻한다.

86 다음 중 표적 집단면접법(FGI)의 진행 과정을 〈보기〉에서 순서대로 바르게 나열한 것은?

─────〈보기〉─────

ㄱ. 가이드라인 작성 ㄴ. 조사기획
ㄷ. 리크루팅 ㄹ. 결과분석
ㅁ. FGI 진행

① ㄱ－ㄴ－ㄷ－ㄹ－ㅁ ② ㄴ－ㄱ－ㄷ－ㅁ－ㄹ
③ ㄷ－ㄴ－ㄱ－ㅁ－ㄹ ④ ㄹ－ㄴ－ㄱ－ㅁ－ㄷ
⑤ ㅁ－ㄹ－ㄷ－ㄴ－ㄱ

87 다음 중 클라우드 컴퓨팅(Cloud Computing)에 대한 설명으로 옳지 않은 것은?

① 비즈니스 데이터 및 시스템 보안에 대한 우려를 없애준다.
② 자기 소유의 하드웨어 및 소프트웨어에 많은 투자를 할 필요가 없다.
③ 사용자는 광대역 네트워크 통신망을 통해 클라우드에 접속해 업무를 수행할 수 있다.
④ 필요한 IT자원을 빌려 쓸 때 용량 등에 있어 확장성이 있다.
⑤ 인터넷을 통해 원격으로 제공되는 자원이나 응용프로그램을 사용하는 것이다.

88 다음 중 ABC 재고관리에 대한 설명으로 옳은 것은?

① A등급에는 재고가치가 낮은 품목들이 속한다.
② A등급 품목은 로트 크기를 크게 유지한다.
③ 가격, 사용량 등을 기준으로 등급을 구분한다.
④ 등급 분석을 위해 롱테일(Long Tail) 법칙을 활용한다.
⑤ 주로 재고관리 품목 수가 적을 때 사용한다.

89 다음 중 토빈(J. Tobin)의 q에 대한 설명으로 옳은 것은?

① 장기적으로 임금변화율과 실업률의 관계를 설명하는 지표이다.

② q값이 1보다 클 경우 투자규모는 증가한다고 설명한다.

③ q값은 자본비용을 자본의 시장가치로 나눈 값으로 도출된다.

④ q값은 자본의 상대적 효율성을 나타내는 지표이며, 신규투자의 변화와는 관련이 없어 거시경제지표로 활용하기 어렵다.

⑤ 토빈은 장기적으로 q값이 0으로 근접하여 순투자가 일어나지 않는 경향이 있다고 주장하였다.

90 노동(L)과 자본(K)을 생산요소로 투입하여 비용을 최소화하는 기업의 생산함수는 $Q = L^{0.5}K$이다(Q는 생산량). 이에 대한 설명으로 옳지 않은 것은?

① 규모에 대한 수익이 체증한다.

② 노동투입량이 증가할수록 노동의 한계생산은 감소한다.

③ 노동투입량이 증가할수록 자본의 한계생산은 증가한다.

④ 노동과 자본의 단위당 가격이 동일할 때 자본투입량은 노동투입량의 2배이다.

⑤ 자본투입량이 증가할수록 자본의 한계생산은 증가한다.

91 다음 중 독점적 경쟁의 장기균형에 대한 설명으로 옳은 것은?

① 장기평균비용곡선의 최저점에서 생산량이 결정된다.

② 독점적 경쟁기업의 초과이윤은 0보다 크다.

③ 장기한계비용곡선과 수요곡선이 교차하는 점에서 생산량이 결정된다.

④ 생산이 최소효율규모(Minimum Efficient Scale)에서 이루어진다.

⑤ 상품의 가격이 장기한계비용보다 높은 수준에서 결정된다.

92 다음 중 실업에 대한 설명으로 옳은 것을 〈보기〉에서 모두 고르면?

〈보기〉
ㄱ. 실업급여의 확대는 탐색적 실업을 증가시킬 수 있다.
ㄴ. 일자리에 대한 정보가 많아질수록 자연실업률은 낮아질 수 있다.
ㄷ. 구직단념자(Discouraged Worker)는 비경제활동인구로 분류된다.

① ㄱ   ② ㄱ, ㄴ
③ ㄱ, ㄴ, ㄷ   ④ ㄴ
⑤ ㄴ, ㄷ

93 다음 생산물시장 중 완전경쟁시장의 특징에 대한 내용으로 옳지 않은 것은?

① 다수의 수요자와 공급자가 참여하는 시장이다.
② 개별기업은 가격수용자(Price taker)로, 가격에 영향을 미치지 못한다.
③ 시장 참여자들에게 완전한 정보가 주어지므로 일물일가의 법칙이 성립한다.
④ 모든 기업은 상품 간 대체성이 높은 동질적인 재화를 생산한다.
⑤ 장·단기에서 모두 생산요소의 완전이동성이 보장되므로 특정 산업으로의 진입과 퇴거가 자유롭다.

94 다음 중 완전경쟁산업 내의 한 개별 기업에 대한 설명으로 옳지 않은 것은?

① 한계수입은 시장가격과 일치한다.
② 이 개별 기업이 직면하는 수요곡선은 우하향한다.
③ 시장가격보다 높은 가격을 책정하면 시장점유율은 없다.
④ 이윤극대화 생산량에서는 시장가격과 한계비용이 일치한다.
⑤ 장기에 개별 기업은 장기평균비용의 최저점인 최적시설규모에서 재화를 생산하며, 정상이윤만 획득한다.

95 다음 중 측정의 오류에 대한 설명으로 옳지 않은 것은?

① 연구자의 의도가 포함된 질문은 체계적 오류를 발생시킨다.
② 사회적으로 바람직한 응답은 체계적 오류를 발생시킨다.
③ 측정의 오류는 연구의 타당도를 낮춘다.
④ 타당도가 낮은 척도의 사용은 무작위 오류를 발생시킨다.
⑤ 측정의 다각화는 측정의 오류를 줄여 객관성을 높인다.

96 다음 중 표본추출에 대한 설명으로 옳은 것은?

① 모집단을 가장 잘 대표하는 표본추출방법은 유의 표집이다.
② 모집단이 이질적인 경우에는 표본의 크기를 줄여야 한다.
③ 전수조사에서는 모수와 통계치의 구분이 필요하다.
④ 표집오류를 줄이기 위해 층화 표집방법(Stratified Sampling)을 사용할 수 있다.
⑤ 체계적 표집방법(Systematic Sampling)은 모집단에서 유의 표집을 실시한 후 일정한 표본추출 간격으로 표본을 선정한다.

97 다음 글에서 설명하는 것은 무엇인가?

> 사회복지사가 자신의 가치, 신념, 행동습관, 편견 등이 사회복지 실천에 어떤 영향을 미치는지 정확하게 이해하는 것이다.

① 자기지시   ② 자기규제
③ 자기노출   ④ 자기인식
⑤ 자기결정

98 다음 중 거시 수준의 사회복지 실천에 대한 내용으로 옳지 않은 것은?

① 다문화 청소년을 위한 조례 제정을 추진한다.
② 부모와 자녀의 관계증진을 위한 소집단 프로그램을 진행한다.
③ 피학대노인 보호를 위한 제도 개선을 제안한다.
④ 장애인복지에 필요한 정부 예산 증액을 촉구한다.
⑤ 고독사 문제 해결을 위해 정책 토론회를 개최한다.

99 다음 중 통합적 접근의 특징에 대한 내용으로 옳지 않은 것은?

① 생태체계 관점에서 인간과 환경 체계를 고려한다.
② 미시 수준에서 거시 수준에 이르는 다차원적 접근을 한다.
③ 개입에 적합한 이론과 방법을 폭넓게 활용한다.
④ 다양하고 복합적인 원인으로 발생하는 문제를 해결하기 위한 접근이다.
⑤ 서비스 영역별로 분화되고 전문화된 접근이다.

100 다음 중 인지적 오류(왜곡)에 대한 예로 옳지 않은 것은?

① 임의적 추론 : 내가 뚱뚱해서 지나가는 사람들이 나만 쳐다봐.
② 개인화 : 그때 내가 전화만 받았다면 동생이 사고를 당하지 않았을 텐데. 나 때문이야.
③ 이분법적 사고 : 이 일을 완벽하게 하지 못하면 실패한 것이야.
④ 과잉일반화 : 시험보는 날인데 아침에 미역국을 먹었으니 나는 떨어질 거야.
⑤ 선택적 요약 : 지난번 과제에 나쁜 점수를 받았어. 이건 내가 꼴찌라는 것을 의미해.

5권

근로복지공단
정답 및 해설

온라인 모의고사 무료쿠폰

쿠폰번호	근로복지공단 2회분	APJE-00000-ECB07

[쿠폰 사용 안내]

1. 합격시대 홈페이지(www.sdedu.co.kr/pass_sidae_new)에 접속합니다.
2. 홈페이지 중앙 '1회 무료 이용권 제공' 배너를 클릭하고, 쿠폰번호를 등록합니다.
3. 내강의실 > 모의고사 > 합격시대 모의고사를 클릭하면 모의고사 응시가 가능합니다.
※ 본 쿠폰은 등록 후 30일간 이용 가능합니다.
※ iOS / macOS 운영체제에서는 서비스되지 않습니다.

무료NCS특강 쿠폰

쿠폰번호 GVW-11902-17165

[쿠폰 사용 안내]

1. SD에듀 홈페이지(www.sdedu.co.kr)에 접속합니다.
2. 상단 카테고리 「이벤트」를 클릭합니다.
3. 「NCS 도서구매 특별혜택 이벤트」를 클릭한 후 쿠폰번호를 입력합니다.

끝까지 책임진다! SD에듀!

QR코드를 통해 도서 출간 이후 발견된 오류나 개정법령, 변경된 시험 정보, 최신기출문제, 도서 업데이트 자료 등이 있는지 확인해 보세요! **시대에듀 합격 스마트 앱**을 통해서도 알려 드리고 있으니 구글 플레이나 앱 스토어에서 다운받아 사용하세요. 또한, 파본 도서인 경우에는 구입하신 곳에서 교환해 드립니다.

제1회 모의고사 정답 및 해설

제 1 영역 직업기초능력

01	02	03	04	05	06	07	08	09	10
③	⑤	③	②	②	④	④	②	④	①
11	12	13	14	15	16	17	18	19	20
④	⑤	④	③	①	③	①	④	④	③
21	22	23	24	25	26	27	28	29	30
④	①	②	④	②	④	③	③	④	②
31	32	33	34	35	36	37	38	39	40
⑤	①	②	①	③	②	①	③	④	③
41	42	43	44	45	46	47	48	49	50
②	⑤	②	④	②	④	②	④	①	④
51	52	53	54	55	56	57	58	59	60
④	②	④	②	④	①	⑤	①	①
61	62	63	64	65	66	67	68	69	70
②	②	④	④	⑤	②	④	②	⑤	④

01
정답 ③

적립방식은 받을 연금과 내는 보험료의 비율이 누구나 일정하므로 보험료 부담이 공평하지만, 부과방식은 노인 인구가 늘어날 경우 젊은 세대의 부담이 증가한다. 따라서 적립방식은 세대 간 부담의 공평성이 확보되고, 부과방식은 세대 간 부담의 공평성이 미흡하다고 할 수 있다.

02
정답 ⑤

제시문의 마지막 문단을 보면 확정급여방식은 근로자가 받게 될 퇴직급여를 사전에 확정하는 연금으로, 적립금의 운용을 연금 관리자가 직접 하고 그 책임도 연금 관리자가 부담한다고 언급하고 있다.

03
정답 ③

A지점에서 P지점 사이의 거리를 $x$km, P지점에서 B지점 사이의 거리를 $(30-x)$km라 하면, (A에서 P까지 가는 데 걸린 시간)+(P에서 B까지 가는 데 걸린 시간)=9시간이므로,

$$\frac{x}{3}+\frac{30-x}{4}=9$$

$$\therefore\ x=18$$

따라서 A지점과 B지점 사이는 18km이다.

04
정답 ②

ㄴ. 2021년 대형 자동차 판매량의 전년 대비 감소율은

$$\frac{185.0-186.1}{186.1}\times100 \fallingdotseq -0.6\%이다.$$

ㄷ. SUV 자동차의 3년 동안 총판매량은 452.2+455.7+450.8 =1,358.7천 대이고, 대형 자동차 총판매량은 186.1+185 +177.6=548.7천 대이다. 이때, 대형 자동차 총판매량의 2.5배는 548.7×2.5=1,371.75이므로 SUV 자동차의 3년 동안 총판매량의 2.5배보다 적다.

오답분석

ㄱ. 2020 ~ 2022년 동안 판매량이 지속적으로 감소하는 차종은 대형 1종류이다.

ㄹ. 2022년 판매량이 2021년 대비 증가한 차종은 준중형과 중형이다. 두 차종의 증가율을 비교하면 준중형은

$$\frac{180.4-179.2}{179.2}\times100 \fallingdotseq 0.7\%,$$

중형은 $\frac{205.7-202.5}{202.5}\times100 \fallingdotseq 1.6\%$로

중형이 가장 높은 증가율을 나타낸다.

05
정답 ②

월급의 60%를 저축하는 기간을 n달이라고 하면, 50%를 저축하는 기간은 $(12-n)$달이 된다.

$270\times0.5\times(12-n)+(270\times0.6\times n)\geq1,800$

→ $27n+1,620\geq1,800$

→ $27n\geq180$

$\therefore\ n\geq6.66$

따라서 최소 7개월을 60% 비율로 저축해야 한다.

06
정답 ④

8월의 전달 대비 판매량의 변화율을 구하려면 7월과 8월의 판매량을 구해야 한다. 7월의 판매량은 1월의 판매량에 판매량의 증가분을 더하면 구할 수 있다. 매달 평균 5,000개가 증가하였으므로 7월의 판매량은 90,000+(5,000×6)=120,000개이다.

다음으로 8월의 판매량을 구해야 하는데, 8월 1일에 3,500개를 판매하고 매일 평균 100개씩 증가한다고 가정하였으므로 8월 31일 판매량은 3,500+(100×30)=6,500개이다.

등차수열의 합 공식을 이용하여 8월의 판매량을 구하면

$$\frac{31 \times (3,500+6,500)}{2} = 155,000개이다.$$

따라서 8월의 전달 대비 판매량 변화율은

$$\frac{155,000-120,000}{120,000} \times 100 ≒ 29\%이다.$$

07
정답 ④

ㄴ. 도시 A ~ E 중 예측 날씨와 실제 날씨가 일치한 경우는 B도시가 7일로 가장 많다.

ㄷ. 7월 2일은 예측 날씨와 실제 날씨가 일치한 도시가 없다.

오답분석

ㄱ. 7월 8일의 A도시 날씨는 '비'로 예측했지만 실제로는 '맑음'이었다.

08
정답 ②

제11조 제1항에 해당하는 내용이다.

오답분석

① 응급조치에 소요된 비용에 대해서는 주어진 제시문에서 확인할 수 없다. 따라서 '갑'이 부담하는지 알 수 없다.

③ '을'이 미리 응급조치를 취할 수 있지만, 즉시 '갑'에게 통지해야 한다.

④ 설계상의 하자나 '갑'의 요구에 의한 작업으로 인한 재해에 대해서는 책임이 없다.

⑤ 제10조 제2항에 따르면 '갑'은 상세 시공도면의 작성 비용을 공사비에 반영해야 한다.

09
정답 ④

(가) $\frac{2,574}{7,800} \times 100 = 33\%$

(나) $\frac{764}{1,149} \times 100 ≒ 66.5\%$

10
정답 ①

각각의 조건을 수식으로 비교해 보면, 다음과 같다.

A>B, D>C, F>E>A, E>B>D

∴ F>E>A>B>D>C

따라서 실적이 가장 높은 사람은 F이다.

11
정답 ④

X사가 준공검사를 요청한 시기가 계약기간 내인 2023년 10월 15일이므로 '가' 항목에 해당하며 이후 불합격 판정을 받아서 계약기간 내인 2023년 10월 25일에 보완지시를 받았으므로 계약기간 다음날(2023년 11월 5일)부터 최종 검사에 합격한 날짜(2023년 11월 19일)까지가 지체 기간에 해당한다.

12
정답 ⑤

사고 후 생수를 이용하는 가구 수는 2배 증가하여 가구 수의 차이가 가장 크다.

오답분석

① 수돗물을 이용하는 가구 수가 120가구로 가장 많았다.

② 수돗물과 약수를 이용하는 가구 수가 감소했다.

③ $\frac{230}{370} \times 100 ≒ 62\%$로, 60% 이상이다.

④ 사고 전에 정수를 이용하던 가구 수는 100가구이며, 사고 후에도 정수를 이용하는 가구 수는 50가구이다. 나머지 50가구는 사고 후 다른 식수 조달원을 이용한다.

13
정답 ④

A국과 F국을 비교해보면 참가선수는 A국이 더 많지만, 동메달 수는 F국이 더 많다.

오답분석

① 금메달은 F>A>E>B>D>C 순서로 많고 은메달은 C>D>B>E>A>F 순서로 많다.

② C국은 금메달을 획득하지 못했지만 획득한 메달 수는 149개로 가장 많다.

③ 참가선수와 메달 합계의 순위는 동일하다.

⑤ 참가선수가 가장 적은 국가는 F로 메달 합계는 6위이다.

14
정답 ③

디스크 스케줄링 기법 SSTF는 현 위치에서 가장 짧은 거리를 우선 탐색하는 방법으로, 방문한 도시는 '김천 – 부산 – 진주' 순서이다.

15 정답 ①

전체 전투 대비 일본 측 공격 비율은 임진왜란 전기가 약 33% $\left(≒\dfrac{29}{87}\times100\right)$이고, 임진왜란 후기가 약 44%$\left(≒\dfrac{8}{18}\times100\right)$이므로 옳지 않은 내용이다.

오답분석

② 조선 측 공격이 일본 측 공격보다 많았던 해는 1592년, 1593년, 1598년이며 이 해에는 항상 조선 측 승리가 일본 측 승리보다 많았으므로 옳은 내용이다.

③ 전체 전투 대비 관군 단독전 비율은 1598년이 75%$\left(≒\dfrac{6}{8}\times100\right)$이고, 1592년이 약 27%$\left(≒\dfrac{19}{70}\times100\right)$이므로 1598년이 1592년의 2배 이상이다. 따라서 옳은 내용이다.

④ 1592년 조선 측이 승리한 횟수가 40회이고, 관군·의병 연합전의 횟수가 42회이므로 둘이 서로 중복되지 않기 위해서는 전체 전투 횟수가 최소 82회가 되어야 하지만 실제 전체 전투 횟수는 70회에 불과하므로 최소 12회는 관군·의병 연합전이면서 조선 측이 승리한 것이라는 것을 알 수 있다. 이는 그 해 조선 측 승리 횟수(40회)의 30%에 해당하는 수치이므로 옳은 내용이다.

⑤ 1598년 조선 측이 승리한 횟수는 6회, 관군 단독전의 횟수는 6회이므로 둘이 서로 중복되지 않기 위해서는 전체 전투 횟수가 최소 12회가 되어야 하지만 실제 전체 전투 횟수는 8회에 불과하므로 최소 4회는 관군 단독전이면서 조선 측이 승리한 것이라는 것을 알 수 있다. 따라서 옳은 내용이다.

16 정답 ③

주어진 조건을 표로 정리하면 다음과 같다.

구분	월	화	수	목	금	토	일
첫째	○	×		×	○		
둘째						○	
셋째							○
넷째			○				

첫째는 화요일과 목요일에 병간호할 수 없고, 수, 토, 일요일은 다른 형제들이 병간호를 하므로 월요일과 금요일에 병간호한다. 둘째와 셋째에게 남은 요일은 화요일과 목요일이지만, 둘 중 누가 화요일에 병간호를 하고 목요일에 병간호를 할지는 알 수 없다.

17 정답 ①

먼저 모든 면접위원의 입사 후 경력은 3년 이상이어야 한다는 조건에 따라 A, E, F, H, I, L직원은 면접위원으로 선정될 수 없다. 이사 이상의 직급으로 6명 중 50% 이상 구성되어야 하므로 자격이 있는 C, G, N은 반드시 면접위원으로 포함한다. 다음으로 인사팀을 제외한 부서는 두 명 이상 구성할 수 없으므로 이미 N이사가 선출된 개발팀은 더 선출할 수 없고, 인사팀은 반드시 2명을 포함해야 하므로 D과장은 반드시 선출된다. 이를 정리하면 다음과 같다.

구분	1	2	3	4	5	6
경우 1	C이사	D과장	G이사	N이사	B과장	J과장
경우 2	C이사	D과장	G이사	N이사	B과장	K대리
경우 3	C이사	D과장	G이사	N이사	J과장	K대리

따라서 B과장이 면접위원으로 선출됐더라도 K대리가 선출되지 않는 경우도 있다.

18 정답 ④

제시문은 서구사회의 기독교적 전통이 이에 속하는 이들은 정상적인 존재, 그렇지 않은 이들은 비정상적인 존재로 구분한다고 하며 특히, 후자에 해당하는 대표적인 것으로 적그리스도, 이교도들, 나병과 흑사병에 걸린 환자들을 예로 들었다. 빈칸 앞의 내용은 기독교인들이 적그리스도의 모습을 외설스럽고 추악하게 표현하고, 이교도들을 추악한 얼굴의 악마로, 그들이 즐기는 의복이나 음식을 끔찍이 묘사하여 자신들과 구분되는 존재로 만들었으며 나병과 흑사병에 걸린 환자들은 실제 여부와 무관하게 뒤틀리고 흉측한 모습으로 형상화시켰다는 것이다. 따라서 빈칸에 들어갈 내용은 이를 요약한 ④가 적절하다.

19 정답 ④

제시문의 세 번째 문단에서 '상품에 응용된 과학 기술이 복잡해지고 첨단화되면서 상품 정보에 대한 소비자의 정확한 이해도 기대하기 어려워졌다.'는 내용과 일맥상통한다.

20 정답 ③

2022년 축구 동호회 인원 증가율 : $\dfrac{131-114}{114}\times100≒15\%$

따라서 2023년 축구 동호회 인원은 $131\times1.15≒151$명이다.

21

정답 ④

2020년 전체 동호회의 평균 인원은 $419 \div 7 \fallingdotseq 60$명이다. 따라서 2020년 족구 동호회 인원이 62명이므로 전체 동호회의 평균 인원보다 더 많다.

오답분석

① 족구와 배구 동호회의 순위가 2019년과 2020년에 다르다.

② 2020년과 2021년을 비교하면,

분모 증가율은 $\dfrac{554-419}{419} \fallingdotseq \dfrac{1}{3}$이고,

분자 증가율은 $\dfrac{42-35}{35} = \dfrac{1}{5}$이다.

따라서 2020년에는 비중이 감소했다.

③ 2019년과 2020년을 비교하면,

분모 증가율은 $\dfrac{419-359}{359} \fallingdotseq \dfrac{1}{6}$이고,

분자 증가율은 $\dfrac{56-52}{52} = \dfrac{1}{13}$이다.

따라서 2020년에는 비중이 감소했다.

⑤ 2019년부터 등산과 여행 동호회 인원의 합은 각각 31, 60, 81, 131명으로 2022년에는 축구 동호회 인원과 동일하다.

22

정답 ①

제시문에 따르면 세계기록유산은 1997년 2개, 2001년 2개, 2007년 2개, 2009년 1개가 지정되었다고 하였다.

따라서 두 번째와 세 번째 조건에 의하여 훈민정음, 직지심체요절은 2009년에 지정되지 않았다.

다섯 번째 조건에서 2002년 월드컵은 승정원일기가 지정된 이후에 개최되었으므로 승정원일기는 2001년 또는 1997년에 지정되었다고 볼 수 있다. 첫 번째 조건에서 조선왕조실록은 승정원일기와 팔만대장경보다 먼저 지정되었으므로 조선왕조실록이 1997년에 지정되었다고 볼 수 있고 승정원일기가 2001년에 지정되었다고 볼 수 있다.

구분	1997년 (2개)	2001년 (2개)	2007년 (2개)	2009년 (1개)
등록	조선왕조실록	승정원일기		
등록 (×)				훈민정음, 직지심체요절

여섯 번째 조건에서 직전의 지정이 있은 때로부터 직지심체요절이 지정되기까지의 시간 간격은 가장 긴 간격이 아니라고 했으므로 직지심체요절은 1997년에 지정되었다고 볼 수 없고 2001년과 2007년 각각 직전 지정 연도와 비교했을 때 지정 기간으로 보면 2007년이 더 길기 때문에 2001년에 직지심체요절이 지정됐다고 볼 수 있다.

남은 조건을 확인해 보면 팔만대장경판은 조선왕조실록보다 늦게 지정되었으므로 2007년이나 2009년에 지정되었을 거라 볼 수 있고, 동의보감은 조선왕조의궤보다 늦게 지정되었으므로 조선왕조의궤, 동의보감 순으로 지정되었을 것이다.

구분	1997년 (2개)	2001년 (2개)	2007년 (2개)	2009년 (1개)
등록	조선왕조실록 ( )	승정원일기, 직지심체요절	( ) ( )	( )
등록 (×)	팔만대장경, 동의보감			훈민정음, 조선왕조의궤

주어진 조건으로만 만들었을 때 위의 표를 만들 수 있고, 새로운 조건을 만들기 위해 보기를 본다면 ②, ③, ④는 위 표에서 확인할 수 있는 내용이지만, ①, ⑤는 위 표에서 알 수 없는 내용이므로 보기의 내용을 넣어서 확인해 본다. 따라서 ①의 조건인 훈민정음이 1997년에 지정되어야 조선왕조의궤가 2007년에 지정될 수밖에 없는 경우가 나오므로 ①의 조건이 필요하다고 볼 수 있다.

23

정답 ②

2019년과 2022년 처리 건 중 인용 건의 비율을 구하면 2019년은 $\dfrac{3,667}{32,737} = 11.20\%$, 2022년은 $\dfrac{3,031}{21,080} = 14.38\%$로 차이는 $14.38 - 11.20 = 3.18\%$p이다.

따라서 처리 건 중 인용 건의 비율은 2022년이 2019년에 비해 3% 이상 높다.

오답분석

ㄱ. 기타처리 건의 전년 대비 감소율은 다음과 같다.

• 2020년 : $\dfrac{12,871-16,674}{16,674} \times 100 \fallingdotseq -22.81\%$

• 2021년 : $\dfrac{10,166-12,871}{12,871} \times 100 \fallingdotseq -21.02\%$

• 2022년 : $\dfrac{8,204-10,166}{10,166} \times 100 \fallingdotseq -19.30\%$

따라서 매년 감소하였다.

ㄷ. 처리 건 대비 조정합의 건의 비율은

2020년 $\dfrac{2,764}{28,744} \times 100 \fallingdotseq 9.62\%$

2021년 $\dfrac{2,644}{23,573} \times 100 \fallingdotseq 11.22\%$이므로

2020년이 2021년보다 낮다.

ㄹ. 조정합의 대비 의견표명 건의 비율은 다음과 같다.

• 2019년 : $\dfrac{467}{2,923} \times 100 \fallingdotseq 15.98\%$

• 2020년 : $\dfrac{474}{2,764} \times 100 \fallingdotseq 17.15\%$

• 2021년 : $\dfrac{346}{2,644} \times 100 \fallingdotseq 13.09\%$

• 2022년 : $\dfrac{252}{2,567} \times 100 \fallingdotseq 9.82\%$

조정합의 대비 의견표명 건의 비율이 높은 순서로 나열하면 2020년 – 2019년 – 2021년 – 2022년이다. 또한, 평균처리일이 짧은 순서로 나열하면 2020년 – 2022년 – 2019년 – 2021년이다. 따라서 평균처리일과 조정합의 대비 의견표명 비율의 순서는 일치하지 않는다.

24

면접평가 결과를 점수로 변환하면 다음과 같다.

평가요소	A	B	C	D	E
의사소통능력	100	100	100	80	50
문제해결능력	80	75	100	75	95
조직이해능력	95	90	60	100	90
대인관계능력	50	100	80	60	85

변환된 점수에 최종 합격자 선발 기준에 따른 평가 비중을 곱하여 최종 점수를 도출하면 다음과 같다.

- A : $(100 \times 0.4) + (80 \times 0.3) + (95 \times 0.2) + (50 \times 0.1) = 88$점
- B : $(100 \times 0.4) + (75 \times 0.3) + (90 \times 0.2) + (100 \times 0.1) = 90.5$점
- C : $(100 \times 0.4) + (100 \times 0.3) + (60 \times 0.2) + (80 \times 0.1) = 90$점
- D : $(80 \times 0.4) + (75 \times 0.3) + (100 \times 0.2) + (60 \times 0.1) = 80.5$점
- E : $(50 \times 0.4) + (95 \times 0.3) + (90 \times 0.2) + (85 \times 0.1) = 75$점

따라서 최종 합격자는 상위자 2명이므로 B, C가 선발된다.

25

ㄱ. 20 ~ 24세 연령군부터 연령이 높아짐에 따라 지속적으로 증가하다가 처음으로 암 발생자 수가 감소하는 연령군은 60 ~ 64세 연령군이다.

ㄷ. 35 ~ 39세 연령군의 발생률 대비 암 발생자 수의 비율은 $\frac{7,125}{183.6} ≒ 38.81 \times 10$만 명이고, 5 ~ 9세 연령군의 암 발생률 대비 암 발생자 수의 비율은 $\frac{238}{10.3} ≒ 23.11 \times 10$만 명이므로 옳지 않은 설명이다.

오답분석

ㄴ. 45 ~ 49세 연령군의 암 발생률은 361.9명/10만 명으로, 10 ~ 14세 연령군의 암 발생률의 25배인 $13.1 \times 25 = 327.5$보다 크다.

ㄹ. 발생률을 명/10만 명 단위로 나타내면, (발생자 수) ÷ (조사인구)이므로 각 연령군의 조사인구를 10만 명 단위로 나타낸 값은 (발생자 수) ÷ (발생률)로 구할 수 있다. 이에 따라 25 ~ 29세 연령군 조사인구는 $\frac{2,146}{68.6} ≒ 31.3 \times 10$만 명이므로 약 313만 명임을 알 수 있다. 65 ~ 69세 연령군 인구는 $\frac{25,016}{1,185.9} ≒ 21.1 \times 10$만 명이므로 해당 연령군은 약 211만 명이다. 따라서 옳은 설명이다.

26

첫 번째 조건에서 일곱 번째 조건까지를 이용하여 표로 정리하면 다음과 같다.

구분	월	화	수	목	금
서울	일본		미국		중국
수원	미국	미국			
인천	중국			미국	
대전	한국				미국

마지막 조건에 따라 한국은 화, 수요일에는 인천에서 연습을 한다. 그러면 목요일에는 서울, 금요일에는 수원에서 연습을 한다. 첫 번째, 두번 째, 네 번째 조건들을 이용하여 표를 완성하면 다음과 같다.

구분	월	화	수	목	금
서울	일본	일본	미국	한국	중국
수원	미국	미국	일본	중국	한국
인천	중국	한국	한국	미국	일본
대전	한국	중국	중국	일본	미국

따라서 수요일에 대전에서는 중국이 연습을 한다.

27

구매담당자는 용도에 맞는 축구공이 배송되기를 원한다. 제시된 표에 따라 초등학교의 경우에는 4호가 적절하며, 중·고등학교는 5호가 적절하다. 따라서 축구사랑재단에서 구매할 축구공의 총액은 $(30,000 \times 300 \times 2) + (35,000 \times 300 \times 4) = 6$천만 원이다. 5천만 원 이상 대량구매 시 10% 할인, 3천만 원 이상 구매 시 무료 배송을 제공한다고 하였으므로 최종 매출액은 6천만 $\times 0.9 = 5,400$만 원이다.

28

제시문을 통해 모든 식물이 아닌 전체 식물의 90%가 피보나치 수열의 잎차례를 따르고 있다는 것을 알 수 있다.

29

제시문은 피보나치 수열과 식물에서 나타나는 피보나치 수열을 설명하고 있으므로 글의 제목으로 ④가 적절하다.

오답분석

①은 첫 번째 문단, ②는 두 번째 문단, ③은 여섯 번째 문단, ⑤는 다섯 번째 문단에 대한 내용이다. 따라서 글 전체에 대한 제목으로는 적절하지 않다.

30

정답 ②

$$
\begin{array}{r|cc}
3 & 18 & 15 \\
\hline
 & 6 & 5
\end{array}
$$

18과 15의 최소공배수는 $3 \times 6 \times 5 = 90$이다.

즉, 두 열차가 동시에 출발하는 시간의 간격은 90분이다.

정각에 두 열차가 동시에 출발하는 시간의 간격은 60분(1시간)과 90분의 최소공배수이다.

$$
\begin{array}{r|cc}
2 & 60 & 90 \\
3 & 30 & 45 \\
5 & 10 & 15 \\
\hline
 & 3 & 4
\end{array}
$$

60과 90의 최소공배수는 $2 \times 3 \times 5 \times 2 \times 3 = 180$이다.

따라서 오전 7시 이후 다음 정각에 두 열차가 동시에 출발하는 시간은 오전 7시로부터 180분 후인 오전 10시이다.

31

정답 ⑤

각국을 합병할 수 있는 가능성을 정리하면 다음과 같다.

- B국 : (A국+C국+D국) vs (B국+F국)의 경우가 가능하므로 합병할 수 없다.
- C국 : (A국+B국+D국)이 연합하면 C국은 연합할 수 있는 국가가 없으므로 합병이 가능하다.
- D국 : A국이 F국과 연합하면 D국을 침공할 수 없고, 남은 B국과 C국은 서로 적대관계이므로 (A국+B국+C국)의 연합이 불가능하다. 따라서 합병할 수 없다.
- F국 : (A국+B국+D국)이 연합하면 F국은 연합할 수 있는 국가가 없으므로 합병이 가능하다.

따라서 A국이 합병할 수 있는 나라는 C국과 F국이다.

32

정답 ①

사업별로 평가대상 여부를 판단해보면 다음과 같다.

- 갑 사업
  - A평가 : 총사업비가 520억 원이어서 이 기준에는 포함되나 국비지원 규모가 100억 원에 불과하여 기준에 미달된다. 따라서 A평가의 대상이 아니다.
  - B평가 : 도시개발사업은 B평가의 대상에 포함된다.
  - C평가 : 부지면적이 12만 5천m² 이어서 기준에 포함되므로 C평가의 대상에 해당한다.
- 을 사업
  - A평가 : 법령에 따라 추진되는 사업이므로 A평가의 대상이 아니다.
  - B평가 : 철도건설사업은 B평가의 대상에 포함된다.
  - C평가 : 정거장이 7개소이고, 총길이가 18km이어서 기준에 포함되므로 C평가의 대상에 해당한다.

따라서 갑, 을 사업 모두 B, C 두 개의 평가를 받아야 한다.

33

정답 ②

오답분석

① 가장 낮은 수치를 보인 것은 나산면(0.12)이고, 함평읍(0.14)은 세 번째로 낮다.

③ 기준치를 초과한 곳도 없고, 모두 적합 판정을 받았다.

④ 함평읍과 학교면은 구리가 검출되었지만 적합 판정을 받았다.

⑤ 구리가 검출되지 않은 곳은 이삼읍과 나산면으로 두 곳이다.

34

정답 ①

조건에 따라 9월 달력을 그리면 다음과 같다.

월	화	수	목	금	토	일
				1	2	3
4	5	6	7	8	9	10
11	12	13 치과	14	15	16	17
18	19	20 치과	21	22	23	24
25	26	27	28 회의	29	30 추석 연휴	

치과 진료는 수요일 연속 3주간 받는다고 하였으므로 셋째 주, 넷째 주 수요일은 무조건 치과 진료가 있다. 또한, 8박 9일간 신혼여행을 간다고 하였으므로 적어도 9일은 쉴 수 있어야 한다. 위 달력에서 9일 동안 아무 일정이 없는 날은 1일부터 12일까지이다. 신혼여행으로 인한 휴가는 5일 동안이므로 이 조건을 고려하면 노민찬 대리의 신혼여행은 9월 2일부터 10일까지이다. 결혼식 다음날 신혼여행을 간다고 하였으므로 노민찬 대리의 결혼 날짜는 9월 1일이다.

35

정답 ③

제시문에서는 개념을 이해하면서도 개념의 사례를 식별하지 못하는 경우와, 개념의 사례를 식별할 수 있으나 개념을 이해하지 못하는 경우를 통해 개념의 사례를 식별하는 능력과 개념을 이해하는 능력은 서로 필요충분조건이 아니라고 주장한다. 이런 제시문의 주장과 달리 ③은 개념을 이해하지 못하면 개념의 사례를 식별하지 못하는 인공지능의 사례로 오히려 개념의 사례를 식별해야만 개념을 이해할 수 있다는 주장을 강화한다. 따라서 제시문의 논지를 약화하는 것으로 ③이 가장 적절하다.

오답분석

① 개념을 이해하지 못해도 개념의 사례를 식별할 수 있다는 사례로 논지를 강화한다.

② 개념의 사례를 식별할 수 있으나 개념을 이해하지 못할 수 있다는 사례로 논지를 강화한다.

④ 침팬지가 정육면체 상자를 구별하는 것이 아니라 숨겨진 과자를 찾아내는 사례로 제시문의 내용과 관련이 없다.

⑤ 개념의 사례를 식별할 수 없어도 개념을 이해할 수 있다는 사례로 논지를 강화한다.

36 정답 ②

확장형에 해당하며 일련번호가 '로'와만 결합되었으므로 옳은 도로명이다.

오답분석
① · ③ 확장형에서 일련번호는 '로'와만 결합된다고 했으므로 옳지 않은 도로명이다.
④ · ⑤ 방위형에서 어휘는 '동, 서, 남, 북'으로만 한정되고 '골목'과만 결합되었다고 하였으므로 옳지 않은 도로명이다.

37 정답 ①

주어진 조건을 표로 정리하면 다음과 같다.

구분	1번 방	2번 방	3번 방	4번 방	5번 방
경우 1	A	B	E	C	D
경우 2	A	B	E	D	C

- A : 두 경우 모두 E가 C의 왼쪽에 있다.
- B : 경우 1에는 B, E, C가 차례대로 옆방에 붙어있으나, 경우 2에는 B, E, C가 차례대로 붙어있지 않다.

38 정답 ③

우리가 지구환경 속에서 쾌적하게 살아갈 수 있는 이유는 대기 중 이산화탄소 등의 온실가스가 온실의 유리처럼 작용하여 지구표면의 온도를 일정하게 유지하기 때문이다. 그러나 지난 100년에 걸쳐 이 온실가스가 계속적으로 증가하면서 기후변화라는 문제에 직면하게 되었다.

39 정답 ④

온실효과 메커니즘은 '태양 → 빛에너지 → 지구(빛에너지 44% 도달) → 적외선으로 방출 → 온실가스(적외선 파장의 일부 흡수) → 안정상태 유지 위해 에너지 방출 → 에너지를 통해 지구가 따뜻해짐' 순서이다. 따라서 ④가 적절하다.

40 정답 ③

제시문의 논증 과정을 정리하면 다음과 같다.
- 전제 : 제한된 자원을 합리적으로 배분하면 상충하는 연구 프로그램들이 모두 작동할 수 있다.
- 주장 : 연구 프로그램 지원에 있어서 '선택과 집중' 전략보다는 '나누어 걸기' 전략이 바람직하다.
- 논거 : 현재 유망한 연구 프로그램이 쇠락의 길을 걷게 될 수도 있고 반대로 현재 미미한 연구 프로그램이 얼마 뒤 눈부신 성공을 거둘 가능성이 있기 때문이다.

따라서 논지를 약화하기 위해서는 전제나 논거를 반박하는 것이 효과적이다. ③의 경우 연구 프로그램들이 모두 작동하기 위해서는 제한된 자원 이상의 자원이 필요할 수 있다는 내용을 통해 제시문의 전제를 반박하고 있으므로 논지를 약화할 수 있다.

오답분석
① 제시문의 주장과 같다.
② 제시문의 논거와 같다.
④ 첫 번째 문단에서 이미 두 개의 연구 프로그램이 모두 실패할 가능성을 언급하고 있으므로 제시문의 논지를 약화한다고 보기 어렵다.
⑤ 제시문의 논증 과정과 관련이 없다.

41 정답 ②

제시문에서 옵트인 방식은 수신 동의 과정에서 발송자와 수신자 모두에게 비용이 발생한다고 했으므로 수신자의 경제적 손실을 막을 수 있다는 ②의 내용은 옳지 않다.

42 정답 ⑤

제시문에서는 과거 상류층의 과시소비 행태를 설명한 후, 현대 대중사회에서는 더 이상 명품 소비가 아닌 소박한 소비, 소비하지 않기를 통해 과시한다고 하였다. 하지만 사치품은 처한 상황에 따라 소비의 여부가 달라진다고 하였다. 따라서 ⑤가 제시문의 논지로 가장 적절하다.

43 정답 ②

11주 차까지 쓰레기 배출 가능한 요일을 표로 정리하면 다음과 같다.

구분	일	월	화	수	목	금	토
1주 차	A		B		C		D
2주 차		E		A		B	
3주 차	C		D		E		A
⋮	⋮	⋮	⋮	⋮	⋮	⋮	⋮
8주 차		A		B		C	
9주 차	D		E		A		B
10주 차		C		D		E	
11주 차	A		B		C		D

따라서 10주 차 일요일에는 어떠한 동도 쓰레기를 배출하지 않으며, 11주 차 일요일에 A동이 다시 쓰레기를 배출할 수 있다.

오답분석
① 2주 차만 보더라도 참이다.
③ A동이 쓰레기 배출 가능한 요일을 순서대로 나열하면, '일 - 수 - 토 - 화 - 금 - 월 - 목 - 일'이므로, 모든 요일에 쓰레기를 배출할 수 있다.
④ 처음 2주 차까지 살펴보면, 2주에 걸쳐 모두 7번의 쓰레기 배출이 이루어지므로 A, B 두 동은 2주 동안 쓰레기를 2회 배출한다.
⑤ B동이 수요일에 쓰레기를 처음 버리는 주는 8주 차이다.

44
정답 ④

개선 전 부품 1단위 생산 시 투입 비용은 총 40,000원이었다. 생산 비용 감소율이 30%이므로 개선 후 총비용은 28,000원이어야 한다. 그러므로 ⓐ+ⓑ의 값은 10,000원이다.

45
정답 ②

• 개업하기 전 초기 입점 비용
 : (매매가)+(중개 수수료)+(리모델링 비용)
  − A : 92,000+(92,000×0.006)=92,552만 원
  − B : 88,000+(88,000×0.007)+(2×500)=89,616만 원
  − C : 90,000+(90,000×0.005)=90,450만 원
  − D : 95,000+(95,000×0.006)=95,570만 원
  − E : 87,000+(87,000×0.007)+(1.5×500)=88,359만 원

• 개업 한 달 후 최종 비용
 : (초기 입점 비용)−[(초기 입점 비용)×0.03×(병원 입점 수)]
  − A : 92,552−(92,552×0.03×2)≒86,999만 원
  − B : 89,616−(89,616×0.03×3)≒81,551만 원
  − C : 90,450−(90,450×0.03×1)≒87,737만 원
  − D : 95,570−(95,570×0.03×1)≒92,703만 원
  − E : 88,359−(88,359×0.03×2)≒83,057만 원

따라서 최종적으로 B에 입점하는 것이 가장 이득이다.

46
정답 ④

E가 수요일에 봉사를 간다면 A는 화요일(바), C는 월요일에 가고(다), B와 D는 평일에 봉사를 가므로(라) 토요일에 봉사를 가는 사람은 없다.

오답분석

① B가 화요일에 봉사를 간다면 A는 월요일에 봉사를 가고(나), C는 수요일이나 금요일에 봉사를 가므로(다, 마) 토요일에 봉사를 가는 사람은 없다.
② D가 금요일에 봉사를 간다면 C는 수요일과 목요일에 봉사를 갈 수 없으므로(다, 마) 월요일이나 화요일에 봉사를 간다.
③ D가 A보다 봉사를 빨리 가면 D는 월요일, A는 화요일에 봉사를 가므로(바) C는 수요일이나 금요일에 봉사를 가게 된다(다, 마). C가 수요일에 봉사를 가면 E는 금요일에 봉사를 가게 되므로 B는 금요일에 봉사를 가지 않는다.
⑤ C가 A보다 빨리 봉사를 간다면 D는 목요일이나 금요일에 봉사를 간다(다, 라, 바).

47
정답 ③

안내문의 두 번째 항목에 의하여 식사 횟수는 6회이다(첫째 날 중식·석식, 둘째 날 조식·중식·석식, 셋째 날 조식).
첫째 날 출발하는 선발대 인원은 50−15=35명이고, 둘째 날 도착하는 후발대 인원 15명은 둘째 날 조식부터 가능하므로 첫째 날은 35명에 대한 예산을, 둘째 날부터 마지막 날까지는 50명에 대한 예산을 작성해야 한다.

• 첫째 날 중식(정식) 비용 : 9,000×35=315,000원
• 셋째 날 조식(일품) 비용 : 8,000×50=400,000원

이때 나머지 4번의 식사는 자유롭게 선택할 수 있으나 예산을 최대로 편성해야 하므로 정식과 일품을 제외한 나머지 중 가장 비싼 스파게티의 가격을 기준해 계산한다.

• 나머지 식사 비용 : 7,000×(35+50+50+50)=1,295,000원

따라서 작성해야 하는 예산 금액은 315,000+400,000+1,295,000 =2,010,000원이다.

48
정답 ②

제시문에서는 에너지와 엔지니어 분야에 관련된 다양한 사례들을 언급하고 있으며 이 외에 다른 분야에 관한 사례는 설명하지 않고 있다. 따라서 ②는 적절하지 않다.

49
정답 ①

원자력 발전소에서 설비에 이상신호가 발생하면 스스로 위험을 판단하고 작동을 멈추는 등 에너지 설비 운영 부문에는 이미 다양한 4차 산업혁명 기술이 사용되고 있다.

50
정답 ④

• 가 : 의료법인 근로자에 해당하므로 참여 가능하다.
• 다 : 대표는 참여 대상에서 제외되지만 사회복지법인의 대표이므로 참여 가능하다.
• 마 : 임원은 참여 대상에서 제외되지만 비영리민간단체의 임원이므로 참여 가능하다.

오답분석

• 나 : 회계법인 소속 노무사에 해당하므로 참여 불가능하다.
• 라 : 대기업 근로자에 해당하므로 참여 불가능하다.

51
정답 ④

독일은 2019년 10.4%에서 2020년 11.0%로 증가했으므로 증가율은 $\frac{11.0-10.4}{10.4}\times100≒5.77\%$이며, 대한민국은 9.3%에서 9.8%로 증가했으므로 증가율은 $\frac{9.8-9.3}{9.3}\times100≒5.38\%$이다.
따라서 독일의 전년 대비 증가율이 대한민국보다 높다.

52
정답 ②

2022년 미국 청년층 실업률은 2017년과 비교하여 6.8%p 증가하였다.

오답분석

① 5.1%p 감소하였다.
③ 6.1%p 증가하였다.
④ 변화가 없다.
⑤ 0.4%p 감소하였다.

53
정답 ④

지하철이 A, B, C역에 동시에 도착하였다가 다시 동시에 도착하는 데 걸리는 시간은 3, 2, 4의 최소공배수인 12분이다.
따라서 5번째로 동시에 도착하는 시각은 12×4=48분 후인 5시 18분이다.

54
정답 ②

제시문은 '인간 본성을 구성하는 하부 체계들은 서로 극단적으로 밀접하게 연관되어 있기 때문에 어느 일부를 인위적으로 개선하려 한다면 인간 본성이라는 전체가 변화되어 결국 무너지는 위험에 처한다.'고 주장한다. 그러므로 ⓒ처럼 하부 체계가 서로 분리되어 특정 부분의 변화가 다른 부분에 영향을 끼치지 못한다는 것은 제시문의 논증을 약화시킨다.

오답분석

㉠ 제시문에서 인간이 갖고 있는 개별적인 요소들이 모여 만들어 낸 인간 본성이라는 복잡한 전체는 인간에게 존엄성을 부여한다고 했으므로, ㉠처럼 인간 본성은 인간의 도덕적 지위와 존엄성의 근거가 된다고 볼 수 있다. 따라서 ㉠은 제시문의 논지를 강화한다.
㉡ 제시문의 논증과 관련이 없으므로 논지를 약화시키지도 강화시키지도 않는다.

55
정답 ③

주어진 자료를 바탕으로 매장 수를 정리하면 다음과 같다. 증감표의 부호를 반대로 하여 2022년 매장 수에 대입하면 쉽게 계산이 가능하다.

지역	2019년 매장 수	2020년 매장 수	2021년 매장 수	2022년 매장 수
서울	15	17	19	17
경기	13	15	16	14
인천	14	13	15	10
부산	13	11	7	10

따라서 2019년 매장 수가 가장 많은 지역은 서울이며, 매장 수는 15개이다.

56
정답 ④

ㄱ. 대도시 간 예상 최대 소요시간의 모든 구간에서 주중이 주말보다 소요시간이 적게 걸림을 알 수 있다.
ㄴ. 주중 전국 교통량 중 수도권에서 지방으로 가는 교통량의 비율은 $\frac{42}{380} \times 100 ≒ 11.1\%$이다.
ㄹ. 서울 − 광주 구간 주중 예상 최대 소요시간과 서울 − 강릉 구간 주말 예상 최대 소요시간은 3시간 20분으로 같다.

오답분석

ㄷ. 지방에서 수도권으로 가는 주말 예상 교통량은 주중 예상 교통량보다 $\frac{51-35}{35} \times 100 ≒ 45.7\%$ 많다.

57
정답 ①

첫 번째 문단에서 엔테크랩이 개발한 감정인식 기술은 모스크바시 경찰 당국에 공급할 계획이라고 하였으므로 아직 도입되어 활용되고 있는 것은 아니다.

58
정답 ⑤

미세먼지 마스크는 정전기를 띠고 있는 특수섬유로 이루어져 있어 대부분의 미세먼지를 잡을 수 있지만, 이 구조로 인해 재활용을 할 수 없다는 단점이 있다.

59
정답 ①

빈칸 앞에서 '미세먼지 전용 마스크는 특수섬유로 구성되어 대부분의 미세먼지를 잡을 수 있다.'는 말을 하고 있고, 빈칸 뒤에서는 '미세먼지 마스크는 이런 구조 탓에 재활용이 불가능하다.'는 말을 하고 있으므로 서로 상반되는 내용을 이어주는 접속어인 '하지만'이 적절하다.

60
정답 ①

보고자가 국장인 경우에는 가장 먼저 보고하므로 D법 시행령 개정안이 가장 먼저 보고되며, 법규 체계 순위에 따라 법이 다음으로 보고되어야 한다. 그런데 법에는 A법과 B법 두 개가 존재하므로 소관 부서명의 가나다순에 따라 B법 개정안이 두 번째로 보고된다. 세 번째로는 소관 부서가 기획담당관으로 같은 C법 시행령 개정안이 보고되어야 하며, 네 번째로는 다시 법규 체계 순위에 따라 A법 개정안이 보고되어야 한다. 그리고 마지막으로 E법 시행규칙 개정안이 보고되어야 한다.

61
정답 ②

SWOT 분석이란 조직 내부환경과 관련된 강점(Strength), 약점(Weakness), 조직 외부환경과 관련된 기회(Opportunity), 위협(Threat)을 분석하는 방법이다. 따라서 강점으로는 ⓑ, ⓘ, ⓜ, 약점으로는 ⓒ, ⓙ, ⓝ, ⓞ, ⓟ가 있으며, 기회로는 ⓐ, ⓓ, ⓗ, ⓚ, 위협으로는 ⓔ, ⓕ, ⓖ, ⓘ, ⓠ가 있다.

62

정답 ②

성과급 지급 기준에 따라 영업팀의 성과를 평가하면 다음과 같다.

분기	성과평가 점수	성과평가 등급	성과급 (만 원)
1/4	$(8\times0.4)+(8\times0.4)+(6\times0.2)$ $=7.6$	C	80
2/4	$(8\times0.4)+(6\times0.4)+(8\times0.2)$ $=7.2$	C	80
3/4	$(10\times0.4)+(8\times0.4)+(10\times0.2)$ $=9.2$	A	$100+10$ $=110$
4/4	$(8\times0.4)+(8\times0.4)+(8\times0.2)$ $=8.0$	B	90

따라서 영업팀에게 1년간 지급된 성과급의 총액은 $80+80+110$ $+90=360$만 원이다.

63

정답 ④

$$(\text{GDP 대비})=\frac{(\text{R\&D 투자 총액})}{(\text{GDP 총액})}\times100$$

$$3.44=\frac{1,508}{(\text{GDP 총액})}\times100$$

$$\rightarrow (\text{GDP 총액})=\frac{1,508}{0.0344}≒43,837억 \text{ 달러}$$

64

정답 ④

아이스크림의 개수를 최소화해야 하므로 아이스크림 소비자 판매가를 최대로 하여 이윤 또한 최대가 되도록 해야 한다. 공장 판매가의 5배가 최대 판매가이므로 모든 아이스크림을 5배 높은 가격으로 팔아야 한다. 또한, 가격이 높은 아이스크림부터 팔아야 최소 개수로 최대 이익을 볼 수 있다.

• C아이스크림
  가격 : 1,000원
  개당 이윤 : 1,000원−200원=800원
  총이윤 : 800원×400개=32만 원
• B아이스크림
  가격 : 750원
  개당 이윤 : 750원−150원=600원
  총이윤 : 600원×300개=18만 원
• A아이스크림
  가격 : 500원
  개당 이윤 : 500원−100원=400원
  총이윤 : 400원×250개=10만 원

따라서 60만 원의 이윤을 보기 위해 A아이스크림은 500원, B아이스크림은 750원, C아이스크림은 1,000원으로 해야 한다.

65

정답 ④

• 2021년 총투약일수가 120일인 경우
  종합병원의 총약품비 : 2,025×120=243,000원
• 2022년 총투약일수가 150일인 경우
  상급종합병원의 총약품비 : 2,686×150=402,900원

따라서 구하는 값은 243,000+402,900=645,900원이다.

66

정답 ②

• A사업 : 창호(내부)는 지원하지 않으므로 쉼터 수리비용만 해당된다. 따라서 본인부담 10%를 제외한 810만 원을 지원받을 수 있다
• B사업 : 쉼터 수리비용은 50만 원 한도 내에 지원 가능하므로 한도액인 50만 원을 지원받을 수 있으며, 창호 수리비용은 본인부담 50%를 제외한 250만 원을 지원받을 수 있다. 따라서 총 300만 원을 지원받을 수 있다.

甲은 둘 중 지원금이 더 많은 사업을 선택하여 신청한다고 하였으므로 A사업을 신청하게 되며, 이때 지원받게 되는 금액은 810만 원이다.

67

정답 ④

협동조합이 산지에서 구매한 배추 가격을 a원이라고 하자. 판매처별 배추 가격을 구하면 다음과 같다.

• 협동조합 : $a\left(1+\dfrac{20}{100}\right)=1.2a$원
• 도매상 : 도매상의 판매가를 x원이라고 하면,

  $$\dfrac{80}{100}x=1.2a \rightarrow x=1.5a\text{원}$$

• 소매상 : $1.5a\left(1+\dfrac{20}{100}\right)=1.8a$

즉, 상승한 배추 가격은 $1.8a-a=0.8a$원이다.

따라서 협동조합의 최초 배추 구매 가격 대비 유통과정에서 상승한 배추 가격의 비율은 $\dfrac{0.8a}{a}\times100=80\%$이다.

68

정답 ②

첫 번째, 네 번째 조건을 이용하면 '미국 − 일본 − 캐나다' 순서로 여행한 사람의 수가 많음을 알 수 있다.

두 번째 조건에 의해 일본을 여행한 사람은 미국 또는 캐나다 여행을 했다. 따라서 일본을 여행했지만 미국을 여행하지 않은 사람은 캐나다 여행을 했고, 세 번째 조건에 의해 중국을 여행하지 않았다.

오답분석

①・④・⑤ 주어진 조건만으로는 알 수 없다.
③ 미국을 여행한 사람이 가장 많지만 일본과 중국을 여행한 사람을 합한 수보다 많은지는 알 수 없다.

69
정답 ⑤

전체 유출량이 가장 적은 해는 2019년이다. 기타 항목을 제외하고 사고 건수에 대한 유출량 비율을 계산하면 다음과 같다.

- 유조선 : $\frac{21}{28} \times 100 = 75\%$
- 화물선 : $\frac{49}{68} \times 100 ≒ 72\%$
- 어선 : $\frac{166}{247} \times 100 ≒ 67\%$

따라서 유출량 비율이 가장 낮은 선박의 종류는 어선이다.

오답분석
① 2019년에 사고 건수는 증가하였으나 유출량은 감소하였고, 2022년에 사고 건수는 감소하였으나 유출량은 증가하였다.
② 2021년과 2022년에는 전년 대비 전체 사고 건수는 감소했지만, 유조선 사고 건수는 증가했다. 따라서 전년 대비 비율은 증가한다.
③ 2020년은 유조선의 사고 건수에 대한 비율이 어선보다 낮다.
④ 평균적으로 유조선 사고의 유출량이 가장 많다.

70
정답 ④

재외공무원이 일시 귀국 후 국내 체류기간을 연장하는 경우에는 장관의 허가를 받아야 한다.

오답분석
① 재외공무원이 공무로 일시 귀국하고자 하는 경우에는 장관의 허가를 받아야 한다.
② 공관장이 공무 외의 목적으로 일시 귀국하려는 경우에는 장관의 허가를 받아야 하나, 배우자의 직계존속이 위독한 경우에는 장관에게 신고하고 일시 귀국할 수 있다.
③ 재외공무원이 연 1회를 초과하여 공무 외의 목적으로 일시 귀국하려는 경우에는 장관의 허가를 받아야 하나, 동반가족의 치료를 위하여 일시 귀국하는 경우에는 일시 귀국의 횟수에 산입하지 않는다.
⑤ 재외공무원이 연 1회를 초과하여 공무 외의 목적으로 일시 귀국하기 위해서는 장관의 허가를 받아야 한다.

제 2 영역 직무기초지식

71	72	73	74	75	76	77	78	79	80
③	③	④	③	②	④	③	②	②	①
81	82	83	84	85	86	87	88	89	90
①	④	③	①	④	⑤	①	⑤	②	④
91	92	93	94	95	96	97	98	99	100
①	⑤	②	③	①	④	③	④	③	③

71
정답 ③

입법해석이란 입법기관이 입법권에 근거한 일정한 법 규정이나 법 개념의 해석을 당시 법 규정으로 정해놓은 것이다. 즉, 법률의 규정으로 직접 법률의 정의 개념을 해석하는 것이다.

72
정답 ③

민주주의의 적에게는 자유를 인정할 수 없다는 방어적 민주주의가 구체화된 것이다.

73
정답 ④

각급 선거관리위원회는 재적위원 과반수 출석으로 개의하며 출석위원 과반수 이상의 찬성으로 의결한다(선거관리위원회법 제10조 제1항).

74
정답 ③

공무원은 국민 전체에 대한 봉사자로서 국민에 대해서 책임을 진다. 따라서 공무원은 특정 정당에 대한 봉사자여서는 안 되며, 근로 3권이 제약된다.

75
정답 ②

지방자치단체는 장소로서의 관할 구역, 인적 요소로서의 주민, 법제적 요소로서의 자치권을 그 구성의 3대 요소로 하고 있다. 따라서 지방자치단체는 행정 주체로서의 지위를 가지므로 권리능력의 주체가 되어 권한을 행사하고 의무를 진다.

오답분석
④ 헌법 제117조 제2항
⑤ 지방자치법 제8조 제3항

76
정답 ④

기본권 보장은 국가권력의 남용으로부터 국민의 기본권을 보호하려는 것이기 때문에 국가의 입법에 의한 제한에도 불구하고 그 본질적인 내용의 침해는 금지된다. 우리 헌법은 본질적 내용의 침해를 금지하는 규정을 제37조 제2항에 명시하고 있다.

77 정답 ③

정보관리에 배제성을 적용하면 오히려 정보의 불균형과 정보격차가 발생하여 정보의 비대칭성이 심화된다.

오답분석

① 전자민주주의는 행정의 투명성과 개방성을 제고한다.
② 정보를 정부나 상급기관이 독점하게 되면 오히려 계층구조의 강화, 감시 강화, 프라이버시 침해 등의 폐해가 발생할 수 있다.
④ 정부는 국가정보화의 효율적, 체계적 추진을 위하여 5년마다 국가정보화 기본계획(이하 "기본계획"이라 한다)을 수립하여야 한다(국가정보화 기본법 제6조 제1항).

78 정답 ②

ㄱ. 분배정책은 정부가 가지고 있는 권익이나 서비스 등 자원을 배분하는 정책이다. 수혜자들은 서비스와 편익을 더 많이 취하기 위해서 다투게 되므로 포크배럴(구유통), 로그롤링과 같은 정치적 현상이 발생하기도 한다.
ㄷ. 재분배정책은 누진소득세, 임대주택 건설사업 등이 대표적이다.

오답분석

ㄴ. 재분배정책에 대한 설명이다. 분배정책은 갈등이나 반발이 별로 없기 때문에 가장 집행이 용이한 정책이다.
ㄹ. 설명이 반대로 되어 있다. 분배정책이 재분배정책에 비해서 안정적 정책을 위한 루틴화의 가능성이 높고 집행을 둘러싼 논란이 적어 집행이 용이하다.

분배정책과 재분배정책의 비교

구분	분배정책	재분배정책
재원	조세(공적 재원)	고소득층 소득
성격과 갈등 정도	없음(Non-Zero sum)	많음(Zero sum)
정책	사회간접자본 건설	누진세, 임대주택 건설
이념	능률성, 효과성, 공익성	형평성
집행	용이	곤란
수혜자	모든 국민	저소득층
관련 논점	포크배럴(구유통 정책), 로그롤링	이념상, 계급 간 대립

79 정답 ②

조직군생태론은 종단적 조직분석을 통하여 조직의 동형화를 주로 연구한다.

80 정답 ①

코터(J.P. Kotter)는 변화관리 모형을 위기감 조성 → 변화추진팀 구성 → 비전 개발 → 비전 전달 → 임파워먼트 → 단기성과 달성 → 지속적 도전 → 변화의 제도화와 같은 8단계로 제시하였다.

변화관리 모형

단계		내용
제1단계	위기감 조성	현실에 만족·안주하지 않고 변화를 위해 위기감을 조성함
제2단계	변화추진팀 구성	저항하는 힘을 이기기 위해 변화 선도자들로 팀을 구성함
제3단계	비전 개발	비전을 정립하고 구체화시킴
제4단계	비전 전달	구성원 모두에게 공감대를 형성해 참여를 유도함
제5단계	임파워먼트	비전에 따라 행동하기 위해 구성원에게 권한을 부여함
제6단계	단기성과 달성	눈에 띄는 성과를 단기간에 달성 유도함
제7단계	지속적 도전	지속적인 변화를 위해 변화의 속도를 유지함
제8단계	변화의 제도화	변화가 조직에 잘 정착하도록 제도화하는 과정에 있음

81 정답 ①

최고관리자의 관료에 대한 지나친 통제가 조직의 경직성을 초래하여 관료제의 병리현상이 나타난다고 주장한 학자는 머튼(Merton)이다.

82 정답 ④

기관장의 근무기간은 5년의 범위에서 소속중앙행정기관의 장이 정하되, 최소한 2년 이상으로 하여야 한다. 이 경우 제12조 및 제51조에 따른 소속책임운영기관의 사업성과 평가 결과가 우수하다고 인정되는 때에는 총 근무기간이 5년을 넘지 아니하는 범위에서 대통령령으로 정하는 바에 따라 근무기간을 연장할 수 있다(책임운영기관의 설치·운영에 관한 법률 제7조 제3항).
※ 행정자치부장관 → 행정안전부장관[정부조직법(2017.7.26. 시행)]

83 정답 ③

마이클 포터(Michael Porter)의 가치사슬 모형에서 부가가치를 추가하는 기본 활동들은 크게 본원적 활동과 지원적 활동으로 볼 수 있다.

• 본원적 활동(Primary Activities)
  기업의 제품과 서비스의 생산과 분배에 직접적으로 관련되어 있다. 유입 물류, 조업, 산출 물류, 판매와 마케팅, 서비스 등이 포함된다.
• 지원적 활동(Support Activities)
  본원적 활동이 가능하도록 하며 조직의 기반구조(일반관리 및 경영활동), 인적자원관리(직원 모집, 채용, 훈련), 기술(제품 및 생산 프로세스 개선), 조달(자재구매) 등으로 구성된다.

84 정답 ①

카츠(Kartz)는 경영자에게 필요한 능력을 크게 인간적 자질, 전문적 자질, 개념적 자질 3가지로 구분하였다. 그중 인간적 자질은 구성원을 리드하고 관리하며, 다른 구성원들과 함께 일을 할 수 있게 하는 것으로 모든 경영자가 갖추어야 하는 능력이다. 타인에 대한 이해력과 동기부여 능력은 인간적 자질에 속한다.

오답분석
②·④ 전문적 자질(현장실무)
③·⑤ 개념적 자질(상황판단)

85 정답 ④

기업이 글로벌 전략을 수행하면 외국 현지법인과의 커뮤니케이션 비용이 증가하고, 외국의 법률이나 제도 개편 등 기업 운영상 리스크에 대한 본사 차원의 대응 역량이 더욱 요구되므로, 경영상의 효율성은 오히려 낮아질 수 있다.

오답분석
① 글로벌 전략을 통해 대량생산을 통한 원가절감, 즉 규모의 경제를 이룰 수 있다.
② 글로벌 전략을 통해 세계 시장에서 외국 기업들과의 긴밀한 협력이 가능하다.
③ 외국의 무역장벽이 높으면, 국내 생산 제품을 수출하는 것보다 글로벌 전략을 통해 외국에 직접 진출하는 것이 효과적일 수 있다.
⑤ 글로벌 전략을 통해 국내보다 상대적으로 인건비가 저렴한 국가의 노동력을 고용하여 원가를 절감할 수 있다.

86 정답 ⑤

지식경영시스템은 조직 안의 지식자원을 체계화하고 공유하여 기업 경쟁력을 강화하는 기업정보시스템이다. 따라서 조직에서 필요한 지식과 정보를 창출하는 연구자, 설계자, 건축가, 과학자, 기술자 등을 반드시 포함하는 것과는 관련이 없다.

87 정답 ①

집단사고(Groupthink)는 응집력이 높은 집단에서 의사결정을 할 때, 동조 압력과 전문가들의 과다한 자신감으로 인해 사고의 다양성이나 자유로운 비판 대신 집단의 지배적인 생각에 순응하여 비합리적인 의사결정을 하게 되는 경향이다.

88 정답 ⑤

에이전시 숍은 근로자들 중에서 조합가입의 의사가 없는 자에게는 조합가입이 강제되지 않지만, 조합가입에 대신하여 조합에 조합비를 납부함으로써 조합원과 동일한 혜택을 받을 수 있도록 하는 제도이다.

89 정답 ②

엥겔지수는 가계 소비지출에서 차지하는 식비의 비율을 의미하며, 가계 소비지출은 소비함수[(독립적인 소비지출)+{(한계소비성향)×(가처분소득)}]로 계산할 수 있다. 각각의 숫자를 대입하면 100만+(0.6×300만)=280만 원이 소비지출이 되고, 이 중 식비가 70만 원이므로, 엥겔지수는 70만÷280만=0.25이다.

90 정답 ④

과점기업은 자신의 행동에 대한 상대방의 반응을 고려하여 행동을 결정하게 되는데, 상대방이 어떻게 반응할 것인지에 대한 예상을 추측된 변화 혹은 추측변이라고 한다. 베르트랑 모형에서는 각 기업이 상대방의 가격이 주어진 것으로 보기 때문에 가격의 추측된 변화가 1이 아닌 0이다. 한편, 굴절수요곡선 모형에서는 자신이 가격을 인상하더라도 상대방은 가격을 조정하지 않을 것으로 가정하므로 가격 인상 시에는 가격의 추측된 변화가 0이다. 그러나 가격을 인하하면 상대방도 가격을 낮추는 것을 가정하므로 가격 인하 시의 추측 변화는 0보다 큰 값을 갖는다.

91 정답 ①

담합행위란 소수의 기업들이 이윤을 증대시키기 위해 명시적 또는 묵시적인 합의에 의하여 경쟁을 제한하고 가격이나 생산량을 조절하는 행위를 말한다. 담합행위에 참여한 기업들은 이익을 얻지만 담합으로 얻은 이익이 동일하게 분배되는 것은 아니다. 한편, 담합이 이루어지면 소비자들이 일방적으로 손해를 보는 구조이므로 정부는 리니언시 제도 등을 도입하여 담합행위를 규제하여야 한다. 리니언시 제도란 담합 자진신고자 감면제라고도 하며, 제재를 감면하는 당근을 줘서 기업들의 자수를 유도하는 제도이다. 기업들의 불공정행위에 대한 조사의 효율성을 높이기 위해 많은 나라들이 도입하고 있다.

92 정답 ⑤

대기업의 임금은 중소기업보다 높은데, 이러한 임금격차를 설명하는 이론 중 대기업은 엄격한 규율로 종업원을 제재하므로 이에 보상하려는 것이라는 주장이 있다.

93 정답 ②

가. 지니계수의 크기는 0과 1 사이에 있다.
라. 지니계수와 경제성장률의 관계는 명확하지 않다.

94 정답 ③

등량곡선이란 동일한 산출량을 생산하는 데 필요한 노동과 자본의 투입량 조합을 나타낸다. 기술이 진보하면 같은 생산량을 갖는 등량곡선은 원점을 기준으로 바깥쪽에서 안쪽으로 이동한다. 이것은 적은 생산요소를 투입해도 같은 수량을 생산할 수 있다는 것을 의미한다.

95 정답 ①

인간발달은 모체 내에 수태되는 순간부터 죽음에 이르는 순간까지 긴 인생과정에 걸쳐 일어나는 모든 변화를 포함한다.

96 정답 ④

오답분석

① 시너지(Synergy) : 개방체계적인 속성으로서, 체계 구성요소들 간 상호작용이 증가하면서 체계 내 유용한 에너지가 증가하는 것이다.
② 엔트로피(Entropy) : 폐쇄체계적인 속성으로서, 체계 내부의 에너지만 소모하여 유용한 에너지가 감소하는 상태를 말한다. 체계가 소멸해가거나, 무질서해지고 비조직화되는 과정을 의미한다.
③ 항상성(Homeostasis) : 개방체계적인 속성으로서 환경과 지속적으로 소통하면서 역동적인 균형을 이루는 상태를 의미한다. 참고로 체계의 목표와 정체성을 유지하려는 의도적 노력에 의해 수정되는 것은 안정 상태(Steady State)이다.
⑤ 적합성(Goodness-of-fit) : 인간의 적응욕구와 환경자원이 부합되는 정도이다. 다른 종(種)의 경우 진화에 의해, 인간의 경우 일생을 통해 성취된다.

97 정답 ③

프로이트가 제시한 성격의 구조는 원초아, 자아, 초자아로 구성되어 있다.

오답분석

① 인간이 가진 무의식의 중요성을 강조하였다.
② 거세불안과 남근선망은 주로 남근기(Phallic Stage)에 나타난다.
④ 자아는 현실원리에 지배되며 성격의 실행자이다.
⑤ 발달단계는 구강기, 항문기, 남근기, 잠복기, 생식기로 나뉘어져 있다.

98 정답 ④

대리적 조건화(Vicarious Conditioning) 혹은 대리학습(Vicarious-Learning)에 의해 행동은 습득된다. 다른 사람들이 어떤 새로운 행동을 시도할 때 그 결과가 어떻게 나타나는지를 관찰함으로써 자기 자신 또한 그와 같은 행동을 할 경우 초래될 결과를 예상하게 된다. 이때 어떤 행동이 보상의 결과를 가져오는 경우 그 행동의 빈도가 증가하는 반면, 처벌의 결과를 가져오는 경우 그 행동의 빈도는 감소하게 된다.

99 정답 ③

오답분석

ㄷ. 인간의 욕구발달 단계를 제시한 대표적인 인본주의 이론의 학자로 매슬로(Maslow)가 있다.

100 정답 ③

중간체계는 개인이 참여하는 둘 이상의 미시체계 간의 상호작용으로서, 미시체계 간의 연결망을 의미한다.

오답분석

① 문화, 정치, 교육정책 등 거시체계는 개인의 생활에 직접적으로 개입하지는 않지만 간접적으로 영향력을 행사하며, 하위체계에 지지기반과 가치준거를 제공한다.
② 인간을 둘러싼 사회환경을 미시체계, 중간체계, 외부체계(외체계), 거시체계, 시간체계로 구분했다.
④ 외부체계(외체계)는 개인이 직접 참여하거나 관여하지는 않으나 개인에게 영향을 미치는 체계로 부모의 직장 등이 포함된다.
⑤ 미시체계는 개인에게 가장 근접한 환경으로, 개인의 특성과 성장 시기에 따라 달라진다.

제2회 모의고사 정답 및 해설

제 1 영역 직업기초능력

01	02	03	04	05	06	07	08	09	10
⑤	①	②	③	④	③	②	④	③	④
11	12	13	14	15	16	17	18	19	20
①	③	④	⑤	②	④	④	①	②	④
21	22	23	24	25	26	27	28	29	30
③	②	④	①	③	⑤	⑤	③	④	①
31	32	33	34	35	36	37	38	39	40
④	①	④	④	④	④	①	②	④	②
41	42	43	44	45	46	47	48	49	50
②	②	④	②	②	③	④	④	④	④
51	52	53	54	55	56	57	58	59	60
①	④	④	②	③	③	②	③	②	③
61	62	63	64	65	66	67	68	69	70
③	③	⑤	①	④	④	③	④	③	③

01
정답 ⑤

제시문은 독일의 통일이 단순히 서독에 의한 흡수 통일이 아닌 동독 주민들의 주체적인 참여를 통해 이뤄진 것임을 설명하고 있다. 나머지 선택지는 이 논지를 이끌어내기 위한 근거들이다.

02
정답 ①

$$(고사한 소나무 수) = \frac{(감염률)}{100} \times \frac{(고사율)}{100} \times (발생지역의 소나무 수)$$

- 거제 : $0.5 \times 0.5 \times 1,590 = 397.5$
- 경주 : $0.2 \times 0.5 \times 2,981 = 298.1$
- 제주 : $0.8 \times 0.4 \times 1,201 = 384.32$
- 청도 : $0.1 \times 0.7 \times 279 = 19.53$
- 포항 : $0.2 \times 0.6 \times 2,312 = 277.44$

따라서 고사한 소나무 수가 가장 많이 발생한 지역은 거제이다.

03
정답 ②

甲은 정책연구용역 계약을 긴급계약으로 의뢰하려고 하므로 총소요기간은 $1+2+10+1+10+7=31$일이다. 4월 30일은 계약 체결 마지막 절차인 우선순위 대상자와의 협상이 끝난 다음 날이어야 한다. 따라서 계약 의뢰는 3월 30일에, 공고 종료 후 결과통지는 4월 12일에 이루어져야 한다.

04
정답 ③

오답분석

①은 영어, ②는 한국어, ④는 프랑스어, ⑤는 중국어로 서로 대화할 수 있다.

05
정답 ④

두 번째, 네 번째 조건에 의해 B는 치통에 사용되는 약이고, A는 세 번째, 네 번째 조건에 의해 몸살에 사용되는 약이다.
∴ A – 몸살, B – 치통, C – 배탈, D – 피부병
두 번째, 다섯 번째 조건에 의해 은정이의 처방전은 B, 희경이의 처방전은 C에 해당된다. 그러면 소미의 처방전은 마지막 조건에 의해 D에 해당된다.
∴ A – 정선, B – 은정, C – 희경, D – 소미
따라서 희경이는 배탈이 났다.

06
정답 ③

가나다정의 경우 최종 복용시간은 야뇨를 피하기 위해 오후 6시까지로 한다고 하였으며, 식전 30분부터 복용이 가능하다고 하였으므로 늦어도 오후 6시 30분에는 저녁식사를 시작해야 한다.

오답분석

① 가나다정은 식사를 거르게 될 경우에 복용을 거른다고 하였으므로 옳지 않은 내용이다.
② 가나다정의 경우 정기적으로 혈당을 측정해야 한다고 하였으며, ABC정도 정기적인 혈액검사를 통해 혈중 칼슘, 인의 농도를 확인해야 한다고 하였으므로 옳지 않은 내용이다.
④ ABC정은 씹지 말고 그대로 삼켜서 복용한다고 하였으므로 옳지 않은 내용이다.
⑤ 식전 30분에 가나다정을 복용하고 30분 동안 식사한 후에, 식사 1시간 후에 ABC정을 복용할 수 있다. 이러한 경우라면 두 약의 복용시간은 2시간 차이가 나므로 옳지 않은 내용이다.

07

정답 ②

① 내실 있는 훈련과정을 통해 맞춤형으로 인재를 키워내고자 하며, 훈련과정의 단축에 대해선 언급하고 있지 않다.
③ 지역 특성에 맞는 훈련 직종과 규모를 확정하고 이에 맞는 훈련을 시행하는 내용이므로 보편적인 업무능력을 키운다는 말은 적절하지 않다.
④ 지역과 산업계가 주도하는 체계로 자리매김하게 만들기 위한 것이 목적이다.
⑤ 기술 미스매치의 원인을 토론한다는 내용은 제시문에서 언급하지 않았다.

08

정답 ④

보도자료의 내용을 보면, 고용부와 H공단은 9월부터 지역 설명회를 열고 인적자원개발위원회 구성과 인력양성계획 수립을 위한 컨설팅을 시행한다고 제시되어 있다. 따라서 중앙부처와 자치단체의 협력이 아니므로 ④는 적절하지 않다.

09

정답 ③

• 1인 1일 사용량에서 영업용 사용량이 차지하는 비중

$$: \frac{80}{180+80+10+12} \times 100 = 28.37\%$$

• 1인 1일 가정용 사용량 중 하위 두 항목이 차지하는 비중

$$: \frac{20+13}{45+38+36+28+20+13} \times 100 = 18.33\%$$

10

정답 ④

제시문은 낙수 이론에 대해 설명하고, 그 실증적 효과를 논한 후에 비판을 제기하고 있다. 따라서 일반론에 이은 효과를 설명하는 (가)가 그 뒤에, 비판을 시작하는 (나)가 그 후에 와야 한다. (라)에는 '제일 많이'라는 수식어가 있고, (다)에는 '또한 제기된다'라고 명시되어 있어 (라)가 (다) 앞에 오는 것이 글의 구조상 가장 적절하다.

11

정답 ①

다섯 번째 조건에 따라 C는 러닝을 한 후 바로 파워워킹으로 이동한다. 첫 번째 조건과 세 번째 조건에서 A와 C가 이동한 방법의 순서가 서로 반대라 했고, A는 우체국에서 경찰서까지 러닝으로 이동했다고 하였으므로, C는 교회 – 우체국 구간에 러닝으로, 우체국 – 경찰서 구간은 파워워킹으로 이동한 것이 된다. 따라서 C가 경찰서에서 약수터로 이동 시 사용 가능한 이동 방법은 뒤로 걷기와 자전거 타기이다.

12

정답 ③

제시된 규정은 설사 운수회사를 전문직업교육장으로 본다고 하더라도 자신이 원하는 운수회사에 취업하는 것을 막고 있는 것이 아니므로 옳지 않은 내용이다.

① A광역시의 규정을 살펴보면 근속기간 조건과 무사고 기간 조건으로 구성되어 있음을 알 수 있는데 이 조건들은 단순히 특정 기간 이상 무사고 상태를 유지하고 있기만 하면 되는 것이며 그로 인해 법규 준수성, 숙련성 등이 뛰어나다는 것을 알려주는 것은 아니므로 옳은 내용이다.
② '동일회사에서 ~년 이상 근속하여 운전 중인 자'로 명시되어 있기 때문에 만약 근무하던 택시회사가 폐업할 경우 피해를 입을 가능성이 존재한다. 따라서 옳은 내용이다.
④ '17년 이상 무사고자로서 A광역시 소재 운수회사에서 10년 이상 운전 중인 자'라는 규정을 두어 이를 보완하고 있기는 하지만 '동일회사에서 ~년 이상 근속하여 운전 중인 자'라는 조건으로 인해 타회사로의 이직이 어려워질 가능성이 있다고 판단할 수 있으므로 옳은 내용이다.
⑤ 2순위를 부여받기 위해서는 8년 이상 무사고자로서 A광역시 소재 동일회사에서 5년 이상 근속하여 운전 중이어야 하는데, 근속기간 조건을 만족하고 있지 못하므로 옳은 내용이다.

13

정답 ④

'멘붕, 안습'과 같은 인터넷 신조어는 갑자기 생겨난 말이며 금방 사라질 수도 있는 말이기에 국어사전에 넣기에는 적절하지 않다는 내용으로 의견에 대한 반대 논거를 펼치고 있다.

14

정답 ⑤

$$[실업률 증감(\%)] = \frac{(11월 \ 실업률) - (2월 \ 실업률)}{(2월 \ 실업률)} \times 100$$

$$\rightarrow \frac{3.1 - 4.9}{4.9} \times 100 = -37\%$$

15

정답 ②

(B빌라 월세)+(한 달 교통비)
=250,000+(2.1×2×20×1,000)=334,000원
따라서 B빌라에서 33만 4천 원으로 살 수 있다.

① A빌라 392,000원, B빌라 334,000원, C아파트 372,800원으로 모두 가능하다.
③ C아파트가 편도 거리 1.82km로, 교통비가 가장 적게 든다.
④ C아파트는 372,800원으로, A빌라보다 19,200원 덜 든다.
⑤ B빌라에 두 달 살 경우 668,000원이고 A빌라와 C아파트를 합한 금액은 764,800원이므로 적절하지 않다.

16 정답 ④

남성의 등록 장애인 수가 가장 많은 장애등급은 6급이고, 가장 적은 장애등급은 1급이다. $124,623 \times 3 < 389,601$이므로, 3배 이상이다.

오답분석

① 자료의 수치가 크므로 여성과 남성의 비를 이용해 전체 등록 장애인 수의 증가율을 어림하여 계산할 수 있다. 2022년 여성과 남성 등록 장애인 수의 비는 약 2 : 3이다. 따라서 전체 장애인 수의 증가율은 약 3.5%이다.
② 전년도 등급별 등록 장애인 수를 주어진 자료를 통해서는 알 수 없다.
③ 장애등급 5급과 6급의 등록 장애인 수의 합은 $248,059 + 278,586 + 203,810 + 389,601 = 1,120,056$이고, $1,120,056 \times 2 < 2,517,312$이므로, 50% 이하이다.
⑤ 성별 등록 장애인 수 차이가 가장 작은 장애등급은 4급이고, 가장 큰 장애등급은 6급이다.

$$\therefore \frac{190,772 + 203,810}{1,048,979} \times 100 ≒ 37.6\%$$

17 정답 ④

제시문의 논증은 진화론에 대한 비판인데 ④는 대멸종을 다루고 있어 이 둘은 서로 연관되지 않는다. 따라서 이것이 논증에 대한 비판이라고 보기는 어렵다.

오답분석

① 제시된 논증은 지난 100년간 지구상에서 새롭게 출현한 종이 없기 때문에 진화론이 거짓이라는 것인데 언젠가 신생 종이 훨씬 많이 발생하는 시기가 온다는 것은 논증을 약화시키게 된다.
② 제시된 논증은 5억 년 전 캄브리아기 생명폭발 이후 지구상에 출현한 생물종이 1억 종에 이른다고 하였고, 이를 통해 100년 단위마다 약 20종이 새롭게 출현한다고 하였다. 그런데 5억 년 전 이후부터 지구상에 출현한 생물종이 1,000만 종 이하라면 100년 단위마다 새로 출현하는 종이 2종 정도에 불과하여 신생 종의 발견이 어려울 가능성이 있으므로 논증을 약화시키게 된다.
③ 제시된 논증은 지난 100년간 새롭게 출현한 종을 찾아내지 못했기 때문에 진화론이 거짓이라고 하였는데, 만약 발견된 종이 신생 종인지 그렇지 않은지를 판단하기 어렵다면 논증 자체가 성립하지 않게 되므로 논증을 약화시키게 된다.
⑤ 생물학자들이 발견한 몇몇 종이 지난 100년 내에 출현한 것이라면 제시된 논증의 핵심 내용을 흔드는 것이므로 논증을 약화시키게 된다.

18 정답 ①

먼저 두 번째 조건에 따라 D는 가장 먼저인 월요일에 야근을 하고, 세 번째 조건에 따라 C는 목요일에 야근을 한다. 남은 요일에는 첫 번째 조건에 따라 E, B가 각각 화요일, 수요일에 야근을 하며, A가 가장 마지막인 금요일에 야근을 한다.

월요일	화요일	수요일	목요일	금요일
D	E	B	C	A

따라서 가장 마지막에 야근을 하는 사람은 A이다.

19 정답 ②

주어진 조건을 표로 정리하면 다음과 같다.

구분	아메리카노	카페라테	카푸치노	에스프레소
A사원	○	×	×	×
B대리				○
C과장				×

따라서 A사원은 아메리카노를 마신다.

오답분석

①·⑤ 주어진 조건만으로는 C과장이 마시는 커피를 알 수 없다.
③ B대리는 에스프레소를 마시지만, C과장은 에스프레소를 마시지 않는다.
④ A사원과 B대리가 마시는 커피가 다르다고 했으므로, A사원은 에스프레소를 마시지 않는다. 또한, 주어진 조건에서 카페라테와 카푸치노도 마시지 않는다고 했으므로 A사원이 마시는 커피는 아메리카노이다.

20 정답 ④

녹지의 면적은 2021년부터 유원지 면적을 추월하였으므로 ④는 옳지 않다.

21 정답 ③

(가) 포인트 적립제도가 없는 C, D, F를 제외하면 A, B, E가 남는데 이 중에서 판매자의 귀책사유가 있을 때에 환불수수료가 없는 곳은 E뿐이다.
(나) 배송비가 없는 A와 무게에 따라 배송비가 부과되는 F를 제외하면 B, C, D가 남으며 현재의 상태에서는 더 이상 판단할 수 없다.
(다) 이미 확정된 E를 제외하고 주문 취소가 불가능한 것은 F뿐이므로 (다)는 F와 연결된다.
(라) 10만 원 어치의 물건을 구매하는 경우 A와 D는 배송비가 무료이므로 이를 제외한 B와 C가 가능하다.
따라서 이를 만족하는 것은 ③뿐이다.

22

제시된 정보를 미지수로 나타내면 다음과 같다.
- 작약(a)을 받은 사람은 카라(b)를 받은 사람보다 적다. → $a<b$
- 수국(c)을 받은 사람은 작약(a)을 받은 사람보다 적다. → $c<a$
- 장미(d)를 받은 사람은 수국(c)을 받은 사람보다 많고, 작약(a)을 받은 사람보다 적다. → $c<d<a$

즉, 개수의 대소는 $c<d<a<b$ → 수국<장미<작약<카라이다. $a+b+c+d=12$를 만족하는 종류별 꽃의 경우의 수는 두 가지이다.

(단위 : 송이)

구분	수국	장미	작약	카라
경우 1	1	2	4	5
경우 2	1	2	3	6

ㄴ. 12명의 사람들에게 한 송이씩 나눠줬다고 했으므로 꽃을 받은 인원이 그 꽃의 개수가 된다. 따라서 카라는 5송이, 작약이 4송이면, 전체 꽃의 개수 중에서 장미와 수국은 합해서 3송이가 되어야 한다. 또한, 꽃은 4종류 모두 한 송이 이상씩 있어야 하고, 장미는 수국보다 많다고 하였으므로 수국이 1송이, 장미가 2송이가 되어 옳은 내용이다.

오답분석

ㄱ. 카라를 받은 사람이 4명이면, 4종류의 꽃의 수가 모두 달라야 대소 관계가 성립하므로 작약은 3송이, 장미는 2송이, 수국은 1송이가 된다. 하지만 모두 합하면 10송이이므로 옳지 않은 설명이다.

ㄷ. 수국을 받은 사람이 2명이면, 최소로 해도 수국 2송이, 장미 3송이, 작약 4송이, 카라 5송이가 되며 총 14송이이다. 따라서 주어진 정보인 총 12송이보다 많으므로 옳지 않은 설명이다.

23

A의 진술 중 'D가 두 번째이다.'가 참이라고 가정하면 D, E의 진술 중 'E가 네 번째이다.'가 거짓이다. 따라서 A의 통화 요금이 가장 많이 나오고, D가 두 번째이다. 그러면 B의 진술이 모두 거짓이므로 모순이다. 그러므로 A의 진술 중 '내가 세 번째이다.'가 참이다.

A가 세 번째이므로, C의 진술 중 'B가 제일 적게 나왔다.'가 참이고, E의 진술 중 '내가 네 번째이다.'가 참이므로 D의 진술 중 'E가 네 번째이다.'가 참이다. 또한, B의 진술 중 'C가 두 번째로 많이 나왔다.'가 참이다.

따라서 요금이 많이 나온 순서대로 나열하면 D − C − A − E − B이다.

24

먼저 Q, R이 유죄라고 가정하면 P, S, T가 무죄가 되어야 한다. 하지만 S가 무죄일 때, R이 무죄라는 조건이 성립하지 않아 오류가 발생한다.

Q, R이 무죄라고 가정하고 P가 무죄라면 Q, T도 무죄여야 하기 때문에 P, R, Q, T가 무죄라는 오류가 발생한다.

따라서 Q, R이 무죄이고 P가 유죄, S가 무죄일 때 모든 조건을 만족하기 때문에 P, T가 유죄이고 Q, R, S가 무죄임을 알 수 있다.

25

2000 ~ 2010년 인구성장률은 (+)값을 가지는 반면 2025 ~ 2030년 인구성장률은 (−)값을 가진다.

오답분석

① 인구성장률은 1970년 이후 계속 감소하고 있다.

② 총인구가 감소하려면 인구성장률 그래프가 (−)값을 가져야 하는데, 2011년과 2015년에는 (+)값을 갖는다.

④ 그래프를 통해 1990년 인구가 2040년 인구보다 더 적다는 것을 알 수 있다.

⑤ 그래프를 통해 2020년부터 총인구가 감소하는 모습을 보이고 있음을 알 수 있다.

26

(나)는 한국 사람들의 행복 수준이 낮은 이유가 다른 사람들과의 비교하려는 성향이 높다는 것이라고 하고 있다. 비교 성향이 강하다면 상대적 박탈감이 커질 수 있는데, 이 때문에 좌절을 경험하기 쉽다는 것이다. 그런데 한국보다 비교 성향이 강한 나라이면서 행복감도 더 높은 나라가 존재한다면 (나)를 약화하게 된다.

오답분석

① (가)는 경제 수준이 어느 수준 이상으로 성장하면 지위재가 중요해지고 물질재의 공급으로는 해소되지 않는다는 이른바 '풍요의 역설'을 언급하고 있는 것이지, 지위재 간의 경쟁에 대해서는 언급되어 있지 않다. 따라서 (가)를 강화하지 않는다.

② (가)는 한국의 높은 경제 수준에도 불구하고 구성원들의 행복감이 높지 않은 이유가 지위재가 부족하기 때문이라고 보고 있다. 다시 말해, 물질재의 양이 풍부하더라도 지위재가 부족하다면 외적인 경제 수준이 높더라도 행복하지 않을 가능성이 있다는 것이다. 하지만 오히려 한국이 보유한 지위재의 양이 경제적 수준이 비슷한 국가들보다 많다면 (가)는 약화된다고 볼 수 있다.

③ (가)는 물질재가 어느 정도 충족되었다면 행복감을 결정짓는 요소는 지위재라는 것을 강조한다. 따라서 한국과 소득수준이 비슷한 나라와 비교할 때 한국의 행복감이 낮다는 결과가 발표되었다는 것은 (가)를 강화하지 못한다.

④ (나)의 논증에 영향을 주기 위해서는 비교 대상이 되는 나라의 행복도가 한국보다 높거나 낮다는 사례가 제시되어야 한다. 하지만 단순히 한국보다 소득 수준이 높고 입시 경쟁이 치열한 나라가 존재한다는 사실만으로는 (나)를 약화시키지 못한다.

27

최소비용입지론에서는 운송비가 최소가 되는 지점이 최적 입지가 된다. 운송비는 일반적으로 이동거리가 짧을수록 적게 든다. 최대수요입지론에서는 소비자의 이동거리를 최소화할 수 있는 지점에 입지를 선정한다. 두 입지론 모두 최적의 입지 선택을 위해서는 거리에 따른 경제적 효과를 중시하고 있음을 알 수 있다.

28

ㄱ. 제시된 자료에서는 학년이 높아질수록 장학금을 받는 학생의 1인당 평균 교내 특별활동 수가 증가하고 있음을 알 수 있을 뿐, 학년이 높아질수록 장학금을 받는 학생 수가 늘어났는지는 알 수 없다. 따라서 옳지 않은 내용이다.

ㄴ. 장학금을 받는 4학년생이 참가한 1인당 평균 교내 특별활동 수는 0.5개이고 장학금을 받지 못하는 4학년생이 참가한 1인당 평균 교내 특별활동 수는 2.5개 이상이므로 후자는 전자의 5배를 넘는다. 따라서 옳지 않은 내용이다.

ㄹ. 학년별로 장학금을 받는 학생과 장학금을 받지 못하는 학생의 비율을 알 수 없으므로 2학년과 3학년 전체의 1인당 평균 교내 특별활동 수를 알 수 없다. 따라서 옳지 않은 내용이다.

오답분석

ㄷ. 구체적인 수치를 판단하기보다 그림으로 판단해 보더라도 학년이 높아질수록 장학금을 받는 학생과 받지 못하는 학생 간의 1인당 평균 교내 특별활동 수의 차이가 커지고 있으므로 옳은 내용이다.

29

각자의 총점이 0이고 각 영역의 점수 합이 0이므로, 인화력 점수를 매긴 후 차례대로 경우의 수를 확인하면 된다.

사원 \ 영역	업무 능력	리더십	인화력
A	−1	0	1
B	0	0	0
C	1	0	−1

사원 \ 영역	업무 능력	리더십	인화력
A	−1	0	1
B	1	−1	0
C	0	1	−1

사원 \ 영역	업무 능력	리더십	인화력
A	0	−1	1
B	0	0	0
C	0	1	−1

사원 \ 영역	업무 능력	리더십	인화력
A	0	−1	1
B	−1	1	0
C	1	0	−1

따라서 가능한 평가 결과표의 개수는 총 4개이다.

30

네 번째·다섯 번째 조건에 의해, A와 C는 각각 2종류의 동물을 키운다. 또한, 첫 번째·두 번째·세 번째 조건에 의해 A는 토끼를 키우지 않는다. 따라서 A는 개와 닭, C는 고양이와 토끼를 키운다. 첫 번째 조건에 의해 D는 닭을 키우므로 C는 키우지 않지만 D가 키우는 동물은 닭이다.

오답분석

② B는 토끼는 키우지 않지만, 고양이는 키울 수도 있다. 하지만 주어진 조건만 가지고 확신할 수 없다.

③ 세 번째 조건에 의해 B는 개를 키운다.

④ A, B, D 또는 B, C, D는 같은 종류의 동물을 키울 수 있다.

⑤ B 또는 D는 3가지 종류의 동물을 키울 수 있다.

31

A와 B사원은 6급이므로 국내여비 정액표에 따라 다군에 속한다.

• 교통비 왕복 총액(2인) : 105,200원
• 일비 : $2 \times 20,000 \times 3 = 120,000$원
• 식비 : $2 \times 20,000 \times 3 = 120,000$원
• 숙박비
  − 첫째 날 : 2명 이상이 공동 숙박하고, 기준금액(남원시, 5만 원)을 넘었으므로 5만 원
  − 둘째 날 : 2명 이상이 공동 숙박하고, 기준금액(5만 원) 이하로 지출했으므로, '4−나'를 적용하면
  $$\left(2 - \frac{40,000}{50,000}\right) \times 20,000 \times 2 = 48,000$$원

따라서 A와 B의 국내 출장여비 총액은 $105,200 + 120,000 + 120,000 + 50,000 + 48,000 = 443,200$원이다.

32

1993년 폭 − 수심비 최댓값은 5.5km 지점에서 측정된 값이며 약 550임을 알 수 있으며 500보다 크다.

오답분석

ㄴ. 1983년과 1993년의 폭 − 수심비 차이가 가장 큰 측정지점은 5.5km 지점이며 그 차이는 약 360임을 알 수 있다. 따라서 옳지 않은 내용이다.

ㄷ. 구체적인 수치를 직접 계산할 필요 없이 1983년의 그래프 자체가 300의 범위를 벗어나지 못하므로 옳지 않은 내용이다.

33　　　　　　　　　　　　　　　　　　　　　정답 ④

지원자 4의 진술이 거짓이면 지원자 5의 진술도 거짓이고, 지원자 4의 진술이 참이면 지원자 5의 진술도 참이다. 즉, 1명의 진술만 거짓이므로 지원자 4, 5의 진술은 참이다. 그러면 지원자 1과 지원자 2의 진술이 모순이다.

• 지원자 1의 진술이 참인 경우

지원자 2는 A부서에 선발이 되었고, 지원자 3은 B 또는 C부서에 선발되었다. 이때, 지원자 3의 진술에 따라, 지원자 4가 B부서, 지원자 3이 C부서에 선발되었다.

∴ – A부서 : 지원자 2
　– B부서 : 지원자 4
　– C부서 : 지원자 3
　– D부서 : 지원자 5

• 지원자 2의 진술이 참인 경우

지원자 3은 A부서에 선발이 되었고, 지원자 2는 B 또는 C부서에 선발되었다. 이때, 지원자 3의 진술에 따라, 지원자 4가 B부서, 지원자 2가 C부서에 선발되었다.

∴ – A부서 : 지원자 3
　– B부서 : 지원자 4
　– C부서 : 지원자 2
　– D부서 : 지원자 5

따라서 두 진술 속에서 지원자 4는 항상 B부서에 선발된다.

34　　　　　　　　　　　　　　　　　　　　　정답 ④

노선별 건설비용과 사회손실비용은 다음과 같이 구할 수 있다.

• (건설비용)=(각 구간 길이)×(1km당 건설비용)
　– A노선 : $(1.0 \times 1,000) + (0.5 \times 200) + (8.5 \times 100)$
　　$= 1,950$억 원
　– B노선 : 20×100억$= 2,000$억 원
　– C노선 : $(0.5 \times 1,000) + (1 \times 200) + (13.5 \times 100)$
　　$= 2,050$억 원

• (사회손실비용)
　$=$(노선 길이)$\times \dfrac{1,000원}{10\text{km}} \times$(연간 평균 차량 통행량)$\times$(유지 연수)

　– A노선 : $10\text{km} \times \dfrac{1,000}{10} \times 2$백만 대$\times 15 = 300$억 원
　– B노선 : $20\text{km} \times \dfrac{1,000}{10} \times 2$백만 대$\times 15 = 600$억 원
　– C노선 : $15\text{km} \times \dfrac{1,000}{10} \times 2$백만 대$\times 15 = 450$억 원

• 건설비용과 사회손실비용을 고려한 노선별 비용 비교
　– A노선 : $1,950$억$+300$억$= 2,250$억 원
　– B노선 : $2,000$억$+600$억$= 2,600$억 원
　– C노선 : $2,050$억$+450$억$= 2,500$억 원

따라서 건설비용과 사회손실비용을 모두 고려하였을 때, A노선의 비용이 가장 저렴하므로 A노선이 가장 적합하다.

35　　　　　　　　　　　　　　　　　　　　　정답 ④

세 번째 조건에 따라, 빨간색 모자를 쓴 사람은 5명, 파란색 모자를 쓴 사람은 7명이다.

첫 번째 조건에 따라, 파란색 하의를 입은 사람은 5명, 빨간색 하의를 입은 사람은 7명이다.

두 번째 조건에 따라, 파란색 상의와 하의를 입은 사람의 수를 x명이라 하면, 빨간색 상의와 하의를 입은 사람의 수는 $(6-x)$명이다. 또한, 파란색 상의와 빨간색 하의를 입은 사람의 수는 $7-(6-x)$ $=(x+1)$명이고, 빨간색 상의와 파란색 하의를 입은 사람의 수는 $(5-x)$명이다.

네 번째 조건에 따라, $x + (x+1) = 7$이고 $x = 3$이다.

따라서 하의만 빨간색인 사람은 4명이다.

36　　　　　　　　　　　　　　　　　　　　　정답 ④

ㄱ. 부양자녀 요건과 주택요건의 경우 국회통과안이 정부제출안에 비해 더 완화되어 있으므로 옳지 않은 내용이다.

ㄴ. 재산요건에 의하면 정부제출안과 국회통과안 모두 세대원 전원이 소유하고 있는 재산 합계액이 1억 원 미만일 것을 요구한다. 하지만 A의 재산의 합이 1억 원이어서 어느 안에 의하든 신청할 수 없다. 따라서 옳지 않은 내용이다.

ㄹ. 정부제출안과 국회통과안 모두 내국인과 혼인한 외국인은 신청 가능하므로 옳지 않은 내용이다.

오답분석

ㄷ. 국회통과안의 부양자녀요건에 따르면 (1) ~ (3)을 모두 갖춘 자녀를 1인 이상 부양하면 되므로 근로장려금을 신청할 수 있다. 따라서 옳은 내용이다.

37　　　　　　　　　　　　　　　　　　　　　정답 ①

A에 따르면 여성성은 순응적인 태도로 자연과 조화를 이루려 하는 것이므로 여성과 기술의 조화를 위해서는 자연과의 조화를 추구하는 기술을 개발해야 한다.

오답분석

ㄴ. B에 따르면 여성이 남성보다 기술 분야에 많이 참여하지 않는 것은 여성에게 주입된 성별 분업 이데올로기와 불평등한 사회 제도에 의해 여성의 능력이 억눌리고 있기 때문이다.

ㄷ. A는 남성과 여성이 가진 성질이 다르다고 보고 자연과 조화를 이루려는 여성성과 현재의 기술이 대립되어 여성이 기술 분야에 진출하기 어렵다고 하였다.

38 　　　　　　　　　　　　　　　　　　　정답 ②

• 항공편 예약

　김과장은 시간이 적게 걸리는 항공편을 효율적이라고 본다. 따라서 시간이 적게 걸리는 항공편을 순서대로 나열하면 '503(5시간 10분) – 300(7시간 30분) – 150(10시간 35분) – 701(12시간 10분) – 103(18시간) – 402(21시간 25분)'이다(프놈펜과 서울의 시차 2시간을 적용해서 계산해야 한다).

　그러나 주어진 조건에 따라 김과장은 5월 16일 자정 이전에 입국해야 한다. 따라서 503 항공편은 5시간 10분이 걸리지만 5월 17일 오전 7시 5분에 도착하므로 적합하지 않다. 따라서 503 항공편 다음으로 시간이 적게 소요되고 5월 16일 16시 25분에 도착하는 300 항공편을 예약하면 된다.

• 비용(취소 수수료 포함)

　– 김과장이 다시 예약할 300 항공편 : 582,900원

　– 취소 수수료(출발 30일 ~ 21일 전 가격) : 18,000원

　따라서 총비용은 582,900+18,000=600,900원이다.

39 　　　　　　　　　　　　　　　　　　　정답 ④

미국의 점수 총합은 4.2+1.9+5.0+4.3=15.4점으로, 프랑스의 총점 5.0+2.8+3.4+3.7=14.9점보다 많다.

오답분석

① 기술력 분야에서는 프랑스의 점수가 제일 높다.

② 성장성 분야에서 점수가 가장 높은 국가는 한국이고, 시장지배력 분야에서 점수가 가장 높은 국가는 미국이다.

③ 브랜드파워 분야에서 각국 점수 중 최댓값과 최솟값의 차이는 4.3–1.1=3.2점이다.

⑤ 시장지배력 분야의 점수는 일본(1.7점)이 프랑스(3.4점)와 미국(5.0점)보다 낮다.

40 　　　　　　　　　　　　　　　　　　　정답 ②

제시된 그래프는 구성비에 해당하므로 2022년에 전체 수송량이 증가하였다면 2022년 구성비가 감소하였어도 수송량은 증가하였을 수도 있다.

41 　　　　　　　　　　　　　　　　　　　정답 ②

하이퍼루프는 완벽한 진공 또는 진공에 가까운 상태인 아진공 상태일 때, 열차의 속도를 획기적으로 높일 수 있다고 언급하고 있다. 하이퍼루프 콘셉트에서의 열차는 진공상태로 운행해야 하므로 별도의 건설이 필요하다. 따라서 기존의 인프라를 이용하기 어렵다.

42 　　　　　　　　　　　　　　　　　　　정답 ②

첫 번째, 두 번째, 세 번째 조건을 고려하면 C – K – A – B 또는 K – C – A – B 순서로 대기하고 있다는 것을 알 수 있다. K – C – A – B의 경우에는 마지막 조건을 만족시킬 수 없으므로 대기자 5명은 C – K – A – B – D 순서로 대기하고 있다. 따라서 K씨는 두 번째로 진찰을 받을 수 있다.

43 　　　　　　　　　　　　　　　　　　　정답 ④

음료수의 생산 과정을 줄인 것은 작업 절차를 간소하게 한 것이므로 단순화, 휴대전화와 충전 장치의 연결 방식을 한 가지 형식으로 통일한 것은 표준화, 자동차 바퀴의 나사 조립과 전기 장치 조립을 두 사람이 각각 맡아서 하는 것을 분업화라고 한다.

44 　　　　　　　　　　　　　　　　　　　정답 ④

다음과 같이 달력을 통해서 확인해 보면 정확하게 파악할 수 있다.

일	월	화	수	목	금	토
		1	2	3	4	5	6
7	8	9	10	11	12	13
14	15	16	17	18	19	20
21	22	23	24	25	26	27
28	29	30				

ⅰ) 금연교육은 매주 화요일(2, 9, 16, 30)에만 가능하다.

ⅱ) 성교육은 4, 5일에만 가능하다.

ⅲ) 금주교육은 3, (10, 11), (17, 18)일 중 3일을 선택한다.

45 　　　　　　　　　　　　　　　　　　　정답 ②

주어진 자료를 토대로 각 마을의 판매량과 구매량을 구해 보면 다음과 같은 데이터를 얻을 수 있다.

구분	판매량	구매량	거래량 합계
갑 마을	570	610	1,180
을 마을	640	530	1,170
병 마을	510	570	1,080
정 마을	570	580	1,150
합계	2,290	2,290	4,580

따라서 갑 마을이 을 마을에 40kW를 더 판매했다면, 을 마을의 구매량은 530+40=570kW가 되어 병 마을의 구매량과 같게 된다.

오답분석

① 총거래량이 같은 마을은 없다.

③ 을 마을의 거래수지만 양의 값을 가짐을 알 수 있다.

④ 판매량과 구매량이 가장 큰 마을은 각각 을 마을과 갑 마을이다.

⑤ 마을별 거래량 대비 구매량의 비율은 다음과 같으므로 40% 이하인 마을은 없다.

• 갑 마을 : 610÷1,180×100≒51.7%

• 을 마을 : 530÷1,170×100≒45.3%

• 병 마을 : 570÷1,080×100≒52.8%

• 정 마을 : 580÷1,150×100≒50.4%

46

A기업
- 화물자동차 : $200,000+(1,000\times5\times100)+(100\times5\times100)$
  $=750,000$원
- 철도 : $150,000+(900\times5\times100)+(300\times5\times100)$
  $=750,000$원
- 연안해송 : $100,000+(800\times5\times100)+(500\times5\times100)$
  $=750,000$원

B기업
- 화물자동차 : $200,000+(1,000\times1\times200)+(100\times1\times200)$
  $=420,000$원
- 철도 : $150,000+(900\times1\times200)+(300\times1\times200)$
  $=390,000$원
- 연안해송 : $100,000+(800\times1\times200)+(500\times1\times200)$
  $=360,000$원

따라서 A는 모든 수단에서 운송비용이 동일하고, B는 연안해송이 가장 저렴하다.

47

정답 ④

ㄴ. 주세가 부과된다는 것은 해당 음료의 알코올 함유량이 100분의 1 이상이라는 의미인데, 알코올 함유량이 100분의 0.5를 초과하는 음료는 맥주로 분류되어 30%의 관세가 같이 부과된다. 따라서 주세의 납부 대상이지만 관세의 납부 대상이 아닌 음료는 존재하지 않는다.

ㄷ. 알코올 함유량이 100분의 0.5를 초과한다면 이는 맥주에 해당하여 30%의 관세가 부과된다. 따라서 옳지 않다.

오답분석

ㄱ. 알코올 함유량이 100분의 0.5를 초과하는 경우 30%의 관세가 부과되며, 이와 별도로 알코올 함유량이 100분의 1 이상인 경우 72%의 주세가 부과된다. 따라서 옳은 내용이다.

48

정답 ④

ㄱ. 甲은 어떤 특정 사회의 규칙이 다른 사회의 규칙보다 더 좋다고 판단할 수 있는 객관적인 기준이 없다고 하면서 다른 사회의 행위를 우리의 잣대로 판단해서는 안 된다고 하였으므로 옳은 내용이다.

ㄴ. 乙은 무조건적인 관용은 결코 바람직하지 않으며 보편적인 도덕 내지는 도덕적 진보에 근거하여 다른 사회의 규칙을 비판하는 것은 허용되어야 한다는 의미로 甲의 입장을 비판하고 있으므로 옳은 내용이다.

ㄹ. 乙은 甲의 입장을 받아들일 경우 더 이상 다른 사회의 관습이 우리 사회의 관습보다 도덕적으로 열등하다고 말할 수 없을 것이라고 하였다. 이는 뒤집어 말하면 우리 사회의 관습보다 열등한 다른 사회의 관습이 있다는 것을 전제하므로 옳은 내용이다.

오답분석

ㄷ. 甲은 우리 사회의 도덕률이라고 해서 특별한 지위를 갖고 있는 것이 아니라고 하였으므로 옳지 않은 내용이다.

49

정답 ②

2022년 1위 흑자국 중국의 흑자액은 10위 흑자국 인도 흑자액의 $\dfrac{47,779}{4,793}\fallingdotseq9.97$배이므로 10배 미만이다.

오답분석

① 2020년부터 2022년까지 폴란드, 슬로바키아, 브라질을 제외한 9개국은 모두 흑자국에 2번 이상을 포함된 것을 확인할 수 있다.

③ 싱가포르의 2020년 대비 2022년의 흑자액은 $\dfrac{11,890}{5,745}\fallingdotseq2.07$배이므로 옳은 설명이다.

④ 베트남의 2020년 대비 2022년 흑자 증가율은 $\dfrac{8,466-4,780}{4,780}$ $\times100\fallingdotseq77.1\%$이므로 싱가포르를 제외하면 가장 높다.

⑤ 조사기간 동안 싱가포르와 베트남만이 매년 순위가 상승했다.

50
정답 ④

세 번째 조건에 따라 A팀장이 볶음밥을 시키므로, 짬뽕을 시키는 3명은 각각 직급이 달라야 한다. 즉, 과장, 대리, 사원이 각각 1명씩 시켜야 하는데, 다섯 번째 조건에 따라 D사원은 볶음밥이나 짜장면을 시켜야 한다. 각각의 경우를 살펴보면 다음과 같다.

• D사원이 볶음밥을 시키는 경우

네 번째 조건에 따라 J대리가 짬뽕을 시키므로 N대리가 짜장면을 시키고, 여섯 번째 조건에 따라 S과장이 짜장면을 시켜야 하므로 K과장이 짬뽕을 시키고, 일곱 번째 조건에 따라 P사원도 짬뽕을 시킨다. 따라서 S과장은 짜장면을 시킨다.

짜장면	짬뽕	볶음밥
N대리 S과장	J대리 K과장 P사원	A팀장 D사원

• D사원이 짜장면을 시키는 경우

일곱 번째 조건에 따라 K과장은 사원과 같은 메뉴를 시켜야 하는데, 만약 K과장이 짜장면이나 볶음밥을 시키면 S과장이 반드시 짬뽕을 시켜야 하므로 조건에 어긋난다. 따라서 K과장은 짬뽕을 시키고, P사원도 짬뽕을 시킨다. J대리는 짜장면을 싫어하므로 짬뽕이나 볶음밥을 시켜야 하는데, 만약 J대리가 짬뽕을 시키면 볶음밥을 싫어하는 N대리는 짜장면을, S과장은 볶음밥을 시켜야 하는데 다섯 번째 조건에 어긋나므로 J대리가 볶음밥을, N대리는 짬뽕을, S과장은 짜장면을 시킨다.

짜장면	짬뽕	볶음밥
D사원 S과장	K과장 P사원 N대리	A팀장 J대리

따라서 모든 경우에서 A팀장은 과장과 같은 메뉴를 시킬 수 없으므로, ④는 옳지 않은 설명이다.

51
정답 ①

조건을 충족하는 경우를 표로 나타내보면 다음과 같다.

구분	첫 번째	두 번째	세 번째	네 번째	다섯 번째	여섯 번째
경우 1	교육	보건	농림	행정	국방	외교
경우 2	교육	보건	농림	국방	행정	외교
경우 3	보건	교육	농림	행정	국방	외교
경우 4	보건	교육	농림	국방	행정	외교

따라서 교육부는 첫 번째 또는 두 번째에 감사를 한다.

52
정답 ④

첫 번째 조건에 따라 K연구원은 인재개발원을 방문하고, 네 번째 조건에 따라 경영지원처는 방문하지 않는다. 여섯 번째 조건에 따라 설비진단처와 ICT 인프라처는 반드시 방문하게 된다. 그리고 세 번째 조건에 따라 전력기반센터는 방문하지 않는다. 두 번째 조건의 대우 명제에 따라 생활연구원은 방문하지 않는다. 다섯 번째 조건에 따라 자재검사처는 방문하지 않는다.

따라서 K연구원은 인재개발원, 설비진단처, ICT 인프라처는 방문하고, 경영지원처, 전력기반센터, 생활연구원, 자재검사처는 방문하지 않는다.

53
정답 ④

주어진 조건을 표로 나타내면 다음과 같다.

구분	월	화	수	목	금
A	○		×	○	
B	○	×	×	○	○
C	○		×	○	
D	○		○	○	
E	○	○	×	○	×

따라서 수요일에 야근하는 사람은 D이다.

54
정답 ②

자신의 식사비를 각자 낸다면 5만 원이 넘는 식사도 가능하다.

오답분석

① 심사대상자로부터 법정 심사료가 아닌 식사 등을 받는 것은 원활한 직무수행이나 사교·의례로 볼 수 없다.
③ 상급자에게 사교·의례의 목적으로 건네는 선물은 5만 원까지이므로 50만 원 상당의 선물은 허용되지 않는다.
④ 졸업한 학생선수 및 그 학부모와 학교운동부지도자 간에 특별한 사정이 없는 한 직무관련성이 인정되지 않으므로, 1회 100만 원 이하의 금품 등을 수수하는 것은 허용될 수 있다.
⑤ 언론사 임직원이 외부강의 후 사례금으로 90만 원을 받은 것은 외부강의 사례금 상한액 100만 원을 넘지 않았으므로 허용된다.

55
정답 ③

제시문의 내용은 어떠한 사고과정을 가지느냐가 사회적 권력에 영향을 준다는 것으로 정리할 수 있다. 그런데 이 사고과정이라는 것이 결국은 문자체계의 이해방식과 연결되는 만큼 글을 읽고 이해하는 능력이 사회적 권력에 영향을 미친다(ㄷ)는 전제가 추가되어야 매끄러운 논리 전개가 될 것이다.

ㄱ. 제시문에서는 그림문자와 표음문자가 서로 상반된 특성을 가지고 있다고 볼 수 있으므로, 그림문자를 쓰는 사회에서 남성의 사회적 권력이 여성보다 우월하였다면 반대로 표음문자 체계가 보편화될 경우에는 여성의 사회적 권력이 남성보다 우월하다는 결론을 추론할 수 있다. 그런데 제시문의 결론은 이와 반대로 여성의 권력이 약화되는 결과를 초래한다고 하였으므로 추가될 전제로 적절하지 않다.

ㄴ. 제시문의 내용은 그림문자와 표음문자를 해석하는 방식의 차이가 성별에 따른 사고과정의 차이를 가져오고 그것이 사회적 권력에까지 영향을 준다는 것이다. 하지만 사고과정의 차이가 있다고 해서 그것이 의사소통의 난이도에 영향을 준다고 판단하는 것은 지나친 비약이다.

56
정답 ③

자동화와 같이 과학기술의 이면을 바라보지 못하고 장점만을 생각하는 것을 고정관념이라고 하였다. 구구단의 경우 실생활에 도움이 되며, 그것이 고정관념이라고 할 만한 뚜렷한 반례는 없다.

① 행복은 물질과 비례하는 것이 아닌데 비례할 것이라고 믿고 있는 경우이다.
② 값싼 물건보다 고가의 물건이 반드시 질이 좋다고 할 수 없다.
④ 경제 상황에 따라 저축보다 소비가 미덕이 되는 경우도 있다.
⑤ 아파트가 전통가옥에 비해 삶의 편의는 제공할 수 있지만 반드시 삶의 질을 높여 준다고 보기는 힘들다.

57
정답 ②

제시문은 기계화·정보화의 긍정적인 측면보다는 부정적인 측면을 부각시키고 있으며, 이것이 인간의 삶의 질 개선에 기여하고 있는 점을 간과하고 있다.

58
정답 ③

해결해야 할 전략 과제란 취약한 부분에 대해 보완해야 할 과제를 말한다. 따라서 이미 우수한 고객서비스 부문을 강화한다는 것은 전략 과제로 삼기에 적절하지 않다.

① 해외 판매망이 취약하다고 분석되었으므로 중국시장의 판매 유통망을 구축하는 전략 과제를 세우는 것은 적절하다.
② 중국시장에서 제품의 구매 방식이 대부분 온라인으로 이루어지는 데 반해, 자사의 온라인 구매시스템은 미흡하기 때문에 온라인 구매시스템을 강화한다는 전략 과제는 적절하다.
④ 제품에 대해 중국기업들 간의 가격 경쟁이 치열하다는 것은 제품의 가격이 내려가고 있다는 의미인데, 자사는 생산원가가 높다는 약점이 있다. 그러므로 원가 절감을 통한 가격 경쟁력 강화 전략은 적절하다.

⑤ 중국시장에서 인간공학이 적용된 제품을 지향하고 있으므로 인간공학을 기반으로 한 제품 개발을 강화하는 것은 적절한 전략 과제이다.

59
정답 ②

'(가) 사람들은 왜 더 정확한 원자시계를 만들려고 할까? → (다) 초기에 원자시계를 만든 목적은 부정확한 시간을 교정하기 위해서였다. → (마) 원자시계는 표준시를 기준하는 역할을 할 뿐만 아니라 한정된 시간을 보다 값지게 사용할 수 있게 해준다. → (나) 방송도 정밀한 시계를 이용할 경우 같은 시간 동안 더 많은 정보를 보낼 수 있게 된다. → (라) 뿐만 아니라 GPS도 시간 차이를 알수록 위치도 정밀하게 계산할 수 있다.' 순서가 적절하다.

60
정답 ③

(마)에서 '하나의 신호를 주고받는 데 걸리는 시간을 줄일 수 있으므로 유·무선 통신을 할 때 많은 정보를 전달할 수 있게 된다.'고 하였다. 따라서 한 번에 여러 개의 신호를 송출할 수 있다고 한 ③은 적절하지 않다.

61
정답 ③

주어진 조건을 표로 정리하면 다음과 같다.

구분	A	B	C	D	E
짱구		×		×	
철수				×	
유리			○		
훈이		×			
맹구		×		×	×

유리는 C를 제안하였으므로 D는 훈이가, B는 철수가 제안하였음을 알 수 있고, A는 맹구가, 나머지 E는 짱구가 제안하였음을 알 수 있다. 따라서 제안자와 그 제안이 바르게 연결된 것은 철수 B, 짱구 E이다.

62
정답 ③

토의는 여러 사람이 모여서 공통의 문제에 대하여 가장 좋은 해답을 얻기 위해 협의하는 말하기이다. 특정 논제에 대해 찬성과 반대의 주장을 논하는 과정은 토론이다. 따라서 박사원은 의견을 제시하지 않고 다른 사람의 의견에 찬성을 하고 있으므로 토의가 아닌 토론을 하고 있다고 봐야 한다.

① 권역별 상품개발에 대한 논의가 있었는지 물어보는 질문을 통해 의견을 나타냈다.
② 고객의 안전이 최우선이라는 콘텐츠를 권역별로 세분화하자는 의견을 말했다.
④ 상품 세분화로 매출이 향상되지는 않을 거라는 의견을 제시했다.
⑤ 토의 주제를 제시하고 의견을 요청했다.

63 정답 ⑤

제시된 토의 상황에 따르면 정보공유가 완전하게 이루어지고 있으며, 참여도와 만족도가 높다. 또한, 구조화를 갖추지 않은 상태이며, 리더가 없다. 완전연결형은 가장 이상적인 형태로, 리더가 존재하지 않으며 누구나 커뮤니케이션을 주도할 수 있고 가장 구조화되지 않은 유형이다. 조직 안에서 정보교환이 완전히 이루어지며 가장 효과적이고 구성원 간의 만족도와 참여도가 높은 특징이 있다. 따라서 토의 상황에서 나타나는 네트워크 형태는 완전연결형이다.

64 정답 ①

두 번째 조건에서 집과의 거리가 1.2km 이하여야 한다고 하였으므로 K버스는 제외된다. 네 번째 조건에서 나머지 교통편의 왕복시간은 다음과 같이 5시간 이하임을 확인할 수 있다.

- 비행기 : 45분×2=1시간 30분
- E열차 : 2시간 11분×2=4시간 22분
- P버스 : 2시간 25분×2=4시간 50분

또한 각각에 해당하는 총 4인 가족 교통비를 구하면 다음과 같다.

- 비행기 : 119,000×4×0.97=461,720원
- E열차 : 134,000×4×0.95=509,200원
- P버스 : 116,000×4=464,000원

세 번째 조건에서 E열차는 총금액이 50만 원을 초과하였으므로 조건에 부합하지 않는다. 따라서 비행기와 P버스 중 비행기의 교통비가 가장 저렴하므로, 지우네 가족이 이용할 교통편은 비행기이며, 총비용은 461,720원임을 알 수 있다.

65 정답 ④

창고를 모두 가득 채웠을 때 보관 가능한 컨테이너 박스의 수는 10×10=100개이며, 다음과 같은 두 가지 경우가 가능하다.

ⅰ) 경우 1

9개 창고에 10개씩+1개 창고에 8개(=10개의 창고 중 8개씩 보관할 1개의 창고를 고르는 경우의 수) : $_{10}C_1$ 가지

ⅱ) 경우 2

8개 창고에 10개씩+2개 창고에 9개씩(=10개의 창고 중 9개씩 보관할 2개의 창고를 고르는 경우의 수) : $_{10}C_2$ 가지

따라서 전체 경우의 수는 다음과 같다.

$$_{10}C_1 + _{10}C_2 = 10 + \frac{10 \times 9}{2!} = 55가지$$

66 정답 ④

㉠ A=100, B=101, C=102이다. 따라서 Z=125이다.
㉡ C=3, D=4, E=5, F=6이다. 따라서 Z=26이다.
㉢ P가 17임을 볼 때, J=11, Y=26, Z=27이다.
㉣ Q=25, R=26, S=27, T=28이다. 따라서 Z=34이다.

따라서 해당하는 Z값을 모두 더하면 125+26+27+34=212이다.

67 정답 ③

조건에 주어진 단서를 분석하면 다음과 같다.

- 비밀번호를 구성하는 각 숫자는 소수가 아니므로 0, 1, 4, 6, 8, 9 중의 4자리 조합이다.

소수 : 1과 자기 자신만으로 나누어지는 1보다 큰 양의 정수 (예 2, 3, 5, 7, …)

- 비밀번호는 짝수로 시작하며 가장 큰 수부터 차례로 4가지 숫자가 나열되므로, 9는 제외되고 8 또는 6으로 시작한다.
- 단, 8과 6은 단 하나만 비밀번호에 들어가므로 서로 중복하여 사용할 수 없다.

따라서 조건을 모두 만족하는 비밀번호는 8410 또는 6410의 두 가지 조합밖에 나오지 않는다.

68 정답 ④

연도별 합계에서 나머지 수를 더한 값으로 빈칸의 수치들을 구할 수 있다.

(ㄹ) : 145-(21+28+17+30+20)=29

오답분석

① (ㄱ) - 866
② (ㄴ) - 73
③ (ㄷ) - 202
⑤ (ㅁ) - 22

69 정답 ③

ㄴ. 2020년 고덕 차량기지의 안전체험 건수 대비 인원수는 $\frac{633}{33}$ ≒19.2로, 도봉 차량기지의 안전체험 건수 대비 인원수인 $\frac{432}{24}$=18보다 크다.

ㄷ. 2019년부터 2021년까지 고덕 차량기지의 안전체험 건수와 인원수는 둘 다 계속 감소하는 것으로 동일함을 알 수 있다.

오답분석

ㄱ. 2022년에 방화 차량기지 견학 안전체험 건수는 2021년과 동일한 29건이므로 옳지 않다.

ㄹ. 신내 차량기지의 안전체험 인원수는 2022년에 385명이다. 이는 692명인 2018년의 약 55%로, 인원수는 50% 미만의 감소율로 감소하였음을 알 수 있다.

70

정답 ③

조건에 따르면 최소한 수학자 1명, 논리학자 1명, 과학자 2명이 선정되어야 하고, 그 외 나머지 2명을 선정해야 한다. 예를 들어 물리학, 생명과학, 화학, 천문학을 전공한 과학자 총 4명을 선정하면 천문학 전공자는 기하학 전공자와 함께 선정되고, 논리학자는 비형식논리 전공자를 선정하면 가능하다.

오답분석

① 형식논리 전공자가 1명 선정되면 비형식논리 전공자도 1명 선정된다. 따라서 논리학자는 2명 선정된다. 그러나 형식논리 전공자가 먼저 선정된 것이 아니라면 옳지 않다.

② 같은 전공을 가진 수학자가 2명 선정될 수 있다. 예를 들어 다음과 같이 선정될 수 있다.
논리학자 1명 – 비형식논리 전공자
수학자 2명 – 기하학 전공자, 기하학 전공자
과학자 3명 – 물리학 전공자, 생명과학 전공자, 천문학 전공자

④ 통계학 전공자를 포함하면 수학자는 3명이 선정될 수 있다. 예를 들어 다음과 같이 선정될 수 있다.
논리학자 1명 – 비형식논리 전공자
수학자 3명 – 통계학 전공자, 대수학 전공자, 기하학 전공자
과학자 2명 – 천문학 전공자, 기계공학 전공자

⑤ 논리학자는 3명이 선정될 수 있다. 예를 들어 다음과 같이 선정될 수 있다.
논리학자 3명 – 형식논리 전공자 1명, 비형식논리 전공자 2명
수학자 1명 – 기하학 전공자
과학자 2명 – 천문학 전공자, 물리학 전공자

제**2**영역 직무기초지식

71	72	73	74	75	76	77	78	79	80
③	①	②	③	②	③	⑤	①	②	④
81	82	83	84	85	86	87	88	89	90
④	③	⑤	⑤	③	⑤	⑤	④	⑤	①
91	92	93	94	95	96	97	98	99	100
④	④	④	①	④	②	②	③	③	①

71

정답 ③

취소권·해제권·추인권은 형성권에 속한다. 즉, 일방의 의사표시 또는 행위에 의하여 법률관계가 변동되는 것이다.

72

정답 ①

역사적으로 속인주의에서 속지주의로 변천해 왔으며 오늘날 국제 사회에서 영토의 상호존중과 상호평등원칙이 적용되므로 속지주의가 원칙이며 예외적으로 속인주의가 가미된다.

73

정답 ②

법률 용어로서의 선의(善意)는 어떤 사실을 알지 못하는 것을 의미하며, 반면 악의(惡意)는 어떤 사실을 알고 있는 것을 뜻한다.

오답분석

① 문리해석과 논리해석은 학리해석의 범주에 속한다.

③ 유추해석에 대한 설명이다.

④·⑤ 간주(看做)와 추정(推定) : 추정은 불명확한 사실을 일단 인정하는 것으로 정하여 법률효과를 발생시키되 나중에 반증이 있을 경우 그 효과를 발생시키지 않는 것을 말한다. 간주는 법에서 '간주한다＝본다＝의제한다'로 쓰이며, 추정과는 달리 나중에 반증이 나타나도 이미 발생된 효과를 뒤집을 수 없는 것을 말한다. 예를 들어 어음법 제29조 제1항에서 '말소는 어음의 반환 전에 한 것으로 추정한다.'라는 규정이 있는데, 만약, 어음의 반환 이후에 말소했다는 증거가 나오면 어음의 반환 전에 했던 것은 없었던 걸로 하고, 어음의 반환 이후에 한 것으로 인정한다. 그러나, 만약에 '말소는 어음의 반환 전에 한 것으로 본다.'라고 했다면 나중에 반환 후에 했다는 증거를 제시해도 그 효력이 뒤집어지지 않는다(즉, 원래의 판정과 마찬가지로 어음의 반환 전에 한 것으로 한다).

74

정답 ③

소멸시효의 중단사유로는 청구・압류 또는 가압류・가처분・승인이 있다(민법 제168조).

> **소멸시효의 중단과 정지**
> • 정당한 권리자는 사실 상태의 진행을 중단시켜 시효의 완성을 방지할 필요가 있는 바, 이를 시효의 중단이라 한다. 시효의 중단은 당사자 및 그 승계인 간에만 효력이 있다(민법 제169조).
> • 중단사유로는 청구・압류 또는 가압류・가처분・승인이 있다.
> • 시효의 정지라 함은 시효완성 직전에 그대로 시효를 완성시켜서는 권리자에게 가혹하다는 사정이 있을 때 시효의 완성을 일정기간 유예하는 제도이다.

75

정답 ②

합명회사는 2인 이상의 무한책임사원으로 조직된 회사이다(상법 제178조). 무한책임사원이라 함은 회사에 대하여 출자의무와 회사채무에 대한 직접・연대・무한의 책임을 부담하는 사원을 말한다.

오답분석

① 상법 제268조 합자회사에 대한 설명이다.
③ 상법 제553조 유한회사에 대한 설명이다.
④ 상법 제331조 주식회사에 대한 설명이다.
⑤ 상법 제287조 합자회사에 대한 설명이다.

76

정답 ③

구속적부심사를 청구할 수 있는 자는 체포 또는 구속된 피의자, 그 피의자의 변호인・법정대리인・배우자・직계친족・형제자매・가족・동거인・고용주이다(형사소송법 제94조).

77

정답 ⑤

기관위임사무는 지방자치단체장이 국가 또는 상급 지자체사무를 위임받아 수행하는 것이다. 따라서 기관위임사무의 소요 경비는 전액 위임기관의 예산으로 부담한다.

78

정답 ①

종합적 조직 진단을 구성하는 것은 조직문화와 행태, 인력, 재정, 서비스와 프로세스이다.

> **조직 진단**
> • 행태 과학의 방법을 사용하여 조직의 현재 상태를 점검하고 문제의 해결 또는 조직의 효과성 증대를 위한 방안을 목적으로 한다.
> • 조직의 활동이나 지침을 수립하기 위해서 자료나 정보를 다시 비교・분석・평가한다.

79

정답 ②

판단적 미래예측 기법은 경험적 자료나 이론이 없을 때 전문가나 경험자들의 주관적인 견해에 의존하는 질적・판단적 예측이다.

80

정답 ④

전방향접근법은 하향식 접근으로 결정기관에서 시작하여 집행기관으로 내려오면서 접근하는 방법이다. 집행에서 시작하여 상위 계급이나 조직 또는 결정 단계로 거슬러 올라가는 것은 상향식 접근이다.

81

정답 ④

공공선택론은 뷰캐넌(J. Buchanan)이 창시하고 오스트롬(V. Ostrom)이 발전시킨 이론으로 경제학적인 분석 도구를 중시한다.

공공선택론의 의의와 한계

의의	• 공공부문에 경제학적인 관점을 도입하여 현대 행쟁개혁의 바탕이 됨 – 고객중심주의, 소비자중심주의, 분권화와 자율성 제고 등 • 정부실패의 원인을 분석하여 대안을 제시함
한계	• 시장실패의 위험이 있음 • 시장 경제 체제의 극대화만을 중시하여 국가의 역할을 경시함

82

정답 ③

오답분석

① 공익의 과정설에 대한 설명이다.
② 행정의 민주성에는 대내적으로 행정조직 내부 관리 및 운영의 대내적 민주성도 포함된다.
④ 장애인들에게 특별한 세금감면 혜택을 부여하는 것은 사회적 형평성에 부합한다.
⑤ 만장일치와 계층제는 가외성의 장치가 아니다.

83

정답 ⑤

민츠버그(Mintzberg)는 크게 대인적 직무, 의사결정 직무, 정보처리 직무로 경영자의 역할을 10가지로 정리하였고, 보기의 역할은 의사결정 직무 중 기업가 역할에 해당한다.

> **민츠버그(Mintzberg) 경영자의 역할**
> • 대인적 직무 : 대표자 역할, 리더 역할, 연락자 역할
> • 의사결정 직무 : 기업가 역할, 문제처리자 역할, 지원배분자 역할, 중재자 역할
> • 정보처리 직무 : 정보수집자 역할, 정보보급자 역할, 대변자 역할

84

정답 ⑤

보기 중 정인은 시스템 이론에 대한 설명이 아닌 시스템적 접근의 추상성을 극복하고자 하는 상황 이론에 대한 설명을 하고 있다.

85

정답 ③

양적 평가요소는 재무비율 평가항목으로 구성된 안정성, 수익성, 활동성, 생산성, 성장성 등이 있고, 질적 평가요소는 시장점유율, 진입장벽, 경영자의 경영능력, 은행거래 신뢰도, 광고활동, 시장규모, 신용위험 등이 있다.

86

정답 ⑤

자원기반관점(RBV; Resource Based View)은 기업 경쟁력의 원천을 기업의 외부가 아닌 내부에서 찾는다. 진입장벽, 제품차별화 정도, 사업들의 산업집중도 등은 산업구조론(I.O)의 핵심요인이다.

87

정답 ⑤

네트워크 구조는 다수의 다른 장소에서 이루어지는 프로젝트들을 관리・통솔하는 과정에서 다른 구조보다 훨씬 더 많은 층위에서의 감독이 필요하며 그만큼 관리비용이 증가한다. 이러한 다수의 관리감독자들은 구성원들에게 혼란을 야기하거나 프로젝트 진행을 심각하게 방해할 수도 있다. 이에 따른 단점을 상쇄하기 위해 최근 많은 기업들은 공동 프로젝트 통합관리 시스템 개발을 통해 효율적인 네트워크 조직 운영을 목표로 하고 있다.

> **네트워크 조직(Network Organization)**
> 자본적으로 연결되지 않은 독립된 조직들이 각자의 전문 분야를 추구하면서도 제품을 생산과 프로젝트 수행을 위한 관계를 형성하여 상호 의존적인 협력관계를 형성하는 조직이다.

88

정답 ④

LMX는 리더 – 구성원 간의 관계에 따라 리더십 결과가 다르다고 본다.

89

정답 ⑤

개인들의 한계편익을 합한 사회적인 한계편익이 한계비용보다 작다면 공공재 공급을 감소시키는 것이 바람직하다.

90

정답 ①

실물적 경기변동에서 경기변동은 실물적 충격이 발생했을 때 경제주체들이 최적화 행동의 결과로 인해 균형자체가 변하는 현상이다. 또한 경기변동과정에서 발생하는 실업은 모두 자발적 실업이라고 본다. 실물적 경기변동이론에서는 경기변동을 균형현상이라고 보기 때문에 경기변동이 발생하더라도 정부가 개입할 필요는 없다고 주장하며, 화폐의 중립성이 성립하므로 통화량의 변동은 경기에 아무런 영향을 미치지 않는다고 주장한다.

91

정답 ④

정부는 경제를 안정화시키기 위해 정부 지출과 세수를 조절하는 재정정책을 사용한다. 이 경우 한계소비성향이 높으면 소비 지출이 늘어나 총수요가 추가적으로 증가하는 승수효과가 발생한다. 또한 확대 재정정책으로 이자율이 올라 민간의 투자나 소비가 줄어들면 총수요가 감소하는 구축효과가 발생할 수 있다. 소비자가 현재 중심으로 소비하면 현재 소득이 현재 소비에 미치는 영향이 커지므로 정부의 경기부양 효과가 커진다. 한편, 소비자들이 정부 부채 증가를 미래의 조세로 메울 것으로 기대하면 소비가 늘어나지 않아 경기부양 효과는 크지 않다.

92

정답 ④

(나)국의 지니계수는 점차 커지므로 로렌츠 곡선이 대각선에서 점차 멀어진다고 할 수 있다. 지니계수란 소득분배의 불평등도를 나타내는 수치로, 소득이 어느 정도 균등하게 분배되어 있는가를 평가하는 데 주로 이용된다. 지니계수는 로렌츠 곡선으로부터 도출된다. 로렌츠 곡선은 가로축에 저소득층부터 인원의 분포도를 표시하고 세로축에 저소득층부터 소득액 누적 백분율을 표시하면 그려지는 소득분배 그래프이다. 여기에 가상적인 소득분배균등선(45도선)을 긋는다. 지니계수는 대각선과 로렌츠 곡선 사이의 면적을 대각선과 종축, 횡축이 이루는 삼각형의 면적으로 나눈 비율이다. 따라서 지니계수는 0과 1 사이의 값을 갖고, 소득 불균형이 심할수록 1에 가깝게 된다.

93
정답 ④

GDP는 일정기간 동안 한 나라 국경 안에서 생산된 모든 최종생산물의 시장가치를 의미한다. 중간재 중에서 판매되지 않은 부분은 일단 최종재로 간주하므로 GDP에 포함된다.

94
정답 ①

실망노동자는 비경제활동인구에 포함되어 실업률 통계에 들어가지 않는다.

오답분석

② 완전고용은 마찰적 실업을 제외한 비자발적 실업이 없는 상태를 의미한다. 마찰적 실업은 일시적으로 직장을 옮기는 과정에서 발생하는 자발적 실업이다.
③ 최저임금제도를 도입하면 최저임금이 균형임금보다 높게 설정되므로 노동의 초과공급이 발생한다. 따라서 비자발적인 실업이 발생하고 균형에서보다 고용량이 감소한다.
④ 자연실업률이란 현재 진행되는 인플레이션을 가속시키지도 않고, 감속시키지도 않게 해주는 실업률을 말하며, 실업을 감소시키기 위한 정부의 재량적인 정책은 장기적으로 무력하며 자연실업률 수준을 변화시키는 정책만이 실업을 감소시킬 수 있다.
⑤ 마찰적 실업은 일시적으로 직장을 옮기는 과정에서 발생하는 실업으로 자발적 실업에 속한다.

95
정답 ④

피아제(Piaget)는 인지발달을 개인과 환경의 상호 작용에서 이루어지는 적응 과정으로 간주하였으며, 그러한 적응 능력이 동화(Assimilation)와 조절(Accommodation)의 평형화 과정에 의해 발달한다고 보았다.

오답분석

① 피아제는 성인기 이후의 발달을 다루고 있지 않다.
② 피아제는 문화적·사회경제적·인종적 차이를 충분히 고려하지 않았다.
③ 추상적 사고의 확립은 형식적 조작기의 특징이다.
⑤ 전조작기는 보존개념을 어렴풋이 이해하기 시작하지만 아직 획득하지 못한 단계이다.

96
정답 ②

다문화 사회 복지 실천은 문화적 상이성에 대한 수용과 존중을 지향한다. 다문화 사회 복지 실천에서는 다양한 인종이나 민족 집단들의 문화를 지배적인 하나의 문화에 동화시키지 않은 채 서로 인정하고 존중하면서 공존하도록 하는 데 목적을 두므로, 다양한 문화를 지닌 소수자들의 삶을 보장하는 데 초점을 맞춘다.

97
정답 ②

노년기에는 옛것을 회상하며 사고의 경직성 경향이 증가한다.

98
정답 ③

오답분석

ㄱ. 유아기의 특징에 해당한다. 제1의 반항기는 자기주장적이고 반항적인 행동이 절정에 달하는 3 ~ 4세경의 걸음마기에 해당하며, 제2의 반항기는 부모의 권위에 도전하는 청소년기에 해당한다.
ㅁ. 유아기의 특징에 해당한다. 유아기의 자기중심적 사고는 모든 사물을 자기의 입장에서만 보고, 타인의 입장을 고려하지 못한다.

99
정답 ③

연구의 진실성과 사회적 책임은 연구 윤리의 기준이 된다. 물론 연구자가 연구를 통해 사회적 이익을 증진시키는 것은 바람직하나 이는 공익의 기준에 부합하는 것이어야 한다. 연구자는 자신의 연구가 사회에 미칠 영향을 자각하고 전문가로서 책임을 다하여야 한다.

100
정답 ①

영가설은 연구가설을 반증하기 위해 사용되는 것으로, 처음부터 버릴 것을 예상하는 가설이다.

오답분석

ㄷ·ㄹ. 영가설은 변수 간 관계가 우연에서 비롯될 수 있는 확률, 즉 영가설이 참일 수 있는 확률을 의미한다.

제3회 모의고사 정답 및 해설

제 1영역 직업기초능력

01	02	03	04	05	06	07	08	09	10
②	④	③	③	③	①	②	③	②	④
11	12	13	14	15	16	17	18	19	20
③	③	①	④	①	③	③	④	③	⑤
21	22	23	24	25	26	27	28	29	30
②	④	②	②	③	①	②	①	④	④
31	32	33	34	35	36	37	38	39	40
①	②	①	④	④	⑤	④	①	②	⑤
41	42	43	44	45	46	47	48	49	50
④	①	③	④	④	⑤	③	②	③	④
51	52	53	54	55	56	57	58	59	60
④	⑤	③	④	②	②	①	④	③	①
61	62	63	64	65	66	67	68	69	70
②	①	①	②	③	③	③	③	⑥	④

01
정답 ②

오례 의식에서 향악을 반드시 연주하게 되었다고는 하였지만 이것이 아악이 점차 오례 의식에서 배제되는 것으로 연결되는 것은 아니다.

오답분석
① 향악에 대한 관심은 중국에서 유래된 아악과 우리 향악 사이에 음운 체계가 근본적으로 다르다는 것을 인식하게 하였다고 하였으므로 옳은 내용이다.
③ 조선시대 오례 의식에 사용되는 모든 음악이 양성음인 양률과 음성음인 음려의 화합으로 이루어졌다고 하였는데, 오례 의식에서 향악을 반드시 연주하게 되었으므로 오례 의식에서 연주된 향악은 양률과 음려가 화합을 이룬 음악이라는 점을 알 수 있다.
④ 세종대에 들어 더욱 완벽한 유교적 예악 이념에 접근하고자 노력하였고 이에 따라 음악에 대한 정리가 시도되었다고 하였다.
⑤ 세종대 음악에 대한 이해가 심화됨에 따라 자주적인 악기 제조가 가능하게 되었으며 악공의 연주 수준이 향상되었다고 하였다.

02
정답 ④

甲은 학력으로 인재를 선발하는 기업의 채용 시스템으로 비판하는 입장이며, 乙은 기업이 지원자의 자질과 능력 등을 판단할 때 학력이 중요한 정보가 된다는 입장이다. 따라서 甲과 乙의 주장을 도출할 수 있는 질문으로 ④가 가장 적절하다.

03
정답 ③

작년 전체 실적은 $45+50+48+42=185$억 원이며, 1·2분기와 3·4분기의 실적의 비중은 각각 다음과 같다.

- 1·2분기 비중 : $\frac{45+50}{185} \times 100 = 51.4\%$
- 3·4분기 비중 : $\frac{48+42}{185} \times 100 = 48.6\%$

04
정답 ③

무응답을 제외한 9개의 항목 중 2020년에 비해 2022년에 그 구성비가 증가한 항목은 사업 추진 자금의 부족, 정부의 정책적 지원 미비, 보유 기술력 / 인력 부족, 가격 부담, 사물인터넷 인식 부족 5개이다. 따라서 $\frac{5}{9} \times 100 = 55.6\%$로 40% 이상이므로 옳은 설명이다.

오답분석
① 2020년에는 불확실한 시장성, 2022년에는 정부의 정책적 지원 미비가 가장 많은 비중을 차지하므로 옳지 않은 설명이다.
② 2020년 대비 2022년에 사물인터넷 인식 부족을 애로사항으로 응답한 기업 비율의 증가율은 $5.1-4.2=0.9\%$p이고, 사업 추진 자금의 부족을 애로사항으로 응답한 기업 비율의 증가율은 $22.4-10.1=12.3\%$p이다. 따라서 사물인터넷 인식 부족을 애로사항으로 응답한 기업 비율의 증가율이 더 낮다.
④ 제시된 자료는 비율 자료일 뿐, 해당 항목이 애로사항이라고 응답한 기업의 수는 파악할 수 없다.
⑤ 2022년에 불확실한 시장성을 애로사항으로 응답한 기업의 수는 알 수 없지만, 동일한 연도이므로 비율을 이용해 두 항목 간 비교가 가능하다. 불확실한 시장성을 애로사항으로 응답한 기업의 비율은 10.9%로, 비즈니스 모델 부재를 애로사항으로 응답한 기업 비율의 80%인 $12.3 \times 0.8=9.84\%$ 이상이므로 옳지 않은 설명이다.

05

정답 ③

- 진영 : 2020년에 가격 부담을 애로사항이라고 응답한 기업의 비율은 5.5%로, 2022년에 개발 및 도입자금 지원을 정부 지원 요청사항으로 응답한 기업의 비율의 45%인 $26.5 \times 0.45 ≒ 11.9\%$ 미만이므로 옳지 않은 설명이다.
- 준엽 : 제시된 자료는 비율 자료이므로 2020년과 2022년에 조사에 참여한 기업의 수를 알 수 없다. 따라서 비교가 불가능하다.

- 지원 : 동일한 연도 내이므로 기업의 수는 알 수 없어도 비율을 이용해 비교가 가능하다. 2022년에 정부 지원 요청사항에 대해 도입 시 세제 / 법 제도 지원이라고 응답한 기업의 비율은 15.5%로, 기술 인력 양성 지원 확대라고 응답한 기업의 수보다 30% 더 많은 $10.5 \times 1.3 = 13.65\%$ 이상이므로 옳은 설명이다.

06

정답 ①

A업체와 B업체의 가격과 보온성 평가점수가 별 8개로 동일하므로 모든 부문 별 개수 총합을 비교해야 한다. A업체의 별 합계는 17개, B업체의 별 합계는 14개이므로 개수가 더 많은 A업체에서 근무복을 구매한다.

07

정답 ②

예산 100만 원 내에서 동절기 근무복 15벌을 구매하려면, 한 벌당 구매가격이 $100 \div 15 ≒ 6.67$만 원보다 저렴해야 한다. 이 조건을 만족하는 A업체와 B업체를 비교할 때, 가격과 보온성 평가점수의 합이 A업체와 B업체 모두 별 8개이므로 가격이 더 저렴한 B업체의 근무복을 구매한다.

08

정답 ③

8번 문제와 와 같이 괄호의 수가 많지 않고 보기도 적은 경우는 거의 대부분 괄호를 채워놓고 시작하는 것이 편한 경우가 많으며, 꼭 편리성의 측면을 떠나 결국에는 다 채워야 정답을 판단할 수 있게 구성되는 경우가 많다. 표의 빈칸을 채우면 다음과 같다.

응시자 면접관	갑	을	병	정	범위
A	7	8	8	6	2
B	4	6	8	10	(6)
C	5	9	8	8	(4)
D	6	10	9	7	4
E	9	7	6	5	4
중앙값	(6)	(8)	8	(7)	−
교정 점수	(6)	8	(8)	7	−

ㄱ. 위 표에 의하면 면접관 중 범위가 가장 큰 면접관은 B(6)이므로 옳은 내용이다.
ㄷ. 병의 교정점수는 8점이며 갑은 6점이므로 옳은 내용이다.

ㄴ. 응시자 중 중앙값이 가장 작은 응시자는 갑(6)이므로 옳지 않은 내용이다.

09

정답 ②

사망원인이 높은 순서대로 나열하면 '암, 심장질환, 뇌질환, 자살, 당뇨, 치매, 고혈압'이며, 암은 10만 명당 185명이고, 심장질환과 뇌질환은 각각 암으로 인한 사망자와 20명 미만의 차이이다. 또한, 자살은 10만 명당 50명이다.

① 사망원인 중 암인 사람은 185명이다.
③ 자살로 인한 사망자는 50명이다.
④·⑤ 뇌질환 사망자가 암 사망자와 20명 이상 차이 난다.

10

정답 ④

대리와 과장의 총출장비는 다음과 같다.
- 일비 : $(30,000 \times 3) + (50,000 \times 3) = 240,000$원
- 교통비 : $(3,200 \times 2) + (121,800 \times 2) + 10,300 = 260,300$원
- 숙박비 : $(120,000 \times 2) + (150,000 \times 2) = 540,000$원
- 식비 : $(8,000 \times 3 \times 3) + (10,000 \times 3 \times 3) = 162,000$원

따라서 대리와 과장이 받을 수 있는 총출장비는 $240,000 + 260,300 + 540,000 + 162,000 = 1,202,300$원이다.

11

정답 ③

사원 2명과 대리 1명의 총출장비는 다음과 같다.
- 일비 : $(20,000 \times 2 \times 2) + (30,000 \times 2) = 140,000$원
- 교통비 : 0원(자가용 이용)
- 숙박비 : $(80,000 \times 3) = 240,000$원
- 식비 : $(6,000 \times 3 \times 2 \times 2) + (8,000 \times 3 \times 2) = 120,000$원

따라서 사원들과 대리가 받을 수 있는 총출장비는 $140,000 + 240,000 + 120,000 = 500,000$원이다.

12

정답 ③

의사가 없는 지방에서는 의사의 업무 모두를 약점사가 담당했다고 하였는데, 의사는 의학박사만큼은 아니더라도 의학교육도 일부 담당했다. 따라서 약점사가 의학 교육의 일부를 담당했을 것이라고 추론할 수 있다.

① 의학박사가 의사에 비해 실력이 뛰어나고 경력이 풍부했다는 것은 알 수 있으나, 이들이 의사 중에서 선발된 것인지는 알 수 없다.
② 의학박사와 의사 간의 실력 차이에 대해서는 언급하고 있으나 의사와 약점사의 실력 차이에 대해서는 언급되어 있지 않다.
④ 향리들 중에서 임명한 사람은 의사가 아니라 약점사이다.
⑤ 지방관청에 설치된 약점에 배치된 사람은 의사가 아니라 약점사이다.

13

정답 ①

자아 인식, 자기 관리, 공인 자격 쌓기 등의 평가 기준을 통해 A사원이 B사원보다 스스로 관리하고 개발하는 능력이 우수하다는 것을 알 수 있다.

14

정답 ④

첫 번째 규칙에 따라 A설비는 반드시 도입하며, 세 번째 규칙의 대우에 따라 A설비를 도입하면 E설비는 도입하지 않는다. 그러므로 네 번째 규칙에 따라 E설비를 제외한 B설비, F설비를 반드시 도입하고, 다섯 번째 규칙에 따라 C설비는 도입하지 않는다. D설비의 도입 여부는 규칙에서 알 수 없지만, 최대한 많은 설비를 도입한다는 여섯 번째 규칙에 따라 D설비도 도입한다. 따라서 A설비, B설비, D설비, F설비를 도입한다.

15

정답 ①

체증이 심한 유료 도로 이용은 다른 사람의 소비를 제한(타인의 원활한 도로 이용 방해)하는 특성을 가지는 것이므로 경합적이며, 요금을 지불하지 않고서는 도로 이용을 하지 못하므로 배제적이다. 이는 a에 해당한다.

오답분석

② 케이블 TV 시청은 다른 사람의 소비를 제한하지 않으므로(자신이 케이블 TV를 시청한다고 해서 다른 시청자의 방송 시청에 어떠한 영향을 주는 것이 아님) 비경합적이며, 시청료를 지불하지 않고서는 TV 시청을 하지 못하므로 배제적이다. 이는 c에 해당한다.
③ 사먹는 아이스크림과 같은 사유재는 다른 사람의 소비를 제한하므로(자신이 아이스크림을 먹을 경우 타인이 먹을 수 있는 아이스크림의 개수가 감소) 경합적이며, 대가를 지불하지 않고서는 아이스크림을 사먹을 수 없으므로 배제적이다. 이는 a에 해당한다.
④ 국방 서비스는 다른 사람의 소비를 제한하지 않으므로(자신이 국방 서비스의 혜택을 누린다고 하여 다른 사람이 받는 국방 서비스가 줄어드는 것이 아님) 비경합적이며, 요금을 지불하지 않더라도 국방 서비스는 받을 수 있으므로 비배제적이다. 이는 d에 해당한다.
⑤ 제시문에서 영화 관람이라는 소비 행위는 비경합적이지만 배제가 가능하다고 하였으므로 c에 해당한다.

16

정답 ③

제품별 밀 소비량 그래프에서 라면류와 빵류 밀 사용량의 10%는 각각 6.6톤, 6.4톤이다. 따라서 과자류에 사용될 밀 소비량은 총 42＋6.6＋6.4＝55톤이다.

17

정답 ③

가장 많이 밀을 사용하는 과자는 45%를 사용하는 D과자이고, 가장 적게 사용하는 과자는 15%인 C과자이다. 따라서 두 과자의 밀 사용량 차이는 42×(0.45－0.15)＝42×0.3＝12.6톤이다.

18

정답 ④

각 지역에 가중치를 적용한 총점은 다음과 같다.

(단위 : 점)

지역	접근성	편의성	활용도	인지도	총점
갑	$5×0.4$ $=2.0$	$7×0.2$ $=1.4$	$6×0.1$ $=0.6$	$3×0.3$ $=0.9$	4.9
을	$3×0.4$ $=1.2$	$7×0.2$ $=1.4$	$8×0.1$ $=0.8$	$4×0.3$ $=1.2$	4.6
병	$5×0.4$ $=2.0$	$8×0.2$ $=1.6$	$2×0.1$ $=0.2$	$6×0.3$ $=1.8$	5.6
정	$8×0.4$ $=3.2$	$7×0.2$ $=1.4$	$5×0.1$ $=0.5$	$2×0.3$ $=0.6$	5.7
무	$7×0.4$ $=2.8$	$7×0.2$ $=1.4$	$1×0.1$ $=0.1$	$4×0.3$ $=1.2$	5.5

따라서 총점이 5.7점으로 가장 높은 정 지역이 선정된다.

19

정답 ③

접근성과 편의성의 가중치를 바꾸어 계산한 총점은 다음과 같다.

(단위 : 점)

지역	접근성	편의성	활용도	인지도	총점
갑	$5×0.2$ $=1.0$	$7×0.4$ $=2.8$	$6×0.1$ $=0.6$	$3×0.3$ $=0.9$	5.3
을	$3×0.2$ $=0.6$	$7×0.4$ $=2.8$	$8×0.1$ $=0.8$	$4×0.3$ $=1.2$	5.4
병	$5×0.2$ $=1.0$	$8×0.4$ $=3.2$	$2×0.1$ $=0.2$	$6×0.3$ $=1.8$	6.2
정	$8×0.2$ $=1.6$	$7×0.4$ $=2.8$	$5×0.1$ $=0.5$	$2×0.3$ $=0.6$	5.5
무	$7×0.2$ $=1.4$	$7×0.4$ $=2.8$	$1×0.1$ $=0.1$	$4×0.3$ $=1.2$	5.5

따라서 총점이 6.2점으로 가장 높은 병 지역이 선정된다.

20
정답 ⑤

갑과 을의 대화에 따르면 외부용 PC에서 자료를 받아 내부용 PC로 보내기 위해서는 자료 공유 프로그램을 이용해야 한다. 또한 외부용 PC에서 자료를 받기 위해서 사용 가능한 이메일 계정은 예외적으로 보안부서에 승인을 받기 전까지는 원칙적으로 ○○메일 뿐이다. 따라서 외부 자문위원의 자료를 전달받아 내부용 PC에 저장하기 위해서는 외부 자문위원의 PC에서 ○○메일 계정으로 자료를 보낸 뒤, 외부용 PC로 ○○메일 계정에 접속해 자료를 내려받아 자료 공유 프로그램을 이용하여 내부용 PC로 보내야 한다.

21
정답 ②

26 ~ 30세 응답자는 총 51명이다. 그중 4회 이상 방문한 응답자는 5+2=7명이다. 따라서 비율은 $\frac{7}{51} \times 100 = 13.7\%$이므로 10% 이상이다.

오답분석

① 전체 응답자 수는 113명이다. 그중 20 ~ 25세 응답자는 53명이다. 따라서 비율은 $\frac{53}{113} \times 100 = 46.9\%$가 된다.

③ 주어진 자료만으로는 31 ~ 35세 응답자의 1인당 평균 방문 횟수를 정확히 구할 수 없다. 그 이유는 방문 횟수를 1회, 2 ~ 3회, 4 ~ 5회, 6회 이상 등 구간으로 구분했기 때문이다. 다만, 구간별 최소값으로 평균을 냈을 때, 평균 방문 횟수가 2회 이상이라는 점을 통해 2회 미만이라는 것은 틀렸다는 것을 알 수 있다.

$\{1,\ 1,\ 1,\ 2,\ 2,\ 2,\ 2,\ 4,\ 4\}$ → (평균)$= \frac{19}{9} = 2.11$

④ 학생과 공무원 응답자의 수는 51명이다. 즉, 전체 113명의 절반에 미치지 못하므로 비율은 50% 미만이다.

⑤ 주어진 자료만으로 판단할 때, 전문직 응답자 7명 모두 20 ~ 25세일 수 있으므로 비율이 5% 이상이 될 수 있다.

22
정답 ④

지원자는 400명이므로 수용 가능 인원이 380명인 A중학교는 시험 장소로 적절하지 않으며, E고등학교의 경우에도 시험 진행에 필요한 스피커를 갖추고 있지 않으므로 적절하지 않다. 한편, B고등학교는 일요일에만 대여할 수 있으므로 시험이 실시되는 토요일에 대여할 수 없다. 따라서 신입직 채용시험 장소로 선택할 수 있는 곳은 C대학교와 D중학교이며, 이 중 대여료가 저렴한 D중학교가 신입직 채용시험 장소로 가장 적절하다.

23
정답 ②

신입직과 경력직 지원자는 총 480명이므로 수용 가능 인원이 480명 이하인 A중학교와 D중학교는 시험 장소로 적절하지 않으며, 스피커를 갖추고 있지 않은 E고등학교 역시 적절하지 않다.
따라서 신입·경력직 채용시험 장소로 선택할 수 있는 곳은 모든 조건을 만족하는 B고등학교와 C대학교이며, 이 중 대여료가 저렴한 B고등학교가 신입·경력직 채용시험 장소로 가장 적절하다.

24
정답 ②

甲은 우리가 필요 섭취량 이상으로 많은 탄수화물을 섭취하고 있으므로 탄수화물 섭취량을 줄여야 한다는 입장이며, 乙은 탄수화물이 부족할 경우 신진대사 불균형이 초래되므로 적절한 탄수화물의 섭취가 필요하다는 입장이다. 따라서 甲과 乙의 주장을 도출할 수 있는 질문으로 ②가 가장 적절하다.

25
정답 ③

다섯 번째와 여섯 번째 규정에 의해 50만 원 이상 구매 목록은 매년 2번 이상 구매해야 하며, 두 계절 연속으로 같은 가격대의 구매 목록을 구매할 수 없다. 가을을 제외한 계절에 50만 원 이상인 에어컨을 구매하였으므로 봄에는 50만 원 이상인 구매 목록을 구매할 수 없다.

26
정답 ①

개인별 수리능력과 문제해결능력 점수의 합은 다음과 같다.
- 강슬기 : 74+84=158점
- 박지민 : 82+99=181점
- 최미정 : 66+87=153점
- 배주현 : 53+95=148점
- 정진호 : 92+91=183점
- 김석진 : 68+100=168점
- 박수영 : 80+92=172점

따라서 높은 점수를 받아 총무팀에 배치될 사람은 박지민, 정진호이다.

27
정답 ②

개인별 필기시험과 면접시험 총점에 가중치를 적용하여 환산점수를 계산하면 다음과 같다.

성명	필기시험 총점	면접시험 총점	환산점수
강슬기	92+74+84 =250점	60+90 =150점	(250×0.7)+(150×0.3) =220점
박지민	89+82+99 =270점	80+90 =170점	(270×0.7)+(170×0.3) =240점
최미정	80+66+87 =233점	80+40 =120점	(233×0.7)+(120×0.3) =199.1점
배주현	94+53+95 =242점	60+50 =110점	(242×0.7)+(110×0.3) =202.4점
정진호	73+92+91 =256점	50+100 =150점	(256×0.7)+(150×0.3) =224.2점
김석진	90+68+100 =258점	70+80 =150점	(258×0.7)+(150×0.3) =225.6점
박수영	77+80+92 =249점	90+60 =150점	(249×0.7)+(150×0.3) =219.3점

따라서 환산점수에서 최저점을 받아 채용이 보류되는 사람은 최미정이다.

28 정답 ①

사찰에서는 기본적으로 남문 – 중문 – 탑 – 금당 – 강당 – 승방 등이 남북으로 일직선상에 놓였다고 하였다. 즉, 탑은 중문과 강당 사이의 직선상에 위치하고 있으므로 옳은 내용이다.

오답분석

② · ③ 진신사리는 그 수가 한정되어 있었으므로 삼국시대 말기에 이르러서는 탑 안에 사리를 대신하여 작은 불상이나 불경을 모셨다고 하였다. 즉, 탑 안을 비워둔 것은 아니었으며 사리를 모시는 곳이 금당의 불상으로 바뀐 것은 더더욱 아니다.

④ 삼국시대의 사찰에 회랑이 필수적이었다는 것만 언급되어 있을 뿐 삼국시대 이후에 대해서는 언급되어 있지 않다.

⑤ 신전이 성역임을 나타내기 위한 건축적 장치는 회랑이라고 하였으므로 옳지 않은 내용이다.

29 정답 ④

수진, 지은, 혜진, 정은의 수면 시간을 정리하면 다음과 같다.
- 수진 : 22:00 ~ 07:00 → 9시간
- 지은 : 22:30 ~ 06:50 → 8시간 20분
- 혜진 : 21:00 ~ 05:00 → 8시간
- 정은 : 22:10 ~ 05:30 → 7시간 20분

따라서 수진이의 수면 시간이 가장 길다.

30 정답 ④

ㄱ. 2022년 여성 국회의원 수가 전년과 동일한 국가는 한국, 인도, 벨기에, 덴마크, 러시아로, 총 5개국이다.

ㄴ. 2020년과 2021년의 유럽 7개국 중 여성 국회의원 수가 가장 적은 국가의 순위는 '크로아티아 – 체코 – 오스트리아 – 벨기에'이고, 2022년에는 '크로아티아 – 체코 – 벨기에 – 오스트리아'이므로 옳지 않은 설명이다.

ㄹ. • 2021년 아시아 6개국 여성 국회의원의 총인원
　　: 51+699+64+17+44+24=899명
　　• 2021년 유럽 7개국 여성 국회의원의 총인원
　　: 56+57+30+40+67+67+71=388명

따라서 $\frac{388}{899} \times 100 ≒ 43.16\%$이므로 40% 이상이다.

오답분석

ㄷ. 조사기간 동안의 한국, 인도, 일본의 여성 국회의원 인원수 합의 4배는 다음과 같다.
- 2020년 : (49+65+45)×4=159×4=636명
- 2021년 : (51+64+44)×4=159×4=636명
- 2022년 : (51+64+47)×4=162×4=648명

따라서 조사기간 동안 중국의 여성 국회의원 수는 한국, 인도, 일본의 여성 국회의원 수의 4배 이상이다.

31 정답 ①

(가)에서는 창조성과 우울증에 잘 걸리는 성향이 밀접하게 연관되어 있다고 주장하고 있다. 따라서 창조적인 사람들이 정서적으로 불안하고 우울증에 걸릴 수 있는 유전자를 가질 확률이 높다는 사실은 (가)를 강화한다.

오답분석

② (나)에서는 우울증은 어려운 목표를 포기하게 함으로써 고갈된 에너지를 보충하고 다시 도전할 수 있는 기회를 모색할 수 있게 한다고 하였다. 따라서 우울에 걸린 사람 중에 어려운 목표를 포기하지 못하는 사람들이 많다는 사실은 (나)를 약화한다.

③ (다)는 우울증의 원인 중 하나가 지나친 경쟁으로 인한 정신적 소진 상태라고 하고 있다. 따라서 정신적 소진이 우울증을 초래할 가능성이 높다는 것은 (다)를 강화한다.

④ (가)는 우울증으로 인해 생존에 유리한 측면이 있었다고 하였으므로 유전적 요인이 환경에 적응하는 과정에서 정신질환이 생겨난다는 것은 (가)를 강화한다. 그리고 (나)는 우울증은 자신을 보호하기 위한 기제로 발생한다고 하고 있으므로 ④는 (나)와는 무관하다.

⑤ 과거에 비해 현대 사회에서 창조적인 아이디어를 만들어 내기 어렵다는 것은 (가)와는 무관하다. 그리고 이는 과도한 경쟁을 통해 정신적 소진의 상태에 도달하게 할 수도 있으므로 (다)를 강화한다고 볼 수 있다.

32 정답 ②

제시된 조건에 따르면, 1층에는 남성인 주임을 배정해야 하므로 C주임이 배정된다. 그러면 3층에 배정 가능한 직원은 남성인 B사원 또는 E대리이다.

먼저 3층에 B사원을 배정하는 경우 5층에는 A사원이 배정된다. 그리고 D주임은 2층에, E대리는 이보다 위층인 4층에 배정된다.

다음으로 3층에 E대리를 배정하는 경우 5층에 A사원이 배정되면 4층에 B사원이 배정되고, 5층에 B사원이 배정되면 4층에 A사원이 배정된다. 그리고 D주임은 항상 E대리보다 아래층인 2층에 배정된다. 이를 정리하면 다음과 같다.

경우 1		경우 2		경우 3	
층수	직원	층수	직원	층수	직원
5층	A	5층	A	5층	B
4층	E	4층	B	4층	A
3층	B	3층	E	3층	E
2층	D	2층	D	2층	D
1층	C	1층	C	1층	C

따라서 5층에 A사원이 배정되더라도, 4층에는 B사원이 아닌 E대리가 배정될 수도 있다.

오답분석

① D주임은 항상 2층에 배정된다.

③ · ⑤ 5층에 B사원이 배정되면 3층에는 E대리, 4층에는 A사원이 배정된다.

④ C주임은 항상 1층에 배정된다.

33 정답 ①

미를 도덕이나 목적론과 연관시킨 톨스토이나 마르크스와 달리 칸트는 미에 대한 자율적 견해를 지녔다. 즉, 미적 가치를 도덕 등 다른 가치들과 관계없는 독자적인 것으로 본 것이다. 따라서 문학 작품을 감상할 때 다른 외부적 요소들은 고려하지 않고 작품 자체에만 주목하여 감상해야 한다는 절대주의적 관점이 이러한 칸트의 견해와 유사함을 추론할 수 있다.

34 정답 ④

제시문에서는 사람을 삶의 방식에 따라 거미와 같은 사람, 개미와 같은 사람, 꿀벌과 같은 사람의 세 종류로 나누어 설명하고 있다. 거미와 같은 사람은 노력하지 않으면서도 남의 실수를 바라는 사람이며, 개미와 같은 사람은 자신의 일은 열심히 하지만 주변을 돌보지 못하는 사람이다. 이와 반대로 꿀벌과 같은 사람은 자신의 일을 열심히 하면서 남을 돕는 이타적인 존재이다. 이를 통해 글쓴이는 가장 이상적인 인간형으로 거미 또는 개미와 같은 사람이 아닌 꿀벌과 같은 사람을 이야기하고 있음을 알 수 있다. 따라서 글쓴이가 말하고자 하는 바로 가장 적절한 것은 ④이다.

35 정답 ④

주어진 조건을 표로 정리하면 다음과 같다.

구분	1일	2일	3일	4일	5일	6일
경우 1	B	E	F	C	A	D
경우 2	B	C	F	D	A	E
경우 3	A	B	F	C	E	D
경우 4	A	B	C	F	D	E
경우 5	E	B	C	F	D	A
경우 6	E	B	F	C	A	D

따라서 B영화는 어떠한 경우에도 1일 또는 2일에 상영된다.

오답분석

① 경우 3 또는 4에서 A영화는 C영화보다 먼저 상영된다.
② 경우 1 또는 5, 6에서 C영화는 E보다 늦게 상영된다.
③ 경우 1 또는 3에서 폐막작으로, 경우 4 또는 5에서 5일에 상영된다.
⑤ 경우 1 또는 3에서 E영화는 개막작이나 폐막작으로 상영되지 않는다.

36 정답 ⑤

경기도의 보전관리지역 지가변동률 대비 농림지역 지가변동률의 비율은 $\frac{3.04}{2.10} \times 100 \fallingdotseq 144.8\%$이고, 강원도의 비율은 $\frac{2.49}{1.23} \times 100 \fallingdotseq 202.4\%$이므로 옳은 설명이다.

오답분석

① 전년 동월 대비 공업지역 지가가 감소한 지역은 부산광역시, 대구광역시, 울산광역시, 전라북도, 경상남도이고, 이 중 부산광역시의 경우 전년 동월 대비 농림지역 지가는 동일하므로 옳지 않은 설명이다.
② 전라북도 상업지역의 지가변동률은 충청북도 주거지역 지가변동률의 $\frac{1.83}{1.64} \fallingdotseq 1.12$배이므로 옳지 않은 설명이다.
③ 대구광역시의 공업지역 지가변동률과 경상남도의 보전관리지역 지가변동률의 차이는 $1.77 - (-0.97) = 2.74\%$p이므로 옳지 않은 설명이다.
④ 전국 평균 지가변동률보다 높은 지역은 서울특별시, 부산광역시, 대구광역시, 인천광역시, 광주광역시, 세종특별자치시, 경기도, 전라남도이고, 이 중 경기도의 주거지역 지가변동률은 전국 평균보다 낮으므로 옳지 않은 설명이다.

37 정답 ④

- 남성 : $11.1 \times 3 = 33.3 > 32.2$
- 여성 : $10.9 \times 3 = 32.7 < 34.7$

따라서 남성의 경우 국가기관에 대한 선호 비율이 공기업에 대한 선호 비율의 3배보다 작다.

오답분석

① 3%, 2.6%, 2.5%, 2.1%, 1.9%, 1.7%로 가구소득이 많을수록 중소기업을 선호하는 비율이 줄어들고 있다.
② 연령을 기준으로 3번째로 선호하는 직장은 모두 전문직 기업이다.
③ 국가기관은 모든 기준에서 선호 비율이 가장 높다.
⑤ 학력별 공기업을 선호하는 비중이 가장 높은 학력은 대학교 재학이다.

38 정답 ①

연차별 예산 범위를 만족시키면서 6년 내 모든 지부의 전산시스템을 교체할 수 있는 경우는 다음과 같다.

구분	1년 차	2년 차	3년 차	4년 차	5년 차	6년 차
수도권	○	○	○			
전남권		○	○			
충북권	○					
경남권				○	○	○
경북권					○	○
사용할 예산 (억 원)	26+5 =31	26 +10 =36	26 +10 =36	26 +17 =43	17+9 =26	17+9 =26
사용가능 예산 (억 원)	32	40	38	44	28	26

ㄱ. 6년 내 모든 지부의 전산시스템 교체를 위해서는 수도권 지부는 1년 차에 시작하여야 하므로 옳은 설명이다.

ㄴ. 전남권 교체 작업은 수도권의 교체 기간을 벗어나 다른 시기에 이루어질 수 없다.

오답분석

ㄷ. 충북권의 교체 작업을 6년 차에 시작한다면, 경북권을 6년 차에 교체할 수 없게 되고, 다른 기간에 경북권의 교체를 실시한다면 예산 범위를 초과하는 해가 생긴다.

ㄹ. 충북권은 경남권이 아니라 수도권과 동시에 진행되므로 옳지 않은 설명이다.

39
정답 ②

연차별 예산 범위를 만족시키면서 6년 내 모든 지부의 전산시스템을 교체할 수 있는 경우는 다음과 같다.

구분	1년 차	2년 차	3년 차	4년 차	5년 차	6년 차
수도권			○	○	○	○
전남권				○	○	
충북권			○			
경남권	○	○	○			
경북권	○	○				
사용할 예산 (억 원)	17+9 =26	17+9 =26	26+5 +17 =48	26 +10 =36	26 +10 =36	26
사용가능 예산 (억 원)	28	26	50	39	36	30

수도권 교체를 1년 차 혹은 2년 차에 시작하면 기한 내에 경남권을 실시할 수 없다. 그러므로 수도권 교체를 3년 차에 시작하고, 예산을 고려하여 경남권을 1년 차에 시작하도록 배치한다. 그러면 2년 차에 남은 잔여 예산은 9억 원이므로 2년 차에 경북권을 배치할 수 있다. 3년 차에는 경남권과 수도권이 겹치는데, 둘의 필요 예산만 합하여도 43억 원이 되고, 잔여 예산은 7억 원이므로 경북권을 배치할 수 없다. 그러므로 1년 차와 2년 차에 경북권 교체를 실시한다. 그러면 6년 차 중 잔여 예산을 고려하였을 때, 전남권을 배치할 수 있는 기간은 4년 차와 5년 차뿐이다. 따라서 충북권의 전산시스템 교체가 시행될 수 있는 연차는 3년 차뿐이다.

40
정답 ⑤

1시간 이상 게임을 하는 경우 게임을 더 오래 하는 아이들의 성적이 더 낮아야 한다. 하지만 ⑤는 이에 위배되는 것으로서 결론을 약화하게 된다.

오답분석

① 책 읽는 시간은 제시된 논증과 무관하므로 ①이 추가된다고 해서 결론이 강화되거나 약화되지 않는다.

② 제시문은 게임을 하는 시간을 1시간 이내로 통제할 경우 성적이 상위권에서 유지될 것이라고 결론지었다. 그런데 ②의 논증만으로는 게임시간이 1시간 이내로 줄어들었는지의 여부가 불확실하다. 따라서 최소한 결론이 강화된다고는 볼 수 없다.

③ 게임을 하는 시간이 1시간 이내로 줄어들었다는 것까지는 좋으나 그 줄어든 시간에 독서를 한 것이 성적이 상승하는 것과 어떻게 연결되는지는 알 수 없다.

④ 하루에 1시간 이상 게임을 하는 경우 게임을 더 오래 하는 아이들의 성적이 더 낮다고 하였다. 그런데 평균 이하의 성적을 보이는 아이들이 대부분 하루에 3시간 이상씩 게임을 하였다면 이 결론을 논리적으로 지지하는 것이 되므로 결론을 강화하게 된다.

41
정답 ④

박부장은 예산 범위 내에서 수행해야 하는 활동과 예상되는 예산을 정리하는 것을 어느 정도 마친 상태이므로, 다음으로는 우선순위를 결정해야 한다.

> **예산수립의 절차**
> 예산범위 내에서 필요한 과업 및 활동 규명 → 우선순위 결정 → 예산 배정

42
정답 ①

박부장은 예산을 정하는 데 있어 직접비용을 높게 책정하고 싶어 하므로, 간접비용인 사무비품비를 우선순위로 두지 않을 것이다.

> **직접비용**
> 제품 또는 서비스를 창출하기 위해 직접적으로 소요되는 비용으로 재료비, 시설비, 여행(출장) 및 잡비, 인건비 등을 포함한다.
>
> **간접비용**
> 생산에 직접 관련되지 않는 비용으로 보험료, 건물관리비, 광고비, 통신비, 사무비품비 등을 포함한다.

43
정답 ③

ⅰ) (가), (나), (라), (마), (바), (아)에 의해 E, F, G가 3층, C, D, I는 2층, A, B, H는 1층에 있다.

ⅱ) (라)에 의해 2층이 '빈방 - C - D - I' 또는 'I - 빈방 - C - D'임을 알 수 있다.

ⅲ) (나), (다)에 의해 1층이 'B - A - 빈방 - H' 또는 'H - B - A - 빈방'임을 알 수 있다.

ⅳ) (마), (사)에 의해 3층이 'G - 빈방 - E - F' 또는 'G - 빈방 - F - E'임을 알 수 있다.

따라서 F는 3층에 투숙해 있으므로 ③은 옳은 설명이다.

44　　　　　　　　　　　　　　　　　　　정답 ④

현재 기온이 가장 높은 수원의 이슬점 온도는 가장 높지만 습도는 65%로, 다섯 번째로 높다.

오답분석
① 파주의 시정은 20km로 가장 좋다.
② 수원이 이슬점 온도와 불쾌지수 모두 가장 높다.
③ 불쾌지수가 70을 초과한 지역은 수원, 동두천 2곳이다.
⑤ 시정이 0.4km로 가장 좋지 않은 백령도의 경우 풍속이 4.4m/s로 가장 강하다.

45　　　　　　　　　　　　　　　　　　　정답 ④

문화회관 이용 가능 요일표와 주간 주요 일정표에 따라 B지점이 교육에 참석할 수 있는 요일과 시간대는 화요일 오후, 수요일 오후, 금요일 오전이다.

46　　　　　　　　　　　　　　　　　　　정답 ⑤

모든 조건을 고려해 보면 다음과 같은 경우가 나온다.

경우＼우세	B	C
1	D, F	E, F
2	E, F	D, F

ㄴ·ㄷ. 위의 표를 보면 쉽게 알 수 있다.

오답분석
ㄱ. 위의 표를 보면 C는 E에게 우세할 수도 있지만 열세일 수도 있다.

47　　　　　　　　　　　　　　　　　　　정답 ③

2014년 대비 2022년 장르별 공연건수의 증가율은 다음과 같다.
- 양악 : $\dfrac{4,628-2,658}{2,658}\times100≒74\%$
- 국악 : $\dfrac{2,192-617}{617}\times100≒255\%$
- 무용 : $\dfrac{1,521-660}{660}\times100≒130\%$
- 연극 : $\dfrac{1,794-610}{610}\times100≒194\%$

따라서 2014년 대비 2022년 공연건수의 증가율이 가장 높은 장르는 국악이다.

오답분석
① 2018년과 2021년에는 연극 공연건수가 국악 공연건수보다 더 많았다.
② 2017년까지는 양악 공연건수가 국악, 무용, 연극 공연건수의 합보다 더 많았지만, 2018년 이후에는 국악, 무용, 연극 공연건수의 합보다 더 적다. 또한, 2020년에는 무용 공연건수 자료가 집계되지 않았으므로 양악의 공연건수 다른 공연건수의 합보다 많은지 적은지 판단할 수 없으므로 옳지 않은 설명이다.

④ 2020년의 무용 공연건수가 제시되어 있지 않으므로 연극 공연건수가 무용 공연건수보다 많아진 것이 2021년부터인지 판단할 수 없으므로 옳지 않은 설명이다.
⑤ 2021년 대비 2022년 공연건수가 가장 많이 증가한 장르는 양악이다.

48　　　　　　　　　　　　　　　　　　　정답 ②

날짜별 금액을 계산하면 다음과 같다.

날짜	합계금액(원)
5월 1일	$(50,000\times1,150)+3,500,000=61,000,000$
5월 2일	$(50,000\times1,153)+3,500,000=61,150,000$
5월 3일	$(50,000\times1,156)+3,500,000=61,300,000$
5월 4일	$(50,000\times1,170)+2,500,000=61,000,000$
5월 5일	$(50,000\times1,180)+2,500,000=61,500,000$
5월 6일	$(50,000\times1,194)+2,500,000=62,200,000$
5월 7일	$(950,000\times1,130)+3,500,000=60,000,000$
5월 8일	$(50,000\times1,125)+4,000,000=60,250,000$
5월 9일	$(50,000\times1,160)+2,500,000=60,500,000$
5월 10일	$(50,000\times1,200)+2,000,000=62,000,000$
5월 11일	$(50,000\times1,220)+1,500,000=62,500,000$
5월 12일	$(50,000\times1,200)+2,000,000=62,000,000$
5월 13일	$(50,000\times1,180)+2,000,000=61,000,000$
5월 14일	$(50,000\times1,170)+2,000,000=60,500,000$
5월 15일	$(50,000\times1,165)+2,500,000=60,750,000$
5월 16일	$(50,000\times1,145)+3,000,000=60,250,000$

따라서 가장 비용이 적게 드는 날은 5월 7일이다.

49　　　　　　　　　　　　　　　　　　　정답 ③

헌법학에서 헌법이라는 용어는 문맥에 따라 일정한 구성체(공동체)를 의미하거나 그 구성체를 규율하는 최고의 법규범이라는 의미로 사용되기도 한다고 하였다.

오답분석
① 근대 입헌주의 헌법이란 개인의 자유와 권리를 보장하고, 권력분립에 의하여 국가권력의 남용을 억제하는 것을 내용으로 하는 헌법을 말한다고 하였다. 따라서 개인의 자유를 보장하지 않은 헌법은 근대 입헌주의 헌법이라 할 수 없다.
② 고려사에 기록된 '국제'라는 용어는 법령을 통칭하는 것이고, 오늘날 통용되는 헌법의 의미로 처음 사용된 것은 1884년 1월 30일 한성순보에 실린 '구미입헌정체'에서 사용된 것이다.
④ 고유한 의미의 헌법은 국가의 최고기관을 조직·구성하고, 이들 기관의 권한행사 방법, 국가기관의 상호 관계 및 활동 범위를 정한 기본법이고, 국가권력의 제한에 초점을 두는 것은 근대 입헌주의 헌법이다.

⑤ 중국의 옛 문헌에서 사용되는 헌법이라는 단어는 모든 종류의 법을 통틀어 지칭하는 것이었지만, 오늘날에는 공동체의 최고 법규범을 지칭하는 용어로 사용하고 있다.

50
정답 ④

2019년 강수량의 총합은 1,529.7mm이고, 2020년 강수량의 총합은 1,122.7mm이다. 따라서 전년 대비 강수량의 변화를 구하면 1,529.7−1,122.7=407mm로 가장 변화량이 크다.

오답분석

① 조사기간 내 가을철 평균 강수량을 구하면 1,919.9÷8≒240mm이다.
② 2015년 61.7%, 2016년 59.3%, 2017년 49.4%, 2018년 66.6%, 2019년 50.4%, 2020년 50.5%, 2021년 50.6%, 2022년 40.1%이다. 따라서 2017년과 2022년 여름철 강수량은 전체 강수량의 50%를 넘지 않는다.
③ 강수량이 제일 낮은 해는 2022년이지만, 가뭄의 기준이 제시되지 않았으므로 가뭄이었는지는 알 수 없다.
⑤ 여름철 강수량이 두 번째로 높았던 해는 2019년이다. 2019년의 가을·겨울철 강수량의 합은 502.6mm이고, 봄철 강수량은 256.5mm이다. 따라서 256.5×2=513mm이므로 봄철 강수량의 2배보다 적다.

51
정답 ④

ⅰ) 사용목적이 사업 운영인 경우에 지출할 수 있다고 하였으므로 인형탈 품목에 사업비 지출이 허용된다.
ⅱ) 품목당 단가가 10만 원 이하로 사용목적이 서비스 제공인 경우에 지출할 수 있다고 하였으므로 블라인드 품목에 사업비 지출이 허용된다.
ⅲ) 사용연한이 1년 이내인 경우에 지출할 수 있다고 하였으므로 프로그램 대여 품목에 사업비 지출이 허용된다.
따라서 허용되는 품목은 인형탈, 블라인드, 프로그램 대여이다.

52
정답 ⑤

서울 대표를 기준으로 하여 시계 방향으로 '서울 – 대구 – 춘천 – 경인 – 부산 – 광주 – 대전 – 속초' 순서로 앉아 있다. 따라서 경인 대표의 맞은편에 앉은 사람은 속초 대표이다.

53
정답 ③

각 상품의 주문금액 대비 신용카드 결제금액 비율을 구하면 다음 표와 같다.

요가용품세트	가을스웨터	샴푸	보온병
$\dfrac{32,700}{45,400} \times$ 100 ≒ 72%	$\dfrac{48,370}{57,200} \times$ 100 ≒ 85%	$\dfrac{34,300}{38,800} \times$ 100 ≒ 88%	$\dfrac{7,290}{9,200} \times$ 100 ≒ 79%

따라서 요가용품세트의 비율이 가장 낮다.

오답분석

① 전체 할인율은 $\dfrac{22,810}{150,600} \times 100 ≒ 15.1$이므로 15% 이상이다.
② 보온병의 할인율은 $\dfrac{1,840}{9,200} \times 100 ≒ 20$%로, 요가용품세트 할인율인 $\dfrac{4,540+4,860}{45,400} \times 100 ≒ 20.7$%보다 낮다.
④ 10월 주문금액의 3%는 150,600×0.03=4,518포인트로, 결제금액에서 포인트 사용액인 3,300+260+1,500+70=5,130포인트보다 적다.
⑤ 결제금액 중 포인트로 결제한 금액이 차지하는 비율이 두 번째로 낮은 상품은 보온병으로 $\dfrac{70}{7,360} \times 100 ≒ 0.95$%이며, 가을스웨터는 $\dfrac{260}{48,630} \times 100 ≒ 0.5$%로 그 비율이 가장 낮다.

54
정답 ④

의사소통에서는 듣는 사람을 고려하여 명확하고 이해 가능한 어휘를 주의 깊게 선택해 사용하여야 한다. 또한, 메시지 전달이 효과적으로 이루어지고 있는지, 다른 새로운 표현은 없을지 검토하는 노력이 필요하다.

55
정답 ②

적절한 커뮤니케이션 수단 항목에 따르면 언어적인 방법과 비언어적인 방법을 적절히 활용해야 한다고 나와 있다.

오답분석

① 부드럽고 명확한 전달에 해당한다.
③ 명확한 목표설정에 해당한다.
④ 공감과 신뢰감 형성에 해당한다.
⑤ 적절한 커뮤니케이션 수단에 해당한다.

56
정답 ②

주어진 조건을 표로 정리하면 다음과 같다.

구분	경유지	탑승자
열차 1	대전, 대구, 부산 또는 대전, 광주, 부산	A, D, E
열차 2	대전, 춘천, 부산	B
열차 3	대전, 대구 또는 대전, 광주	C

따라서 열차 1은 대전, 대구, 부산 또는 대전, 광주, 부산을 경유한다.

오답분석

① B가 탈 수 있는 열차는 열차 2뿐인데, 대전, 부산은 각각 E, A의 고향이므로, B의 고향은 춘천이다.
③ 열차 1에는 D를 포함한 세 사람이 타는데, B는 열차 2를 이용하고, C는 D와 같이 탈 수 없다. 따라서 A, D, E가 열차 1을 이용하고, C는 열차 3을 이용한다.
④ · ⑤ 열차 2와 열차 3이 지나는 지역은 대전을 제외하고 중복되지 않는다고 했으므로, E의 고향은 대전이고, 열차 1과 열차 3은 대전을 경유한다.

57
정답 ①

주어진 조건을 표로 정리하면 총 2가지의 경우가 나온다.

• 경우 1

2층	F		A, C
1층	D	B, G	E

• 경우 2

2층	F		A, E
1층	D	B, G	C

따라서 A와 방을 함께 쓸 수 있는 사람은 C 또는 E이다.

58
정답 ④

경우 1에서는 D, B, G, E가 1층을, 경우 2에서는 D, B, G, C가 1층을 사용한다. 따라서 어느 경우라도 1층은 4명이 사용한다.

59
정답 ③

각 팀은 새로운 과제를 3, 2, 1, 1, 1개 맡아야 한다. 기존에 수행하던 과제를 포함해서 한 팀이 맡을 수 있는 과제는 최대 4개라는 점을 고려하면 다음과 같은 경우가 나온다.

구분	기존 과제 수	새로운 과제 수		
(가)팀	0	3	3	2
(나)팀	1	1	1	3
(다)팀	2	2	1	1
(라)팀	2	1	2	1
(마)팀	3	1		

ㄱ. a는 새로운 과제 2개를 맡는 팀이 수행하므로 (나)팀이 맡을 수 없다.

ㄷ. 기존에 수행하던 과제를 포함해서 2개 과제를 맡을 수 있는 팀은 기존 과제 수가 0개이거나 1개인 (가)팀과 (나)팀인데 위의 세 경우 모두 2개 과제를 맡는 팀이 반드시 있다.

오답분석

ㄴ. f는 새로운 과제 1개를 맡는 팀이 수행하므로 (가)팀이 맡을 수 없다.

60
정답 ①

암이 발생하는 과정은 개시 단계와 촉진 단계로 나누어지는데, A팀의 연구결과는 콩 속에 들어 있는 제니스틴이 촉진 단계에서 억제 효과가 있는 것을 보여주고 있으므로 옳은 내용이다.

오답분석

ㄴ. C팀의 실험은 콩기름에서 추출된 화합물이 원형탈모증을 완치하는 데 도움을 준다는 것을 뒷받침하고 있는 것이지 원형탈모증이 발생하는 데 영향을 준다는 것을 보여주는 것이 아니다.
ㄷ. B팀의 실험은 흰 콩의 효과를 다룬 것이고 A와 C는 검은 콩에 특정된 것이 아닌 콩의 효능을 다룬 것이다.

61
정답 ②

용기디자인의 점수는 A음료가 약 4.5점이므로 가장 높고, C음료가 약 1.5점으로 가장 낮으므로 옳은 내용이다.

오답분석

① C음료는 8개 항목 중 단맛의 점수가 가장 높으므로 옳지 않은 내용이다.
③ A음료가 B음료보다 높은 점수를 얻은 항목은 단맛과 쓴맛을 제외한 6개 항목이므로 옳지 않은 내용이다.
④ 각각의 항목별 점수의 합이 크다는 것은 이를 연결한 다각형의 면적이 가장 크다는 것을 의미한다. 따라서 D음료가 B음료보다 크다.
⑤ A ~ D음료 간 색의 점수를 비교할 때 점수가 가장 높은 음료는 A음료이고, 단맛의 점수가 가장 높은 것은 B음료, C음료이므로 옳지 않은 내용이다.

62
정답 ①

각 표창 후보자의 평가 결과를 정리하면 다음과 같다.

구분	대민 봉사	업무 역량	성실성	청렴도	총점
갑돌	3	3	3	1	10
을순	2	3	1	3	9
병만	1	3	3	2	9
정애	2	2	2	3	9

갑돌은 총점이 제일 높으므로 반드시 선발되지만, 나머지 3명은 모두 9점으로 동일하므로 동점자 처리기준에 의해 선발여부가 결정된다. 최종적으로 3명이 선발되었다고 하였으므로 3명 중 2명이 선발될 수 있는 기준을 판단해야 한다.

두 개 이상의 항목에서 상의 평가를 받은 후보자는 을순(2), 병만(2) 2명이므로 ㄱ은 적절한 기준이다.

오답분석

ㄴ. 3명 중 청렴도에서 하의 평가를 받은 후보자가 한 명도 없으므로 적절하지 않은 기준이다.

ㄷ. 3명 중 하의 평가를 받은 항목이 있는 후보자를 제외하면 정애한 명만 남게 되므로 적절하지 않은 기준이다.

63　　　　　정답 ①

먼저 청소 횟수가 가장 많은 C구역을 살펴보면, 이틀을 연달아 같은 구역을 청소하지 않는다고 하였으므로 다음의 경우만 가능함을 알 수 있다.

일요일	월요일	화요일	수요일	목요일	금요일	토요일
C		C	×		C	

다음으로 B구역을 살펴보면, B구역은 청소를 한 후 이틀 간은 청소를 할 수 없다고 하였으므로 토요일은 불가능함을 알 수 있다. 만약 토요일에 B구역을 청소하면 남은 1번은 월요일 혹은 목요일에 진행해야 하는데 어떤 경우이든 다음 청소일과의 사이에 이틀을 비우는 것이 불가능하기 때문이다.

일요일	월요일	화요일	수요일	목요일	금요일	토요일
C	B	C	×	B	C	

그렇다면 남은 A구역은 토요일에 청소하는 것으로 확정되어 다음과 같은 일정표가 만들어지게 된다.

일요일	월요일	화요일	수요일	목요일	금요일	토요일
C	B	C	×	B	C	A

따라서 B구역 청소를 하는 요일은 월요일과 목요일이다.

64　　　　　정답 ②

제시문은 현재의 정치, 경제적 구조로는 제로섬적인 요소를 지니는 경제 문제에 전혀 대처할 수 없다고 하였다. 그리고 이러한 특성 때문에 평균적으로는 사회를 더 잘살게 해주는 해결책이라고 할지라도 사람들은 자신이 패자가 될 경우에 줄어들 수입을 보호하기 위해 경제적 변화가 일어나는 것을 막거나 이러한 정책이 시행되는 것을 막기 위해 싸울 것이라는 내용을 담고 있다. 따라서 이 글이 비판의 대상으로 삼는 것은 앞서 언급한 '평균적으로 사회를 더 잘살게 해주는 해결책'을 지지하는 것이 되어야 하므로 ②가 가장 적절하다.

65　　　　　정답 ③

주어진 전제를 기호화하면 다음과 같다.
ⅰ) 갑○ ∨ 을○
ⅱ) 병○ → 을×
ⅲ) 을○ → 병×(병과 을은 동시에 임용될 수 없으므로)
∴ 병×

따라서 병이 임용되지 못한다는 결론을 위해서는 을이 임용된다는 전제를 끌어낼 수 있으면 된다. 그런데 첫 번째 전제에서 갑과 을 둘 중 적어도 한 명은 임용되어야 함을 알 수 있으므로 ③이 추가적인 전제로 주어진다면 병이 임용되지 못한다는 결론을 얻을 수 있다.

66　　　　　정답 ③

먼저, 그래프 1에서 변리사 A의 전체 특허출원 건수가 30건이라고 하였고 그래프 3에서 A의 2021년의 구성비가 20%, 2022년이 80%라고 하였으므로, 변리사 A의 2021년 건수는 6건이고, 2022년은 24건임을 알 수 있다.

다음으로 그래프 1에서 변리사 A와 B의 2년간 특허출원 건수의 총합이 45건임을 알 수 있으며, 그래프 2에서 이 중 2021년의 구성비가 20%, 2022년이 80%라고 하였으므로, 2021년 A와 B의 특허출원 건수는 9건, 2022년은 36건임을 알 수 있다.

마지막으로, 2021년 변리사 A의 특허출원 건수가 6건이라고 하였으므로 변리사 B의 건수는 3건임을 이끌어낼 수 있으며, 변리사 B의 2년간 총 출원 건수가 15건이므로 2022년의 출원 건수는 12건임을 알 수 있다.

따라서 2022년 변리사 B의 특허출원 건수(12건)는 2021년 건수(3건)의 4배이다.

67　　　　　정답 ③

전체 47개 기업 중 존속성 기술을 개발하는 기업은 24개이고, 와해성 기술을 개발하는 기업은 23개이므로 옳은 내용이다.

오답분석

① 와해성 기술을 개발하는 기업은 총 23개인데, 이 중 벤처기업은 12개이고, 대기업은 11개이므로 벤처기업의 비율이 더 높다. 따라서 옳지 않은 내용이다.

② 기술추동전략을 취하는 기업은 총 20개인데, 이 중 존속성 기술을 개발하는 기업은 12개이고, 와해성 기술을 개발하는 기업은 8개이므로 존속성 기술을 개발하는 기업의 비율이 더 높다. 따라서 옳지 않은 내용이다.

④ 벤처기업은 총 20개인데 이 중 기술추동전략을 취하는 기업이 10개이고, 시장견인전략을 취하는 기업이 10개로 동일하므로 옳지 않은 내용이다.

⑤ 대기업은 총 27개인데 이 중 시장견인전략을 취하는 기업이 17개이고, 기술추동전략을 취하는 기업은 10개이므로 옳지 않은 내용이다.

68 정답 ③

2014 ~ 2015년 사이 축산물 수입량은 약 10만 톤 감소했으나, 수입액은 약 2억 달러 증가하였다. 또한, 2019 ~ 2020년 사이 축산물 수입량은 약 10만 톤 감소했으나, 수입액은 변함이 없다. 따라서 축산물 수입량과 수입액의 변화 추세는 동일하지 않다.

69 정답 ③

여가생활의 질을 높이기 위한 문제를 개인적인 차원으로 보지 말자는 빈칸 앞에 제시된 내용을 고려하였을 때, 빈칸에는 공적인 문제로 보자는 내용이 들어가는 것이 가장 적절하다.

70 정답 ④

제시문은 풀맨 마을의 예에서 볼 수 있듯 정치적 문제에 민주주의 원리가 적용되는 것처럼 공장에서 발생하는 정치적 문제에도 민주주의 원리를 적용해야 한다고 하였다. 따라서 이를 반박하기 위해서는 마을 운영이 정치적인 문제에 속하는 것과 달리 공장 운영은 경제적 문제에 속하여 서로 그 성질을 달리한다는 언급이 있어야 하므로 타당한 반박이라고 볼 수 있다.

오답분석

① 일리노이 최고법원이 풀맨에 대한 판결을 내렸다는 언급이 있으나 이는 배경을 설명하기 위해서일뿐 이에 근거한 논증이 진행된 것이 아니다. 따라서 반박으로 적절하지 않다.
② 제시문의 논증은 풀맨 마을과 같은 마을을 경영하는 것에 대해 주안점을 둔 것이 아니라 그러한 사례를 통해 소유권과 정치적 권력이 분리되어야 한다는 점을 강조하고 있다. 따라서 반박으로 적절하지 않다.
③ 자신의 거주지 안에서 자유롭게 살 수 있는 권리와 제시문의 내용은 연관성이 없는 것이므로 반박으로 적절하지 않다.
⑤ 제시문을 통해 공장에서는 소유와 경영이 제대로 분리되고 있지 않다고 볼 수 있으나 풀맨 마을과 같은 공동체에서는 분리가 되고 있음을 추론할 수 있다. 따라서 반박으로서도 적절하지 않다.

71	72	73	74	75	76	77	78	79	80
④	③	①	③	④	①	③	⑤	④	③
81	82	83	84	85	86	87	88	89	90
①	②	③	⑤	③	①	④	⑤	④	④
91	92	93	94	95	96	97	98	99	100
①	②	①	④	①	②	⑤	⑤	①	②

71 정답 ④

우리 헌법에서 제도적 보장의 성격을 띠고 있는 것은 직업공무원제, 복수정당제, 사유재산제의 보장, 교육의 자주성·전문성 및 정치적 중립성의 보장, 근로자의 근로3권, 지방자치제도, 대학자치, 민주적 선거제도 등이 있다.

72 정답 ③

외국인에게 인정 불가능한 것은 참정권, 생존권 등이고, 제한되는 것은 평등권, 재산권, 직업선택의 자유, 거주·이전의 자유(출입국의 자유), 국가배상청구권(국가배상법 제7조의 상호보증주의) 등이다. 외국인에게도 내국인과 같이 대부분 자유권적 기본권인 형사보상청구권, 인간의 존엄과 가치, 신체의 자유, 양심의 자유, 종교의 자유 등이 인정된다.

73 정답 ①

모든 국민은 신체의 자유를 가진다. 누구든지 법률에 의하지 아니하고는 체포·구속·압수·수색 또는 심문을 받지 아니하며, 법률과 적법한 절차에 의하지 아니하고는 처벌·보안처분 또는 강제노역을 받지 아니한다(헌법 제12조 제1항).

오답분석

② 우리 헌법은 구속적부심사청구권을 인정하고 있다(헌법 제12조 제6항).
③ 심문은 영장주의 적용대상이 아니다(헌법 제12조 제3항).
④ 영장발부신청권자는 검사에 한한다(헌법 제12조 제3항).
⑤ 형사상 자기에게 불리한 진술을 강요당하지 않는다(헌법 제12조 제2항).

74 정답 ③

현행 헌법상 근로의 의무가 있다고 하여도 직업을 가지지 않을 자유가 부인되는 것은 아니다.

75
정답 ④

탄핵결정은 공직으로부터 파면함에 그친다. 그러나 이에 의하여 민·형사상의 책임이 면제되지는 않는다(헌법 제65조 제4항).

오답분석

① 헌법 제65조 제1항
② 헌법 제65조 제2항 단서
③ 헌법 제71조
⑤ 헌법 제65조 제3항

76
정답 ①

합명회사는 2인 이상의 무한책임사원으로만 조직된 회사이다.

77
정답 ③

오답분석

① 점증주의적 패러다임은 지식과 정보의 불완전성과 미래예측의 불확실성을 전제로 한다.
② 체제모형, 제도모형, 집단모형은 점증주의적 패러다임의 범주에 포함되는 정책결정모형의 예이다.
④ 기술평가·예측모형은 합리주의적 패러다임의 범주에 포함된다.
⑤ 전략적 계획 패러다임이 정책결정을 전략적 계획의 틀에 맞추어 이해한다.

78
정답 ⑤

오답분석

① 조직의 규모가 커질수록 복잡성도 증가한다.
② 환경의 불확실성이 높아질수록 조직의 공식화 수준은 낮아질 것이다.
③ 조직의 규모가 커짐에 따라 조직의 공식화 수준은 높아질 것이다.
④ 일상적 기술일수록 분화의 필요성이 낮아져서 조직의 복잡성이 낮아진다.

79
정답 ④

앨리슨(Alison)의 조직모형에 대한 설명이다. 조직모형은 느슨하게 연결된 하위조직들의 연합체를 다룬다.

80
정답 ③

예산지출 위주의 정부 운영 방식에서 탈피하여 수입 확보의 개념을 활성화하는 것이 필요하다고 보는 것은 신공공관리론에 해당한다.

81
정답 ①

직급이란 직무의 종류·곤란도 등이 유사한 직위의 군이다.

직위분류제의 구성요소

구분	내용
직위	한 사람이 근무하여 처리할 수 있는 직무와 책임의 양으로 공직을 분류할 때 최소 단위가 된다.
직급	직무의 종류·곤란도 등이 유사하여 채용이나 보수 등의 인사관리에 있어서 동일하게 취급할 수 있는 군이다.
직렬	직무의 종류·성질은 유사하나 곤란도와 난이도가 상이한 직급의 군이다.
직군	직무의 성질이 유사한 직렬의 군이다.
직류	동일한 직렬 내에서 담당하는 분야가 동일한 직무의 군이다.
등급	직무의 종류는 서로 다르지만 직무의 곤란도·책임도나 자격요건이 유사하여 동일한 보수를 줄 수 있는 직위의 군이다.

82
정답 ②

무의사결정은 기득권 세력이 소외계층 등이 기존의 이익배분 상태에 대한 변동을 요구하는 것을 억압하는 것이다.

무의사결정론

• Bachrach와 Baratz의 주장이다.
• 기득권 세력이 자신들의 이익에 도전해오는 주장들을 의도적으로 방치하거나 기각하여 정책의제로 채택되지 못하도록 하여 잠재적이거나 현재적 도전을 억압하거나 좌절시키는 결정이다.
• R. Dahl의 모든 사회문제는 자동으로 정책의제화된다는 주장에 대한 반발로 등장하였다.
• 주로 의제를 채택하는 과정에서 나타나지만 넓게는 정책의 전반적인 과정에서 나타났다.

83
정답 ③

르윈(K. Lewin)의 3단계 변화모형

1. 해빙(Unfreezing) : 과거의 방식을 타파하여 개인과 집단이 새로운 대체안을 수용할 수 있도록 변화에 대해 준비하는 단계이다.
2. 변화(Changing) : 순응 - 동일화 - 내면화를 거쳐, 변화가 일어나는 단계이다.
3. 재동결(Refreezing) : 새로운 지식, 행동 등이 통합, 고착, 지속되는 단계로, 이전의 상태로 돌아가지 않도록 강화 전략을 사용한다.

제3회 정답 및 해설

84
정답 ⑤

기존의 패러다임을 바꾸는 것은 5P 전략 중 Perspective에 해당한다.

> **5P 전략**
> - Ploy : 목적 달성을 위해 적을 속이는 구체적 전략이다.
> - Plan : 상황에 대처하기 위해 의식적으로 의도된 계획이다.
> - Pattern : 실현된 전략에서 나타나는 일관된 행동 패턴이다.
> - Perspective : 자신과 외부를 바라보는 관점이다.
> - Position : 경쟁시장 속 자신이 있어야 할 위치이다.

85
정답 ③

형식적 지식은 정형화 혹은 문서화되어 있는 지식으로, 경쟁기업이 쉽게 모방하거나 유출되기 쉽다. 따라서 경쟁우위를 유지하기 위해서는 지식 보안에도 각별히 신경을 써야 한다.

86
정답 ①

MBO의 실행절차 중 목표에 대한 합의는 가장 중요한 단계이다. 평가자와 피평가자가 합의를 도출하여 목표가 확정되는 과정이기 때문이다. 이러한 과정에서 드러커(Drucker)는 로크(Locke)의 좋은 목표의 조건을 발전시켜 SMART 기법을 개발하였다.

> **SMART 기법**
> - Specific : 목표는 최대한 상세하고 구체적이어야 한다.
> - Measurable : 목표는 그 결괏값이 측정 가능해야 한다.
> - Achievable : 목표는 적당히 도전적이어야 한다(로크는 성공 확률이 $0.5 \sim 0.75$%일 때 가장 높은 동기가 부여된다고 하였다).
> - Result-Oriented : 목표는 결과지향적이어야 한다.
> - Time-Bound : 목표는 통상 6개월에서 1년 내에 달성이 가능해야 한다.

87
정답 ④

내용이론은 무엇이 사람들을 동기부여 시키는지, 과정이론은 사람들이 어떤 과정을 거쳐 동기부여가 되는지에 초점을 둔다. 애덤스(Adams)의 공정성 이론은 과정이론에 해당하며, 자신과 타인의 투입 대비 산출률을 비교하여 산출률이 일치하지 않는다고 느끼게 되면 불공정하게 대우받고 있다고 느끼며, 이를 해소하기 위해 동기부여가 이루어진다고 주장한다.

유형	내용이론	과정이론	내재적 동기이론
이론	• 욕구단계 이론 • XY 이론 • 2요인 이론 • ERG 이론 • 성취동기 이론	• 기대이론 • 공정성 이론 • 목표설정 이론	• 직무특성 이론 • 인지적 평가 이론 • 자기결정 이론

88
정답 ⑤

모두 불공정성 해소 방법에 해당한다.

> **애덤스의 공정성 이론 중 불공정성 해소 방법**
> - 투입의 변경 : 직무에 투입하는 시간, 노력, 기술, 경험 등을 줄인다.
> - 산출의 변경 : 임금 인상이나 작업조건의 개선 등을 요구한다.
> - 준거대상의 변경 : 자신과 비교 대상이 되는 인물, 집단 등을 비슷한 수준의 대상으로 변경한다.
> - 현장 또는 조직으로부터의 이탈 : 직무환경에 불평등을 느낀 사람은 직무를 전환하거나 조직을 이탈한다.

89
정답 ④

화폐의 기능 중 가치 저장 기능은 발생한 소득을 바로 쓰지 않고 나중에 지출할 수 있도록 해준다는 것이다.

오답분석

① 금과 같은 상품화폐의 내재적 가치는 변동한다.
② M2에는 요구불 예금과 저축성 예금이 포함된다.
③ 불태환화폐(Flat Money)는 상품화폐와 달리 내재적 가치를 갖지 않는다.
⑤ 다른 용도로 사용될 수 있더라도 교환의 매개 수단으로 활용될 수 있다.

90
정답 ④

화폐수요의 이자율 탄력성이 낮은 경우(이자율의 화폐수요 탄력성은 높음)에는 총통화량을 조금만 증가시켜도 이자율의 하락폭은 커지므로 투자가 늘어나고 이로 인해 국민소득이 늘어나므로 통화정책의 효과가 높아진다. 또한 한계소비성향이 높을수록 소득이 증가함에 따라 소비가 더 큰 폭으로 증가해 경제의 소비증대 효과가 크다.

오답분석

ㄱ. 화폐수요의 이자율 탄력성이 높은 경우(이자율의 화폐수요 탄력성은 낮음)에는 총통화량을 많이 증가시켜도 이자율의 하락폭은 작기 때문에 투자의 증대효과가 낮다.

91
정답 ①

$MR_A = MC_A$, $MR_B = MC_B$를 이용하여 기업 1과 기업 2의 반응곡선을 구한다.

$$10 - 2q_1 - q_2 = 3, \quad q_1 = -\frac{1}{2}q_2 + 3.5$$

$$10 - q_1 - 2q_2 = 2, \quad q_2 = -\frac{1}{2}q_1 + 4$$

쿠르노 모형의 균형은 두 기업의 반응곡선이 교차하는 점에서 이루어지므로 $q_1 = 2$, $q_2 = 3$이다. 따라서 균형에서의 시장생산량은 $q_1 + q_2 = 5$이다.

92 정답 ②

균형재정승수란 정부가 균형재정을 유지하는 경우에 국민소득이 얼마나 증가하는가를 측정하는 것이다. 균형재정이란 정부의 조세수입과 정부지출이 같아지는 상황으로 $\triangle G = \triangle T$라고 할 수 있다. 정부지출과 조세를 동일한 크기만큼 증가시키는 경우로 정부지출승수는 $\dfrac{\triangle Y}{\triangle G} = \dfrac{-MPC}{1-MPC} = \dfrac{-0.8}{1-0.8} = -4$이다. 따라서 정부지출과 조세를 동시에 같은 크기만큼 증가시키면, $\dfrac{\triangle Y}{\triangle G} + \dfrac{\triangle Y}{\triangle T} = \dfrac{1}{1-0.8} + \dfrac{-0.8}{1-0.8} = 5 - 4 = 1$이 된다. 즉, 균형재정승수는 1이다.

93 정답 ①

가격차별(Price Discrimination)이란 동일한 상품에 대해 구입자 혹은 구입량에 따라 다른 가격을 받는 행위를 의미한다. 전월세 상한제도(가)나 대출 최고 이자율을 제한하는 제도(마)는 가격의 법정 최고치를 제한하는 가격상한제(Price Ceiling)에 해당하는 사례이다.

오답분석

나・다. 노인이나 청소년 할인, 수출품과 내수품의 다른 가격 책정 등은 구입자에 따라 가격을 차별하는 대표적인 사례이다.
라. 물건 대량 구매 시 할인해 주거나 전력 사용량에 따른 다른 가격을 적용하는 것은 구입량에 따른 가격차별이다.

94 정답 ④

인플레이션은 구두창 비용, 메뉴비용, 자원배분의 왜곡, 조세왜곡 등의 사회적 비용을 발생시켜 경제에 비효율성을 초래한다. 특히 예상하지 못한 인플레이션은 소득의 자의적인 재분배를 가져와 채무자와 실물자산 소유자가 채권자와 화폐자산 소유자에 비해 유리하게 만든다. 인플레이션으로 인한 사회적 비용 중 구두창 비용이란 인플레이션으로 인해 화폐가치가 하락한 상황에서 화폐보유의 기회비용이 상승하는 것을 나타내는 용어이다. 이는 사람들이 화폐보유를 줄이게 되면 금융기관을 자주 방문해야 하므로 거래비용이 증가하게 되는 것을 의미한다. 메뉴비용이란 물가가 상승할 때 물가 상승에 맞추어 기업들이 생산하는 재화나 서비스의 판매 가격을 조정하는 데 지출되는 비용을 의미한다. 또한 예상하지 못한 인플레이션이 발생하면 기업들은 노동의 수요를 증가시키고, 노동의 수요가 증가하게 되면 일시적으로 생산량과 고용량이 증가하게 된다. 하지만 인플레이션으로 총요소생산성이 상승하는 것은 어려운 일이다.

95 정답 ①

실증주의(초기실증주의)가 연구의 가치중립성을 강조한다면, 후기실증주의는 연구가 결코 정치적 가치나 이데올로기로부터 완전히 자유로울 수 없음을 인정한다. 다만, 후기실증주의는 비합리적인 행동조차도 합리적으로 연구할 수 있다고 가정하는데, 이는 연구결과에 미치는 한 개인의 가치관의 영향을 줄이는 논리적 장치와 관찰 기법을 활용함으로써 가능하다는 것이다.

96 정답 ②

체계적인 본조사를 실시하기에 앞서 그 조사가 과연 실행가능한가를 초기 면접을 통해 예비적으로 알아보는 것이므로 탐색적 연구로 볼 수 있다.

사회조사의 목적에 따른 분류

탐색적 연구	예비조사(Pilot Study)라고도 하며, 연구문제에 대한 사전지식이 결여된 경우 문제영역을 결정하기 위해 예비적으로 실시한다.
기술적 연구	특정 현상을 사실적으로 묘사하려는 조사로, 현상이나 주제를 정확하게 기술(Description)하는 것을 주 목적으로 한다.
설명적 연구	변수 간의 인과관계를 규명하려는 조사, 즉 특정 변수에 영향을 미치는 요인에 대한 조사이다.

97 정답 ⑤

일반적인 연령(만 나이)은 비율변수이나, 연령대(10대 / 20대 / 30대 / 40대 / 50대 / 60대 이상) 혹은 연령층(아동 / 청장년 / 노인)은 서열변수에 해당한다. 반면, 산술평균은 등간성을 지닌 척도(예 등간척도, 비율척도)를 이용하여 측정한 변수에만 적용될 수 있다.

98 정답 ⑤

외적 타당도를 저해하는 요인으로서 표본의 대표성 표본이 모집단의 일반적인 성격에서 크게 벗어난 특이한 일부인 경우 해당 표본에서 조사된 결과를 전체집단으로 확대 해석하기 어렵다.
한 대학에서 자원봉사의식 고취를 위한 교육과정 프로그램을 개발하였고, 여기에 평소 자원봉사에 대해 관심을 가진 자발적 참여자들만을 참여시켰다고 하자. 그 프로그램의 효과가 자원봉사에 대해 무관심할 것 같은 전체 일반 대학생들에게서도 동일하게 나타날 것이라고 기대하기는 어렵다.

99

조작적 정의는 추상적인 개념적 정의를 실증적·경험적으로 측정이 가능하도록 구체화하여 정의내리는 것이다.

오답분석

ㄴ. 조작적 정의는 어떤 개념을 측정이 가능하도록 경험적으로 관찰이 가능한 수준까지 세밀하게 규정한다.

ㄷ. 조작적 정의를 통해 개념이 더욱 구체화된다.

ㄹ. 가설 검증을 위해서는 관계에 동원된 변수들에 대한 경험적 측정이 가능해야 하므로 조작적 정의가 필요하다.

100

보가더스(Bogardus)의 사회적 거리척도(Social Distance Scale)는 서열척도이자 누적척도의 일종으로, 서로 다른 인종이나 민족, 사회계층 간의 사회심리적 거리감을 측정하기 위해 사용한다.

오답분석

① 리커트 척도(Likert Scale)의 문항들은 거의 동일한 태도가치를 가진다고 인정된다.

③ 평정 척도(Rating Scale)는 문항의 적절성 여부를 평가할 방법이 없다.

④ 거트만 척도(Guttman Scale)는 두 개 이상의 변수를 동시에 측정하는 다차원적 척도로 사용되기 어렵다.

⑤ 의미차별 척도(Semantic Differential Scale)는 척도의 양 극점에 느낌이나 감정을 나타내는 서로 상반되는 형용사나 표현을 배열한다.

제4회 모의고사 정답 및 해설

제 1 영역 직업기초능력

01	02	03	04	05	06	07	08	09	10
②	④	③	①	④	⑤	③	①	④	④
11	12	13	14	15	16	17	18	19	20
④	③	②	③	③	⑤	⑤	②	③	③
21	22	23	24	25	26	27	28	29	30
③	⑤	⑤	①	⑤	⑤	①	⑤	④	⑤
31	32	33	34	35	36	37	38	39	40
④	③	③	①	②	④	⑤	⑤	①	⑤
41	42	43	44	45	46	47	48	49	50
③	②	③	⑤	①	②	③	②	⑤	②
51	52	53	54	55	56	57	58	59	60
③	①	④	③	②	④	①	②	⑤	④
61	62	63	64	65	66	67	68	69	70
④	③	⑤	②	①	⑤	④	③	①	①

01
정답 ②

을은 '행복은 규범적 목표이며, 도덕적 삶이란 전체 삶이 끝나는 순간 달성 여부가 결정되는 규범적 목표이다.'라는 논거를 바탕으로 ⊙과 같이 주장한다. 그러나 이러한 을의 주장에 '다양한 규범적 목표가 있다.'라는 전제를 추가하게 되면, 행복은 도덕적 삶 이외에 또 다른 규범적 목표와 같아질 수 있으므로 ②는 적절하지 않다.

오답분석

① 갑은 '욕구가 더 많이 충족될수록 최고 만족에 더 접근한다.'는 전제를 바탕으로 '행복은 만족이라는 개인의 심리적 상태이다.'를 주장한다. 즉, '행복의 정도가 욕구 충족에 의존한다.'는 의견은 갑의 전제와 일치하므로 적절하다.
③ 병의 주장에 따르면 행복한 사람은 도덕적인 사람이기 때문에 자신의 만족, 즉 개인의 심리적 상태를 위해 부도덕한 행동을 한 사람은 행복한 사람이 아니다. 즉, 도덕성은 개인의 심리적 상태와 별개의 것이므로 행복을 개인의 심리적 상태로 볼 수 없다는 것이다.

④ 정은 역사상 있어온 많은 사회 제도의 개혁들이 개인의 행복 달성에 많은 영향을 주었기 때문에 개인의 도덕성만을 행복 달성의 필요조건으로 보기 어렵다고 주장한다. 즉, 정은 기존의 사회 제도 개혁이 무의미하지 않았다는 것을 전제로 행복 달성에 사회 제도의 개혁도 필요하다는 것을 주장하고 있다.
⑤ 무의 주장에 따르면 사회 복지는 그 사회에 속한 개인의 행복을 달성하기 위한 수단일 뿐이며, 사회 복지가 실현된다고 해서 그 사회에 속한 개인이 반드시 행복해지는 것은 아니다.

02
정답 ④

ㄴ. 을과 병은 행복이 개인의 심리적 상태라는 갑의 주장에 반대한다. B 역시 행복을 심리적 상태로 보기 어렵다고 주장하므로 적절하다.
ㄷ. 무는 개인의 도덕성이 행복의 달성에 간접적으로 영향을 준다고 주장하였으므로 개인의 도덕성과 행복은 서로 관련이 없다는 C의 주장은 무의 입장을 반박한다. 한편, 갑은 개인의 도덕성에 대해 언급하고 있지 않으므로 C의 주장과 관계가 없다. 따라서 C의 주장은 갑의 입장을 옹호하지도 반박하지도 않는다.

오답분석

ㄱ. 정은 개인의 도덕성 외에 다른 많은 조건들이 행복 달성에 필요하다고 주장하며, 그 여러 조건 중 하나로 국가와 사회의 제도를 통한 노력을 언급하였다. 따라서 행복의 필요 요소인 건강이 행운의 영향을 받기도 한다는 A의 주장이 정의 입장을 반박한다는 것은 적절하지 않다.

03
정답 ③

ⓒ WO전략은 약점을 보완하여 기회를 포착하는 전략이다. ⓒ에서 말하는 원전 운영 기술력은 강점에 해당되므로 적절하지 않다.
ⓒ ST전략은 강점을 살려 위협을 회피하는 전략이다. ⓒ은 위협 회피와 관련하여 정부의 탈원전 정책 기조를 고려하지 않았으므로 적절하지 않다.

오답분석

⊙ SO전략은 강점을 살려 기회를 포착하는 전략으로, 강점인 기술력을 활용해 해외 시장에서 우위를 점하려는 ⊙은 SO전략으로 볼 수 있다.
ⓔ WT전략은 약점을 보완하여 위협을 회피하는 전략이다. 안전 우려를 고려하여 안전점검을 강화하고, 정부의 탈원전 정책 기조에 협조하려는 ⓔ은 WT전략으로 볼 수 있다.

04

정답 ①

고슴도치와 거북이가 경주한 거리는 두 가지 방법으로 구할 수 있다. 첫 번째는 고슴도치 속력과 걸린 시간(경현이의 예상시간, 30초)을 곱하여 거리를 구한다.

$3\text{m/분} \times 30\text{초} = 3 \times \dfrac{30}{60} = 1.5\text{m}$

두 번째는 거북이의 속력과 걸린 시간(영수의 예상시간, 2.5분)을 곱하여 거리를 구한다.

$3\text{m/분} \times \dfrac{1}{5} \times 2.5\text{분} = 0.6 \times 2.5 = 1.5\text{m}$

따라서 고슴도치와 거북이가 경주한 거리는 1.5m이다.

05

정답 ④

5개의 배송지에 배달을 할 때, 첫 배송지와 마지막 배송지 사이에는 4번의 이동이 있다. 총 80분(=1시간 20분)이 걸렸으므로 1번 이동 시에 평균적으로 20분이 걸린다. 따라서 12곳에 배달을 하려면 11번의 이동을 해야 하므로 $20 \times 11 = 220$분=3시간 40분 정도 걸릴 것이다.

06

정답 ⑤

먼저 두 번째 조건에 따라 사장은 은지에게 '상'을 주었으므로 나머지 지현과 영희에게 '중' 또는 '하'를 주었음을 알 수 있다. 이때, 인사팀장은 영희에게 사장이 준 점수보다 낮은 점수를 주었다는 네 번째 조건에 따라 사장은 영희에게 '중'을 주었음을 알 수 있다. 따라서 사장은 은지에게 '상', 영희에게 '중', 지현에게 '하'를 주었고, 세 번째 조건에 따라 이사 역시 같은 점수를 주었다. 한편, 사장이 영희 또는 지현에게 회장보다 낮거나 같은 점수를 주었다는 두 번째 조건에 따라 회장이 은지, 영희, 지현에게 줄 수 있는 경우는 다음과 같다.

구분	은지	지현	영희
경우 1	중	하	상
경우 2	하	상	중

또한 인사팀장은 '하'를 준 영희를 제외한 은지와 지현에게 '상' 또는 '중'을 줄 수 있다. 따라서 은지, 영희, 지현이 회장, 사장, 이사, 인사팀장에게 받을 수 있는 점수를 정리하면 다음과 같다.

구분	은지	지현	영희
회장	중	하	상
	하	상	중
사장	상	하	중
이사	상	하	중
인사팀장	상	중	하
	중	상	하

따라서 인사팀장이 은지에게 '상'을 주었다면, 은지는 사장, 이사, 인사팀장 3명에게 '상'을 받으므로 은지가 최종 합격한다.

07

정답 ③

'정부에서 고창 갯벌을 습지보호지역으로 지정 고시한 사실을 알리는 (나) → 고창 갯벌의 상황을 밝히는 (가) → 습지보호지역으로 지정 고시된 이후에 달라진 내용을 언급하는 (라) → 앞으로의 계획을 밝히는 (다)' 순서가 적절하다.

08

정답 ①

각 상품의 비용(가격)과 편익(만족도)의 비율을 계산하면 상품 B를 구입하는 것이 가장 합리적이다.

09

정답 ④

제시문의 문장들을 조건식으로 정리하면 다음과 같다.
- ㉠ 윤리적 → 보편적
- ㉡ 이성적 → 보편적
- ㉢ 합리적 → 보편적
- ㉣ 합리적 → 이성적
- ㉤ 합리적 → 윤리적

ㄴ. 위 조건식에서 ㉡과 ㉣을 결합하면 '합리적 → 보편적', 즉 선택지 ㉢을 이끌어 낼 수 있다. 따라서 옳은 진술이다.

ㄷ. 조건식 ㉠과 ㉢이 둘다 참이라고 하더라도 윤리적인 것과 합리적인 것 사이에는 어떠한 관계도 성립하지 않는다. 따라서 참 거짓을 판단할 수 없다.

오답분석

ㄱ. ㉠을 반박하기 위해서는 논리식의 구조에 따라 윤리적이면서 보편적이지 않은 사례를 들어야 한다. 하지만 ㄱ에서는 윤리적이지 않으면서 보편적인 사례를 들었으므로 옳지 않다.

10

정답 ④

온실가스 총량은 2020년에 한번 감소했다가 다시 증가한다.

오답분석

① 이산화탄소는 조사 기간 동안 가장 큰 비중을 차지한다.
② 2022년에 42,721.67ppm으로 가장 큰 값을 가진다.
③ 32,719.8, 32,977.2, 35,045.8, 42,586.5, 42,721.67ppm으로 해가 지남에 따라 지속적으로 증가하고 있다.
⑤ 언제나 메탄은 아산화질소보다 가계 부문, 산업 부문을 통틀어 더 많이 배출되고 있다.

11

2019년부터 2022년까지 경기 수가 증가하는 스포츠는 배구와 축구 2종목이다.

오답분석

① 2019년 농구의 전년 대비 경기 수 감소율은 $\dfrac{413-403}{413}\times100$ ≒ 2.4%이며, 2022년 전년 대비 경기 수 증가율은 $\dfrac{410-403}{403}$ $\times100$ ≒ 1.7%이다. 따라서 2019년 전년 대비 경기 수 감소율이 더 높다.

② 2018년 농구와 배구의 경기 수 차이는 413-226=187회이고, 야구와 축구의 경기 수 차이는 432-228=204회이다. 따라서 $\dfrac{187}{204}\times100$ ≒ 91.7%이므로 90% 이상이다.

③ 5년 동안의 종목별 스포츠 경기 수 평균은 다음과 같다.
- 농구 : $\dfrac{413+403+403+403+410}{5}=406.4$회
- 야구 : $\dfrac{432+442+425+433+432}{5}=432.8$회
- 배구 : $\dfrac{226+226+227+230+230}{5}=227.8$회
- 축구 : $\dfrac{228+230+231+233+233}{5}=231.0$회

따라서 야구 평균 경기 수는 축구 평균 경기 수의 약 1.87배로 2배 이하이다.

⑤ 2022년 경기 수가 5년 동안의 종목별 평균 경기 수보다 적은 스포츠는 야구 1종목이다.

12

주어진 조건을 토대로 가능한 상황을 정리해 보면 다음과 같다.

구분	A	B	C	D
2020년	장미	진달래	튤립	×
2021년	진달래	장미	×	나팔꽃 or 백합
2022년 (경우 1)	장미	×	튤립, (나팔꽃 or 백합)	
2022년 (경우 2)	×	진달래		

따라서 2022년에 가능한 조합은 ③이다.

13

초순수를 생산하기 위해서 용존산소 탈기, 한외여과의 공정과정을 거친다.

오답분석

① RO수를 생산하기 위해서 다중여과탑, 활성탄흡착, RO막 공정이 필요하다.

③ 이온교환, CO_2 탈기 공정을 통해 CO_2와 미량이온까지 제거해 순수를 생산한다.

④ 침전수는 10^{-6}m 크기의 물질까지 제거한다.

⑤ 석유화학에는 RO수를 제공하지만, RO수는 미량이온까지 제거하지 않은 산업용수이다.

14

제시문의 가설 A와 B를 정리하면, 가설 A는 인간이 털이 없어진 원인이 수상생활이라는 것이며, 가설 B는 의복 등으로 보호가 가능하다면 굳이 기생충과 같은 문제를 야기하는 털이 없어도 되기 때문이라는 것이다. 인간의 피부에 수인성 바이러스에 대한 면역력이 없다면 인류가 수상생활을 했다고 할지라도 털이 사라지지 않았을 것이다. 진화는 환경과 인간과의 관계에서 인간에 이로운 방향으로 진행되기에, 털이 사라짐으로 인해 인간에 질병이 야기된다면 그와 같은 방향으로 진행되지는 않을 것이기 때문이다. 따라서 가설 A를 약화한다고 볼 수 있다.

오답분석

① 고대 인류가 호수 근처에 주로 살았다는 것은 수상생활을 했다는 것과 밀접한 관련이 있으므로 가설 A를 강화한다고 볼 수 있다.

② 수생 포유류 등의 해부학적 특징이 진화가 진행된 현대 인류와 유사하다는 것은 결국 인류가 수상생활을 했다는 것과 연결되는 내용이다. 따라서 가설 A를 강화한다고 볼 수 있다.

④ 가설 B에 의한다면 인류는 옷 등으로 자신을 보호하게 되면서 털이 사라지게 되었다. 하지만 옷을 입지 않았음에도 털이 사라졌다는 것은 가설 B와 배치되는 것이므로 이를 약화한다고 볼 수 있다.

⑤ 가설 B가 옳다면 인류가 옷 등을 사용하게 된 것과 털이 사라지는 진화의 과정이 같이 진행되어야 한다. 하지만 진화의 마지막 과정에서 옷 등을 사용했다면 옷의 착용과 털이 사라지는 것과는 직접적인 관련이 없는 것이 된다. 따라서 가설 B를 약화한다고 볼 수 있다.

15

A, B회사 티셔츠 가격을 각각 x원, y원이라 하면
$50x+90y=399,500 \rightarrow 5x+9y=39,950 \cdots \text{㉠}$
$(0.8x\times100)+40y=400,000 \rightarrow 2x+y=10,000 \cdots \text{㉡}$
㉠, ㉡을 연립하면, $13x=50,050 \rightarrow x=3,850$
x를 ㉠에 대입하면, $(5\times3,850)+9y=39,950 \rightarrow 9y=20,700$
$\therefore y=2,300$
따라서 A회사의 할인 전 티셔츠 가격은 3,850원이고 B회사의 할인 전 티셔츠 가격은 2,300원이다.

16 정답 ⑤

제시문에서 언급한 '진리성 논제'란 어떠한 자료가 단지 올바른 문법 형식을 갖추고 있다는 것에 그치지 않고 그 내용 또한 참이어야 한다는 것이다. 이에 대해 '진리 중립성'을 주장하는 사람들은 그 '정보'가 틀린 내용을 담고 있더라도 이해하는 주체의 인지 행위에서 분명한 역할을 할 수 있으므로 꼭 '참'이어야 하는 것은 아니라고 하였다. 따라서 ⊙에 대한 비판으로 ⑤가 가장 적절하다.

17 정답 ⑤

ㄴ. 서귀포시의 논 면적은 서귀포시의 경지 면적에서 밭 면적을 차감한 것이므로 25ha(=31,271−31,246)이며, 같은 논리로 제주시의 논 면적은 8ha(=31,585−31,577)이므로 서귀포시의 논 면적이 더 크다. 따라서 옳은 내용이다.

ㄷ. 서산시의 밭 면적은 5,555ha(=27,285−21,730)이며, 김제시의 밭 면적은 5,086ha(=28,501−23,415)이므로 서산시의 밭 면적이 더 크다. 따라서 옳은 내용이다.

ㄹ. 상주시의 경지 면적은 5위인 서산시보다 작아야 하기 때문에 27,285ha보다 작다. 따라서 상주시의 논 면적은 서산시의 경지 면적(27,285ha)에서 상주시의 밭 면적(11,047ha)을 차감한 16,238ha보다 작을 수밖에 없다. 이는 익산시 논 면적의 약 85%이므로 옳은 내용이다.

오답분석

ㄱ. 해남군의 밭 면적은 12,327ha이므로 이의 2배는 24,654ha이다. 그런데 해남군의 논 면적은 23,042ha로서 밭 면적의 2배에 미치지 못한다. 따라서 옳지 않은 내용이다.

18 정답 ②

제시문에 따르면 신약 개발의 전문가가 되기 위해서는 해당 분야에서 오랫동안 연구한 경험이 필요하므로 석사나 박사 학위를 취득하는 것이 유리하다고 하였다. 그러나 석사나 박사 학위가 신약 개발 전문가가 되는 데 도움을 준다는 내용이었으며 반드시 필요한 필수 조건인지는 알 수 없다. 따라서 ②는 제시문을 통해 추론할 수 없다.

오답분석

① 제약 연구원은 약을 만드는 모든 단계에 참여한다고 하였으므로 일반적으로 약을 만드는 과정에 포함되는 약품 허가 요청 단계에도 제약 연구원이 참여하는 것을 알 수 있다.

③ 약학 전공자 이외에도 생명 공학·화학 공학·유전 공학 전공자들도 제약 연구원으로 활발하게 참여하고 있다고 하였다.

④ 오늘날 제약 분야가 성장함에 따라 도전 의식, 호기심, 탐구심 등도 제약 연구원에게 필요한 능력이 되었다고 하였으므로 과거에 비해 요구되는 능력이 많아졌음을 알 수 있다.

⑤ 일반적으로 제약 연구원이 되기 위해서는 약학을 전공해야 한다고 생각하기 쉽다고 하였으므로 제약 연구원에 대한 정보가 부족한 사람이라면 약학을 전공해야만 제약 연구원이 될 수 있다고 생각할 수 있다.

19 정답 ③

을이 오전 7시 30분에 일어나고 갑이 오전 6시 30분 전에 일어나면 갑이 이길 수도 있고 질 수도 있다.

오답분석

① 갑이 오전 6시 정각에 일어나면 을이 오전 7시 정각에 일어나도 갑이 이긴다.

② 4개의 숫자를 합산하여 제일 큰 수를 만들 때는 을은 오전 7시 59분으로 21, 갑은 오전 6시 59분으로 20이다. 그러므로 을이 오전 7시 59분에 일어나면 을은 반드시 진다.

④ 갑과 을이 정확히 한 시간 간격으로 일어나면 뒤에 두 자리는 같게 된다. 따라서 앞의 숫자가 작은 갑이 이기게 된다.

⑤ ④에선 한 시간 차이가 났을 땐 1 차이로 갑이 이겼다. 여기에서 10분 차이가 나는 50분 간격으로 일어나면 한 시간 차이가 났을 때보다 을은 10분 빨리 일어나게 되어 1 차이가 없어진다. 따라서 갑과 을은 비기게 된다.

20 정답 ③

① $143,000-(143,000\times0.15)=121,550$원
② $165,000-(165,000\times0.15)=140,250$원
③ $164,000-(164,000\times0.30)=114,800$원
④ $154,000-(154,000\times0.20)=123,200$원
⑤ $162,000-(162,000\times0.20)=129,600$원

따라서 가장 비용이 저렴한 경우는 ③이다.

21 정답 ③

머신러닝 알고리즘의 문서 정리 건수는 수열 점화식으로 나타낼 수 있다. 7월 29일이 첫 번째 날로 10건이 진행되고 30일은 29일에 정리한 양의 2배보다 10건 더 진행했으므로 $(2\times10)+10=30$건이 된다. 30일부터 전날 정리한 양의 2배보다 10건 더 문서를 정리하는 건수를 점화식으로 나타내면 $a_{n+1}=2a_n+10$, $a_1=10$이다. 점화식을 정리하면 $a_{n+1}=2a_n+10 \rightarrow a_{n+1}+10=2$이고, 수열 (a_n+10)의 공비는 2, 첫째항은 $(a_1+10)=10+10=20$인 등비수열이다. 일반항(a_n)을 구하면 $a_n=(20\times2^{n-1})-10$이 되고, 7월 29일이 첫째항 a_1이므로 8월 4일은 7번째 항이 된다. 따라서 8월 4일에 머신러닝 알고리즘이 문서 정리한 건수를 구하면 $a_7=20\times2^{7-1}-10=20\times64-10=1,280-10=1,270$건이다.

22 정답 ⑤

해당 설명회에 참여하는 총인원은 $(55+70+40)+(150+30+45)+(10+80+110)+(7+3)=600$명이다. 이때, 총인원의 5% 여유인원을 수용할 수 있는 곳으로 선정해야 하므로, 최소 630명의 인원을 수용할 수 있는 곳으로 선정해야 한다. 따라서 E홀이 가능하다.

23 정답 ⑤

- 공동 책자 : 설명회에 참여하는 대학생 인원수의 10% 여유분을 포함하여 제작하여야 하므로, [(55+70+40)+(150+30+45)+(10+80+110)]×1.1=649권이 필요하다.
- 계열에 따른 책자 : 필요한 권수보다 10권씩을 더 제작해야 한다.
  - 인문계열 : (55+150+10)+10=225권
  - 사회계열 : (70+30+80)+10=190권
  - 공학계열 : (40+45+110)+10=205권

따라서 공동 649권, 인문계열 225권, 사회계열 190권, 공학계열 205권이 필요하다.

24 정답 ①

주문하려고 하는 계열별 홍보책자는 225+190+205=620권, 인쇄해야 하는 총페이지는 620×40=24,800페이지이다. 따라서 지불해야 하는 총금액은 24,800×20=496,000원이다.

25 정답 ⑤

IMF의 자금 지원 전후로 결핵 발생률이 다르게 나타난다는 결과가 나와야 하므로 '실시 이전부터'를 '실시 이후'로 수정해야 한다.

26 정답 ⑤

2022년 항공 화물 수송량의 2020년 대비 변동 비율은 $\frac{(3,209-3,327)}{3,327}×100 ≒ -3.5\%$이므로 4% 미만으로 감소하였다.

오답분석

① 2018년부터 2022년 항공 여객 수송량 평균은 $\frac{(35,341+33,514+40,061+42,649+47,703)}{5} ≒ 39,854$ 천 명이다.

② 여객수송은 항공이 절대적인 비중을 차지하고, 화물수송은 해운이 절대적인 비중을 차지한다.

③ 총수송량은 해운과 항공의 수송량의 합으로 구할 수 있으며, 여객과 화물의 총수송량은 2019년부터 꾸준히 증가하고 있다.

④ 2022년 해운 여객 수송량의 2019년 대비 변동 비율은 $\frac{(2,881-2,089)}{2,089}×100 ≒ 37.9\%$이므로, 37% 이상 증가하였다.

27 정답 ①

K공단의 조사에 따른 결과, 7년 사이 아동·청소년 근시환자가 약 58% 증가했음을 알 수 있고 이는 선진국보다 5배 많은 수치이다. 그러나 이 정보를 가지고 선진국일수록 아동·청소년의 근시 비율이 높은지에 대해서는 알 수 없다.

28 정답 ④

ㄴ. 최종학력이 석사 또는 박사인 B기업 지원자는 63명(=21+42)이고, 관련 업무 경력이 20년 이상인 지원자는 25명이다. 만약 이들이 모두 독립적인 집단이라면 B기업 전체 지원자 수는 최소 88명이 되어야 하나 실제 지원자 수는 81명에 불과하므로 적어도 7명은 두 집단 모두에 속할 것이라는 것을 알 수 있으므로 옳은 내용이다.

ㄹ. A, B기업 전체 지원자 수는 155명이고, 40대 지원자는 51명이므로 전체 지원자 중 40대 지원자의 비율은 약 33%($≒\frac{51}{155}×100$)이다. 따라서 옳은 내용이다.

오답분석

ㄱ. 동일한 집단 내에서의 비교이므로 실수치의 비교를 통해 판단 가능하다. A기업 지원자 중 남성 지원자는 53명이고, 관련 업무 경력이 10년 이상인 지원자 역시 53명(=18+16+19)이므로 둘은 같다는 것을 알 수 있으므로 옳지 않은 내용이다.

ㄷ. A기업 지원자 중 여성 지원자의 비율은 약 28.4%($≒\frac{21}{74}×100$)이고, B기업 지원자 중 여성 지원자의 비율은 약 29.6%($≒\frac{24}{81}×100$)이므로 후자가 전자보다 크다. 따라서 옳지 않은 내용이다.

29 정답 ②

주어진 질문과 대답을 순서대로 살펴보면 다음과 같다.

ⅰ) 민경이와 지나 : 생일이 5명 중에서 가장 빠를 가능성이 있다고 하였으므로 지나의 생일은 3월이다. 다만, 다른 3월생의 날짜를 알지 못하므로 가장 빠른지의 여부를 확신하지 못한다.

ⅱ) 정선이와 혜명 : 앞의 대화에서 지나가 3월생이라고 하였는데 정선이의 생일이 그보다 빠를 가능성이 있다고 하였다. 따라서 나머지 3월생은 혜명이가 된다.

ⅲ) 지나와 민경 : 이제 남은 자리는 6월(1명)과 9월(2명)이다. 만약 민경이가 6월생이라면 나머지 정선이와 효인이의 생일은 9월이 되어야 하므로 몇 월생인지는 알 수 있다. 하지만 그렇지 않다고 하였으므로 민경이는 9월생이다.

ⅳ) 혜명이와 효인 : 민경이는 9월생인데 효인이는 자신이 민경이보다 생일이 빠른지를 확신할 수 없다고 하였다. 만약 효인이가 6월생이었다면 당연히 자신의 생일이 빠르다는 것을 알 수 있지만 그렇지 않다고 하였으므로 효인이는 9월생임을 알 수 있다.

따라서 정선이가 6월생이다.

30

선택 1 ~ 4의 3가지 변인 적용에 따른 독감 여부를 정리하면 다음과 같다.

구분	수분섭취	영양섭취	예방접종	독감 여부
선택 1	○	×	×	×
선택 2	×	○	○	×
선택 3	○	○	○	×
선택 4	○	○	×	○

ㄴ. 선택 1, 4를 비교해 보면 수분섭취와 예방접종의 차이는 없으나, 영양섭취에서 차이가 있음을 알 수 있다. 이때, 영양섭취를 한 선택 4와 달리 영양섭취를 하지 않은 선택 1에서 독감에 걸리지 않았으므로 영양섭취를 하지 않아 독감에 걸리지 않았을 것으로 추정할 수 있다.

ㄹ. 선택 3, 4를 비교해 보면 수분섭취와 영양섭취의 차이는 없으나, 예방접종에서 차이가 있음을 알 수 있다. 이때, 예방접종을 하지 않은 선택 4와 달리 예방접종을 한 선택 3에서 독감에 걸리지 않았으므로 예방접종을 하면 독감에 걸리지 않는 것으로 추정할 수 있다.

오답분석

ㄱ. 선택 1, 2를 비교해 보면 수분섭취 여부와 관계없이 모두 독감에 걸리지 않았으므로 수분섭취와 독감의 상관관계는 알 수 없다.

ㄷ. 선택 2, 4를 비교해 보면 수분섭취와 예방접종에서 차이가 있음을 알 수 있다. 따라서 독감에 걸리는 원인을 예방접종 한 가지로만 볼 수 없다. 게다가 예방접종을 한 선택 2에서 독감에 걸리지 않았으므로 예방접종을 하여 독감에 걸렸을 것이라는 추정은 옳지 않다.

31
정답 ④

제시된 상황의 소는 2,000만 원을 구하는 것이므로 소액사건에 해당한다. 이에 따라 심급별 송달료를 계산하면 다음과 같다.
- 민사 제1심 소액사건 : 2×3,200×10＝64,000원
- 민사 항소사건 : 2×3,200×12＝76,800원

따라서 갑이 납부하는 송달료의 합계는 140,800원이다.

32
정답 ③

제시문에서는 사람에게 오직 한 가지 변할 수 있는 것이 있는데 그것은 마음과 뜻이라고 하며, 사람들은 뜻을 가지고 앞으로 나아가려 하지 않고 가만히 기다리기만 한다고 비판하고 있다. 그러므로 '뜻을 세우고 그것을 실천하는 일'을 가장 중요하게 생각한다는 것을 알 수 있다.

33
정답 ③

ⅰ) 창업을 했을 경우
- 예상매출 : 3,500×180×25×12
  ＝1억 8천9백만 원(연매출)
- 예상비용 : (이자비용)＋(월세)＋(매출원가)
  ＝1억 7천4백만 원(연비용)
  - 이자비용 : 6천만×0.05(대출이율)＝300만 원
  - 월세 : 1,200만×12＝1억 4천4백만 원
  - 매출원가 : 500×180×25×12＝2,700만 원
  ∴ (이익)＝(예상매출)－(예상비용)＝1억 8천9백만－1억 7천4백만＝1,500만 원
ⅱ) 회사를 다닐 경우
3,600만(연봉)＋[6,000만×0.03(저축이자수익)]＝3,780만 원

따라서 회사를 다닐 때가 연간 2,280만 원 더 이익이다.

34
정답 ①

자동차의 용도별 구분을 보면 비사업용 자동차에 사용할 수 있는 문자 기호는 'ㅏ, ㅓ, ㅗ, ㅜ'뿐이므로 '겨'가 포함된 ①은 적절하지 않다.

35
정답 ②

84배 7895는 사업용 택배화물차량이다.

오답분석

①·③·④·⑤ 비사업용 화물차량이다.

36
정답 ④

한국, 중국의 개인주의 지표는 유럽, 일본, 미국의 개인주의 지표에 비해 항상 아래에 위치한다.

오답분석

①·⑤ 세대별 개인주의 가치 성향 차이는 한국이 가장 크다.
② 한국은 조사한 출생연도에서 나이와 가치관이 반비례하지만 유럽, 일본, 미국, 중국은 나이와 가치관이 항상 반비례한다고 볼 수는 없다.
③ 자료를 보면 중국의 1960년대생과 1970년대생의 개인주의 지표가 10 정도 차이가 난다.

37
정답 ⑤

E씨의 자동차는 1종이고, 개방식 고속도로 10km를 운전했으므로 720＋(44.3×10)≒1,160원의 통행요금을 냈다.

오답분석

① 900＋(45.2×12)≒1,440원
② 900＋(44.3×20)≒1,780원
③ 720＋(62.9×30)≒2,600원
④ 900＋(47.0×28)≒2,210원

38
정답 ⑤

첫 번째 조건과 네 번째 조건에서 여학생 X와 남학생 B가 동점이 아니므로 여학생 X와 남학생 C가 동점이다. 세 번째 조건에서 여학생 Z와 남학생 A가 동점임을 알 수 있고, 두 번째 조건에서 여학생 Y와 남학생 B가 동점임을 알 수 있다.
따라서 남는 남학생 D는 여학생 W와 동점임을 알 수 있다.

39
정답 ①

2020년 전체 기업집단 대비 상위 10대 민간 기업집단이 차지하고 있는 비율은 $\frac{680.5}{1,095.0} \times 100 ≒ 62.1\%$이고, 2022년 전체 기업집단 대비 상위 10대 민간 기업집단이 차지하고 있는 비율은 $\frac{874.1}{1,348.3} \times 100 ≒ 64.8\%$로 높아졌다.

오답분석

② 2022년 상위 10대 민간 기업집단의 매출액은 상위 30대 민간 기업집단 매출액의 $\frac{874.1}{1,134.0} \times 100 ≒ 77.1\%$를 차지하고 있다.

③ 2020년 공공집단이 차지하고 있는 매출액은 전체 기업 집단의 $\frac{(1,095.0 - 984.7)}{1,095.0} \times 100 ≒ 10.1\%$이다.

④ 2020년 대비 2022년 상위 10대 민간 기업집단의 매출액 증가율은 $\frac{(874.1 - 680.5)}{680.5} \times 100 ≒ 28.4\%$이고, 2020년 대비 2022년 상위 30대 민간 기업집단의 매출액 증가율은 $\frac{(1,134.0 - 939.6)}{939.6} \times 100 ≒ 20.7\%$이다.

40
정답 ⑤

안내문은 외부 사람들에게 알리는 공식적인 문서이기 때문에 안내문을 작성한 직원 개인의 이름을 밝힐 필요가 없으며, 기관을 대표하는 장(長)의 직함이나 '직원 일동'이 적절하다.

41
정답 ③

ㄱ. 고병원성 AI 바이러스는 경기도에서 3건, 충남에서 2건이 발표되어 총 5건이 검출되었으므로 수정해야 한다.
ㄷ. 바이러스 미분리는 야생 조류 AI 바이러스 검출 현황에 포함하지 않는다고 하였으므로 표에서 삭제해야 한다.

오답분석

ㄴ. 제시문에서 검사 중인 사례가 9건이라고 하였으므로 수정할 필요가 없다.

42
정답 ②

제시문의 논리는 어떠한 공리들이 의심할 수 없는 참이라고 한다면 필연적으로 그 공리에서 연역적으로 증명되는 수학적 정리가 참이 된다고 하였다. 따라서 이를 거부하기 위해서는 전제가 되는 공리들을 거부해야만 한다.

오답분석

ㄱ. 어떠한 명제가 수학적 정리라면 그 명제는 연역적으로 증명된 것이지만 그 역은 성립하지 않는다. 직관적으로 판단하더라도 이 세상에 연역으로 증명된 것들 중에는 수학 이외의 것들도 많기 때문이다.

ㄷ. 제시문에서 언급한 1,000개의 삼각형의 예에서 보듯 측정되지 않은 삼각형에서는 다른 결과가 나타날 수도 있다. 따라서 수학적 정리로 받아들일 수는 없다.

43
정답 ③

B가 위촉되지 않는다면 조건 1의 대우에 의해 A는 위촉되지 않는다. A가 위촉되지 않으므로 조건 2에 의해 D가 위촉되고, D가 위촉되므로 조건 5에 의해 F도 위촉된다. 조건 3과 조건 4 대우에 의해 C나 E 중 한 명이 위촉된다. 따라서 위촉되는 사람은 모두 3명이다.

44
정답 ⑤

커피숍 운영의 손실이 공인중개사 업무 수익의 증가분을 넘어선다면 올해의 소득이 작년보다 감소할 것으로 예상되므로 옳은 내용이다.

오답분석

① 커피숍의 임대료가 10% 인하되었다면 올해의 소득이 작년보다는 늘어야 하므로 옳지 않은 내용이다.

② 부동산 중개 건수가 작년보다 2배 증가되었다면 소득이 작년보다는 늘어야 하므로 옳지 않은 내용이다.

③ 도로 공사가 끝난다면 커피숍을 찾는 손님이 늘 것임을 예상할 수 있어 소득이 작년보다는 늘 것으로 예상되므로 옳지 않은 내용이다.

④ 직원을 해고하였다면 그에 따른 인건비 절감 효과로 인해 소득이 작년보다는 늘어야 하므로 옳지 않은 내용이다.

45
정답 ①

오답분석

②·③·④ 현재의 상황을 서술한 내용이다.
⑤ 제시문과 적절하지 않은 내용이다.

46
정답 ②

세슘은 공기 중에서도 쉽게 산화하며 가루 세슘 또한 자연발화를 한다. 특히 물과 만나면 물에 넣었을 때 발생하는 반응열이 수소 기체와 만나 더욱 큰 폭발을 일으킨다. 하지만 제시문에서 액체 상태의 세슘을 위험물에서 제외한다는 내용은 제시되어 있지 않다.

47
정답 ③

주어가 '패스트푸드점'이기 때문에 임금을 받는 것이 아니라 주는 주체이므로 '대체로 최저임금을 주거나'로 수정하는 것이 적절하다.

48
정답 ②

F와 G지원자는 같은 학과를 졸업하였으므로 2명 이상의 신입사원을 뽑은 배터리개발부나 품질보증부에 지원하였다. 그런데 D지원자가 배터리개발부의 신입사원으로 뽑혔다고 했으므로 F와 G지원자는 품질보증부에 신입사원으로 뽑혔다. 또한 C지원자는 품질보증부에 지원하였다고 하였고 복수전공을 하지 않았으므로 C, F, G지원자가 품질보증부의 신입사원임을 알 수 있다. B지원자는 경영학과 정보통신학을 전공하였으므로 전략기획부와 품질보증부에서 뽑을 수 있다. 하지만 품질보증부는 이미 3명의 신입사원이 뽑혔으므로 B지원자는 전략기획부이다. E지원자는 화학공학과 경영학을 전공하였으므로 생산기술부와 전략기획부에서 뽑을 수 있다. 하지만 전략기획부는 1명의 신입사원을 뽑는다고 하였으므로 E지원자는 생산기술부의 신입사원으로 뽑혔음을 알 수 있다. A지원자는 배터리개발부와 생산기술부에 지원하였지만 생산기술부는 1명의 신입사원을 뽑으므로 배터리개발부에 뽑혔음을 알 수 있다.

구분	배터리 개발부	생산 기술부	전략 기획부	품질 보증부
A지원자	○	○		
B지원자			○	○
C지원자				○
D지원자	○			
E지원자		○	○	
F지원자				○
G지원자				○

오답분석
① A지원자는 배터리개발부의 신입사원으로 뽑혔다.
③ G지원자는 품질보증부의 신입사원으로 뽑혔다.
④ B지원자는 전략기획부의 신입사원으로 뽑혔다.
⑤ F지원자는 품질보증부의 신입사원으로 뽑혔다.

49
정답 ②

타자들로 가득한 현실을 경험함으로써 인간은 스스로 변화하는 동시에 현실을 변화시킬 동력을 얻는다고 하였으므로 옳은 내용이다.

오답분석
① 체험사업에서는 눈에 보이지 않는 구조, 장기간 반복되는 일상 등은 제공할 수 없다고 하였으므로 옳지 않은 내용이다.
③ 가상현실은 실제와 가상의 경계를 모호하게 한다고 하였으므로 옳지 않은 내용이다.
④ 경험이 타자와의 만남인 반면 체험 속에서 인간은 언제나 자기 자신만을 볼 뿐이라고 하였으므로 옳지 않은 내용이다.
⑤ 체험사업을 운영하는 이들은 직접 겪지 못하는 현실을 잠시나마 체험함으로써 미래에 더 좋은 선택을 할 수 있게 한다고 하나, 이것은 그들의 홍보문구일 뿐 이때의 현실은 체험하는 사람의 필요와 여건에 맞추어 미리 짜놓은 현실, 치밀하게 계산된 현실이라고 하였으므로 실제로는 선택에 큰 도움은 주지 못한다.

50
정답 ④

변경된 승진자 선발 방식에 따라 A ~ E의 승진점수를 계산하면 다음과 같다.

승진 후보자	실적 평가점수	동료 평가점수	혁신 사례점수	이수 교육	합계
A	34	26	33	다자협력	93+2 =95
B	36	25	27	혁신역량	88+4 =92
C	39	26	36	–	101
D	37	21	34.5	조직문화, 혁신역량	92.5 +2+4 =98.5
E	36	29	31.5	–	96.5

따라서 승진자는 승진점수가 가장 높은 C와 D이다.

51 정답 ③

기존의 승진자 선발 방식에 따라 A ~ E의 승진점수를 계산하면 다음과 같다.

승진 후보자	실적평가 점수	동료평가 점수	혁신사례 점수	이수교육	합계
A	34	26	22	다자협력	82+2 =84
B	36	25	18	혁신역량	79+3 =82
C	39	26	24	–	89
D	37	21	23	조직문화, 혁신역량	81+2 +3 =86
E	36	29	21	–	86

2순위로 동점인 D와 E 중에 실적평가점수가 더 높은 D가 선발된다. 따라서 승진자는 C와 D이다.

52 정답 ①

ㄱ. 지역 평균 흡연율이 전국 평균 흡연율(22.9%)보다 높은 지역은 A지역(24.4%), B지역(24.2%), C지역(23.1%), D지역(23.0%) 4곳이므로 옳은 내용이다.

ㄴ. 40대를 기준으로 흡연율이 가장 높은 지역은 B지역(29.9%)이고, 20대를 기준으로 흡연율이 가장 높은 지역은 E지역(30.0%)이므로 옳은 내용이다.

오답분석

ㄷ. 비율로만 제시된 자료에서 다른 지역 간 실수치의 비교는 불가능하므로 옳지 않은 내용이다.

ㄹ. 전국 평균의 연령대 흡연율 순위는 '30대 – 20대 – 40대 – 50대 – 60대 이상'인데, 이와 순위가 동일한 지역은 D지역과 F지역 2곳이므로 옳지 않은 내용이다.

53 정답 ④

A제품의 생산 개수를 x개라 하면, B제품의 생산 개수는 $(40-x)$개이다.

$3,600x+1,200\times(40-x)\leq120,000 \rightarrow x\leq30 \cdots$ ㉠

$1,600x+2,000\times(40-x)\leq70,000 \rightarrow x\geq25 \cdots$ ㉡

㉠, ㉡에 의하여 $25\leq x\leq30$

따라서 A제품은 최대 30개 생산할 수 있다.

54 정답 ③

품목	당첨확률	당첨고객수 (=상품수량)	총액
볼펜	$\frac{6}{16}$	$4,000\times\frac{6}{16}$ =1,500명	$1,500\times500$ =750,000원
핸드로션	$\frac{4}{16}$	$4,000\times\frac{4}{16}$ =1,000명	$1,000\times2,000$ =2,000,000원
휴대전화 거치대	$\frac{2}{16}$	$4,000\times\frac{2}{16}$ =500명	$500\times3,000$ =1,500,000원
주방세제	$\frac{2}{16}$	$4,000\times\frac{2}{16}$ =500명	$500\times5,000$ =2,500,000원
밀폐용기 세트	$\frac{1}{16}$	$4,000\times\frac{1}{16}$ =250명	$250\times10,000$ =2,500,000원
상품권	$\frac{1}{16}$	$4,000\times\frac{1}{16}$ =250명	$250\times10,000$ =2,500,000원
합계	1	4,000명	11,750,000원

따라서 해당 행사의 필요 예산 금액의 총액은 11,750,000원이다.

55 정답 ②

두 번째 조건에서 A는 2층, C는 1층, D는 2호에 살고 있음을 알 수 있다. 또한, 네 번째 조건에서 A와 B는 2층, C와 D는 1층에 살고 있음을 알 수 있다. 따라서 1층 1호에는 C, 1층 2호에는 D, 2층 1호에는 A, 2층 2호에는 B가 살고 있다.

56 정답 ④

두 번째, 네 번째 조건을 이용하면 보혜, 지현, 재희 순으로 1, 3, 5번 방 또는 1, 2, 3번 방에 들어가야 한다. 남형이 재희보다 오른쪽 방에 있으므로, 재희는 5번 방에 들어갈 수 없다. 따라서 보혜, 지현, 재희는 각각 1, 2, 3번 방에 들어간다. 그러면 다음과 같이 두 가지 경우가 발생한다.

구분	1번 방	2번 방	3번 방	4번 방	5번 방
경우 1	보혜	지현	재희	원웅	남형
경우 2	보혜	지현	재희	남형	원웅

따라서 재희가 원웅이보다 왼쪽 방에 있다는 것은 옳다.

57　　　　　　　　　　　　　　　　　　정답 ①

i) 네 번째 조건

　2022년 독신 가구 실질세 부담률이 2012년 대비 가장 큰 폭으로 증가한 국가는 (C)이다. 즉, (C)는 포르투갈이다.

ii) 첫 번째 조건

　2022년 독신 가구와 다자녀 가구의 실질세 부담률 차이가 덴마크보다 큰 국가는 (A), (C), (D)이다. 네 번째 조건에 의하여 (C)는 포르투갈이므로 (A), (D)는 캐나다, 벨기에 중 한 곳이다.

iii) 두 번째 조건

　2022년 독신 가구 실질세 부담률이 전년 대비 감소한 국가는 (A), (B), (E)이다. 즉, (A), (B), (E)는 벨기에, 그리스, 스페인 중 한 곳이다. 첫 번째 조건에 의하여 (A)는 벨기에, (D)는 캐나다이다. 따라서 (B), (E)는 그리스와 스페인 중 한 곳이다.

iv) 세 번째 조건

　(E)의 2022년 독신 가구 실질세 부담률은 (B)의 2022년 독신 가구 실질세 부담률보다 높다. 즉, (B)는 그리스, (E)는 스페인이다.

따라서 (A)는 벨기에, (B)는 그리스, (C)는 포르투갈, (D)는 캐나다, (E)는 스페인이다.

58　　　　　　　　　　　　　　　　　　정답 ②

갑이 향후 1년간 자동차를 유지하는 데 드는 비용은 다음과 같다.

• 감가상각비 : (1,000만−100만)÷10=90만 원
• 자동차보험료 : 120만×0.9=108만 원(블랙박스 설치로 인한 10% 할인 반영)
• 주유비용 : 매달 500km를 운행하므로 매월 50리터의 기름이 소모된다. 따라서 주유비용은 50×1,500×12=90만 원이다.
∴ 1년간 총 유지비용 : 90+108+90=288만 원

59　　　　　　　　　　　　　　　　　　정답 ⑤

엑셀로드는 팃포탯 전략이 두 차례 모두 우승할 수 있었던 이유가 비열한 전략에는 비열한 전략으로 대응했기 때문임을 알게 되었다고 마지막 문단에서 언급하고 있다.

오답분석

① 네 번째 문단에 의하면, 팃포탯을 만든 것은 심리학자인 아나톨 라포트 교수이다.
② 두 번째 문단에 의하면 죄수의 딜레마에서 자신의 이득이 최대로 나타나는 경우는 내가 죄를 자백하고 상대방이 죄를 자백하지 않는 것이다.
③ · ④ 다섯 번째 문단에서 엑셀로드는 팃포탯을 친절한 전략으로 분류했음을 확인할 수 있다.

60　　　　　　　　　　　　　　　　　　정답 ④

ㄱ. A시의 2022년 인구는 13만 명이고, 2025년 예상인구는 15만 명인데 각주에서 인구는 해마다 증가한다고 하였으므로 A시 도서관이 실제 개관하게 될 2024년 상반기 A시의 인구는 13만 명 이상 15만 명 미만의 범위 내에 있음을 알 수 있다. 그런데 봉사대상 인구가 10만 이상 30만 미만인 경우 기존장서는 30,000권 이상이라고 하였으므로 옳은 내용이다.

ㄷ. A시의 인구가 2025 ~ 2030에 매년 같은 수로 늘어난다면 2028년 A시의 인구는 24만 명이 된다. 그리고 공공도서관은 봉사대상 인구 1천 명당 1종 이상의 연속간행물, 10종 이상의 시청각 자료를 보유해야 한다고 하였으므로 각각 최소 240종 이상, 2,400종 이상을 보유해야 한다. 따라서 옳은 내용이다.

ㄹ. 2030년 실제 인구가 예상 인구의 80% 수준인 24만 명이라면, 이때의 연간증서는 3,000권 이상이 된다. 따라서 6년 동안 매년 3,000권 이상씩 추가로 보유해야 하므로 총 연간증서는 최소 18,000권이다. 따라서 옳은 내용이다.

오답분석

ㄴ. 봉사대상 인구가 10만 명 이상 30만 명 미만이라면 열람석은 350석 이상이어야 하고, 이 중 10% 이상을 노인과 장애인 열람석으로 할당하여야 한다. 그런데 2024년 개관 시와 2025년 모두 인구가 이 범위 내에 존재하므로 열람석은 350석 이상만 충족하면 되며 추가로 열람석을 확보해야 할 필요는 없다. 따라서 옳지 않은 내용이다.

61　　　　　　　　　　　　　　　　　　정답 ④

우리나라의 낮은 장기 기증률은 전통적 유교 사상 때문이라고 주장하고 있는 A와 달리, B는 이에 대하여 다양한 원인을 제시하고 있다. 따라서 A의 주장에 대해 반박할 수 있는 내용으로 ④가 적절하다.

62　　　　　　　　　　　　　　　　　　정답 ③

2주 동안 듣는 강연은 총 5회이다. 그러므로 금요일 강연이 없는 주의 월요일에 첫 강연을 들었다면 5주 차 월요일 강연을 듣기 전까지 10개의 강연을 듣게 된다. 그 주 월요일, 수요일 강연을 듣고 그 다음 주 월요일의 강연이 13번째 강연이 된다. 따라서 6주 차 월요일이 13번째 강연을 듣는 날이므로 8월 1일 월요일을 기준으로 35일 후가 된다. 8월은 31일까지 있기에 1+35−31=5일, 즉 9월 5일이 된다.

63

정답 ⑤

출장별로 나누어 출장여비를 계산하면 다음과 같다.

구분	출장수당	교통비	차감	출장여비
출장 1	1만 원	2만 원	1만 원 (관용차량 사용)	2만 원
출장 2	2만 원	3만 원	1만 원 (13시 이후 시작)	4만 원
출장 3	2만 원	3만 원	1만 원 (업무추진비 사용)	4만 원

따라서 A사원이 출장여비로 받을 수 있는 총액은 10만 원이다.

64

정답 ②

5돈 순금 두꺼비를 제작하는 데 필요한 순금은 $5 \times 3.75 = 18.75$g 이고, 2등과 3등의 순금 열쇠를 제작하는 데 필요한 순금은 각각 10g이므로 부상 제작에 필요한 순금은 $18.75 + 10 + 10 = 38.75$g 이다. 따라서 38.75g=0.03875kg이다.

65

정답 ①

피복이 있는 절연전선도 접촉하면 감전되므로 절대로 밧줄로 묶거나 막대기, 쇠붙이 등으로 지지하면 안 된다.

66

정답 ⑤

일본의 정책들은 함경도를 만주와 같은 경제권으로 묶음으로써 조선의 다른 지역과 경제적으로 분리시켰다고 하였으므로 옳지 않은 내용이다.

오답분석

① 1935년 회령의 유선탄광에서 폭약이 터져 800여 명의 광부가 매몰돼 사망했던 사건이 있었다는 부분과 나운규의 고향이 회령이라고 언급된 부분을 통해 알 수 있는 내용이다.
② 조선의 최북단 지역인 오지의 작은 읍이었던 무산·회령·종성·온성의 개발이 촉진되어 근대적 도시로 발전하였다는 부분을 통해 알 수 있는 내용이다.
③ 청진·나진·웅기 등이 대륙 종단의 시발점이 되는 항구라고 하였고, 회령·종성·온성이 양을 목축하는 축산 거점으로 부상하였다고 언급되어 있다. 그리고 「아리랑」의 기본 줄거리가 착상된 배경이 나운규의 고향인 회령에서 청진까지 부설되었던 철도 공사라고 하였으므로 이를 통해 추론할 수 있는 내용이다.
④ 일본이 식민지 조선의 북부 지역에서 광물과 목재 등 군수산업 원료를 약탈하는 데 주력하게 되었고, 이를 위해 함경도에서 생산된 광물자원과 콩, 두만강변 원시림의 목재를 일본으로 수송하기 위해 함경선, 백무선 등의 철도를 부설하였다고 하였으므로 옳은 내용이다.

67

정답 ④

기회는 외부환경요인 분석에 속하므로 회사 내부를 제외한 외부의 긍정적인 면으로 작용하는 것을 말한다. 따라서 ④는 외부의 부정적인 면으로 위험요인에 해당된다.

오답분석

①·②·③·⑤ 외부환경의 긍정적인 요인으로 볼 수 있어 기회 요인에 속한다.

68

정답 ③

각 팀장이 선호하는 인력배치 유형과 내용을 정리하면 아래와 같다.

팀장	인력배치 유형	내용
오팀장	적성배치	인력배치 시 팀원들이 적성에 맞고 흥미를 가질 때 성과가 높아진다는 가정 하에, 각 팀원들의 적성 및 흥미에 따라 배치하는 유형이다.
이팀장	질적배치	인력배치 시 팀원들을 능력이나 성격 등과 가장 적합한 적재적소에 배치하여 팀원 개개인의 능력을 최대로 발휘해 줄 것을 기대하는 것으로, 작업이나 직무가 요구하는 요건과 개인이 보유하고 있는 조건이 서로 균형 있고 적합하게 대응되어야 하는 유형이다.
김팀장	양적배치	인력배치 시 작업량과 여유 또는 부족 인원을 감안해서 소요 인원을 결정하여 배치하는 유형이다.

따라서 오팀장은 적성배치, 이팀장은 질적배치, 김팀장은 양적배치를 가장 선호한다.

69

정답 ①

오팀장이 선호하는 인력배치 유형은 적성배치로, 팀원들이 각자의 적성에 맞고 흥미를 가지고 있는 업무를 할 때 성과가 높아진다고 가정하여 배치한다.

오답분석

② 양적배치 : 작업량과 조업도, 여유 또는 부족 인원을 감안하여 소요 인원을 결정 및 배치하는 것에 해당한다.
③ 질적배치 : 능력이나 성격 등과 가장 적합한 위치에 배치하는 것에 해당한다.
④ 능력주의 : 개인에게 능력을 발휘할 수 있는 기회와 장소를 부여하는 것으로 효과적인 인력배치를 위한 3가지 원칙 중 하나에 해당한다.
⑤ 균형주의 : 효과적인 인력배치를 위한 3가지 원칙 중 하나로, 모든 팀원에 대한 평등한 적재적소, 즉 팀 전체의 적재적소를 고려할 필요가 있다는 것이다.

70

ㄱ. 신소재 산업분야에서 중요도 상위 2개 직무역량은 문제해결능력(4.58점), 수리능력(4.46점)이므로 옳은 내용이다.
ㄴ. 산업분야별로 직무역량 중요도의 최댓값과 최솟값을 차이를 구하면 신소재(0.61점), 게임(0.88점), 미디어(0.91점), 식품(0.62점)이므로 옳은 내용이다.

오답분석
ㄷ. 신소재, 게임, 식품의 경우 중요도가 가장 낮은 직무역량은 조직이해능력이지만 미디어의 경우는 기술능력의 중요도가 가장 낮다. 따라서 옳지 않은 내용이다.
ㄹ. 신소재 분야와 식품 분야의 경우는 문제해결능력의 중요도가 가장 높지만 게임 분야와 미디어 분야의 경우는 직업윤리의 중요도가 가장 높고 문제해결능력이 두 번째로 높다. 따라서 문제해결능력과 직업윤리를 서로 비교하여 정리하면 다음과 같다.

구분	신소재	게임	미디어	식품
문제해결능력	+0.14	–	–	+0.11
직업윤리	–	+0.14	+0.14	–

문제해결능력의 평균값이 가장 높다는 것은 다시 말해 각 분야의 중요도를 모두 합한 값이 가장 크다는 것을 의미하는데, 위 표에서 보듯 직업윤리의 합계가 더 크므로 옳지 않은 내용이다.

제**2**영역 직무기초지식

71	72	73	74	75	76	77	78	79	80
③	①	②	①	②	③	①	①	⑤	④
81	82	83	84	85	86	87	88	89	90
②	③	②	①	②	②	①	③	②	⑤
91	92	93	94	95	96	97	98	99	100
⑤	③	⑤	②	④	④	④	②	⑤	④

71

상법 제4편 제2장의 손해보험에는 화재보험(ㄴ), 운송보험, 해상보험(ㄷ), 책임보험(ㄱ), 자동차보험, 보증보험이 있고 재보험(ㅂ)은 책임보험의 규정을 준용(상법 제726조)하므로 손해보험에 포함시킨다.

오답분석
생명보험(ㄹ), 상해보험(ㅁ)은 인보험에 해당한다.

72

지방자치단체의 자치입법으로는 지방의회가 법령의 범위 내에서 그 사무에 관하여 정하는 조례와 지방자치단체의 장이 법령과 조례의 범위 내에서 그 권한에 속하는 사무에 관하여 정하는 규칙이 있다.

73

오답분석
① 독임제 행정청이 원칙적인 형태이고, 지자체의 경우 지자체장이 행정청에 해당한다.
③ 자문기관은 행정기관의 자문에 응하여 행정기관에 전문적인 의견을 제공하거나, 자문을 구하는 사항에 관하여 심의·조정·협의하는 등 행정기관의 의사결정에 도움을 주는 행정기관을 말한다.
④ 의결기관은 의사결정에만 그친다는 점에서 외부에 표시할 권한을 가지는 행정관청과 다르고, 행정관청을 구속한다는 점에서 단순한 자문적 의사의 제공에 그치는 자문기관과 다르다.
⑤ 집행기관은 의결기관 또는 의사기관에 대하여 그 의결 또는 의사결정을 집행하는 기관이나 행정기관이며, 채권자의 신청에 의하여 강제집행을 실시할 직무를 가진 국가기관이다.

74 정답 ①

국가공무원법에 명시된 공무원의 복무는 ②·③·④·⑤ 외에 성실의무, 종교중립의 의무, 청렴의 의무 등이 있다(국가공무원법 제7장).

75 정답 ②

실수는 과실로 볼 수 있으며, 면책사유에는 해당되지 않는다.

보험자의 면책사유
- 보험사고가 보험계약자 또는 피보험자나 보험수익자의 고의 또는 중대한 과실로 인하여 생긴 때에는 보험자는 보험금액을 지급할 책임이 없다(상법 제659조 제1항).
- 보험사고가 전쟁 기타의 변란으로 인하여 생긴 때에는 당사자간에 다른 약정이 없으면 보험자는 보험금액을 지급할 책임이 없다(상법 제660조).

76 정답 ③

도로·하천 등의 설치 또는 관리의 하자로 인한 손해에 대하여는 국가 또는 지방자치단체는 국가배상법 제5조의 영조물 책임을 진다.

① 도로건설을 위해 토지를 수용당한 경우에는 위법한 국가작용이 아니라 적법한 국가작용이므로 개인은 손실보상청구권을 갖는다.
② 공무원이 직무수행 중에 적법하게 타인에게 손해를 입힌 경우 국가는 배상책임이 없다.
④ 공무원도 국가배상법 제2조나 제5조의 요건을 갖추면 국가배상청구권을 행사할 수 있다. 다만, 군인·군무원·경찰공무원 또는 예비군대원의 경우에는 일정한 제한이 있다.
⑤ 국가배상법에서 규정하고 있는 손해배상은 불법행위로 인한 것이므로 적법행위로 인하여 발생하는 손실을 보상하는 손실보상과는 구별해야 한다.

77 정답 ①

앨리슨 모형은 1960년대 초 쿠바 미사일 사건과 관련된 미국의 외교정책 과정을 분석한 후 정부의 정책결정 과정을 설명하고 예측하기 위한 분석틀로서 세 가지 의사결정모형(합리모형, 조직과정모형, 관료정치모형)을 제시하여 설명한 것이다. 앨리슨은 이 중 어느 하나가 아니라 세 가지 모두 적용될 수 있다고 설명하였다.

78 정답 ①

새로운 정책문제보다는 선례가 존재하는 일상화된 정책문제가 쉽게 정책의제화된다.

정책의제설정에 영향을 미치는 요인

문제의 중요성	중요하고 심각한 문제일수록 의제화 가능성이 크다.
집단의 영향력	집단의 규모·영향력이 클수록 의제화 가능성이 크다.
선례의 유무	선례가 존재하는 일상화된 문제일수록 의제화 가능성이 크다.
극적 사건	극적 사건일수록 의제화 가능성이 크다.
해결가능성	해결책이 있을수록 의제화 가능성이 크다.
쟁점화 정도	쟁점화된 것일수록 의제화 가능성이 크다.

79 정답 ⑤

롤스는 정의의 제1원리(기본적 자유의 평등원리)가 제2원리(차등조정의 원리)에 우선하고, 제2원리 중에서는 기회균등의 원리가 차등의 원리에 우선되어야 한다고 보았다.

80 정답 ④

ㄱ. 허즈버그의 욕구충족요인 이원론에 의하면, 만족요인을 충족시켜줘야 조직원의 만족감을 높이고 동기를 유발할 수 있다.
ㄹ. 호손실험을 바탕으로 하는 인간관은 사회적 인간관이다.

81 정답 ②

우리나라 정부의 예산편성 절차는 '중기사업계획서를 제출 → 예산편성지침 통보 → 예산요구서 작성 및 제출 → 예산의 사정 → 국무회의 심의와 대통령 승인' 순서이다.

82 정답 ③

신제도론을 행정에 도입하여 노벨상을 수상한 오스트롬은 정부의 규제가 아닌 이해당사자들 간의 자발적인 합의를 통해 행위규칙(제도)을 형성하여 공유자원의 고갈을 방지할 수 있다고 하였다.

오답분석

① 정부가 저소득층을 대상으로 의료나 교육혜택을 주는 등의 방식으로 개입할 수 있다.
④ 공공재는 비배제성·비경합성을 띠므로 시장에 맡겼을 때 바람직한 수준 이하로 공급될 가능성이 높다.

83 정답 ②

- 연구개발에 착수해야 하는지의 결정
  연구개발 후 예상되는 기대수익은 0.7×2,500만=1,750만 달러이므로 초기 연구개발비 200만 달러보다 훨씬 크므로 투자를 하는 것이 유리하다.
- 특허를 외부에 팔아야 할지의 결정
  1,000만 달러를 추가 투자해 얻을 수 있는 기대수익은 (0.25×5,500만)+(0.55×3,300만)+(0.20×1,500만)=3,490만 달러이고, 추가 투자비용 1,000만 달러를 빼면 2,490만 달러를 얻을 수 있다. 이는 기술료를 받고 특허를 팔 경우에 얻을 수 있는 수익 2,500만 달러보다 적다(이미 투자한 연구개발비 200만 달러는 이 단계에서 매몰비용이므로 무시한다).
따라서 상품화하는 방안보다 기술료를 받고, 특허를 외부에 판매하는 것이 옳은 선택이다.

84 정답 ①

군집형 커뮤니케이션은 비공식 커뮤니케이션에 해당한다. 비공식 커뮤니케이션이란 종업원들은 조직도에 의해서 규정된 상대와만 대화를 나누려 하지 않고, 여러 가지 사회적인 욕구와 필요에 의해 직종과 계층을 넘어서 인간적 유대를 갖고 커뮤니케이션을 유지하려는 것으로 단순형·확률형·한담형·군집형이 있다.

공식적 커뮤니케이션의 종류

- 상향식 커뮤니케이션 : 조직의 하위계층으로부터 상위계층에 정보가 전달되는 Bottom-up 방식이다.
- 하향식 커뮤니케이션 : 조직의 위계(Hierarchy)에 따라 상위계층에서 하위계층으로 정보가 전달되는 Top-down 방식이다.
- 수평적 커뮤니케이션 : 계층 수준이 동일한 동료 간 정보 교류, 업무의 조정(Coordination) 역할을 한다.
- 대각적 커뮤니케이션 : 계층이 다른 타 부서 구성원과의 정보 교류를 교류한다.
- 대외적 커뮤니케이션 : 조직 외부의 주체자와 정보를 교류한다.

85 정답 ②

허즈버그(Herzberg)는 직무만족에 영향을 주는 요인을 동기요인(Motivator)으로, 직무불만족에 영향을 주는 요인을 위생요인(Hygiene Factor)으로 분류했다. 동기요인에는 성취, 인정, 책임소재, 업무의 질 등이 있으며, 위생요인에는 회사의 정책, 작업조건, 동료직원과의 관계, 임금, 지위 등이 있다. 그리고 인간이 자신의 일에 만족감을 느끼지 못하게 되면 위생요인에 관심을 기울이게 되고, 이에 만족하지 못할 경우에는 일의 능률이 크게 저하된다고 주장했다.

86 정답 ②

표적 집단면접법(Focus Group Interview)은 전문지식을 보유한 조사자가 소수의 응답자 집단을 대상으로 특정한 주제를 가지고 자유로운 토론을 벌여 필요한 정보를 획득하는 방법으로, 마케팅 조사자가 가장 많이 이용하는 탐색조사 방법 중의 하나이다.

표적 집단면접법(FGI)의 진행과정

조사기획	• 조사 목적을 확인하고 문제의 파악과 가설을 정립 • 조사방법 및 비용을 결정하고 조사 대상자의 특성, 그룹 수를 결정하는 조사 디자인을 실시함
가이드라인 작성	• 담당 연구원이 Client와 협의하여 참석자 자격조건을 결정하고, 참석자 선정 질문지(Screening Questionnaire)를 작성함
리크루팅	• 프로젝트 전담 팀장의 지휘하에 Recruiting 전문 Assistant Supervisor가 참석자 자격을 참석자 소개자(전문 Recruiter)들에게 알려 자격조건에 맞는 적합한 대상자를 추천받은 후 선정 질문지(Screening Questionnaire)를 완성하여 FGI 참석자를 선정함
FGI 진행	• 담당연구원이 사전에 Client와 협의하여 FGI 가이드라인에 따라 진행 토의 내용을 전문 모니터가 녹음·속기함
결과분석	• 전문모니터가 녹음된 내용을 그룹별로 자세하게 분석함 • 결과 분석보고서 및 제안을 도출함

87

개인목적으로 저장한 데이터들이 해킹으로 인하여 유출되거나 삭제될 우려가 있다.

클라우드 컴퓨팅(Cloud Computing)

구름(Cloud)과 같이 무형의 형태로 존재하는 컴퓨팅 자원을 필요한 만큼 빌려 쓰고 이에 대한 사용요금을 지급하는 방식의 컴퓨팅 서비스이다. 이용자의 모든 정보를 인터넷상의 서버에 저장하고, 이 정보를 각종 IT 기기를 통하여 언제 어디서든 이용할 수 있다. 구글·다음·네이버 등의 포털에서 구축한 클라우드 컴퓨팅 환경을 통하여, 서로 다른 물리적인 위치에 존재하는 컴퓨팅 자원을 가상화 기술로 통합해 제공한다. 클라우드 컴퓨팅을 도입하면 기업 또는 개인은 컴퓨터 시스템의 관리비용과 서버 유지비용 등을 줄일 수 있고, 에너지 절감에도 기여할 수 있다. 또한 외부 서버에 자료가 저장되기 때문에 안전하게 자료를 보관할 수 있고, 저장 공간의 제약도 극복할 수 있으며, 언제 어디서든 자신이 작업한 문서 등을 열람·수정할 수 있기 때문에 이용편리성이 높다. 하지만 서버가 해킹당할 경우 개인정보가 유출될 수 있고, 서버 장애가 발생하면 자료 이용이 불가능하다는 단점도 있다.

88

ABC 재고관리는 재고품목을 가치나 상대적 중요도에 따라 차별화하여 관리하며 재고품목을 연간 사용금액에 따라 A등급, B등급, C등급으로 나눈다.

- A등급 : 상위 15% 정도, 연간 사용금액이 가장 큰 항목, 아주 엄격한 재고 통제
- B등급 : 35% 정도, 연간 사용금액이 중간인 항목, 중간 정도의 재고 통제
- C등급 : 50% 정도, 연간 사용금액이 작은 항목, 느슨한 재고 통제

오답분석

① A등급에는 재고가치가 높은 품목들이 속한다.
② A등급 품목은 로트 크기를 작게 유지한다.
④ ABC 등급 분석을 위해 파레토(Pareto) 법칙을 활용한다.
⑤ ABC 재고관리는 백화점과 같이 재고관리 품목 수가 많은 경우에 유용하게 사용된다.

89

오답분석

① 토빈의 q는 장기적으로 투자와 주식시장 간의 관계를 설명하는 지표이다.
③ 토빈의 $q = \dfrac{(\text{주식시장에서 평가된 기업의 시장가치})}{(\text{기업의 실물자본의 대체비용})}$
④ q값은 주식시장의 상황으로 신규투자를 이끌어 낼 수 있으므로 밀접한 관계가 있다.
⑤ 자본재시장 및 주식시장이 완전경쟁이고 효율적이라면 기업의 시장가치는 실물자본의 대체비용과 일치하므로 토빈의 q는 1로 수렴하게 된다고 주장한다.

90

오답분석

① 콥 – 더글라스 생산함수 $Q = AL^{\alpha}K^{\beta}$에서 $\alpha + \beta > 1$인 경우 규모에 대한 수익은 체증한다. 문제의 경우 1.5이므로 규모에 대한 수익 체증이다.
② 노동의 한계생산 $MP_L = \dfrac{\partial Q}{\partial L} = 0.5L^{-0.5}K$가 된다. 이때 노동을 늘릴수록 노동의 한계생산은 감소한다.
③ 자본의 한계생산 $MP_K = \dfrac{\partial Q}{\partial K} = L^{0.5}$가 된다. 이때, 노동을 늘릴수록 자본의 한계생산은 증가한다.
④ 최적 상태의 도출 : $\min C = wL + rK$, $s.t$ $L^{0.5}K = Q$
비용극소화 조건 :

$$MRTS_{LK} = \frac{MP_L}{MP_K} = \frac{0.5L^{-0.5}K}{L^{0.5}} = \frac{K}{2L} = \frac{w}{r}$$

$$\rightarrow 2Lw = rK$$

노동과 자본의 단위당 가격이 동일하다면 $2L = K$이므로 자본 투입량은 노동투입량의 2배가 된다.

91

독점적 경쟁은 완전경쟁과 독점의 성격을 나누어 가지고 있는 시장조직이다. 독점적 경쟁의 특징으로는 다수의 기업, 상품차별화, 기업의 자유로운 진입과 퇴거, 비가격경쟁의 존재를 들 수 있다. 독점적 경쟁에서 장기에는 시장가격과 평균비용이 같아서 정상이윤만을 얻는다. 그리고 장기균형에서 시장가격이 한계비용보다 크기 때문에 평균비용이 한계비용보다 크다. 그래서 유휴설비가 존재한다. 독점적 경쟁기업이 장기에 초과생산능력을 갖는 것은 상품의 질 차이 때문이다.

92
정답 ③

ㄱ. 실업급여의 확대는 실업자의 구직기간이 길어져 탐색적 실업이 증가한다.
ㄴ. 마찰적 실업과 구조적 실업만 있는 경우의 실업률을 자연실업률이라 한다. 일자리에 대한 정보가 많아지면 탐색적 실업이 줄어들어 자연실업률은 낮아질 수 있다.
ㄷ. 비경제활동인구는 만 15세가 넘은 인구 중 취업자와 실업자에 포함되지 않는 사람을 말한다.

93
정답 ⑤

단기에는 완전경쟁시장에 고정요소가 존재하므로 진입과 퇴거가 불가능하다.

94
정답 ②

개별 기업의 수요곡선을 수평으로 합한 시장 전체의 수요곡선은 우하향하는 형태이다. 그러나 완전경쟁기업은 시장에서 결정된 시장가격으로 원하는 만큼 판매하는 것이 가능하므로 수요곡선은 수평선으로 도출된다.

95
정답 ④

체계적 오류가 특정의 타당도와 관련이 있다면 무작위 오류는 측정의 신뢰도와 관련이 있다. 즉, 신뢰도가 낮은 척도의 사용은 무작위 오류를 발생시킨다.

96
정답 ④

층화 표집은 단순무작위 표집보다 대표성이 높은 표본을 추출하는 방법으로 알려져 있다.

오답분석
① 유의 표집(판단 표집)은 연구자의 주관적 판단에 따라 의도적인 표집이 이루어지는 방식이므로 표본의 대표성을 보장할 수 없다.
② 집단이 이질적인 경우에는 표본의 크기를 늘려야 한다.
③ 전수조사에서는 모수와 통계치의 구분이 불필요하다.
⑤ 체계적 표집(계통 표집)은 첫 번째 요소를 무작위로 선정하여 최초의 표본으로 삼은 후 일정한 표본추출 간격으로 표본을 선정한다.

97
정답 ④

사회복지사의 자기인식(Self-awareness)
• 자신의 가치, 신념, 태도, 행동습관, 편견 등이 사회복지 실천에서의 관계 형성 및 의사결정에 어떠한 영향을 미치는지를 깨닫는 것이다.
• 사회복지사는 끊임없는 성찰을 통해 사회복지 실천에 있어서 자신의 강점과 약점을 명확히 인식하고 있어야 한다.
• 클라이언트와의 전문적 관계 형성에 필수적이며, 필요 이상으로 클라이언트에게 개입하는 것을 방지한다.

98
정답 ②

미시적 수준의 사회복지 실천에 대한 내용이다. 미시적 수준의 사회복지 실천은 부부관계, 자녀관계 등 개인 간의 심리상태에 문제가 있는 경우 사회복지사가 클라이언트와 일대일로 접근하여 문제해결을 돕는다.

99
정답 ⑤

통합적 접근은 기존의 전통적인 방법이 지나치게 세분화·전문화되어 서비스의 파편화 현상을 초래했다. 그로 인해 다양한 문제와 욕구를 가지고 있는 클라이언트로 하여금 다양한 기관이나 사회복지사들을 찾아다녀야 하는 부담을 안겨주었다. 또한 공통 기반을 전제로 하지 않은 분화와 전문화가 각각 별개의 사고와 언어 및 과정을 보여줌으로써 사회사업 전문직의 정체성 확립에 장애가 되었다는 문제인식에서 비롯되었다.

100
정답 ④

임의적 추론(Arbitrary Inference)의 예에 해당한다. 임의적 추론은 어떤 결론을 지지하는 증거가 없거나 그 증거가 결론에 위배됨에도 불구하고 그와 같은 결론을 내리는 것이다.

제4회 정답 및 해설

www.sdedu.co.kr